Jäger des Zweiten Weltkriegs

David Donald (Hrsg.)

Bechtermünz Verlag

Einführung

Dieses Buch beinhaltet 24 der bekanntesten Jagdflugzeuge, die am Zweiten Weltkrieg teilnahmen. Sowohl die bedeutenden Jäger der Alliierten, wie z. B. die Spitfire, die Hurricane, die Meteor und Thunderbolt, als auch die wichtigen Jäger der Achsenmächte, wie z. B. die Focke-Wulf FW 190 „Würger", die Messerschmitt Bf 109 und die Mitsubishi Ki-46, werden in ihren verschiedenen Varianten detailliert vorgestellt.

Mehr als 100 s/w-Fotos, Dutzende von zeitgenössischen Farbaufnahmen und mehr als 100 farbige Zeichnungen beeindrucken den Betrachter. Der Text schildert spannend die Entwicklung, die Geschichte und die Einsätze der Maschinen. Tabellen ergänzen den Text mit Angaben über die produzierten Varianten und die Spezifikationen (Triebwerke, Leistungen, Gewicht, Abmessungen und Bewaffnung). Jeder Jäger erscheint in seinen verschiedenen Varianten, eingeschlossen die Staffelabzeichen und Markierungen fremder Luftwaffen, die jene Maschinen flogen. Die Einträge werden ergänzt durch gut kommentierte Zeichnungen, die sowohl die interne Gestaltung als auch die arbeitenden Teile eines jeden vorgestellten Jagdflugzeugs zeigen.

Für jeden, der sich an der militärischen und technischen Seite der Luftfahrtgeschichte interessiert zeigt, ist so ein faszinierendes und unentbehrliches Handbuch entstanden.

Originaltitel: Fighters of World War II
Deutsche Erstausgabe
Weltbild Verlag GmbH, Augsburg 1998

Umschlaggestaltung: Erwin Wollenschläger, Augsburg
Printed in the Czech Republic
ISBN 3-8289-5317-4

Inhalt

Messerschmitt Bf 109

Während des Zweiten Weltkriegs war Willy Messerschmitts Bf 109 das maßgebliche Jagdflugzeug der Luftwaffe. Die meisten deutschen Fliegerasse flogen dieses Muster, das mehr Abschüsse erzielte als irgendein anderes Kampfflugzeug der Achsenmächte. Nach 1945 diente die Bf 109 weiterhin bei mehreren Luftstreitkräften und zog mit Israel sogar noch einmal in den Krieg.

Die Bf 109 entstand als Folge einer politischen Fehde zwischen Erhard Milch und Willy Messerschmitt, die die Bayerischen Flugzeugwerke zu vernichten drohte. Diese prekäre Situation wurde nur dadurch abgewendet, daß die Firma 1933 mit einem rumänischen Kartell in Verhandlungen über die Lieferung eines neuen Verkehrsflugzeugs trat. Die Beamten des Reichsluftfahrtministeriums äußerten sich empört über das eigenmächtige Handeln Messerschmitts, aber er hielt ihnen entgegen, er habe sich zu diesem Schritt nur deshalb gezwungen gesehen, weil Berlin ihm jegliche Unterstützung versage. Um diesen Vorwurf zu entkräften, vergab das RLM Aufträge zur Jägerentwicklung an Arado, Focke-Wulf, Heinkel und auch an BFW in der Erwartung, daß Messerschmitt wegen mangelnder Erfahrung im Entwurf von Hochgeschwindigkeitsflugzeugen mit seinem Angebot ohnehin keine Aussicht auf Erfolg haben werde.

Unter Übernahme einiger Merkmale seines ausgezeichneten viersitzigen Reiseflugzeugs Bf 108 Taifun konstruierte Messerschmitt einen kleinen, kantigen Tiefdecker mit Einziehfahrwerk, Vorflügeln und geschlossener Kanzel. Er beabsichtigte, den neuen Junkers-Motor Jumo 210A zu verwenden, doch da dieser noch nicht verfügbar war, wurde statt dessen ein importierter Rolls-Royce Kestrel VI mit einer Leistung von 518 kW (704 PS) in den Versuchsjäger Bf 109 V-1 eingebaut. Diese Maschine flog erstmals im September 1935.

Beim Vergleichsfliegen gegen die Ar 80 V-1, Fw 159 V-1 und He 112 V-1 in Travemünde schnitt die Bf 109 V1 trotz kleinerer Probleme insgesamt gut ab, und zur allgemeinen Überraschung erhielt Messerschmitt einen Auftrag über den Bau von zehn Entwicklungsjägern. (Dies bedeutete aber noch nicht den endgültigen Zuschlag, denn es wurden auch zehn Heinkel-Vorserienjäger bestellt.)

1936 flogen drei weitere Prototypen (Bf 109 V-2 mit der Kennung D-IUDE, Bf 109 V-3/D-IHNY und BF 109 V-4/D-IOQY), angetrieben vom Jumo 210A und bewaffnet mit zwei synchronisierten MG 17 in der oberen Rumpfnase. Gerüchte, nach denen die britischen Jagdflugzeuge Hawker Hurricane und Supermarine Spitfire eine Bewaffnung von mindestens vier Bordkanonen erhalten sollten, hatten zum Einbau eines dritten MG 17 in den vierten Prototyp V-4 geführt.

Die geplante Baureihe Bf 109A mit zwei Maschinengewehren entfiel daher, und Anfang 1937 flogen die ersten Vorserienjäger Bf 109B-0 neben den Prototypen Bf 109 V-5, V-6 und V-7. Drei Staffeln der Jagdgruppe 88, die mit Serienjägern der Baureihen Bf 109B-1, Bf 109B-2 und Bf 109C-1 ausgerüstet waren, sammelten eine Fülle operationeller Erfahrungen im Spanischen Bürgerkrieg, die nicht nur der Entwicklung dieses Musters als solchem, sondern auch dem Luftkampf im allgemeinen zugute kamen. Männern wie Werner Mölders und Adolf Galland (ersterer zweifelsfrei der beste Jagdpilot aller Zeiten und letzterer Deutschlands künftiger General der Jagdflieger im Zweiten Weltkrieg), die in Spanien mit der Bf 109 kämpften, war es zu verdanken, daß die grundsätzlichen Taktiken für das Luftgefecht entwickelt wurden, die bis zum Ende der Kanonenjägerära Gültigkeit behielten.

Bis zum Beginn des Zweiten Weltkriegs im September 1939 hatte die Luftwaffe die Ausrüstung ihrer Jagdstaffeln auf die Bf 109 standardisiert. Die Baureihe Bf 109D, obgleich in recht hoher Stückzahl produziert und in Dienst gehalten, wich der Bf 109E („Emil"). Ende 1938 waren zehn Jäger der Nullserie Bf 109E-0 mit vier MG 17 (je zwei im Bug und in den Tragflächen) und dem 810 kW (1100 PS) starken DB 601A als Antrieb erschienen. Anfang 1939 hatte im Augsburger Werk die Serienfertigung der Bf 109E-1 mit zwei 20-mm MG FF anstelle der MGs in den Tragflächen begonnen. Diese Jäger erreichten eine Spitzengeschwindigkeit von 570 km/h in 3750 m Höhe und eine Dienstgipfelhöhe von 11.000 m – Leistungswerte, die die Bf 109E in die Lage versetzten, sämtliche Gegner in den ersten acht Monaten dieses Krieges auszuschalten. Die wenig später eingeführte Variante Bf 109E-1/B war ein Jagdbomber, der eine 250-kg-Sprengbombe unter dem Rumpf mitführen konnte.

1939 verlegte man die Produktion der „Emil" von Augsburg nach Regensburg (um Platz für den zweimotorigen Jäger Bf 110 zu schaffen), und innerhalb eines massiven Vergabeprogramms an Unterauftragnehmer wie Ago, Arado, Erla und WNF wurden in jenem Jahr 1540 Serienjäger ausgeliefert. Beim Überfall auf Polen umfaßte der Jagdverband zwölf Gruppen mit insgesamt 850 Bf 109E-1 und Bf 109E-1/B sowie eine mit Ar 68. Rund 235 Bf 109D-1 dienten zudem beim Zerstö-

Dies ist eine der frühesten Aufnahmen einer Bf 109 im Flug. Das Foto vom November 1936 zeigt Bf 109 V-4 mit Jumo-Motor 210A und einer Bewaffnung von drei MG 17 mit 500 Schuß Munition pro Waffe. Die Ähnlichkeit mit späteren Bf-109-Serienjägern ist verblüffend.

Um die Produktionszahlen einer noch recht bescheidenen Flugzeugindustrie zu beschleunigen, wurden Lizenzen zum Bau der Bf 109 1937 an Fieseler sowie 1938 an Focke-Wulf und Erla vergeben. Diese Aufnahme zeigt die erste von Focke-Wulf gefertigte Bf 109C-2.

rergeschwader. Erste Bekanntschaft mit der Messerschmitt Bf 109 machte die Royal Air Force am 18. Dezember 1939, als 24 Vickers-Wellington-Bomber ohne Jagdschutz einen Tagesangriff gegen Wilhelmshaven flogen. Zwölf zerstörte Bomber standen dem Verlust von nur zwei Bf 109E des JG 77 gegenüber.

1940 stieg die Produktion der Bf 109E auf 1868 Flugzeuge, und die D-Serie wurde fast gänzlich aus dem Fronteinsatz herausgelöst. In jenem Jahr entstanden die Hauptvarianten Bf 109E-2, E-3 (mit je zwei MG 17 im Bug und in den Tragflächen sowie einer durch die Propellerwelle feuernden Maschinenkanone MG FF/M) und E-4 (mit zwei MG 17 im Bug und zwei MG FF in den Tragflächen). Alle diese Versionen kamen intensiv bei der Luftschlacht um England zum Einsatz. In der von ihnen bevorzugten „freien Jagd" zeigten sich die Bf 109 gegenüber der Hurricane allgemein überlegen und gut gerüstet für das Gefecht mit der Spitfire. Heute weiß man, daß das Kampfpotential der „Emil" weitgehend vergeudet wurde, indem man sie viel zu häufig an Bomberverbände fesselte und sie so ihrer beiden besten Vorteile, der Geschwindigkeit und der Manövrierfähigkeit, beraubte. Im weiteren Verlauf der Luftschlacht um England diente das Muster auch als Jagdbomber (Bf 109E-4/B). Zu anderen Varianten, die kurz nach der Luftschlacht um England erschienen, zählten die Aufklärer Bf 109E-5 und E-6 (letztere mit DB 601N), die Bf 109E-7 mit Gehänge für einen abwerfbaren Bauchtank und die Bf 109E-7/Z mit GM-1-Einspritzung.

Zu Beginn des Jahres 1941 griff die „Emil" in das Kampfgeschehen im Mittelmeerraum ein, nachdem man dem JG 27 in Nordafrika tropentaugliche Maschinen dieser Baureihe zugeführt hatte. Als Deutschland im Juni 1941 die Großoffensive gegen die Sowjetunion startete, lief den Jagdstaffeln an der Front allmählich die BF 109F zu, aber die „Emil" blieb dessen ungeachtet noch lange im Dienst.

Prüfung für die Jagdpiloten

Die vom DB 601E mit 883 kW (1200 PS) angetriebene Bf 109F galt aus aerodynamischer Sicht allgemein als das Prachtstück der gesamten Bf-109-Familie. Sie führte erweiterte und abgerundete Tragflächenenden, eine vergrößerte Propellerhaube, Frise-Querruder und Wölbungsklappen anstelle der Spaltklappen der „Emil". Eine einziehbare Baugruppe ersetzte das bislang starre Spornrad, und das zuvor abgestrebte Höhenleitwerk war nun freitragend. Die Bewaffnung der Bf 109F, die man auf zwei MG 17 auf dem Nasenrücken und eine durch die Propellernabe feuernde 20-mm-Kanone zurückgenommen hatte, stieß allerdings auf heftige Kritik. Während dies nach Meinung der Experten (Fliegerasse) der Leistung dieses Musters eher entgegenkam, verwiesen andere darauf, daß die Mehrzahl der Jagdpiloten eine schwerere Bewaffnung brauche, um Abschüsse erzielen zu können.

In der zweiten Hälfte des Jahres 1940 prüfte die Luftwaffe die Nullreihe Bf 109F-0, und von Beginn des darauffolgenden Jahres an wurde die Bf 109F-1 ausgeliefert. Eine Reihe von Unfällen deutete darauf hin, daß der Wegfall der Höhenflossenstreben eine Koppelschwingung des gesamten Leitwerks bei einer bestimmten Motordrehzahl verursachte, und man unternahm zügig entsprechende Korrekturen. Nach der Bf 109F-2 (mit 15-mm-MG 151 statt der 20-mm-Kanone MG FF) erschien Anfang 1942 die Hauptversion Bf 109F-3 mit einer Spitzengeschwindigkeit von 628 km/h in 6700 m Höhe.

Die Bf 109F war Anfang 1941 zum Geschwaderstab und der III. Gruppe von Adolf Gallands JG 26 „Schlageter" an der Kanalküste gestoßen, und in der Eröffnungsphase der Operation „Barbarossa" rüstete dieses Muster im Osten das von Major Günther Lützow geführte JG 3 „Udet", Werner Mölders JG 51, Major Günther von Maltzahns JG 53 „Pik As" und Major Hannes Trautlofts JG 54 aus. Die Überlegenheit des neuen Jägers (selbst gegenüber der Spitfire Mk V im Westen) zeigte sich an der rasch steigenden Zahl an Abschüssen, die die deutschen Jagdpiloten erzielten.

Die Bf 109F wurde laufend verbessert und fortentwickelt. So verfügte die Bf 109F-4 über MG 151/20 (Kaliber 20 mm) statt der Standardwaffe MG 151 (Kaliber 15 mm), die Bf 109F-4/R1 konnte für den Einsatz als Bomberzerstörer einen Rüstsatz mit zwei MG 151/20 in Behältern unter

Diese Bf 109E-1, aufgenommen im Sommer 1940 im holländischen Schiphol, rüsteten die 7./JG 52 aus, eine der Spitzenstaffeln, die im Mai jenes Jahres die Luftüberlegenheit über dem Ärmelkanal errungen hatten. Im September 1944 verbuchte das JG 52 seinen 10.000sten Luftsieg.

Aufriß-Erläuterung zur Bf 109G-14/U4

1 Positionslicht (steuerbord)
2 Randbogen
3 „Bügelstreifen"
4 Frise-Querruder (steuerbord)
5 mittragende Tragflächenbeplankung in Senknietung
6 automatischer Vorflügel
7 Vorflügelanlenkung
8 Vorflügel-Ausgleichsstange
9 Querruder-Gestänge
10 stoffbespannte Wölbungsklappe
11 Radkasten
12 Abdeckung der Munitionszuführung
13 13-mm-MG 131 von Rheinmetall Borsig
14 Motoranbaugeräte

38 rechtes Hauptrad
39 Ölkühler-Abluftklappe
40 vordere Ausrundung des Flächenansatzes
41 Verkleidung Rumpf/Flügel

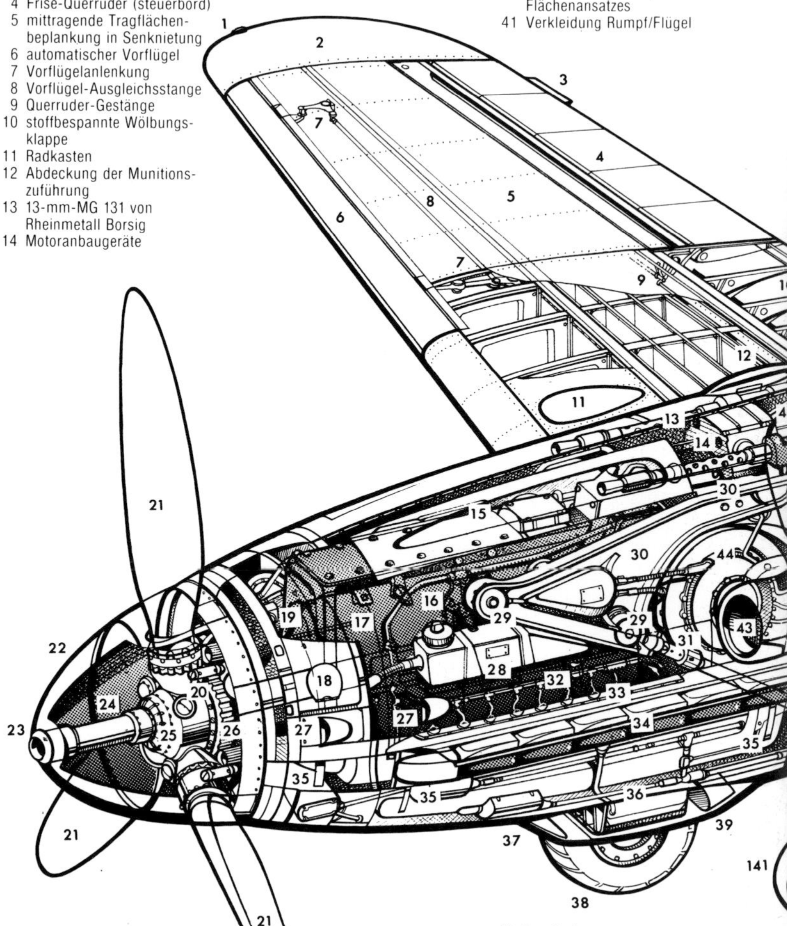

15 Schußkanal des linken MG 131
16 Daimler-Benz DB 605AM
17 abnehmbare Motorverkleidung
18 Ölfilterzugriff
19 Schmierölbehälter
20 Propeller-Verstellmechanik
21 VDM-Verstellpropeller mit konstanter Drehzahl
22 Propellerhaube
23 durch die Nabe geführte Kanonenmündung
24 Kanonenrohr
25 Porpellernabe
26 Nabenrückenplatte
27 zusätzliche Kühllufthutzen
28 Kühlmittelbehälter
29 Gummipuffer der Motorlagerung
30 Elektron-Motorträger-Schmiedestück
31 Stützstrebenbefestigung des Motorträgers
32 Zündleitungen
33 Verkleidungsstreifen der Auspuffkrümmer
34 Ejektor-Auspuffrohre
35 Motorhaubenverschlüsse
36 Ölkühler
37 Ölkühler-Lufteinlauf
42 Brandschott
43 Laderlufteinlauf
44 Laderbaugruppe
45 Trommelmagazin der 20-mm-Kanone
46 Munitionszuführung des MG 131
47 obere Befestigung des Motorträgers
48 Munitionszuführungsgehäuse
49 13-mm-MG 131
50 Instrumentenbrett
51 Verschluß der 20-mm-Kanone Mauser MG 51/20
52 Fußrasten
53 Seitenruderpedale
54 Seilzug zum Einholen des Fahrgestells in Notfällen
55 Rumpfspant
56 Verkleidung Rumpf/Tragflügel
57 Handrad zum Einholen des Fahrgestells im Notfall (außen)

Die „Rote 4" des Jagdgeschwaders 3 „Udet" war eine Bf 109E-3 aus der Zeit der Luftschlacht um England. Diese „Emil" hatte eine Bewaffnung von vier MG 17 und einer 20-mm-Kanone MG FF/M, die durch die Nabe feuerte.

Bis zur Bereitstellung zweckmäßig konstruierter Nachtjäger dienten veraltete Bf 109C als Ausrüstung für ad hoc aufgestellte Nachtjagdstaffeln, in diesem Fall die 10.(Nacht)/JG 77, die im Juli 1940 im dänischen Aalborg stationiert war.

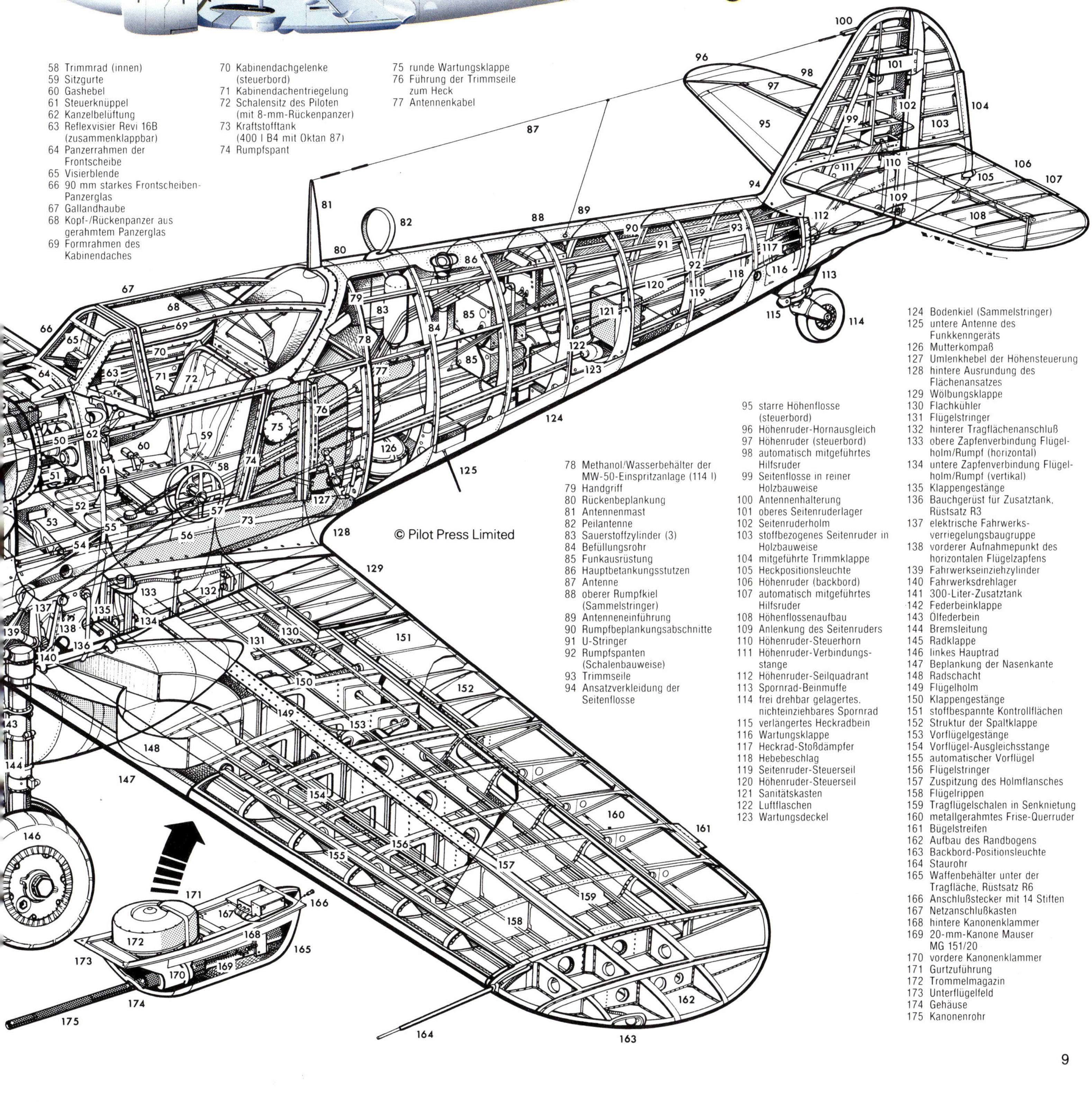

58 Trimmrad (innen)
59 Sitzgurte
60 Gashebel
61 Steuerknüppel
62 Kanzelbelüftung
63 Reflexvisier Revi 16B (zusammenklappbar)
64 Panzerrahmen der Frontscheibe
65 Visierblende
66 90 mm starkes Frontscheiben-Panzerglas
67 Gallandhaube
68 Kopf-/Rückenpanzer aus gerahmtem Panzerglas
69 Formrahmen des Kabinendaches
70 Kabinendachgelenke (steuerbord)
71 Kabinendachentriegelung
72 Schalensitz des Piloten (mit 8-mm-Rückenpanzer)
73 Kraftstofftank (400 l B4 mit Oktan 87)
74 Rumpfspant
75 runde Wartungsklappe
76 Führung der Trimmseile zum Heck
77 Antennenkabel
78 Methanol/Wasserbehälter der MW-50-Einspritzanlage (114 l)
79 Handgriff
80 Rückenbeplankung
81 Antennenmast
82 Peilantenne
83 Sauerstoffzylinder (3)
84 Befüllungsrohr
85 Funkausrüstung
86 Hauptbetankungsstutzen
87 Antenne
88 oberer Rumpfkiel (Sammelstringer)
89 Antenneneinführung
90 Rumpfbeplankungsabschnitte
91 U-Stringer
92 Rumpfspanten (Schalenbauweise)
93 Trimmseile
94 Ansatzverkleidung der Seitenflosse
95 starre Höhenflosse (steuerbord)
96 Höhenruder-Hornausgleich
97 Höhenruder (steuerbord)
98 automatisch mitgeführtes Hilfsruder
99 Seitenflosse in reiner Holzbauweise
100 Antennenhalterung
101 oberes Seitenruderlager
102 Seitenruderholm
103 stoffbezogenes Seitenruder in Holzbauweise
104 mitgeführte Trimmklappe
105 Heckpositionsleuchte
106 Höhenruder (backbord)
107 automatisch mitgeführtes Hilfsruder
108 Höhenflossenaufbau
109 Anlenkung des Seitenruders
110 Höhenruder-Steuerhorn
111 Höhenruder-Verbindungsstange
112 Höhenruder-Seilquadrant
113 Spornrad-Beinmuffe
114 frei drehbar gelagertes, nichteinziehbares Spornrad
115 verlängertes Heckradbein
116 Wartungsklappe
117 Heckrad-Stoßdämpfer
118 Hebebeschlag
119 Seitenruder-Steuerseil
120 Höhenruder-Steuerseil
121 Sanitätskasten
122 Luftflaschen
123 Wartungsdeckel
124 Bodenkiel (Sammelstringer)
125 untere Antenne des Funkkenngeräts
126 Mutterkompaß
127 Umlenkhebel der Höhensteuerung
128 hintere Ausrundung des Flächenansatzes
129 Wölbungsklappe
130 Flachkühler
131 Flügelstringer
132 hinterer Tragflächenanschluß
133 obere Zapfenverbindung Flügelholm/Rumpf (horizontal)
134 untere Zapfenverbindung Flügelholm/Rumpf (vertikal)
135 Klappengestänge
136 Bauchgerüst für Zusatztank, Rüstsatz R3
137 elektrische Fahrwerksverriegelungsbaugruppe
138 vorderer Aufnahmepunkt des horizontalen Flügelzapfens
139 Fahrwerkseinziehzylinder
140 Fahrwerksdrehlager
141 300-Liter-Zusatztank
142 Federbeinklappe
143 Ölfederbein
144 Bremsleitung
145 Radklappe
146 linkes Hauptrad
147 Beplankung der Nasenkante
148 Radschacht
149 Flügelholm
150 Klappengestänge
151 stoffbespannte Kontrollflächen
152 Struktur der Spaltklappe
153 Vorflügelgestänge
154 Vorflügel-Ausgleichsstange
155 automatischer Vorflügel
156 Flügelstringer
157 Zuspitzung des Holmflansches
158 Flügelrippen
159 Tragflügelschalen in Senknietung
160 metallgerahmtes Frise-Querruder
161 Bügelstreifen
162 Aufbau des Randbogens
163 Backbord-Positionsleuchte
164 Staurohr
165 Waffenbehälter unter der Tragfläche, Rüstsatz R6
166 Anschlußstecker mit 14 Stiften
167 Netzanschlußkasten
168 hintere Kanonenklammer
169 20-mm-Kanone Mauser MG 151/20
170 vordere Kanonenklammer
171 Gurtzuführung
172 Trommelmagazin
173 Unterflügelfeld
174 Gehäuse
175 Kanonenrohr

Die im August 1940 in Dienst gestellte Messerschmitt Bf 109E-7 zeichnete sich durch ein geändertes Kraftstoffsystem und Halterungen für einen abwerfbaren Bauchtank aus. Wegen der zusätzlichen Kraftstoffmenge konnten die neuen Jäger den Tagbombern bei ihren Großangriffen auf London im September 1940 effektiven Begleitschutz bieten. Die abgebildete „Rote 2“ (Werksnummer 2058) wurde am 15. September mit Unteroffizier Klick von der 3./LG 2 am Steuer bei einem Luftangriff auf London abgeschossen.

TECHNISCHE DATEN

Messerschmitt Bf 109E-7
Typ: Jagdeinsitzer
Triebwerk: ein flüssigkeitsgekühlter 12-Zylinder Reihenmotor, A-Form, Daimler-Benz DB 601N mit 883 kW (1200 PS)
Leistung: Höchstgeschwindigkeit 578 km/h in 3750 m Höhe; Anfangssteiggeschwindigkeit 16,77 m/sek; Reichweite 1100 km
Gewicht: Leermasse 2014 kg; max. Startmasse 2767 kg
Abmessungen: Spannweite 9,86 m; Länge 8,74 m; Höhe 3,40 m; Tragflügelfläche 16,16 m²
Bewaffnung: eine durch die Nabe feuernde 20-mm-Kanone MG FF/M und vier 7,9-mm-MG 17 auf dem Nasenrücken und in den Tragflächen

Die Bf 109D wurde vom DB 600A angetrieben und war die aus dem Versuchsjäger V-10 hervorgegangene Serienversion. Sie hatte eine Bewaffnung von einem durch die Nabe feuernden MG FF/M und zwei MG 17. Ihre Leistung übertraf die der Spitfire Mk I in fast jeder Hinsicht.

Die Bf 109 V-10 wurde von Ernst Udet beim International Flying Meeting im Juli 1937 in Zürich geflogen. Er konnte zwar das ausgezeichnete Leistungsvermögen dieser Maschine vorführen, doch sie stürzte beim anschließenden Alpenrundflug ab, weil der DB 600 versagt hatte.

den Tragflächen aufnehmen, der Jagdbomber Bf 109F-4/B war in der Lage, eine Gesamtbombenlast von 500 kg zur Wirkung zu bringen, und später im Jahr 1942 kamen die modifizierten Aufklärungsjäger Bf 109F-5 und F-6 heraus. In einer tropentauglichen Ausführung der Bf 109F-4 wurde der 22jährige Oberleutnant Hans-Joachim Marseille der mit 158 Luftsiegen erfolgreichste Jagdpilot des Westens. Am 30. September 1942 kam er jedoch nach dem Absprung aus einer Bf 109G-2 in Nordafrika ums Leben.

„Gustaf"

Die Bf 109G (im Landserjargon „Gustaf" genannt), die im Spätsommer 1942 in Dienst ging, entstand in größerer Stückzahl als jede andere Version. Die „Gustaf" wurde vom DB 605A mit 1086 kW (1475 PS) angetrieben, doch die Vorserie Bf 109G-0 wies noch den DB 601E auf. Die Grundbewaffnung entsprach mit zwei MG 17 und einem MG 151/20 der der F-4. Die Bf 109G-1 mit Druckkabine erhielt als Antrieb den DB 605A-1 mit GM-1-Einspritzanlage. Die tropentaugliche Variante Bf 109G-1/Trop war anstelle der MG 17 mit MG 131 bewaffnet, deren größere Verschlußblöcke ihr den Spitznamen „Beule" eintrugen. Die Bf 109G-2 verzichtete auf die Druckkabine, die Bf 109G-2/R1 war wiederum ein Jagdbomber, die Bf 109G-3 eine G-1 mit dem FuG 16Z und die Bf 109G-4 eine G-3 ohne Druckkabine. Mit der Bf 109G-5 wurde der DB 605D mit Wasser-Methanol-Einspritzung eingeführt, der eine Nolleistung von 1325 kW (1800 PS) bereitstellte. Die Bf 109G-5/R2 besaß ein größeres Seitenruder und ein längeres Spornradbein, um der Ausbrechneigung der Maschine beim Start zu begegnen.

Die wichtigste „Gustaf" aber war die Bf 109G-6, die in verschiedenen Ausführungen vom DB 605 der Bauart AM, AS, ASB und ASM angetrieben wurde. Die Grundbewaffnung bestand aus der durch die Nabe feuernden 30-mm-Kanone MK 108, zwei MG 131 auf dem Nasenrükken und zwei 20-mm-Kanonen MG 151/20 unter den Flügeln. Zahlreiche Rüstsätze führten unter anderem zum Jagdbomber Bf 109G-6/R1 mit einer Abwurflast von 500 kg Bomben und zum Bomberzerstörer Bf 109G-6/R2 mit zwei Wurfgranaten 21 (WGr 210) „Dodel" anstelle der beiden Unterflügelkanonen. Die Bf 109G-6/U4 (Umrüst-Bausatz) war mit zwei 30-mm-Kanonen MK 108 unter den Tragflächen bewaffnet, und der Nachtjäger Bf 109G-6/U4N verfügte über das FuG 350 „Naxos Z" zur Peilung des britischen Navigationsradars H2S. Fast alle diese Versionen gab es auch in tropentauglicher Ausführung. Die Bf 109G-7 wurde nicht gebaut, aber G-8 bildeten Ende 1943 einen Teil der Ausrüstung der Nahaufklärungsgruppe 13 an der Kanalküste. Die schnellste „Gustaf" war die Bf 109G-10 mit dem DB 605D samt MW-50-Einspritzung und „Galland-Haube", die in 7400 m Höhe auf 690 km/h beschleunigen konnte. Die Bf 109G-10/R2 und R6 besaßen die überarbeitete Heckbaugruppe der Bf 109G-5/R2 und waren mit FuG-25a zur Freund-Feind-Kennung ausgestattet. Die Bf 109G-10/U4 hatte unter dem Bauch Vorrichtungen für einen Waffenbehälter mit zwei 30-mm-Kanonen MK 108, der sich jedoch durch einen nichtabwerfbaren Tank, den sogenannten Irmer-Behälter, ersetzen ließ. Bei der Bf 109G-12 handelte es sich um ein zweisitziges Schulflugzeug, eine größtenteils von der Truppe 1944 modifizierte Bf 109G-1 zur Umschulung und Einweisung durch die Schuljagdgeschwader JG 101, 102, 104, 106, 107 und 108. Die letzte Einsatzversion war die universelle Bf 109G-14 mit einer leichteren, starr eingebauten Bewaffnung, ergänzt durch Vorrichtungen für externe Maschinenkanonen, Wurfgranaten WGr 210 und Bomben. Der schwer gepanzerte Jagdbomber Bf 109G-16 erreichte die Serienfertigung zwar noch vor der deutschen Kapitulation, gelangte aber nicht mehr zum Kampfeinsatz.

Weitere Entwicklungen

Die Entwicklung des Höhenjägers Bf 109H begann 1943 in Form einer Weiterführung der F-Serie mit größerer Spannweite und DB 601E mit Stickstoff-Oxyd-Einspritzung (GM-1). Dieser Typ erreichte eine Spitzengeschwindigkeit von 750 km/h in 10.100 m. Die Vorserienjäger wurden

J-310, ausgeliefert am 17. Dezember 1938, flog als erste Bf 109 bei der Schweizer Fliegertruppe. Die Maschine hatte (wie deutsche Bf 109B) einen Jumo 210Da mit 500 kW (680 PS) als Antrieb und war (wie die Bf 109C) mit vier MG 17 bewaffnet. Die Schweiz nutzte den zum Teil vor Ort montierten Typ bis Ende 1949.

Die von den Spaniern „tripala" genannte Bf 109E-1 war 1939, als diese Aufnahme auf einem Flugplatz der Legion Kondor entstand, der beste Jäger in Spanien. Seine Bewaffnung umfaßte je zwei Kanonen und MG 17. Die Legion Kondor übergab 40 Bf 109 an Spanien, wo nach dem Krieg andere Ausführungen dieses Musters entstanden.

Diese Bf 109E-7/Trop mit dem Staubfilterzusatz am Lufteinlauf gehörte zu den ersten deutschen Jagdbombern, die im Mittelmeerraum operierten. Die in Gela stationierte 7./JG 26 „Schlageter" flog im März 1941 Angriffe gegen Malta.

Mit dem Wappen des berühmten „Wespen-Geschwaders" (Zerstörergeschwader 1) am Bug ergänzten Jagdbomber Bf 109E-4/B die Bf 110 im Erdkampf und schirmten diese aus der Luft ab, nachdem sie ihre Bomben abgeworfen hatten.

über Frankreich im Einsatz bewertet, und Serienjäger Bf 109H-1 flogen einige Kampfeinsätze. Wegen Schwierigkeiten mit flatternden Tragflächen gab man die Baureihe H auf, obwohl die H-2 mit Jumo 213E und die H-5 mit DB 605 schon projektiert waren.

Die letzte hauptsächliche Einsatzversion der Bf 109 stellte die direkt von der „Gustaf" abgeleitete K-Serie dar. Tatsächlich waren die Vorserienjäger Bf 109K-0 umgebaute Zellen der Baureihe G. Die Bf 109K-2 und K-4 (druckbelüftet) wurden vom DB 605 ASCM/DCM mit MW-50-Einspritzung (1472 kW/2000 PS) angetrieben und mit einer 30-mm-Kanone, MK 103 oder MK 108, sowie zwei schweren MG 151 bewaffnet, während die Bf 109K-6 Halterungen für zwei 30-mm-Kanonen MK 103 unter den Tragflächen erhielt. Nur zwei Bf 109K-14, die mit DB 605L und MW-50 eine Höchstgeschwindigkeit von 725 km/h erreichten, wurden noch vor Kriegsende eingesetzt, nachdem man sie im April 1945 dem Gruppenstab II./JG 52 zugeführt hatte.

Erprobungen und Experimente

Da die Focke-Wulf Fw 190 erst nach zwei Kriegsjahren den Einsatzstatus erreichte, wurde die Bf 109 zum Rückgrat der Luftwaffen-Jagdkräfte und blieb dies den ganzen Krieg hindurch. Bei einer Produktion von über 30.000 Exemplaren (genaue Zahlen existieren infolge der Bombardierung der Fertigungsstätten nicht, aber vermutlich erreichte nur die Iljuschin Il-2 mit 36.163 Maschinen eine höhere Auflage) kam es zwangsläufig auch zu einer Fülle von Experimenten und Projekten.

Eines der bizarrsten Vorhaben erfolgte mit einer Bf 109E, die einen Agenten in einer „Fallschirmjägerkapsel" auf den Tragflächen absetzen sollte. Innerhalb des „Starrschlepp"-Programms wurde eine Bf 109E mit einem Lastensegler DFS 230 zum Absetzen von Luftlandetruppen gekoppelt. Später im Krieg führte man dieses Experiment mit dem Mistel-Gerät in Form von Bf 109 und Fw 190 fort, die auf dem Rükken einer unbemannten Junkers Ju 88 mit einer Hohlladung von 3,5 Tonnen montiert waren. Bf 109-Einheiten entwickelten eine Reihe neuer taktischer Einsatzverfahren, etwa die Bombardierung amerikanischer Bomberformationen durch Bf 109G mit 250-kg-Bomben von oben (erstmals 1943 vom JG 1 praktiziert) und die „Wilde Sau" genannte Jagdtaktik des JG 300, bei der die Tagjäger völlig freie Hand zum Gefecht gegen Nachtbomber hatten.

Eine Entwicklung der „Emil" war der trägergestützte Jäger Bf 109T, vorgesehen für den deutschen Flugzeugträger Graf Zeppelin. Zwischen 1939 und 1941 wurden zehn Vorserienjäger Bf 109T-0 und 60 Serienjäger Bf 109T-1 mit beiklappbaren Tragflächen, Fanghaken und Katapultbeschlägen gefertigt. Da Deutschland die Konstruktion des Flugzeugträgers abbrach, gingen die meisten dieser Flugzeuge für den landgestützten Einsatz an die Luftwaffe.

Das vielleicht ehrgeizigste Projekt von allen stellte die Bf 109Z „Zwilling" dar. Hier wollte man mit Hilfe neuer Mittelteile für Trag- und Leitwerk zwei Zellen der Bf 109 mit ihren Außenflächen zum einsitzigen Zerstörer mit fünf 30-mm-Kanonen oder Schnellbomber mit einer 1000-kg-Bombe als Außenlast pro Rumpf vereinen. Der Pilot sollte dabei im Backbordrumpf untergebracht werden. Ein Prototyp wurde gebaut, aber nie geflogen.

Ab 1939 lieferte man die Bf 109 auch an zahlreiche fremde Luftstreitkräfte aus, und Avia in Prag sowie IAR im rumänischen Brasow unternahmen eine beachtliche Lizenzfertigung der „Gustaf". Die erfolgreichste Fremdluftwaffe mit der Bf 109 war die Finnlands. Ihr Pilot Lentomestari Eino Juutilainen errang 94 Luftsiege, davon 59 mit der „Gustaf", und Juutilainen galt als bester Jagdflieger aller Zeiten außerhalb Deutschlands und Österreichs. Seine Maschinen wurden im Luftkampf keinen einziges Mal getroffen.

VK+AB war der 24. Bf-109-Versuchsjäger. Die Maschine wurde 1940 neben V-23 (CE+BP) als drittes Entwicklungsflugzeug für die Baureihe Bf 109F gebaut. Mit ihren abgerundeten Flächenenden, dem strömungsgünstiger verkleideten Motor und anderen Verbesserungen ließ sich die „F" von allen 109 am besten fliegen.

JG 54 „Grünherz" verließ 1941 Frankreich, um in Rußland einzufallen. Diese Aufnahme entstand im Sommer 1942 an der Leningrader Front. Die Bf 109G-2 zeigen die Wappen der II./JG 54 (links) und III./JG 54 (rechts). Die G-2 erreichte als erste „Gustaf" gegen Ende April 1942 die Truppe.

Diese Bf 109F-4/Trop mit dem weißen Band um den Hinterrumpf (für den Kriegsschauplatz Mittelmeer) gehörte zur 6./JG 53, die im Mai 1942 für die Angriffe der Luftwaffe auf Malta in Comiso stationiert war.

Die Bf 109G-14 mit Gallandhaube war die Jagdbomberversion der G-6. Diese „Gustaf" trägt die Markierungen der III./JG 53, doch die „Spiralschnauze" ist ohne Bedeutung. Man beachte die Aufdickungen über den Verschlußblöcken der bugmontierten MG 131.

Spanien montierte die Bf 109 während und nach dem Zweiten Weltkrieg in Lizenz. Dabei baute man Hispano-Suiza 12-Z-89 und 12-Z-17 in von Deutschland gelieferte Zellen ein und griff später auf den Rolls-Royce Merlin zurück. Diese Flugzeuge mit der Bezeichnung Hispano HAS 1109-J1L, HA 1110-K1L (Doppelsitzer) und HA 1112-K1L blieben bis in die sechziger Jahre hinein im Dienst. Andere Nachkriegsverwendungen der Bf 109 umfaßten eine Reihe C-210 „Mezec" (in der Tschechei gebaute „Gustaf" mit Jumo 211F), die Israel 1948 im Kampf gegen die ägyptische Luftwaffe flog.

Deutschlands Vasallenstaaten wurden im Zweiten Weltkrieg umfassend mit der Bf 109 versorgt, aber auch neutrale Länder wie Spanien und die Schweiz nutzten diesen Typ. Insgesamt belief sich die Produktion dieses erfolgreichen Messerschmitt-Musters auf mehr als 30.000 Flugzeuge und 24 Prototypen.

Varianten der Messerschmitt Bf 109

Bf 109a (später Bf 109 VI): erster Prototyp, Kennung D-IABI; Rolls-Royce-Motor Kestrel V mit 518 kW (704 PS); Erstflug im September 1935

Bf 109 V-2, V-3 und V-4: drei Versuchsjäger (D-IUDE, D-IHNY und D-IOQY); Jumo-210A-Motoren

Bf 109B: Nullserie **Bf 109B-0** mit Jumo 210B; **Bf 109B-1** mit Jumo 210D; **Bf 109B-2** mit Jumo 210E und später Jumo 210G

Bf 109 V-10 und V-13: zwei Versuchsflugzeuge (D-ISLU und D-IPKY) mit Daimler-Benz DB 600

Bf 109C: aus dem Versuchsjäger **Bf 109 V-8** entwickelte Serie; **Bf 109C-0** und **Bf 109C-1** mit vier MG 17; **Bf 109C-2** mit fünf MG 17

Bf 109 V-13: modifizierte Maschine mit hochgezüchtetem Flugmotor DB 601; steigerte am 11. November 1937 den Weltgeschwindigkeitsrekord auf 610,54 km/h

Bf 109D: aus den Versuchsjägern Bf 109 V-10 und V-13 entwickelte Baureihe; **Bf 109D-0** mit DB 600A und einer 20-mm-Kanone sowie zwei 7,92-mm-MG als Bewaffnung; **Bf 109D-1** ähnlich; **Bf 109D-2** mit zwei MG 17 in den Tragflächen; **Bf 109D-3** mit zwei MG FF in den Tragflächen

Bf 109 V-14: 14. Versuchsmaschine (D-IRTT); Einspritzmotor DB 601A; zwei 20-mm-Kanonen und zwei 7,92-mm-MG; **Bf 109 V-15** (D-IPHR) ähnlich, aber mit nur einer 20-mm-Kanone

Bf 109E: Bf 109E-0 mit vier 7,92-mm-MG; **Bf 109E-1** (und Jagdbomber **Bf 109E-1/B**) ähnlich; **Bf 109E-2** mit je zwei 20-mm-Kanonen und 7,92-mm-Maschinengewehren; **Bf 109E-3** mit einer durch die Nabe feuernden 20-mm-Kanone und vier 7,92-mm-MG; **Bf 109E-4** (auch E-4/B und E-4/Trop) ähnlich wie **Bf 109E-3**, aber ohne Nabenkanone; **Bf 109E-4/N** mit DB 601N-Motor; **Bf 109E-5** und **BF 109E-6** Aufklärungsjäger mit nur zwei 7,92-mm-MG; **Bf 109E-7** ähnlich wie **Bf 109E-4/N** mit Gehänge für Bauchtank, **Bf 109E-7/U2** Jagdbombervariante; **Bf 109E-7/Z** mit GM-1-Einspritzanlage; **Bf 109E-8** mit DB 601E; **Bf 109E-9** Aufklärungsjäger

Bf 109F: Nullserie **Bf 109F-0** aus E-Zellen mit DB 601N; **Bf 109F-1** mit einer 20-mm-Kanone und zwei 7,92-mm-MG; **Bf 109F-2** mit einem 15-mm-MG und zwei 7,92-mm-MG (**Bf 109F-2/Z** mit GM-1); **Bf 109F-3** mit DB 601E; **Bf 109F-4** (und **Bf 109F-4/B**) mit einer 20-mm-Kanone und zwei 7,92-mm-MG sowie DB 601E; **Bf 109F-5** und **Bf 109F-6** Aufklärungsjäger mit zwei 7,92-mm-MG; zu den Erprobungsflugzeugen zählte eines mit Sternmotor BMW 801, eines mit Jumo 213, eines mit V-Leitwerk und eines mit Grenzschichtzäunen am Tragwerk

Bf 109G: Nullserie **Bf 109G-0** mit DB 601E; **BF 109G-1** mit DB 605A-1 und GM-1; **Bf 109G-1/Trop** mit einer 20-mm-Kanone und zwei 7,92-mm-MG (Beule); **Bf 109G-2** war die G-1 ohne Druckkabine (gleiches galt für den Jagdbomber **Bf 109G-2/R2**); **Bf 109G-3** mit FuG 16Z; **Bf 109G-4** war die G-3 ohne Druckbelüftung; **Bf 109G-5** mit vergrößertem Seitenruder, DB 605D und MW-50; **Bf 109G-6** mit unterschiedlichen Bauarten des DB 605 (s. Text) und zwei 13-mm-MG, einer 30-mm-Kanone und zwei 20-mm-Kanonen unter den Tragflächen (ebenso die Unterversionen R und U, s. Text); **BF 109G-8** Aufklärungsjäger; **Bf 109G-10** mit DB 605G und MW-50; **Bf 109G-12** Doppelsitzer zur Jagdschulung; **Bf 109G-14** mit einer 20-mm-Kanone und zwei 15-mm-MG und Vorrichtungen für Waffenbehälter und Wurfgranaten unter den Tragflächen; **Bf 109G-16** Jagdbomberversion mit verstärkter Panzerung

Bf 109H: aus der F-Serie entwickelter Höhenjäger; Vorserie **Bf 109H-0**; **Bf 109H-1** mit DB 610E; **Bf 109H-2** und **Bf 109H-3** mit Jumo 213; **Bf 109H-5** mit DB 605L

Bf 109J: für Spanien geplante Lizenzversion, die nicht zum Zuge kam

Bf 109K: aus der **Bf 109G-10** entwickelte Baureihe; **Bf 109K-0** mit DB 605D und GM-1; **Bf 109K-2** und **Bf 109K-4** mit DB 605ASCM/DCM und MW-50 sowie einer 30-mm-Kanone und zwei 15-mm-MG; **Bf 109K-6** mit drei 30-mm-Kanonen und zwei 15-mm-MG; **Bf 109K-14** mit DB 605L und MW-50

Bf 109L: vorgeschlagene Version mit Jumo 213E; erwartete Höchstgeschwindigkeit 763 km/h; nicht gebaut

Bf 109S: geplante Version mit angeblasenen Klappen; nicht gebaut

Bf 109T: trägergestützte Version der **Bf 109E** für Flugzeugträger Graf Zeppelin; zehn von Fieseler umgebaute **Bf 109T-0**; 60 **Bf 109T-1** mit DB 601N; **Bf 109T-2** rückgerüstete T-1 ohne Trägerausrüstungskomponenten

Bf 109TL: ein dem Standard **Bf 109** angenähertes Projekt mit Luftstrahlturbinen Jumo 109-004B unter den Tragflächen; 1943 aufgegeben

Bf 109Z Zwilling: zwei Zellen der **Bf 109F**, zusammengebaut zum Jagdeinsitzer mit fünf 30-mm-Kanonen **(Bf 109Z-1)**; **Bf 109Z-2** mit einer Bombenlast von 1000 kg pro Rumpf; **Bf 109Z-3** und **Bf 109Z-4** umgerüstete Z-1 bzw. Z-2 mit Jumo-213-Motoren; ein Prototyp fertiggestellt, aber nicht geflogen; führte zum Projekt Me 609

Me 209 V-1, V-2, V-3 und V-4: D-INJR, D-IWAH, D-IVFP und D-IRND; für Geschwindigkeitsrekorde entwickelte Prototypen

Me 309 V-1, V-2, V-3 und V-4: GE-CU, GE-CV, GE-CW und GE-CX; Versuchs-Hochleistungsjäger, als Nachfolgemuster für die Bf 109F gedacht

Me 609: projektierte Entwicklung eines Bf-109-„Zwillings" auf der Grundlage des Zusammenbaus zweier Me 309; Vorhaben aufgegeben

Trotz fehlender Einheitsmarkierungen weiß man, daß diese Bf 109 G-6/R6 im Herbst 1943 bei der II./JG 26 diente, einer der Spitzenjagdgruppen in Nordfrankreich. Der Rüstsatz R6 brachte der Maschine zwei Waffenbehälter mit MG 151/20 unter den Tragflächen ein. Auf dem Bild sind die Vorflügel deutlich zu erkennen.

Dieses Foto stammt aus dem Jahre 1944, als man viele Bf 109 zur Abwehr von Bombern mit schweren Raketenmörsern heranzog. Es zeigt ein Paar G-6/R2 mit der gebräuchlichsten Waffe dieser Kategorie, dem Wfr Gr 21, der 21-cm-Granaten aus Rohren unter den Tragflächen ausstieß. Diese Jäger wurden Pulkzerstörer genannt.

Mitsubishi Ki-46 „Dinah"

Frühe Mitglieder des Alliierten Technischen Geheimdienstes zeigten eine deutliche Vorliebe für „Hillbilly"-Codenamen, und so wurde die japanische Ki-46 „Dinah" genannt. Sie war nicht nur ein beeindruckendes Kriegsflugzeug, sondern auch eines der attraktivsten japanischen Modelle.

Im Jahre 1937 wurde der Aufklärer Mitsubishi Ki-15 in Dienst gestellt, ein einmotoriger Eindecker mit zwei Sitzen und verkleidetem Fahrwerk, der später den alliierten Codenamen „Babs" erhielt. Schon in den folgenden zwei Monaten begann die technische Abteilung des japanischen Luftstreitkräfte-Hauptquartiers Koku Hombu die Spezifikation für ein Nachfolgemuster zu umreißen. Europäische Jäger überboten inzwischen mühelos die Geschwindigkeit der Ki-15 von 460 km/h, und in der Sowjetunion wie auch in den USA liefen ähnliche Projekte. Für Major Yuzo Fujita und die Ingenieure Ando und Tanaka war daher neben einer langen Flugdauer Schnelligkeit die Hauptanforderung an dieses neue Flugzeug. Die geplante Spitzengeschwindigkeit von 600 km/h in 4000 m Höhe erschien mehr als optimistisch, zumal das bisher schnellste japanische Flugzeug, der Prototyp des Jägers Kawasaki Ki-28, in dieser Höhe nur 485 km/h erreicht hatte. Die verlangte Flugdauer lag bei sechs Stunden zwischen 4000 und 6000 m Höhe. Zum Glück gab es keine weiteren Pflichtvorgaben, und so konnten sich die Konstrukteure frei entscheiden zwischen ein- oder zweimotoriger Auslegung mit Sternmotoren der Klasse 589,1 bis 708,4 kW (790 bis 950 PS), das hieß Nakajima Otsu Ha-20 oder Ha-25 beziehungsweise Mitsubishi Ha-26.

Auftakt zu einem neuen Entwurf

Da die Mitsubishi Jukogyo K.K. (Mitsubishi Schwerindustrie AG) bereits an einem zweimotorigen Hochleistungsaufklärer Ki-39 arbeitete, wurde die Ki-40 aus diesem entwickelt, und am 12. Dezember 1937 erhielt die Firma den Alleinvertrag für den neuen Typ. Das Konstruktionsteam unter Tomio Kubo und Joji Hattori erkannte praktisch sofort, daß die Ki-40 die Geschwindigkeitsvorgabe des Koku Hombu auf keinen Fall erreichen könnte. Das Projekt wurde daher abgebrochen zugunsten eines ganz neuen Entwurfs mit charakteristischem schmalem Rumpf. Das voll einfahrbare Fahrwerk und die zweimotorige Auslegung blieben jedoch erhalten. Dieses Flugzeug mit der Kitai-(Versuchsentwicklung)-Bezeichnung Ki-46 hatte zudem Tragflächen mit dünnem Profil und einem einzigen Holm sowie zwei Hilfsholmen. Die Zweimann-Besatzung saß in getrennten Kanzeln, zwischen denen der Haupttank lag.

Der Sternmotor Nakajima Ha-25 war sowohl leichter als auch stärker als der Ha-26, doch Mitsubishi beharrte auf seinem Grundsatz, nur eigene Motoren zu verwenden, und wählte für die Ki-46 zwei Ha-26-Ko mit 671 kW (900 PS). Man hoffte, durch die Verwendung von engschließenden, in Zusammenarbeit mit dem Aeronautischen Forschungsinstitut der Universität Tokio entwickelten Motorhauben, Konstantgeschwindigkeitspropellern und großen Propellerhauben die Planvorgaben erreichen zu können, doch dies erwies sich bei den Flugtests, die Ende 1939 in Kagamigahara begannen, als allzu optimistisch. Die Spitzengeschwindigkeit der Ki-46-Prototypen blieb bei 540 km/h in 4000 m Höhe. Da der Typ mit dem Sternmotor Ha-26 aber ansonsten gute Ergebnisse lieferte, erteilte das Koku Hombu dennoch den Auftrag zur Produktion als Armee-Typ 100 Aufklärer, Modell 1 (Ki-46-I), und wies Mitsubishi zudem an, sofort die Entwicklung einer noch leistungsfähigeren Version, der Ki-46-II, aufzunehmen. Inzwischen versah man die Ki-46-I, da sich die Maschine deutlich langsamer als ursprünglich vorgesehen zeigte und daher von den schnellsten Jägern der potentiellen Feinde Japans jederzeit abgefangen werden konnte, zusätzlich mit einem drehbaren 7,7-mm-Maschinengewehr zur Rückendeckung.

Die Ki-46-II war die meistverbreitete Version des Aufklärers Typ 100. Sie wurde bis 1944 gebaut und im Pazifikkrieg in gemischten Einheiten mit den später produzierten Ki-46-III eingesetzt. Man beachte das große Landelicht auf der Unterseite der Nase sowie die Richtungsfinderantenne in der Gondel über dem Rumpf. Diese Version wies auch Zusatztanks in den Tragflächen auf.

Die Ki-46-III der 3. Chutai/81. Sentai, die 1944 auf Java stationiert war, zeigt die ursprünglich braune Grundierung als Oberflächentarnung. Mit ihren hervorragenden Flugeigenschaften, speziell in Höhen zwischen 8000 und 10.000 m, konnte sie ungefährdet feindliche Fliegerhorste ausspähen.

Außer ihrer Produktion für die Kaiserlich Japanische Marine baute Mitsubishi für die Kaiserlich Japanische Armee den Aufklärer Ki-15-II „Babs", die zweimotorigen Bomber „Sally" Ki-21-I und Ki-21-II, den einmotorigen Bomber „Ann" Ki-30, den Bodenangreifer und taktischen Aufklärer „Sonja" Ki-51 sowie den zweimotorigen Transporter „Topsy" Ki-57. Dies sicherte den Werken und dem Personal eine volle Kapazitätsauslastung, so daß die Produktion der Ki-46 nur langsam anlaufen konnte. Die ersten regulären Dienstmaschinen wurden daher erst im Frühjahr 1940 erprobt. Als später mehr Ki-46-I zur Verfügung standen, begann in der Armeeflugschule Shimoshizu die reguläre Pilotenausbildung für die erwartete Indienststellung des Musters.

Im Frühjahr 1941 hatte die Kaiserlich Japanische Armee bereits 368 Ki-46-II geordert, während die Fertigung bei gerade vier Maschinen lag und erst anzog, als man 1940 die Produktion der Ki-15 und Ki-30 einstellte und die freien Kapazitäten für die Ki-46 nutzte. Bereits im November 1941 war die Fertigungsrate auf zehn Exemplare pro Monat angewachsen und stieg weiter bis zum Maximum von 75 Maschinen im März 1944.

Eine neue Version

Während der Mitsubishi-Produktionsstab noch fieberhaft die Fertigung reorganisierte und steigerte, trieben die Konstrukteure schon die Entwicklung der Ki-46-II voran. Sie erhielt den Sternmotor Ha-102, eine Weiterentwicklung des Ha-26 mit Lader und zwei Geschwindigkeiten von 805 kW (1080 PS) zum Start beziehungsweise 787 kW (1055 PS) in 2800 m Höhe. Da der allgemeine Leistungsparameter des früheren Motors erhalten blieb, war es nicht erforderlich, die engschließende Motorhaube neu zu entwerfen. Die Ki-46-II, die erstmals im März 1941 flog, übertraf mit 604 km/h in 5800 m Höhe sogar die ursprünglich vom Koku Hombu geforderte Geschwindigkeit. Da die Produktionsrate zufriedenstellend ausfiel und die Flugleistungsvorgaben erfüllt waren, konnte die Kaiserlich Japanische Armee Mitte 1941 Kampfeinheiten mit der Ki-46-II aufstellen und sich dann der Beseitigung geringfügiger Kinderkrankheiten widmen.

Bei den ersten Erprobungsflügen waren bei heißem und feuchtem Wetter häufig Dampfsperren aufgetreten. Zur Lösung dieses Problems, das sowohl die Versionen mit dem Motor Ha-26-Ko als auch die mit dem Ha-102 betraf, unternahm man im Juni 1940 Heißwetterprobeflüge über Formosa mit einer Ki-46-I und im Juni 1941 mit einer Ki-46-II. Die Verlegung der Treibstoffleitungen und die Verwendung von Treibstoff mit 92 statt bisher 87 Oktan brachte Abhilfe. Weniger leicht zu beheben war eine Schwäche der Fahrwerksbeine, die bei heftigen Landungen leicht zusammenbrachen. Eine Zusatz-Beinstrebe trug zur Verstärkung bei, konnte die Schwierigkeit aber nicht ganz ausschalten. Weitere bei den Testflügen auftretende Mängel waren eher nebensächlich und hinderten nicht daran, den Typ sofort zu verdeckten Aufklärungs- und Spionageflügen für die Vorbereitung japanischer Operationen in Südostasien einzusetzen.

Die Alliierten waren gezwungen, für ihre verdeckten Vorkriegsoperationen Flugzeuge mit Behelfsausrüstung zu verwenden (zum Beispiel die Lockheed 12, einen Transporter, den Briten und Franzosen 1939/40 zum Fotografieren militärischer Anlagen in Deutschland und Italien benutzten, oder die Consolidated LB-30, mit der die Amerikaner Aufklärungsflüge über den Inseln im westlichen Pazifik durchführten). Die Kaiserlich Japanische Armee hingegen hatte in weiser Voraussicht die schon als Spezialaufklärer konzipierte Ki-46 geordert, deren Flugleistungen sie praktisch unverwundbar gegen die Abfangversuche der damaligen veralteten Jäger auf alliierter Seite machte. Die Ki-46-II wurde im Sommer 1941 sieben selbständigen Kampfeinheiten (Dokuritsu Dai Shijugo Chutai) zugeteilt, die damit flächendeckende Aufklärung der von Japan nach dem Ausbruch des Pazifikkriegs anvisierten Gebiete betrieben. So erkundeten sie im Oktober 1941 insbesondere von Flugplätzen in Kambodscha aus das vorgesehene Amphibienlan-

Die deutsche Luftwaffe versuchte vergeblich, im Rahmen des deutsch-japanischen technischen Austauschabkommens eine Produktionslizenz für die Ki-46 zu erhalten. Diese Maschine hier wurde nach ihrer Erbeutung am Ende des Pazifikkriegs von der US Air Force getestet und beeindruckte die Piloten vor allem mit ihrer Geschwindigkeit und Ausdauer in der Höhe.

Die 20-mm-Doppelbordkanone Ho-5 im Bug und die vorwärtsgerichtete 37-mm-Schrägfeuer-Bordkanone Ho-203 weisen diese Maschine als eine Ki-46-III Kai aus, einen Abkömmling der Ki-46-III als Abfangjäger für große Höhen. Zum Einsatz gegen die amerikanischen Bomber B-29 wurden an die 200 Exemplare gebaut. Das abgebildete Flugzeug gehörte zur 17. selbständigen Jägerkompanie.

dungsgebiet in Malaya. Als die Kampfhandlungen einsetzten, kamen kleine Kommandos der 50., 51. und 81. Dokuritsu Dai Shijugo Chutai zur 3. Luftdivision (Hikoshidan) zum Einsatz gegen die Commonwealth-Streitkräfte in Malaya, und Abteilungen des 8. Regiments (Sentai) sowie der 76. Dokuritsu Dai Shijugo Chutai wurden zur 5. Hikoshidan zum Einsatz gegen die Philippinen abgeordert. Andere Ki-46-II-Verbände unterstützten Operationen in China, während in Japan laufend neue Einheiten aufgestellt wurden.

Ab Dezember 1941 drangen die japanischen Soldaten rasch in Malaya, auf den Philippinen und den Inseln Niederländisch-Indiens vor, weiträumig unterstützt von ihren Ki-46. Vor allem von Timor aus flogen diese regelmäßig Ziele in Nordaustralien an und erkundeten von Basen in Burma und den Andamanen aus Teile Indiens. „Dinah"-Besatzungen, die mit nichts Besserem als Hawker Hurricane und Curtiss P-40E zu tun hatten, mußten zu dieser Zeit wenig fürchten und lieferten dem japanischen Oberkommando wertvolles Fotomaterial über die Einrichtungen der Alliierten. Solange deren Radarüberwachung nur stellenweise installiert war, konnte selbst der Einsatz neuer Jäger wie der Supermarine Spitfire und der Lockheed P-38F die Lage nicht wesentlich ändern.

Gesteigerte Leistungsfähigkeit

Dennoch mußte das Koku Hombu im Mai 1942 in Erwartung zunehmenden Widerstands die Konstruktion einer weiter verbesserten Version der Ki-46 ins Auge fassen. Das Ergebnis war die Ki-46-III mit neu konstruiertem Vorderrumpf ohne Abstufung zwischen Nase und vorderem Rumpf sowie neuer Pilotenkanzel. Der erste von zwei Prototypen startete im Dezember 1942 zum Jungfernflug und erreichte mit zwei Ha-112-II-Motoren, die 932 kW (1250 PS) in 5800 m Höhe lieferten, die Spitzengeschwindigkeit von 630 km/h in eben dieser Höhe. Die Ki-46-III ging alsbald neben der Ki-46-II in Produktion (die verzögerte Lieferung des Motors Ha-112-II verhinderte vorerst das volle Umsteigen auf die Version) und steigerte die Unverwundbarkeit durch Abfangjäger noch weiter. Die Alliierten verbesserten jedoch bald ihre Radarabwehr und ihre Jäger und konnten sich stärker gegen die „Dinah" behaupten. Zum Leidwesen der japanischen Flieger ging eine weiter verbesserte Version (die Ki-46-IV mit Turbolader, die erstmals im Februar 1944 flog) nicht mehr in Produktion, da sich die Prioritäten inzwischen geändert hatten und Japan nun dringender Jäger zur Heimatverteidigung benötigte. Die Verluste stiegen deutlich an, doch die Ki-46-III und selbst die inzwischen veraltete Ki-46-II blieben noch während des ganzen Philippinen-Feldzugs 1944/45 im Dienst und setzten bis zum Ende des Krieges auch den auf den Marianen stationierten B-29 noch merklich zu.

Die Verteidigung Japans

Als Japan in die Defensive gezwungen war, erkannte der Generalstab die Dringlichkeit schwerbewaffneter Abfangjäger, um die heimatlichen Inseln gegen die alliierten Bomber verteidigen zu können. Da die Ki-46-III 83 km/h schneller war als der damalige japanische Standard jäger Kawasaki Ki-45-Kai-Ko, erhielt das Lufttechnische Forschungsi stitut der Armee (Rikugun Kokugijutsu Kenkyujo) den Auftrag, als Notlösung einen Abfangjäger für große Höhen zu entwickeln, indem es die Rumpfzelle des schnellen Aufklärers verwendete. Die Konstruktionsarbeiten begannen im Juni 1943. Die Modifikationen erforderten die Entfernung der fotografischen Einrichtungen und den Einbau zweier vorwärtsfeuernder 20-mm-Bordkanonen im Bug sowie einer aufwärts und nach hinten feuernden 37-mm-Bordkanone im Mittelab-

Der Ki-46-III Kai, einer Konstruktion, die die Erwartungen nicht ganz erfüllte, mangelte es mit ihren 200 Schuß für jede Bug-Bordkanone und den acht Magazinen zu je 25 Schuß der Schrägfeuer-Bordkanone zwar nicht an Feuerkraft, aber ihre mäßige Steigleistung und Beweglichkeit sprachen doch gegen die Rolle als Abfangjäger in großen Höhen.

schnitt des Rumpfs. Diese beim Ersten Armee-Luft-Arsenal in Tachikawa (Tachikawa Dai-Ichi Rikugun Kenkyujo) umgebaute Version erhielt die Kitai-Bezeichnung Ki-46-III-Kai und die Dienstbezeichnung Armee Typ 100 Abwehrjäger. Ab Oktober 1944 war sie im Einsatz bei der 28. und 106. Sentai, dem 16. Dokuritsu Hikotai (selbständiges Geschwader) sowie bei der 4., 16., 81., 82., und 83. Dokuritsu Dai Shijugo Chutai. Gegen Tagesangriffe der B-29 erwies sie sich als enttäuschend, da ihre Steigleistung für einen Abfangjäger nicht ausreichte. Infolge ihrer schwachen Bewaffnung und der nicht schußsicheren Tanks fiel sie immer häufiger den Bordschützen der Superfortress zum Opfer. Da die Maschine zudem kein Abfangradar besaß, verlor sie auch noch ihre ohnehin beschränkte Nützlichkeit, als die B-29 nachts einzufliegen begannen.

Projektierte Versionen

Ebenfalls von der veränderten militärischen Situation diktiert waren die projektierten Versionen Ki-46-III-Otsu, Ki-46-III Hei und Ki-46-IV Otsu, die als Bodenangreifer aus modifizierten Ki-46-III und Ki-46-IV hervorgingen. Der Mangel an Piloten und der fehlende Treibstofftankschutz ließen die Ki-46-III Otsu jedoch wenig geeignet für diese Art von Operationen erscheinen, und einige wenige Exemplare kamen gegen Kriegsende noch zum Einsatz. Die frühere Modifikation der Ki-46-II zum dreisitzigen Schulflugzeug Ki-46-II Kai hingegen hatte sich sehr viel besser bewährt, und einige Maschinen dienten in der japanischen Militärflugschule neben den Standardmodellen Ki-46-I und K-46-II.

Trotz allem gut

Wenn die Ki-46 als Jäger und Bodenangreifer die Erwartungen auch nicht erfüllte, so hatte die Kaiserliche Armee doch guten Grund, mit den Aufklärerversionen des Typs zufrieden zu sein. Dies wird auch durch die Tatsache belegt, daß man keinen ernsthaften Versuch unternahm, mit den geplanten Nachfolgetypen Tachikawa Ki-70 und Mitsubishi Ki-95 in Produktion zu gehen. Die hohe Meinung, die auch die Alliierten von der „Dinah" hatten, wurde durch die eingehende Untersuchung und Prüfung erbeuteter Maschinen bestätigt, und Piloten des Lufttechnischen Geheimdienstes äußerten sich sehr lobend über die Flugeigenschaften und die Steuerbarkeit. Dies alles war zweifellos das Verdienst des vorausschauenden Majors Fujita, der schon 1937 gefordert hatte, das neue Flugzeug müsse um ein Viertel schneller sein als alle bisherigen Muster. Die Gesamtproduktion des Typs betrug 1742 Exemplare, die alle von Mitsubishi in Nagoya gefertigt wurden.

Varianten der Mitshubishi Ki-46

Ki-46: Prototyp eines zweisitzigen Aufklärers mit zwei Sternmotoren Mitsubishi Ha-26-Ko, 14 Zylinder, 581,6 kW (680 PS) für den Start beziehungsweise 671,1 kW (900 PS) in 3600 m Höhe, für den Antrieb von Dreiblatt-Festpropellern
Ki-46-I: Vorserienmodell als Armee Typ 100 Aufklärer, Modell 1; mit Ausnahme kleinerer Ausstattungsveränderungen identisch mit den Prototypen; Bewaffnung mit einem einzigen nach hinten feuernden und vom Funker bedienten, drehbar montierten 7,7-mm-MG; 34 Ki-46 und Ki-46-I
Ki-46-II: Hauptserienmodell als Armee Typ 100 Aufklärer, Modell 2, unterschied sich vom Modell 1 durch stärkere Motoren und Zusatztanks in den Flügeln (Treibstoffkapazität nun 1675 l statt zuvor 1490 l); Motoren: Mitsubishi Ha-102 mit 805,4 kW (1080 PS) für den Start beziehungsweise 786,7 kW (1055 PS) in 2800 m Höhe; zu den weiteren Verbesserungen im Laufe der Serienproduktion gehörten 92-Oktan-Treibstoff (zuvor 87) und Verstärkung des Fahrwerks; insgesamt 1093 Exemplare.
Ki-46-II Kai: Kitai-Bezeichnung einer kleinen Anzahl umgebauter Ki-46-II für Schulungszwecke, benannt Army Typ 100 Schulflugzeug Ki-46-III. Der Haupttank zwischen Pilot und Funker war zugunsten eines größeren Cockpits und einer erhöhten Kanzel mit abgestuftem Windschutz für den Instrukteur verkleinert; nach den Tests zweier Prototypen ging eine verbesserte Version als Army Typ 100 Aufklärer, Modell 3, in Serie, bestückt mit Einspritz-Sternmotoren Mitsubishi Ha-112-II je 1118,6 kW (1500 PS) für den Start beziehungsweise 932,1 kW (1250 PS) in 5800 m Höhe; die hauptsächlichen Veränderungen waren eine neue Kanzel mit Krümmung ohne Abstufung, eine interne Treibstoffkapazität von 1895 l mit zusätzlichem, abwerfbarem 460-l-Tank unter dem Rumpf sowie die Entfernung des MG in der hinteren Kanzel; in der späteren Serienproduktion kamen spezielle Abgasstutzen hinzu; insgesamt 609 Exemplare
Ki-46-III Kai: Jägerversion der Ki-46-III mit zwei vorwärtsfeuernden 20-mm-Bordkanonen Ho-5 im Bug und einer schrägfeuernden 37-mm-Ho-203 über dem dafür verkleinerten Haupttank in der Rumpfmitte; diese Variante wurde von Rikugun Kokugijutsu Kenkyujo entwickelt und als Armee Typ 100 Abwehrjäger von der Tachikawa Dai-Ichi Rikugun Kokusho produziert
Ki-46-III Otsu und **Hei:** mit der Rumpfzelle der Ki-46-III gebaute Version eines zur Invasionsabwehr erforderlichen Bodenangriffsjägers mit zwei vorwärtsfeuernden 20-mm-Bordkanonen Ho-5 im Bug und, in der Hei-Version, mit Bombenhaken unter dem Rumpf; nur einige wenige Ki-46-III-Otsu wurden gebaut und Armee Typ 100 Bodenangreifer benannt; die Ki-46-III-Hei kam über das Reißbrettstadium nicht hinaus
Ki-46-IV: letzte Version des Aufklärers mit Turboladermotor Mitsubishi Ha-112 Otsu-Ru mit beibehaltener Militärleistung von 932,1 kW (1250 PS) bis 8200 m Höhe; vier Prototypen wurden getestet, aber die geplante Produktion als Armee Typ 100 Aufklärer, Modell 4, unterblieb, ebenso die geplante weitere Entwicklung eines Abfangjägers und eines Bodenangreifers mit der gleichen Bewaffnung wie bei der Ki-46-III Hai beziehungsweise Ki-46-III Hei

Aufriß-Erläuterung der Mitsubishi Ki-46 Hei

1 Navigationslicht (steuerbord)
2 Flügelspitze (steuerbord)
3 Tragflächenholm vorne
4 Hauptholm
5 Hinterer Hilfsholm
6 Querruder (steuerbord)
7 Querruderscharniere
8 Verkleidung Querruderscharnier
9 Feste Querruderhilfsklappe
10 Tafelzugang
11 Steuergestänge
12 Treibstofftank Tragfläche vorne
13 Einfüllstutzen
14 Rippenmittelpunkt
57 Pilotenschutzarmierung hinten, 13 mm
58 Pilotensitz und -gurte
59 Sauerstoffschlauch
60 Sitzrahmen
61 Steuergestänge
62 Tragflächenansatzübergang
63 Tragflächen-/Rumpfholm vorne
64 Durchlaufender Hauptholm, Mittelteil
65 Tragflächensteuergestänge
66 Kanzelschiene
67 Kanzelfestverglasung hinten
68 Kopfstützenarmierung
69 Antennenmast
70 Rumpfdach

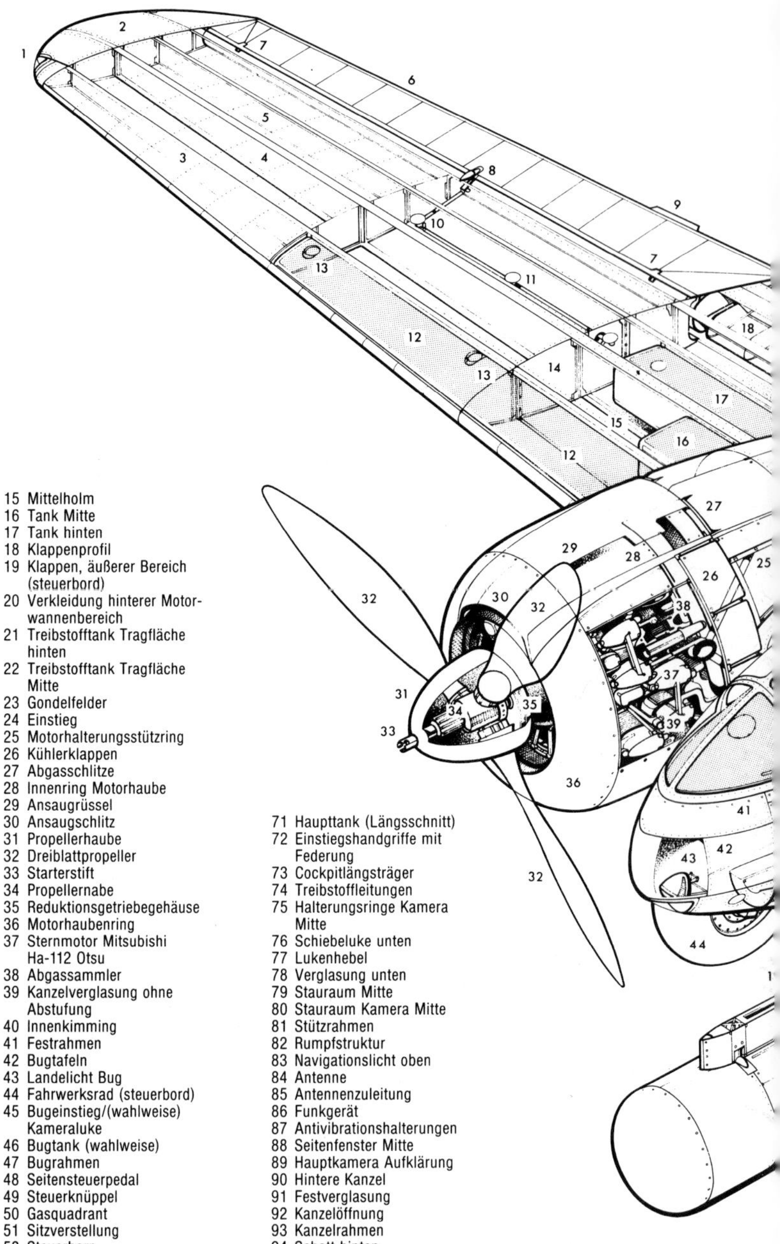

15 Mittelholm
16 Tank Mitte
17 Tank hinten
18 Klappenprofil
19 Klappen, äußerer Bereich (steuerbord)
20 Verkleidung hinterer Motorwannenbereich
21 Treibstofftank Tragfläche hinten
22 Treibstofftank Tragfläche Mitte
23 Gondelfelder
24 Einstieg
25 Motorhalterungsstützring
26 Kühlerklappen
27 Abgasschlitze
28 Innenring Motorhaube
29 Ansaugrüssel
30 Ansaugschlitz
31 Propellerhaube
32 Dreiblattpropeller
33 Starterstift
34 Propellernabe
35 Reduktionsgetriebegehäuse
36 Motorhaubenring
37 Sternmotor Mitsubishi Ha-112 Otsu
38 Abgassammler
39 Kanzelverglasung ohne Abstufung
40 Innenkimming
41 Festrahmen
42 Bugtafeln
43 Landelicht Bug
44 Fahrwerksrad (steuerbord)
45 Bugeinstieg/(wahlweise) Kameraluke
46 Bugtank (wahlweise)
47 Bugrahmen
48 Seitensteuerpedal
49 Steuerknüppel
50 Gasquadrant
51 Sitzverstellung
52 Steuerhorn
53 Kompaßgehäuse
54 Armaturenbrett (steuerbord)
55 Kanzelschiebeschiene
56 Pilotenkopfstütze
71 Haupttank (Längsschnitt)
72 Einstiegshandgriffe mit Federung
73 Cockpitlängsträger
74 Treibstoffleitungen
75 Halterungsringe Kamera Mitte
76 Schiebeluke unten
77 Lukenhebel
78 Verglasung unten
79 Stauraum Mitte
80 Stauraum Kamera Mitte
81 Stützrahmen
82 Rumpfstruktur
83 Navigationslicht oben
84 Antenne
85 Antennenzuleitung
86 Funkgerät
87 Antivibrationshalterungen
88 Seitenfenster Mitte
89 Hauptkamera Aufklärung
90 Hintere Kanzel
91 Festverglasung
92 Kanzelöffnung
93 Kanzelrahmen
94 Schott hinten
95 Kanzelschiene
96 MG-Öffnung oben nach hinten (entfernt)
97 Kanzelendverglasung

Der stromlinienförmige und nach vorwärts vergrößerte Rumpf war das auffallendste Merkmal der Ki-46-III, einer Version aus der Produktion in Nagoya und Toyama mit verbesserten Flugleistungen und sechs Stunden Flugdauer. Die abgebildete Maschine besitzt spezielle Abgasstutzen zur Schubverstärkung.

98 Rumpfabdeckung
99 Rumpfstruktur
100 Rumpfrahmen
101 Leitwerkssteuerzüge
102 Ansteigleitung
103 Leitwerksflossenverkleidung
104 Leitwerk (steuerbord)
105 Höhenruderausgleich
106 Höhenruder (steuerbord)
107 Höhenruderscharnier
108 Vorderkante Leitwerksflosse
109 Leitwerksflossenholm vorne
110 Leitwerksstruktur
111 Antennenbefestigung
112 Seitenruderausgleich
113 Seitenruderscharnier oben
114 Seitenruderrahmen
115 Seitenrudertrimmhilfsklappe
116 Seitenruderscharnierzug
117 Verkleidung Seitenruderklappenscharnier
118 Seitenruder, unterer Bereich
119 Seitenruderpfosten
120 Hecknavigationslicht
121 Höhenrudertrimmhilfsklappe
122 Klappenscharnier
123 Höhenruderrahmen
124 Höhenruderscharnier
125 Höhenruderausgleich
126 Leitwerksstruktur
127 Leitwerksholm vorne
128 Steuerkabel
129 Rippen
130 Leitwerks-/Leitwerksflossenholm/Rumpfverbindung
131 Heckradeinzug
132 Stoßdämpferstrebe
133 Heckradeinzugsstrebe
134 Stützrahmen
135 Einfahrbares Heckrad
136 Heckradluken
137 Rumpfabdeckung unten
138 Unterer Längsträger
139 Zugang Erste Hilfe
140 Zugang Inspektion
141 Rumpfverkleidung
142 Einziehbarer Besatzungseinstieg
143 Tragflächenansatzübergang
144 Innenstruktur Klappen hinten (backbord)
145 Motorwanne, hintere Verkleidung (backbord)
146 Außenbereich Klappen (backbord)
147 Klappenprofil
148 Querruderscharniere
149 Querruderfestklappe
150 Querruderrahmen (backbord)

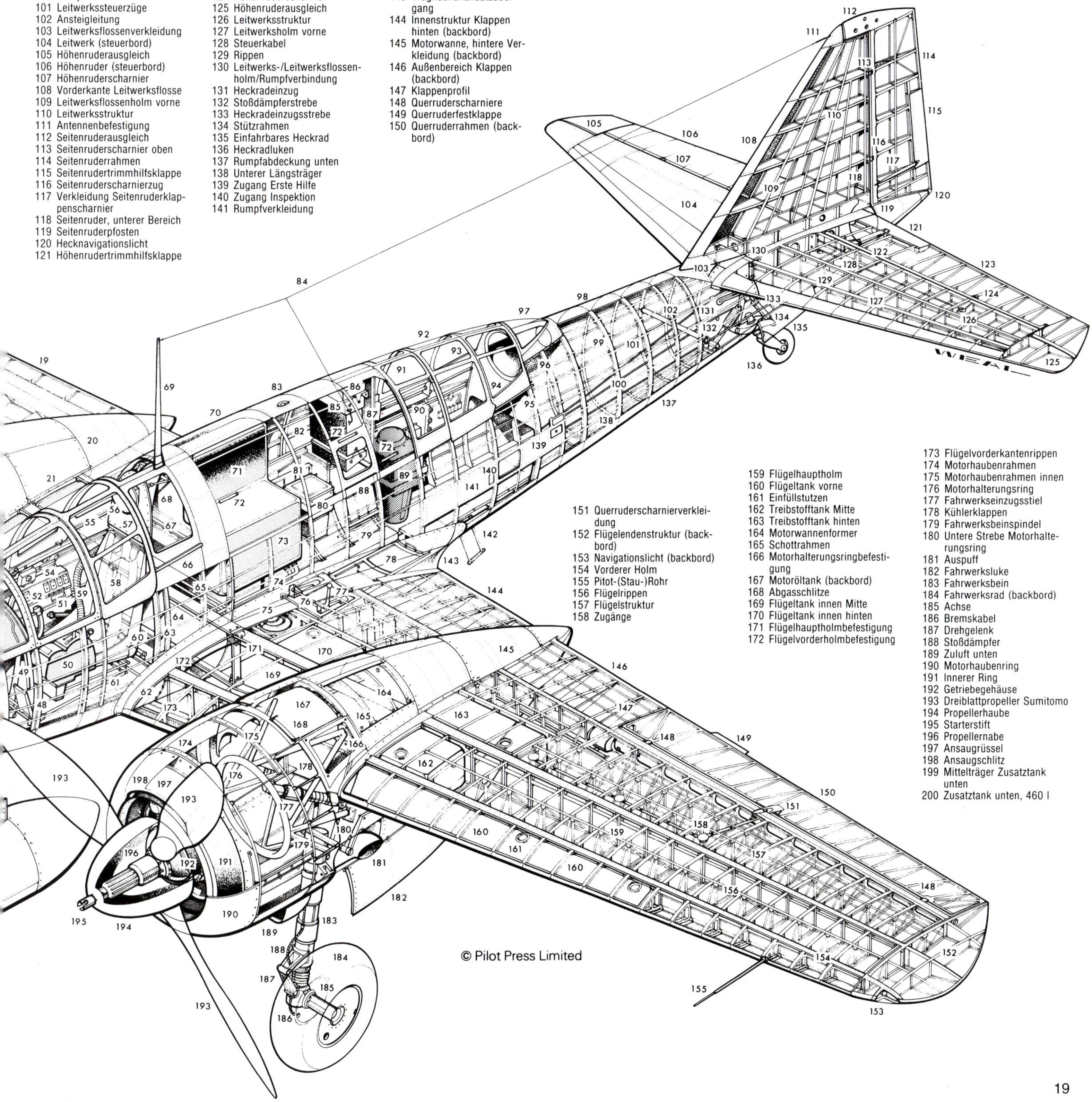

151 Querruderscharnierverkleidung
152 Flügelendenstruktur (backbord)
153 Navigationslicht (backbord)
154 Vorderer Holm
155 Pitot-(Stau-)Rohr
156 Flügelrippen
157 Flügelstruktur
158 Zugänge
159 Flügelhauptholm
160 Flügeltank vorne
161 Einfüllstutzen
162 Treibstofftank Mitte
163 Treibstofftank hinten
164 Motorwannenformer
165 Schottrahmen
166 Motorhalterungsringbefestigung
167 Motoröltank (backbord)
168 Abgasschlitze
169 Flügeltank innen Mitte
170 Flügeltank innen hinten
171 Flügelhauptholmbefestigung
172 Flügelvorderholmbefestigung
173 Flügelvorderkantenrippen
174 Motorhaubenrahmen
175 Motorhaubenrahmen innen
176 Motorhalterungsring
177 Fahrwerkseinzugsstiel
178 Kühlerklappen
179 Fahrwerksbeinspindel
180 Untere Strebe Motorhalterungsring
181 Auspuff
182 Fahrwerksluke
183 Fahrwerksbein
184 Fahrwerksrad (backbord)
185 Achse
186 Bremskabel
187 Drehgelenk
188 Stoßdämpfer
189 Zuluft unten
190 Motorhaubenring
191 Innerer Ring
192 Getriebegehäuse
193 Dreiblattpropeller Sumitomo
194 Propellerhaube
195 Starterstift
196 Propellernabe
197 Ansaugrüssel
198 Ansaugschlitz
199 Mittelträger Zusatztank unten
200 Zusatztank unten, 460 l

TECHNISCHE DATEN

Mitsubishi Ki-46-II
(Army-Typ 100 Aufklärer, Modell 2)
Typ: zweimotoriger Zweisitzer-Aufklärer
Triebwerke: zwei luftgekühlte 14-Zylinder-Sternmotoren Mitsubishi Ha-102 (Army-Typ 1) mit je 783 kW (1050 PS)
Leistung: Höchstgeschwindigkeit 604 km/h in 5800 m Höhe; Marschgeschwindigkeit 425 km/h in 4000 m Höhe; Aufstieg auf 8000 m in 17 Minunten, 58 Sekunden; Dienstgipfelhöhe 10.720 m; max. Reichweite 2474 km
Gewicht: Leermasse 3263 kg, max. Startmasse 5800 kg
Abmessungen: Spannweite 14,70 m, Länge 11,00 m, Höhe 3,88 m, Tragflügelfläche 32 m^2
Bewaffnung: ein nach hinten feuerndes, drehbares 7,7-mm-MG, Typ 8

Ein Beispiel für eine der vielen Farbmuster japanischer Flugzeuge im Zweiten Weltkrieg ist diese Ki-46-II mit dem Motiv des springenden Tigers der 18. Chutai, 82. Sentai, die 1944 in der Mandschurei operierte. In der hinteren Beobachter-/Bordschützenkanzel sieht man das drehbare, nach hinten feuernde MG, das aber häufig abmontiert war. Das Fahrwerk unter den Motorwannen warf während des ganzen Krieges Probleme auf, da die Radbeine bei der Landung wegen der hohen Sinkgeschwindigkeit oft brachen. Zu den vielen positiven Details der Konstruktion gehörten auch die gutschließende Kanzel mit Seitensicht für den Piloten und die dünnen Tragflächen, die maßgeblich zu den hervorragenden Flugeigenschaften des Typs beitrugen.

P-47 Thunderbolt

Die außergewöhnliche P-47 Thunderbolt galt anfangs als schwerfällig und überbreit, trug im Zweiten Weltkrieg jedoch ebensoviel zum Sieg bei wie jedes andere alliierte Flugzeug. Sie erwies sich als ideal für Bodenangriffe und zeigte überdurchschnittliche Leistungen im Luftkampf.

Die mächtige, im Jargon „Jug" (Juggernaut = Moloch) genannte P-47 wurde in größeren Stückzahlen als jedes andere amerikanische Jagdflugzeug gebaut und stellte das Gegenteil der russischen Philosophie vom kleinen und wendigen Jagdflugzeug dar. Heute lassen selbst die kleinsten Jäger die P-47 zwergenhaft aussehen, aber im Zweiten Weltkrieg galten ihre Ausmaße als monströs. Unter RAF-Piloten ging der Scherz um, in ihr könne man feindlichem Feuer durch Herumrennen im Cockpit entgehen. Das damals enorme Ladegewicht von 6124 kg war nichts im Vergleich zu den 9390 kg späterer Versionen aus dem Jahre 1945 und übertraf sogar das Gewicht einer Dornier Do 17. Dennoch erwies die „T-Bolt" sich auf allen Kriegsschauplätzen als das nützlichste alliierte Flugzeug überhaupt.

1940 war im US Army Air Corps die Frage nach der Größe der Jäger noch völlig ungeklärt. Bei der Republic Aviation Corporation, dem Nachfolger von Seversky Aircraft und zugleich einem der Haupthersteller, baute man traditionell Jäger mit Sternmotor, rundem Rumpf sowie elliptischen Tragflächen und Leitwerken und steckte gerade mitten in der Produktion der P-35 beziehungsweise der P-43 Lance mit einwärts einfahrendem Fahrwerk und einem Twin-Wasp-Motor mit

Fünf der ersten P-47 auf dem Weg zu ihrer Fliegereinheit, der 56. FG. Die Flugzeuge im Hintergrund gehörten zur 61. Jägerstaffel (FS). Diese Gruppe, noch mit den frühen P-47B ausgerüstet und vom berühmten Colonel Hubert Zemke geleitet, kam Ende 1942 in England an und erprobte die P-47 erstmals im Kampf.

Ein schönes Porträt einer P-47D aus dem Werk Evansville auf einem Einsatzflug. Sie gehörte zur 82. FS der in Duxford stationierten 78. FG. Das Foto stammt mit Sicherheit aus der Zeit nach dem „D-Day", weil es außer dem berühmten Schachbrettmuster vorne auch einen der (schwarzen oder weißen) „Invasionsstreifen" zeigt.

Turbo-/Höhenlader. Vorgesehen waren verschiedene AP-4-Projekte mit dem 1044 kW (1400 PS) starken Motor R-2180 oder dem neuen Double Wasp mit 1380 kW (1850 PS), aber auch die leichtgewichtige AP-10 mit ihrem wassergekühlten Allison-Motor und zwei 12,7-mm-MGs befand sich bereits in der Planung. Die Kampfberichte aus Europa gaben indessen keiner der Maschinen große Chancen, und so stellte Chefingenieur Alex Kartveli am 12. Juni 1940 ein völlig neues Flugzeug vor – das technisch vermutlich fortgeschrittenste zu der Zeit. Das Army Air Corps übernahm es angesichts seiner Sorgen ohne großes Zögern unter der Bezeichnung XP-47B. Die ursprünglichen Modelle XP-47 und XP-47A waren nur Versionen der völlig anders gearteten AP-10 gewesen.

Das Konzept der starken Motoren

Der neue Jäger war ein außergewöhnlicher Wurf. Schon die Motorinstallation war so komplex, daß Kartveli sie zuerst konzipierte und dann das Flugzeug um den Motor herum baute. Er hatte den großen R-2800 mit 18 Zylindern gewählt, dessen Turbolader er aus aerodynamischen und Leistungsgründen am hinteren Rumpf unten statt nahe beim Motor montierte. Die diversen Abgasöffnungen waren zu zwei enormen Auspuffrohren gebündelt, die bei voller Leistung an ihren Gegenstromenden rot glühten und unter den Tragflächen zum Turbolader zurückliefen. Dort leitete ein variables Ventilsystem, das sogenannte Fallbrett, die heißen Abgase nach außen ab oder, bei höherer Geschwindigkeit, in das Antriebssystem der Triebwerksturbine ein, die einen hochkomprimierten Zentrifugalkompressor mit zirka 60.000 U/min antrieb. Der Kompressor speiste zur Luftverdichtung über Rohre mit eingebauten Zwischenkühlern komprimierte Luft in das Triebwerk ein, um die Antriebsleistung zu erhöhen. Diese Masse an Rohren und Leitungen erforderte einen bauchigen Rumpf mit gut über seinem unteren Rand liegenden Tragflächen.

Eben dies war Kartveli allerdings nicht recht, weil die große Leistung des Motors einen Curtiss-Konstantgeschwindigkeits-Elektropropeller mit 3,71 m Durchmesser erforderte. Um beim Start eine ausreichende Bodenfreiheit der Propellerenden zu gewährleisten, wurde ein hohes Fahrwerk benötigt, zumal das Flugzeug kein Tiefdecker war und die Tragflächen dihedral (in V-Stellung) stehen mußten. Hohe Fahrwerke sind nicht nur sehr schwer (sollen sie nicht bruchanfällig sein), sondern benötigen im eingefahrenen Zustand auch viel Platz. Auch dies paßte nicht in Kartvelis Konzept. Er brauchte den Raum für seine geplante phänomenale Bewaffnung mit acht großen 12,7-mm-Browning-Bordkanonen, die er alle in den Tragflächen außenbords der Fahrwerksräder unterbringen wollte. Seine Lösung war in technischer Hinsicht genial. Das Fahrwerk verkürzte sich im eingefahrenen Zustand um 22,86 cm und paßte damit in die ausreichend bemessenen Fahrwerkswannen der Tragflächen. Daneben befanden sich in jeder Tragfläche vier Bordkanonen, die so montiert waren, daß die sperrigen Munitionsboxen mit 350 Schuß nebeneinander bis zur Tragflächenspitze gelagert werden konnten.

Der erste Thunderbolt-Typ XP-47B auf dem Rollfeld in Farmingdale Ende April 1941. Die Kanzel konnte seitlich aufgeklappt werden. Nach den Bodentests flog sie Lowry L. Brabham erstmals am 6. Mai. Lecks in der Treibstoffleitung zwangen ihn fast zum Aussteigen.

Die unverkennbare Silhouette

Die gestauchte Nasenhaube war nicht rund, sondern birnenförmig, um links und rechts die Leitungen für die Ölkühlungen sowie den sperrigen Zwischenkühler, dessen Luft über ein rechteckiges Ventil am Heck wieder abgelassen werden konnte, aufnehmen zu können. Der Platz für die große Treibstoffmenge im Haupt- und Reservetank (776 und 379 Liter, beide selbstdichtend) fand sich über den Tragflächen zwi-

Von den insgesamt 15.683 P-47 verfügten nur zwei (P-47D-15-RA) über wassergekühlte Motoren. Sie wurden für Testzwecke mit dem aus vorderer und hinterer Hälfte bestehenden Chrysler-Motor XIV-2200-1 entwickelt, dessen beachtliche 1865 kW (2500 PS) vier V-Doppel-Hängezylinder mit Mittelantrieb lieferten.

schen den Lader-Leitungen und im Heck unter dem Cockpit, das mit Kontrollgeräten, wie sie damals noch kein Jäger hatte, ausgestattet war. Dazu gehörten neben elektrischen Treibstoffanzeigen die automatische Kabinenklimatisierung und eine Waffenschachtheizung mit Vereisungsschutz. Die tiefe V-Windschutzscheibe, die nach oben aufklappbare Kanzel und die scharfe Oberkante am hinteren Rumpf trugen den frühen P-47 den Beinamen „Razorback" ein.

Am 6. Mai 1941, acht Monate nach der Auftragserteilung, fand der erfolgreiche Jungfernflug des noch ungestrichenen Prototyps XP-47B statt. Dennoch gab es auch eine Reihe von Problemen: So führte etwa die Größe und Schwere der Maschine zu Schwierigkeiten mit den beschichteten Rudern. Die Kanzel klemmte, und es gab Kummer mit den Bordkanonen, den Treibstoffleitungen und der Motoraufhängung. Trotzdem bestellte die US Army 171 Exemplare des neuen Jägers, gefolgt von weiteren 602 Maschinen der verbesserten Version P-47C. Die erste Serie der P-47B lief im März 1942 in Farmingdale auf Long Island vom Fließband und verfügte neben einer Druckluftkanzelschiebeöffnung über metallverkleidete Ruder (was damals noch nicht zum Standard gehörte), eine weiter hinten montierte schräge Antenne sowie über stumpfe Querruder, Balance-/Trimm-Seitenruder und einen Serienmotor R-2800-21. Die ersten Auslieferungen gingen an die 56. Jägergruppe (FG) der damaligen US Army Air Force. Obwohl zunächst Reifen platzten und gravierende Steuerungsprobleme auftraten, wurde die 56. FG mit ihren insgesamt 674½ Luftsiegen die erfolgreichste Jägergruppe der ganzen US-Streitkräfte. Gemeinsam mit der 78. FG wurde sie der 8. Air Force in England zugeteilt und flog die ersten Einsätze am 13. April 1943. Mit nur 1155 Litern Treibstoff war es der Maschine, die im Luftkampf mit den kleineren Messerschmitt Bf (Me) 109 und Focke Wulf Fw 190 erhebliche Schwierigkeiten hatte, nicht möglich, die Bomber weit genug zu begleiten. Aufgrund ihrer hohen Sturzfluggeschwindigkeit konnte sie sich zwar immer absetzen, aber nicht dies war Sinn der Sache, sondern, die Maschinen der Deutschen abzuschießen.

Kennungsprobleme

Die letzte P-47B, die XP-47E, verfügte über eine Kanzel mit Druckausgleich, und die 172. Maschine war zugleich die erste P-47C mit einem fundamentalen Gleichgewichtsproblem, das durch Montage des Motors 30 cm weiter vorn behoben werden konnte. Die neue Variante verfügte erstmals auch über eine Halterung unter dem Rumpf für eine 227-kg-Bombe oder einen abwerfbaren 757-Liter-Zusatztank, und die auffälligste äußere Veränderung war die vertikale Festantenne. Das Erkennen der P-47 hätte eigentlich kein Problem sein dürfen, doch auf dem europäischen Kriegsschauplatz war der Kennungsstandard so schlecht, daß die ersten, oliv gestrichenen Thunderbolt mit weißen Streifen am Leitwerk und einer weißen Nase versehen werden mußten, um nicht versehentlich als Focke Fw 190 abgeschossen zu werden. Mitte 1943, als die ersten P-47D zum Kampfeinsatz kamen, war die

Vier Maschinen der 56. FG auf einem Flug über Connecticut, Long Island, Mitte 1942, als noch mühsam daran gearbeitet wurde, die Kinderkrankheiten dieses potentiell hervorragenden Jägers zu beseitigen. Die erkennbare scharfe Rückenlinie dieser frühen Thunderbolt trug ihnen den Beinamen „Razorback" ein.

Aufriß-Erläuterung Republic P-47D-10 Thunderbolt

1 Oberes Ruderscharnier
2 Antennenbefestigung
3 Seitenflossenrippen
4 Hinterer Ruderholm
5 Vorderer Ruderholm
6 Trimmklappengewinde und Schraubmechanismus (Kettenzug)
7 Mittleres Ruderscharnier
8 Rudertrimmklappe
9 Ruderstruktur
10 Leitwerknavigationslicht
11 Feste Höhenrudertrimmklappe
12 Höhenrudertrimmklappe
13 Höhenruderstruktur (steuerbord)
14 Außenscharnier Höhenruder
15 Höhenruderdrehmomentrohr
16 Höhenrudertrimmklappengewinde und Schraubmechanismus
17 Kettenzug
18 Höhenflosse (steuerbord)
19 Leitwerksstützungspunkt
20 Rudersteuerkabel
21 Höhenrudersteuerungsgestänge und -verbindung
22 Flossenholm/Rumpfverbindungspunkte
23 Backbordhöhenruder
24 Antenne
25 Höhenruderflosse (backbord)
26 Heckradeinfahrgewinde
27 Heckradflatterdämpfer
28 Heckradölfederbein
29 Heckradklappen
30 Einfahrbares und steuerbares Heckrad
31 Heckradgabel
32 Heckradmontierung und -achse
33 Ruderkabel
34 Ruder- und Höhenrudertrimmsteuerkabel
35 Heberohr
36 Höhenrudergestänge
37 Halbschalenbau-Ganzmetall-Rumpfkonstruktion
38 „Razorback"-Rumpfrückenprofil
39 Antenneneingang
40 Rumpflängsversteifung
41 Laderfilter
42 Lader
43 Turbinengehäuse
44 Turboladerlüftungsraum
45 Abdeckungsübergang Turboladerauspuff
46 Auslaßöffnungen
47 Zwischenkühlerauslaßklappen
48 Auspuffrohre
49 Luftkühlungsleitungen
50 Zwischenkühler (Kühl- und Laderluft)
51 Funkgerät und Empfänger (Detrola)
52 Kanzelschiene
53 Höhenrudergestänge
54 Festantenne
55 Formationslicht
56 Rücksichtsöffnung und -verglasung
57 Sauerstoffflaschen
58 Belüftungsrohr für Lader und Kühler (backbord)
59 Höhenruderverbindung
60 Belüftungsrohr für Lader und Kühler (steuerbord)
61 Zentralleitung (zum Zwischenkühler)
62 Auslaßöffnungen am Tragflächenansatz
63 Tragflächenansatzausrundung
64 Reservetank (379 l)
65 Reservetankfilter
66 Ruderkabelspanner
67 Cockpitbodenstützung
68 Sitzverstellung
69 Pilotensitz
70 Kanzelnotabwurf
71 Trimmklappensteuerung
72 Rücken- und Kopfstützenarmierung
73 Kopfstütze
74 Kanzel (Schiebeöffnung nach hinten)
75 Rückspiegelverkleidung
76 V-Windschutzscheibe mit Mittelträger
77 Innere Schutzscheibe aus kugelsicherem Glas
78 Schießvisier
79 Motorsteuerungsquadrant (Cockpitwand, backbord)
80 Steuerknüppel
81 Ruderpedale
82 Sauerstoffregulator
83 Unterbodensteuerungsquadrant Höhenruder
84 Ruderkabelgestänge
85 hinterer Tragflächenholm/Rumpfverbindung
86 Untere Tragflächenstützung (Schotte)
87 Haupttank (776 l)
88 Vordere Rumpfstruktur
89 Feuerschott (rostfreier Stahl/Alclad)
90 Motorhaubenklappenventil
91 Haupttankeinfüllstutzen
92 Gefrierschutzmitteltank
93 Hydraulikbehälter
94 Querrudersteuergestänge
95 Querrudertrimmklappen-Steuerkabel
96 Querruderscharnierabdeckung
97 Querruder- und Klappensteuerungsverbindung
98 Querrudertrimmklappe (backbord)
99 Querruder, Frise-Bremsklappentyp
100 Hinterer Tragflächenholm (Nr. 2)
101 Navigationslicht (backbord)
102 Pitot-(Stau-)rohr
103 Vorderer Tragflächenholm (Nr. 1)
104 Tragfläche (Schalenbauweise)
105 Munitionskammern für vier MGs
106 MG-Läufe (versetzt angeordnet)
107 Abnehmbare Abdeckung
108 Abdeckung des Waffenwannenzugangs im Zwischenholm
109 Schießvisierverbindung vorne
110 Ölleitungen
111 Öltank (108 l)
112 Hydraulikdruckleitung
113 Obere Motorhalterung
114 Motorsteuerungsausgleichsnocke
115 Eklipsenpumpe (Enteisung)
116 Treibstoffpegelanzeiger
117 Generator
118 Batterieanschlußbox
119 Akkumulator
120 Abgassammelring
121 Aktivierungszylinder Motorhaubenklappe
122 Auslasse zum Abgassammelring
123 Motorhaubenklappen
124 Lader- und Kühler-Luftkanäle zum Vergaser
125 Obere Abgasauslasse
126 Motorhaubenrahmen
127 Pratt & Whitney R-2800-59, 18 Zylinder
128 Abdeckung der Motorhaube vorn
129 Magneten
130 Propellerregler
131 Propellernabe
132 Reduktionsgetriebegehäuse
133 Propellerhaube
134 Propellermuffen
135 Elektrischer Konstantgeschwindigkeits-Vierblatt-Propeller (Curtiss)
136 Ölkühleröffnung
137 Mittlere Luftzufuhr für Laderzwischenkühler
138 Lufteinlaß
139 Ölkühlerrohre
140 Ölkühlung
141 Untere Motorhalterung
142 Variabler Ablaß Ölkühlung
143 Feste Halterung
144 Abgasüberschußauslaß
145 Stauraum unten
146 Abwerfbarer Metall-Zusatztank (284 l)
147 Innenbordradwannenklappe
148 Aktivierungszylinder Innenbordradwannenklappe
149 Schießvisier (backbord)
150 Kabinenklimatisierungseingang (nur steuerbord)
151 Tragflächenansatzverkleidung
152 Tragflächenvorderholm/Rumpfansatz

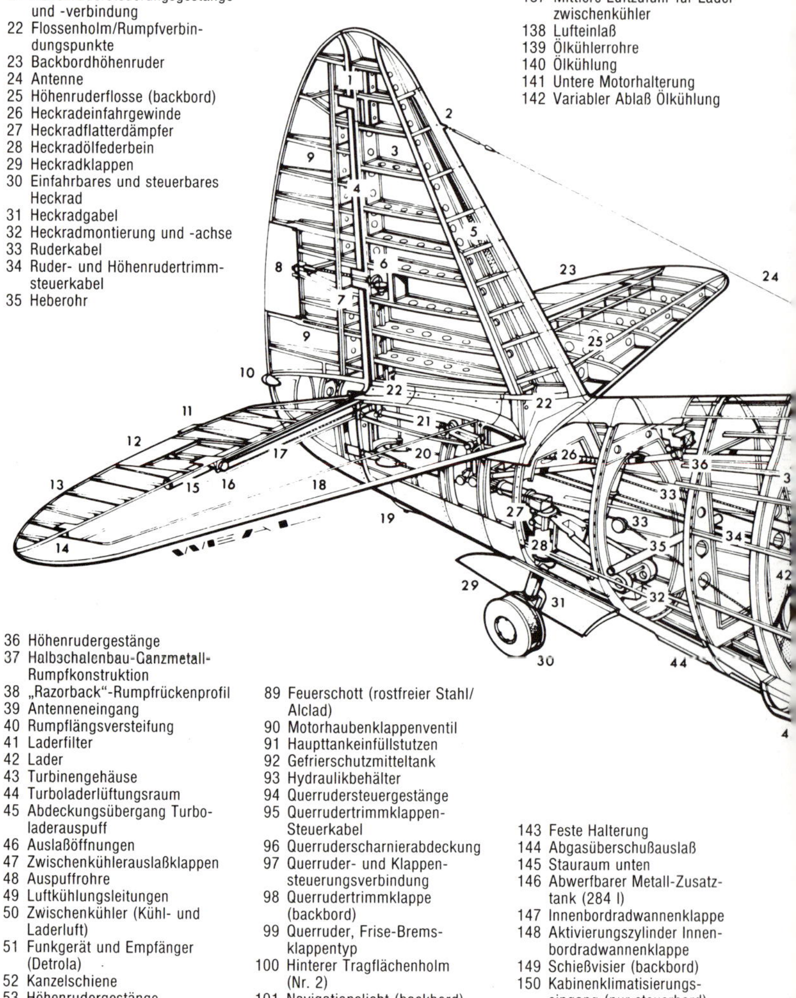

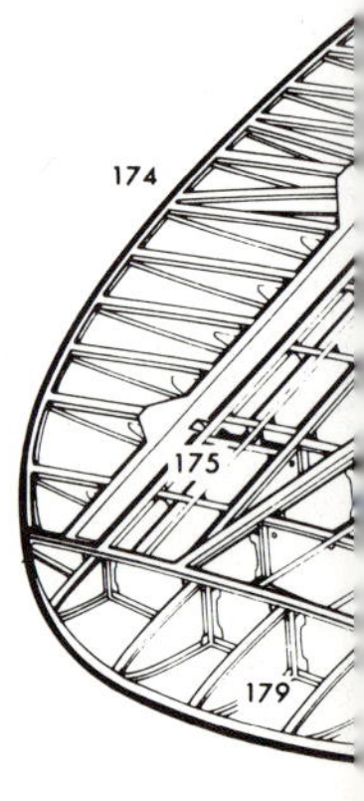

Nur selten wurden Jäger so auffallend bemalt wie diese in Indiana gebaute P-47D-30 der 9. Air Force (366. FS/358. FG). Sie flog Ende 1944 während des deutschen Rückzugs aus Frankreich Einsätze von Toul-Rosières aus, das bis heute ein Fliegerhorst der Armée de l'Air ist. Nach dem Krieg wurde die Maschine der Air National Guard Indianas einverleibt.

Die schnellste aller P-47 aus der Serienproduktion war der elfte, zur Jagd auf die deutschen Flugbomben konzipierte und ab Anfang 1945 bei der 63. FS der 56. FG eingesetzte sogenannte „Renner" P-47M. Jede Staffel ließ sich ihre P-47M in einer eigenen Farbe streichen, die 63. in einer Mischung aus Himmel- und Purpurblau.

153 Innenbord-Tragflächenrippe Radeinzug
154 Vorderer Tragflächenholm (Nr. 1)
155 Fahrwerkgelenkansatz
156 Hydraulischer Fahrwerkeinzugszylinder
157 Zusatztragflächenholm (Fahrwerkhalterung)
158 Verstellbare Waffenwannen-Warmluftdüse
159 Hinterer Tragflächenholm (Nr. 2)
160 Innenbord-Landeklappenscharnier
161 Innenbord-Zusatztragflächenholm (Nr. 3)
162 Hintere NACA-Landeklappenschlitze
163 Mittleres Landeklappenscharnier
164 Landeklappen-Hydraulikzylinder
165 Vier Browning-MGs 12,7 mm
166 Innenbord-Zwischenholmrippe Waffenwanne
167 Munitionszulauf
168 Getrennte Munitionskammern
169 Untertragflächenträger
170 Außenbordscharnier Landeklappen
171 Klappenöffnung
172 Landeklappenprofil
173 Feste Querruderhilfsklappe (nur steuerbord)
174 Frise-Typ Querruderstruktur
175 Querruderscharnier/stahlgeschmiedete Zusatzholme
176 Außenbord-Tragflächenzusatzholm (Nr.3)
177 Tragflächenwabenkonstruktion
178 Außenbord-Tragflächenrippen
179 Tragflächenendenstruktur
180 Navigationslicht (steuerbord)
181 Tragflächenrippen vorne
182 Bombenschäkel
183 Sprengbombe M43 (227 kg)
184 Fahrgestellverkleidung
185 Radverkleidung (unterer Abschnitt)
186 Radgabel
187 Hauptrad (steuerbord)
188 Bremsleitungen
189 Landungsstoßdämpfer (Luft-Öl)
190 MG-Strahlrohre
191 Versetzte MG-Läufe
192 Raketenstarter
193 Mittlerer Haltegurt
194 Vordere Halterung (unter dem vorderen Holm zwischen den Innenbord-MGs)
195 Halterungsarme
196 Dreifach-Raketenstarter (11,5 cm, Typ M10)
197 Vorderer Haltegurt
198 Raketengeschoß M8 (11,5 cm)

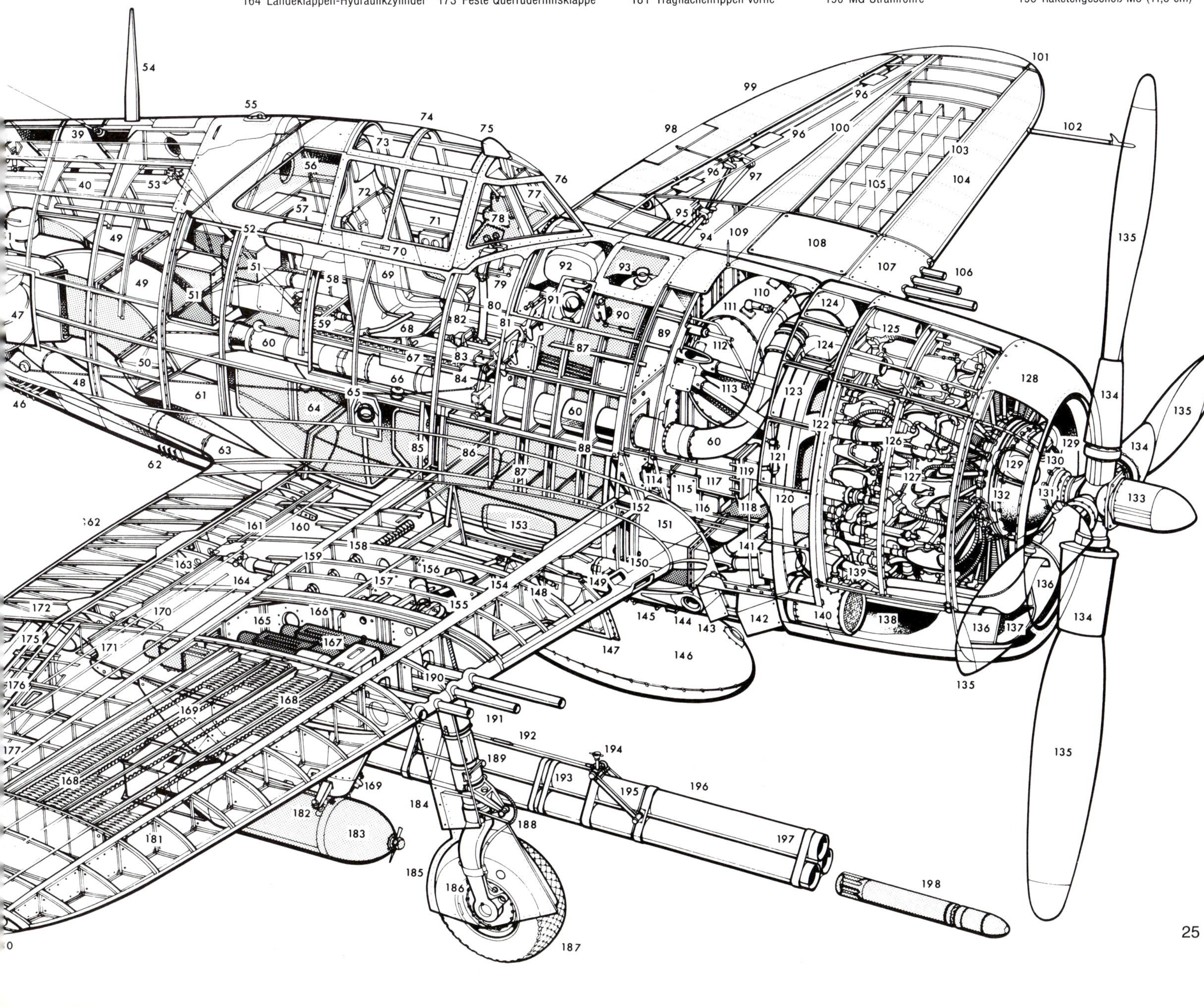

TECHNISCHE DATEN

Typ: einsitziger Jagdbomber
Triebwerk: ein Pratt & Whitney Double Wasp R-2800-59W, 1891 kW (2535 PS) Mindestleistung
Leistung: Höchstgeschwindigkeit 697 km/h, Anfangssteigung 976 m/min, Dienstgipfelhöhe 12.495 m; Reichweite mit drei Zusatztanks 3060 km
Gewicht: Leermasse (typisch) 4513 kg, Startmasse (max.) 7938 kg
Abmessungen: Spannweite 12,42 m, Länge 11,02 m, Höhe 4,47 m, Tragflügelfläche 27,87 m^2
Bewaffnung: acht 12,7-mm-MGs plus Möglichkeit für maximal 1134 kg Außenladung (Bomben, Napalm oder acht Raketen)

Eine P-47D mit 454-kg-Bomben unter den Tragflächen sowie einem von neun Typen abwerfbarer Zusatztanks unter dem Rumpf. Dieser spezielle Typ, eine P-47D-25-RE, stand im Dienst der 527. FS der 86. FG, einer der wichtigsten Jägergruppen im Mittelmeergebiet. Sie kämpfte sich von Nordafrika aus über Sizilien nach Italien durch und war seit 1944 mit der P-47D ausgerüstet. Ihre Einsätze umfaßten Bodenangriffe gegen Kesselrings Rückzug, Aktionen auf dem Balkan und Langstreckengeleitschutz der B-24-Bomber (gelegentlich auch anderer) bis nach Berlin. Diese „Rabbit“ hier war in Pisa stationiert. Bemerkenswert an dieser Maschine ist, daß unter der Gruppenstreifenbemalung sogar die USAAF-Leitwerksnummer verschwunden ist.

Diese in Evansville gebaute P-47D, eine der letzten „Razorback“-Versionen, war für den pazifischen Kriegsschauplatz konzipiert und gehörte zur 19. FS der 318. FG. Die Maschine war im Sommer 1944 auf Saipan stationiert.

Mindestens 830 P-47 wurden an die RAF geliefert, die meisten davon aus der letzten, später in Thunderbolt II umbenannten Produktionsserie der P-47D. Diese P-47D-30 hier war Ende 1944 bei der 79. RAF-Staffel an der burmesischen Front in Dienst und in Wangjing stationiert. Alle alliierten Flugzeuge an der japanischen Front vermieden einen roten Farbanstrich.

Mehrere P-47, die Geleitschutz versahen oder Bodenangriffe flogen, wurden von den Deutschen erbeutet, darunter auch diese in Frankreich notgelandete P-47D. Sie flog kurz darauf, versehen mit der Originalbemalung und Staffelkennung sowie dem persönlichen Emblem des Piloten, bei der deutschen Sonderaufklärungsstaffel 103 in Paris-Orly.

Unverwüstlichkeit dieses Musters bereits allgemein anerkannt. Sie kehrte immer wieder, auch in stark angeschlagenem Zustand, zu ihrer Einsatzstaffel zurück, und selbst Notlandungen überstanden ihre Piloten meist unverletzt.

Die hochgezüchtete Version

Die erste Bestellung für die P-47D erfolgte schon am 13. Oktober 1941, kurz vor dem Kriegsbeitritt der USA, aber erst Mitte 1943 setzte eine wahre Produktionsflut ein. Am Ende waren, unter Einschluß der Produktion einer neuen zusätzlichen Fabrik in Evansville, Indiana, 12.602 Exemplare dieser Version gebaut worden, bei weitem mehr als von jedem anderen amerikanischen Jäger. Hinzu kamen 354, unter der Bezeichnung P-47G geführte Maschinen von Curtiss-Wright. Die P-47D besaß im Prinzip sämtliche Verbesserungen des Typs, vom aufrisierten Motor mit Wassereinspritzung für Notbeschleunigungen im Kampf und besserer Turboladerinstallation bis zur verbesserten Pilotenbewaffnung und strapazierfähigeren Reifen mit Mehrfachbeschichtung. Die verbesserte P-47D-20 und ihr Pendant aus dem Werk Evansville verfügte über eine Universaltragfläche mit Trägern für 454-kg-Bomben auf beiden Seiten oder einen 568-Liter-Zusatztank, der ihnen gestattete, beide Arten von Lasten zu tragen. Mit drei Tanks konnte die P-47 den Bombern Geleitschutz bis ins Herz des Deutschen Reiches geben. Auf dem Rückweg wurde die nicht verfeuerte Munition auf Gelegenheitsbodenziele verschossen, was die P-47D im letzten Kriegsjahr zum wichtigsten Bodenangreifer der alliierten Luftstreitkräfte in Europa machte. Auch im Pazifik fand sie Verwendung, und ebenso bei der RAF (hauptsächlich in Burma), in der Sowjetunion, in Brasilien und Mexiko.

Im Juli 1943 wurde eine Variante des Typs unter der Bezeichnung XP-47K mit einem niedrigeren Heck und der Allsichtrundkanzel einer Typhoon ausgestattet. Sie hatte so großen Erfolg, daß sie sofort in die mit der P-47D-25-RE (in Evansville P-47D-26-RA) beginnende Serienproduktion ging. Zu dieser Zeit wurden die Maschinen noch ohne Farbanstrich ausgeliefert, was ihre Flugleistung verbesserte. Trotz der enormen Gewichtssteigerung auf 7938 kg erreichte der verbesserte Motor mit einem speziell in größeren Höhen nützlichen neuen Breitblattpropeller eine größere Leistung, was einen weiteren Steigschub bis zu 122 m/min mit sich brachte. Das niedrigere Leitwerk hatte allerdings eine geringere Steuerungsstabilität zur Folge, so daß der Flossenbereich der D-27-RE bis zur Kanzel mit einer flachen Rückenflosse versehen wurde. Mit Einführung der Variante D-35-RA erhielt jede Tragfläche Punktstartvorrichtungen für fünf 12,7-cm-Raketengeschosse auf jeder Seite.

Die einzigen anderen in Dienst gestellten Varianten waren die als „hot rods“(„Renner“) geltenden P-47M sowie die P-47N mit ihrer übergroßen Reichweite. Die P-47M ging im Sommer 1944 zur Abwehr der V1-Flugbomben in Produktion. Im wesentlichen handelte es sich bei diesem Muster um eine späte Version der P-47D, die mit dem extra-

Der letzte Thunderbolt-Typ, die P-47N, war der größte und schwerste Bomber der gesamten Serie. Er verfügte über eine vergrößerte Spannweite und eine speziell für die weiten Räume des pazifischen Kriegsschauplatzes konstruierte Betankung. Die Rückenflosse war größer als die der späten P-47D.

Eine farbenfrohe P-47D-30-RA mit Rückenflosse, die im Sommer 1945 bei den Besatzungstruppen der 512. FS (406. FG) in Nordholz in Dienst gestellt wurde. Nordholz ist berühmt, weil dort im Ersten Weltkrieg die Zeppeline der Deutschen Kaiserlichen Marine stationiert waren.

P-47 flogen viele alliierte Nationen im Zweiten Weltkrieg, insbesondere die Engländer, Franzosen und Russen. Auch Brasiliens Luftstreitkräfte hatten sie übernommen; das Land entsandte nach seinem Kriegseintritt am 22. August 1942 eine Jägergruppe (1° Grupo de Caça) mit P-47D-25-Maschinen nach Italien, die der 12. AF unterstellt wurde. Diese Maschine hier war in Tarquinia stationiert.

Eine in Farmingdale gebaute P-47D-25-RE einer Jägerstaffel der 8. Air Force in England (352. FS der 353. FG, stationiert in Raydon, Suffolk). Die abgebildete, „Butch II" genannte Maschine (AAF-Nr. 42-26459) trug die Codebuchstaben SX-B. Die Staffel hatte das übliche Schachbrettmuster auf der Motorhaube zu Karos verschoben.

starken Motor R-2800-57(C) ausgerüstet war. Diesen Motor hatte man bereits im Versuchsprototyp XP-47J verwendet, der mit 811 km/h als schnellster Kolbenmotorjäger aller Zeiten in die Geschichte einging. Neue Bremsklappen an den Tragflächen ermöglichten dem Piloten, bei der Verfolgung langsamerer Flugzeuge kurz vor dem Eröffnen des Feuers die Geschwindigkeit zu verringern.

Der Pazifikjäger

Die P-47N war fast ein neues Flugzeug, da es neukonstruierte Tragflächen mit großer Spannweite besaß, die nicht nur auf die größere Nutzlast zugeschnitten waren, sondern erstmals selbst als Treibstofftanks dienten. In jeden Flügel wurde ein 352-Liter-Tank eingebaut, so daß die Maschine zusammen mit den Außen-Zusatztanks über 4792 Liter Treibstoff verfügte. Das Ergebnis war ein echter Langstreckenjäger für den Pazifikkrieg, wenn auch die volle Nutzlast von 9616 kg ein verstärktes Fahrgestell und lange Rollfelder verlangte. Die P-47N besaß einen Motor vom Typ -77, vergrößerte Querruder mit eckigen Enden für große Startgeschwindigkeit sowie Punktstartvorrichtungen für Raketengeschosse. Farmingdale baute 1667 dieser Maschinen, und Evansville lieferte noch 149 von 5934 bestellten Exemplaren aus. Die Gesamtproduktion aller Versionen belief sich auf 15.683 Maschinen.

Über die Leistungen der „Jug" ist viel geschrieben worden. P-47 flogen zwischen März 1943 und dem pazifischen Kriegsende im August 1945 knapp 546.000 Kampfeinsätze. Ihre Verlustrate von nur 0,7 Prozent pro Einsatz, bei Feindverlusten von 4,6 Maschinen pro verlorener P-47, ist als außergewöhnlich niedrig zu bewerten. Sie warfen 119.750 t Bomben und tausende Gallonen Napalm ab, verschossen 132 Millionen Geschosse des Kalibers 50 und über 60.000 Raketen. Sie verbrauchten in 1.934.000 Flugstunden 774.129.000 Liter Treibstoff. Die Zahl der Bodenzerstörungen ist astronomisch, doch bedeutender waren die 3752 auf dem europäischen Kriegsschauplatz (mit Ausnahme der italienischen Front) abgeschossenen und 3315 am Boden zerstörten Feindflugzeuge. Diese Verluste bluteten die deutsche Luftwaffe aus; sie konnte sie nicht mehr ausgleichen.

Republic P-47 Thunderbolt-Varianten

XP-47B: Prototyp, Erstflug 6. Mai 1941, Sternmotor XR-2800, 1380 kW/1850 PS (später 1492 kW/2000 PS); Höchstmasse 5482 kg, Höchstgeschwindigkeit 663 km/h (Einzelexemplar)

P-47B: erste Produktionsversion, erste Maschine geflogen im März 1942; Sternmotor R-2800-21, 1492 kW/2000 PS, Schiebekanzel und metallbeschichtete Ruder; Höchstmasse 6060 kg, Höchstgeschwindigkeit 674 km/h (171 Exemplare)

P-47C: verbessertes Produktionsmodell, Erstflug September 1942, anfangs gleicher Motor wie P-47B, später (ab P-47C-5-RE) R-2800-59 mit 1716 kW/2300 PS; verlängerter Vorderrumpf, Vorrichtung für Unterrumpftank bzw. -bombenaufhängung; Höchstmasse 6770 kg, Höchstgeschwindigkeit 697 km/h (602 Exemplare)

P-47D: Hauptproduktionsmodell, erstes Exemplar erstmals im Dezember 1942 geflogen; Sternmotor mit Wassereinspritzung R-2800-59W (1716 kW/2300 PS oder 1891 kW/2535 PS); zahlreiche Modifizierungen in mehreren Serienblöcken; Höchstmasse 7938 kg, Höchstgeschwindigkeit (leer) 697 km/h (12.602 Exemplare)

XP-47E: experimentelle Version von 1943 der P-47D mit Kabinendruckausgleich (Einzelexemplar)

XP-47F: experimentelle Version von 1943 der P-47B mit Laminarströmungs-Tragflächen (Einzelexemplar)

P-47G: von Curtiss-Wright gebaute Version des „Razorback"-Modells der P-47D (354 Exemplare)

XP-47H: experimentelle Entwicklung der P-47D mit Hängezylinder-V-Motor Chrysler XIV-2220-1 (1716 kW/2300 PS, wassergekühlt, 16 Zylinder), im Aussehen völlig verschieden von allen anderen P-47-Modellen; Länge 11,94 m, Höchstgeschwindigkeit 789 km/h (zwei Exemplare)

XP-47J: experimentelle Entwicklung auf der Basis der P-47D mit leichteren Strukturen und einem speziellen Sternmotor R-2800-57(C) mit Turbolader CH-5 (2089 kW/2800 PS); ausgerüstet mit sechs 12,7-mm-MGs. Erstflug November 1943; im August 1944 erreichte das Modell die Höchstgeschwindigkeit von 811 km/h, Höchstmasse 6056 kg (Einzelexemplar)

XP-47K: weiterentwickelte P-47D mit der tränenförmigen Klarsitz-Kanzel der Hawker Typhoon; Erstflug 3. Juli 1943 (Einzelexemplar)

XP-47L: weiterentwickelte P-47D-20-RE mit von 1155 auf 1401 Liter Standardkapazität vergrößerten Rumpftreibstofftanks (Einzelexemplar)

P-47M: „Sprinter"- oder „Renner"-Modell auf der Basis der P-47D, aber mit einem Motor R-2800-57(C) von 2089 kW/2800 PS mit Turbolader CH-5; Erstflug Mitte 1944; einige ausgerüstet mit nur sechs 12,7-mm-MGs; Höchstmasse 7031 kg, Höchstgeschwindigkeit 756 km/h (133 Exemplare einschließlich drei Prototypen)

P-47N: Langstreckenmodell für den pazifischen Kriegsschauplatz, ausgerüstet mit neuen Tragflächentreibstofftanks, breiten Querrudern und eckig abgeschnittenen Tragflächenenden; verstärktes Fahrgestell und weitere Modifizierungen; Sternmotor R-2800-57(C) von 2089 kW/2800 PS; Höchstmasse bis zu 9616 kg, Höchstgeschwindigkeit 740 km/h, maximale Reichweite 3540 km (1816 Exemplare)

Hawker Hurricane

In der Militärfliegerei rangiert die Hurricane stets hinter der Spitfire, obwohl sie das wichtigste britische Flugzeug aller Zeiten darstellte. Dieses Muster war es, das die Nation in der Luftschlacht um England rettete und bis zum Ende des Zweiten Weltkriegs die alliierten Kampftruppen an allen Fronten unterstützte.

Die Spezifikation F.7/30, mit der England die Jägerentwicklung beschleunigen wollte, brachte keine grundlegenden technologischen Fortschritte. Vor diesem Hintergrund entstand jedoch 1933 die Hawker Hurricane in dem Bemühen, den erfolgreichen Jagddoppeldecker Hawker Fury zum Eindecker umzugestalten. Hierin lag der Entwurfsanachronismus, der die Hurricane eine ganze Generation hinter die Spitfire zurückwarf, denn während Mitchell bei Supermarine zur Schalenbauweise überging, war Camm auf das Konzept „Stoff auf Spant" festgelegt. In den hektischen Monaten der Jahre 1939 und 1940 aber, als die RAF-Jäger unter primitivsten Bedingungen operieren mußten, bewirkte eben diese einfache Konstruktion der Zelle, daß die Hurricane schwere Kampfbeschädigungen überstehen und effektiv repariert werden konnte.

Die erste Hurricane (K5083) flog Group Captain P.W.S. Bulman am 6. November 1935 von Brooklands aus. Der Prototyp, angetrieben von einem 764 kW (1039 PS) starken, flüssigkeitsgekühlten 12-Zylinder-Reihenmotor Rolls-Royce Merlin „C", einer Weiterentwicklung des privat finanzierten PV-12, wog insgesamt 2460 kg und war mit einem Zweiblatt-Holzpropeller von Watts ausgestattet; er erreichte eine Spitzengeschwindigkeit von 507 km/h in 4575 m Höhe.

Die Serienfertigung der ersten 600 im Juni 1936 bestellten Hurricane-Jäger lief 1937 an, etwas verzögert, da die Aufgabe des Merlin I zugunsten des Merlin II Änderungen der Flugzeugnase nach sich gezogen hatte. Bis dahin waren die MG-Bewaffnung mit acht Browning in den Flächen genehmigt und kleinere Modifikationen der Zelle vorgenommen worden, darunter eine verbesserte Kühlerwanne, eine verstärkte Cockpithaube und der Wegfall der Leitwerksstreben.

Noch vor Ende 1937 nahm No. 111 (Fighter) Squadron die ersten Einsatzjäger in Northolt entgegen, und im nächsten Jahr wurden No. 3 und No. 56 Squadron mit dem neuen Muster ausgerüstet. Früh durchgeführte Trudelversuche deckten die Notwendigkeit auf, die Kielfläche zu erweitern. Dazu wurde vor dem starren Spornrad zusätzlich ein Verkleidungselement an den Bauch geheftet und das Seitenruder um 7,62 cm tiefer gezogen.

Die Grundstruktur der Zelle und die Dringlichkeit, die Produktion im bedrohlichen Klima der internationalen Politik zu beschleunigen, erlaubten es kaum, noch vor Kriegsausbruch Verbesserungen an der Hurricane I vorzunehmen. Immerhin ersetzte man den hölzernen Festpropeller durch einen in zwei Stellungen regelbaren Dreiblatt-Metallpropeller von de Havilland und später durch eine Rotol-Luftschraube mit konstanter Drehzahl, die dem Jäger merklich bessere Steig- und Flugleistungen in mittlerer Höhe verlieh. Ermöglicht hatte diese Änderungen die Verfügbarkeit des Flugmotors Merlin III mit 786 kW (1044 PS) und Universal-Propellerwelle. 1939 flossen metallbeplankte Tragflächen in die Serienfertigung ein.

Bei Kriegsausbruch waren insgesamt 497 Hurricane I für die Royal Air Force gebaut und 18 in der Heimat stationierten Jagdstaffeln zugeführt. Einigen befreundeten Nationen hatte England den Import genehmigt, darunter Jugoslawien (12 Exemplare plus Lizenzfertigung), Südafrika (7), Rumänien (12), Kanada (20), Persien (2), Polen (1), Belgien (20 Exemplare plus Lizenzfertigung) und der Türkei (15). Pläne zur Einrichtung einer weiteren Fertigungsstraße bei der Gloster Aircraft Company waren weit fortgeschritten, und man begann, die Werkstätten zur Hurricane-Produktion durch die kanadische Firma Car & Foundry Company in Montreal auszurüsten (Kanada produzierte im Krieg insgesamt 1451 Hurricane-Jäger). In Longbridge fertigte die Austin Motor Company 1941 ebenfalls 300 Hurricane.

Auf Feindfühlung

Vier Hurricane-I-Staffeln (No. 1, 73, 85 und 87) gehörten zur Luftflotte, die die RAF im September 1939 nach Frankreich schickte, und Pilot Officer P.W.O. Mould von No. 1 Squadron schoß am 30. Oktober als erster ein deutsches Kriegsflugzeug, eine Dornier Do 17, ab. Die Hurricane kam mit den einfachen Flugfeldern in Frankreich gut zurecht, vor allem dank ihres robusten, breitspurigen Fahrgestells, während die Spitfire zur Abwehr von Gefahren der Britischen Inseln in der Heimat zurückgehalten wurde.

1940 rollten die ersten Hurricane I vom Gloster-Montageband und aus dem neuen Hawker-Werk in Langley, Bucks. Während der letzten Tage des Norwegenfeldzugs war eine Hurricane-Staffel in Narvik stationiert, aber alle Maschinen gingen verloren, als der Flugzeugträger

Der Staub und Sand der Wüste Nordafrikas nahm den Piloten nicht nur die Sicht, sondern setzte auch den Motoren hart zu. Diese Hurricane-Panzerjäger Mk IID der No. 6 Squadron rollen in Sidi Bu Amud zum Start, um das Afrikakorps, das sich im Januar 1943 nach der zweiten Schlacht von Al Alamain auf dem Rückzug befand, vernichtend zu schlagen.

Diese Hurricane I mit Rotol-Propeller wurde vermutlich im französischen Merville im Mai 1940 von den Deutschen erbeutet und in Magdeburg ausgewertet. Die Luftwaffe verachtete die Hurricane, obwohl sie in den ersten dreißig Kriegsmonaten mehr Verluste durch die Kanonen der Hurricane als durch die der Spitfire hinnehmen mußte.

Hurricane IIB (Z3768) der No. 134 Squadron, No. 51 Wing, in Vaenga, Nordrußland, im September 1941. Dieses Jagdgeschwader (mit der 81. und 134. Staffel) hatte man rasch in Großbritannien zusammengestellt und mit Flugzeugen, die eigentlich für Nordafrika vorgesehen waren, nach Rußland verschifft. Dies erklärt den Tropenfilter unter dem Bug.

HMS Glorious, der sie zurückbringen sollte, versenkt wurde. Über Dünkirchen und in der letzten Phase des Frankreichfeldzugs befanden sich die Hurricane-Jäger im Dauereinsatz gegen die Luftwaffe, doch die Hurricane-Verbände der belgischen Luftstreitkräfte wurden fast vollständig aufgerieben.

Bei der Luftschlacht um England bildeten die Hurricane I das Rückgrat des Fighter Command. Zwischen Juli und Oktober 1940 rüsteten sie 32 Jagdstaffeln (gegenüber 18½ Spitfire-Squadron) aus, denn bis zum 7. August waren nicht weniger als 2309 Maschinen ausgeliefert worden. Die Spitzengeschwindigkeit der Hurricane I mit Rotol-Propeller betrug 528 km/h in 5030 m Höhe, ein Wert, der weit hinter dem der überragenden Messerschmitt Bf 109E zurücklag. Diese Schwäche gab den Ausschlag dafür, daß man die Hurricane nach Möglichkeit stets gegen Feindbomber statt gegen deutsche Jagdeinsitzer einsetzte. Die Hurricane war bei den Jagdpiloten sehr beliebt, da sie sich als äußerst wendiger Kurvenkampfjäger mit felsenfesten Stabilitätseigenschaften zum Einsatz der Rohrwaffen und allerengsten Kurvenradien erwies, die sie besonders effektiv im Kampf gegen schwere Jagdflugzeuge wie die Messerschmitt Bf 110 machten. Entscheidend für den Ausgang dieser Luftschlacht aber war das abgestimmte Zusammenwirken der verschiedenen Elemente der britischen Luftabwehr.

Retter der Nation

Im September 1940, als die Luftschlacht ihren Höhepunkt erreicht hatte, erschienen die ersten Hurricane Mk II mit dem Zweistufen-Ladermotor Merlin XX, der 883 kW (1200 PS) auf den Rotol-Propeller am leicht gestreckten Bug abgeben konnte. In der Version Mk IIA, Serie I, weiterhin mit acht Browning bewaffnet, konnte die Hurricane auf eine Spitzengeschwindigkeit von 550 km/h beschleunigen. Die Serie 2 der Mk IIA führte Anschlüsse für ein „Universal-Tragwerk" ein, das 220-Liter-Zusatztanks an der Unterseite aufnehmen konnte. Diese Variante war eigentlich für Luftverlegungen in den Nahen Osten gedacht, aber der Fall Frankreichs setzte dem Vorhaben ein Ende, das erst weniger als ein Dutzend Flugzeuge ausgeführt hatten. Hurricane II ließen sich auch mit zwei 113-kg-Bomben unter den Tragflächen beladen und flogen Anfang 1941 Offensiveinsätze jenseits des Ärmelkanals.

Maximale Feuerkraft

Die Hurricane Mk IIB brachte ein neues Zwölfer-Browning-Tragwerk (unter Erhaltung der Bombenschlösser) und den Namen „Hurribomber" ein, während die Mk IIC mit vier 20-mm-kalibrigen Oerlikon/Hispano-Kanonen bewaffnet war, was damals (Mitte 1941) noch als ungewöhnlich starke Bewaffnung für einen einsitzigen Jäger eingestuft wurde (obwohl solch eine Versuchs-Hurrican bei der Luftschlacht um England nur begrenzten Erfolg erzielt hatte). Diese beiden Unterversionen rüsteten im Zeitraum 1941-44 sage und schreibe 96 RAF-Staffeln aus, die sie hauptsächlich zur Bekämpfung von Bodenzielen in Nordeuropa, Nordafrika und Fernost einsetzten. Aber auch bei den Kämpfen in Griechenland, Irak, Syrien und Malaysia spielten sie eine herausragende Rolle. Die letzten vom Merlin XX angetriebenen Hurricane-Jagdbomber ergaben die Baureihe IID von 1942 mit je einer 40-mm-Panzerabwehrkanone, Rolls-Royce oder Vickers, unter den Tragflächen. Einige Maschinen dieser Variante kämpften zwar von England aus, aber die meisten wurden nach Nordafrika (wo diesem Typ die Schlüsselrolle bei der Schlacht von Bir Hakeim zufiel) und später nach Birma verschifft. Nach anfänglichen Einsatzerfahrungen in der Wüste Nordafrikas mit horrendem Verschleiß der Flugmotoren durch Staub und feinen Sand stattete man alle Hurricane-Jagdflugzeuge, die für den Einsatz auf Kriegsschauplätzen im Fernen Osten vorgesehen waren, mit Vokes-Luftfiltern vor den Vergaser-Lufteinläufen aus. Diese unförmige, aber unerläßliche Tropenausrüstung zog eine Verschlechterung der Flugleistung von rund 8 Prozent nach sich.

Die Hurricane II blieb den ganzen Krieg hindurch die Haupteinsatzvariante und bildete schließlich den Kern der RAF-Jagdbomberkräfte in Fernost. Insgesamt 2952 Hurricane, bis auf rund 30 Exemplare alles Mk II oder entsprechende Flugzeuge kanadischer Herstellung, gingen in die Sowjetunion. Die Mehrzahl wurde als Decksfracht auf Nordkap-Geleitzügen verschifft (mit entsprechend hohen Verlusten), ein Teil aber auch aus Beständen im Mittleren Osten abgezweigt. Eine andere wichtige Aufgabe erfüllte die Hurricane in der Nachtjagd, zunächst im fast nutzlosen Turbinelite-Verfahren über Großbritannien, doch 1941 und 1942 auch als Nachtstörflugzeuge über Frankreich und Belgien, bis man diesen Auftrag fast ausschließlich der Bristol Beaufighter und der de Havilland Mosquito übertrug.

Die letzte Variante für die RAF war die Hurricane Mk IV (die Mk III, vorgesehen zur Einrüstung von bei Packard gebauten Merlin-Motoren, kam nicht zur Fertigung). Diese Schlußversion, anfangs Mk IIE bezeichnet, wurde mit dem 954 kW (1297 PS) starken Merlin 24 oder 27 sowie

Dieser Nachtjäger Hurricane IIC mit dem Staffelkapitänswimpel hinter dem Auspuffblendschutz wurde von Squadron Leader D. G. Smallwood, Träger des DFC und DSO, geflogen. No. 87 (Fighter) Squadron setzte die Hurricane IIC von Juni 1941 bis März 1944 ein und gehörte somit zu den langlebigsten Hurricane-Nachtjagdstaffeln der RAF.

Diese relativ späte Aufnahme des Hurricane-Prototyps (K5083) zeigt die Maschine im Jahre 1937 mit P.G. Lucas am Steuer. Die Streben des Höhenleitwerks sind weggefallen, eine Zielkamera ist eingebaut, die Kühlerwanne modifiziert und die Cockpithaube durch zusätzliche Streben verstärkt.

Mehrzweckflächen zur Aufnahme von Panzerabwehrkanonen, Raketenbündeln und anderen Außenlasten ausgestattet. Da nur begrenzte Änderungen der Zelle erforderlich waren, erhielten viele Mk II nachträglich die neuen Tragflächen, so daß die RAF sie – mit neuem Motortyp – bis nach dem Krieg im Dienst halten konnte. Die letzte für die RAF gefertigte Hurricane, eine Mk IIC (LF363), wurde im Februar 1944 No. 309 (Polish) Squadron übergeben. Die allerletzte gebaute Hurricane (auch eine Mk IIC, PZ865) erwarben die Hersteller, so daß sie der Nachwelt erhalten blieb. Die Gesamtproduktion der Hurricane, einschließlich der in Kanada entstandenen Flugzeuge, ergab 14.231 Maschinen. Darüber hinaus machte die 1939 geschaffene weitläufige Reparaturorganisation der RAF insgesamt 4537 Hurricane-Jagdflugzeuge wieder einsatzfähig.

Sea Hurricane

Der Verlust der französischen Atlantikküste im Jahre 1940 setzte die überlebenswichtigen britischen Schiffskonvois zunehmend Angriffen deutscher Fernbomber wie der Heinkel He 111 und Focke-Wulf Fw 200 aus. Um ein gewisses Maß an Schutz vor diesen Überfällen sicherzustellen, beschloß man, die Hurricane I für Katapultstarts von Handelsschiffen (CAM-ships) umzurüsten. Bei der ersten derartigen Variante, der Sea Hurricane IA, handelte es sich um eine einfach angepaßte ehemalige RAF-Hurricane I mit Katapultspulen. Die Operationen von 1941 waren nur begrenzt erfolgreich, denn nach dem Start blieb dem „Hurricat“-Piloten nur die Wahl zwischen einer Notwasserung oder der verzweifelten Suche nach Land.

Aufriß-Erläuterung zur Hawker Sea Hurricane

1 Aufbau des stoffbespannten Seitenruders
2 Heckpositionslampe
3 Seitenruder-Trimmklappe
4 Höhenruder-Trimmklappe
5 Aufbau des stoffbespannten Höhenruders
6 Hornausgleich
7 Struktur der Höhenflosse
8 Seitenruder-Steuerhorn
9 Höhenruder-Umlenkhebel
10 Seitenruderholm
11 Seitenflossenaufbau
12 Stoffbespannung
13 hinterer Antennenmast
14 Seitenruder-Ausgleichsgewicht
15 Antennenkabel
16 Nasenkante aus Aluminiumblech
17 Höhenflosse (backbord)
18 Steuerseilrollen
19 Zugangsfeld zur Höhensteuerung (backbord)
20 Kielflosse
21 Spornrad
22 Dowty-Stoßdämpferstrebe
23 Leitwerksstützverband
24 Übergangsverkleidung Seitenflosse/Höhenflosse
25 stoffüberzogener Hinterrumpf
26 Hebestangenbeschlag
27 Fanghakenriegel
28 Rückenstringer
29 Kreuzverspannung
30 oberer Längsgurt
31 Aluminiumspanten
32 Rumpfrohrgerüst mit Schraubverbindungen
33 Decksfanghaken
34 Fanghakengelenklager
35 Untergurt
36 Fanghakendämpfungsglied
37 formgebende Holzrückenspanten
38 Antennenmast
39 obere Kennleuchte
40 aufwärts feuernde Signalpistole
41 Höhenruder-Steuerseile
42 Rumpfzugangsfeld
43 untere Stringer
44 hintere Ausrundung des Flächenansatzes
45 untere Kennleuchte
46 Funkausrüstungsgestell
47 Funkgeräte (R3002 und R3108)
48 Fallschirmleuchtkartuschenwerfer
49 Gleitschiene der Cockpithaube
50 Aufbau des starren Kabinendach-Heckteils
51 Überschlagsschutzrohrblock
52 Funkgeräte (TR1196 und R1304)
53 Funkgeräte (TR1143 und TR1133)
54 Batterie
55 Sauerstofflasche
56 Hydraulikanlage
57 Stauraum für Schlauchboot
58 Sitzrückenpanzer
59 Kopfpanzer
60 Schiebehaube
61 Haubenverstrebung
62 Sicherheitsgurte
63 Pilotensitz
64 Sitzverstellhebel
65 Anschluß Rumpf/Flügelholm
66 Bauchkühler
67 Position des Klappenstellzylinders (nur backbord)
68 Kanonenheizschlauch
69 Klappengehäuse (innen)
70 hintere Flügelrippen
71 Hinterholmanschluß des Außenflügels
72 Kanonenverschlußzugangsdeckel
73 Kanonenverschlüsse
74 Klappengehäuse (außen)
75 Hinterholm
76 Aluminiumstruktur des Querruders
77 stoffbespanntes Querruder (steuerbord)
78 Querruderanlenkung
79 Randbogenstruktur
80 Positionslampe (steuerbord)
81 Hilfsholme
82 Aluminiumrippen
83 Vorderholm
84 Nasenrippen
85 Landescheinwerfer (steuerbord)
86 Flügelstringer
87 Zuführungstrommeln
88 Munitionskästen (insgesamt 364 Schuß)
89 Hauptfahrwerks-Drehstrebe
90 Hispano 20-mm-Kanone
91 Kanonenschächte (steuerbord)

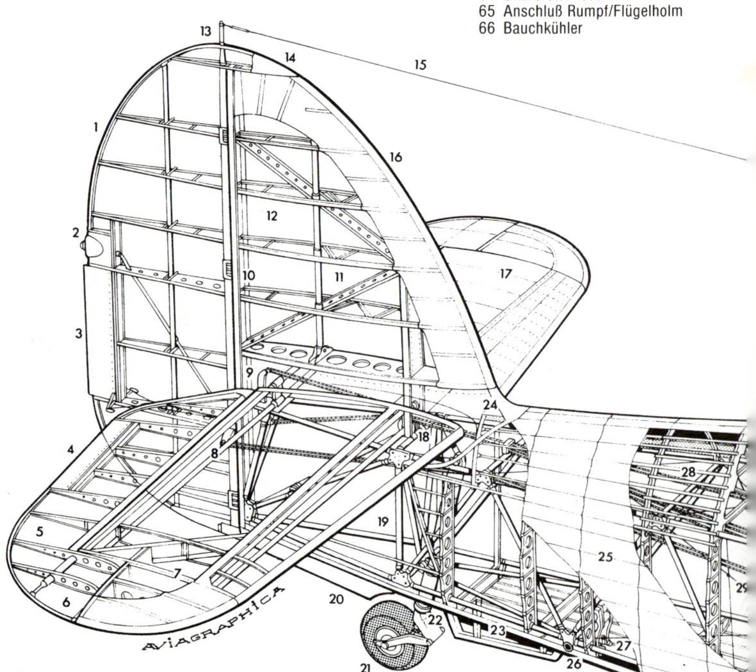

Die Sea Hurricane IB entstand durch Umrüstung der RAF Mk 1. Diese Hurricane-Version der Fleet Air Arm war mit Katapultspulen, Fanghaken und marinespezifischen Funkgeräten ausgerüstet. Das abgebildete Marinejagdflugzeug aus der Gloster-Fertigung hat Auspuffblenden vor der Windschutzscheibe. Sea Hurricane waren ständig über dem Mittelmeer im Einsatz, insbesondere 1942.

Der neunte Serienjäger Hurricane I (L1555) der No. 111 (Fighter) Squadron in Northolt im Dezember 1937. Die Maschine mit dem Wimpel des Staffelkapitäns flog Squadron Leader John („Downwind") Gillan. Noch fehlt die für die spätere Hurricane charakteristische Kielflosse, die erst 1938 eingeführt wurde.

Diese Hurricane I (V7476), die No. 2 und 3 Communication Flight flogen, war der einzige Vertreter dieses Typs in den Farben der Royal Australian Air Force.

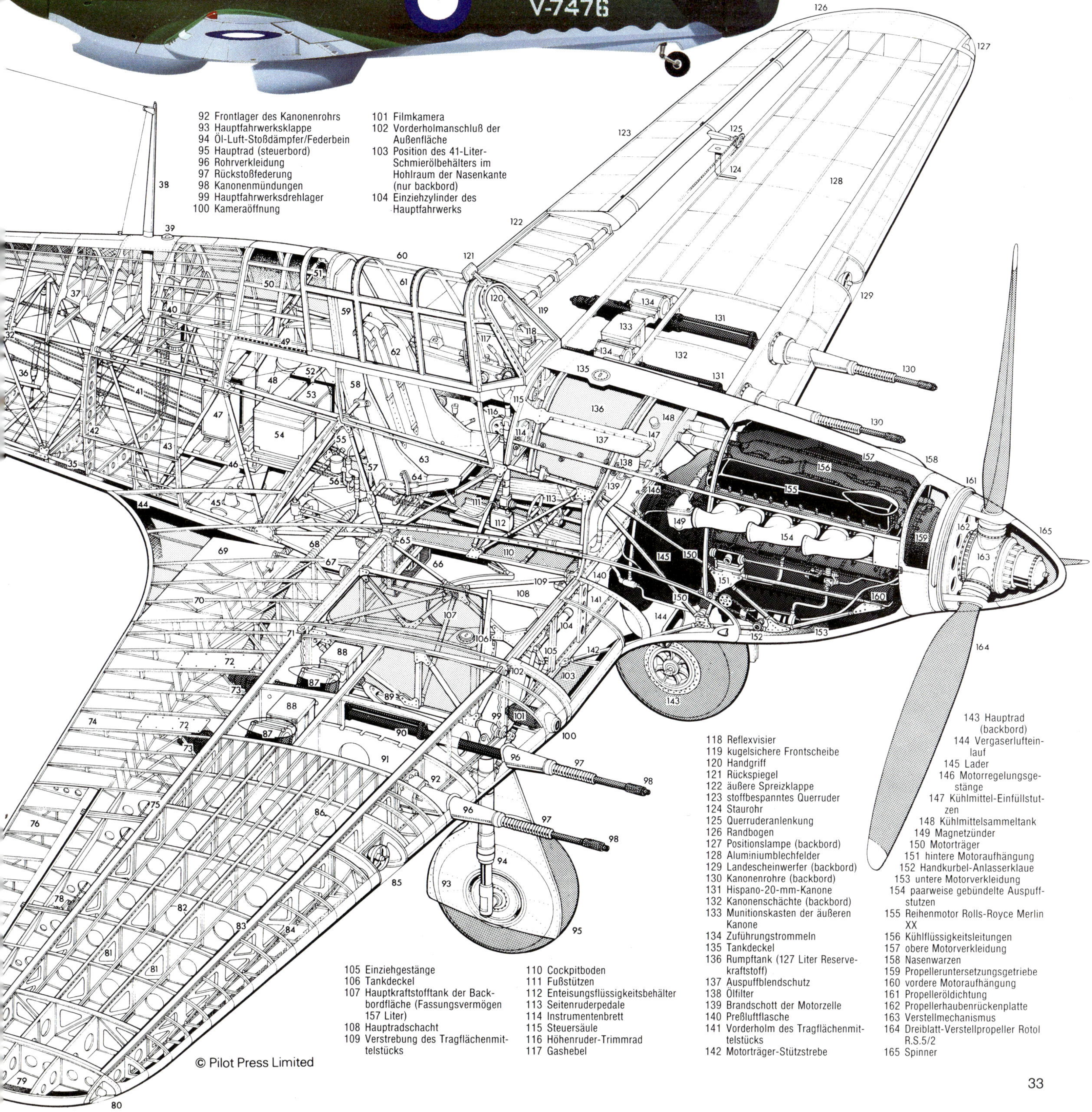

92 Frontlager des Kanonenrohrs
93 Hauptfahrwerksklappe
94 Öl-Luft-Stoßdämpfer/Federbein
95 Hauptrad (steuerbord)
96 Rohrverkleidung
97 Rückstoßfederung
98 Kanonenmündungen
99 Hauptfahrwerksdrehlager
100 Kameraöffnung
101 Filmkamera
102 Vorderholmanschluß der Außenfläche
103 Position des 41-Liter-Schmierölbehälters im Hohlraum der Nasenkante (nur backbord)
104 Einziehzylinder des Hauptfahrwerks
105 Einziehgestänge
106 Tankdeckel
107 Hauptkraftstofftank der Backbordfläche (Fassungsvermögen 157 Liter)
108 Hauptradschacht
109 Verstrebung des Tragflächenmittelstücks
110 Cockpitboden
111 Fußstützen
112 Enteisungsflüssigkeitsbehälter
113 Seitenruderpedale
114 Instrumentenbrett
115 Steuersäule
116 Höhenruder-Trimmrad
117 Gashebel
118 Reflexvisier
119 kugelsichere Frontscheibe
120 Handgriff
121 Rückspiegel
122 äußere Spreizklappe
123 stoffbespanntes Querruder
124 Staurohr
125 Querruderanlenkung
126 Randbogen
127 Positionslampe (backbord)
128 Aluminiumblechfelder
129 Landescheinwerfer (backbord)
130 Kanonenrohre (backbord)
131 Hispano-20-mm-Kanone
132 Kanonenschächte (backbord)
133 Munitionskasten der äußeren Kanone
134 Zuführungstrommeln
135 Tankdeckel
136 Rumpftank (127 Liter Reservekraftstoff)
137 Auspuffblendschutz
138 Ölfilter
139 Brandschott der Motorzelle
140 Preßluftflasche
141 Vorderholm des Tragflächenmittelstücks
142 Motorträger-Stützstrebe
143 Hauptrad (backbord)
144 Vergaserlufteinlauf
145 Lader
146 Motorregelungsgestänge
147 Kühlmittel-Einfüllstutzen
148 Kühlmittelsammeltank
149 Magnetzünder
150 Motorträger
151 hintere Motoraufhängung
152 Handkurbel-Anlasserklaue
153 untere Motorverkleidung
154 paarweise gebündelte Auspuffstutzen
155 Reihenmotor Rolls-Royce Merlin XX
156 Kühlflüssigkeitsleitungen
157 obere Motorverkleidung
158 Nasenwarzen
159 Propelleruntersetzungsgetriebe
160 vordere Motoraufhängung
161 Propelleröldichtung
162 Propellerhaubenrückenplatte
163 Verstellmechanismus
164 Dreiblatt-Verstellpropeller Rotol R.S.5/2
165 Spinner

TECHNISCHE DATEN

Hawker Hurricane Mk I
Typ: einsitziger Abfangjäger
Triebwerk: ein Reihenmotor Rolls-Royce Merlin III mit 768 kW (1044 PS)
Leistung: Höchstgeschwindigkeit 511 km/h in 5500 m Höhe; Anfangssteiggeschwindigkeit 12,8 m/sek; Dienstgipfelhöhe 10.970 m; max. Reichweite 740 km
Gewicht: Leermasse 2118 kg; max. Startmasse 2994 kg
Abmessungen: Spannweite 12,20 m; Länge 9,59 m; Höhe 3,96 m; Tragflügelfläche 23,93 m²
Bewaffnung: acht Browning-7,7-mm-Maschinengewehre mit 2660 Schuß Munition

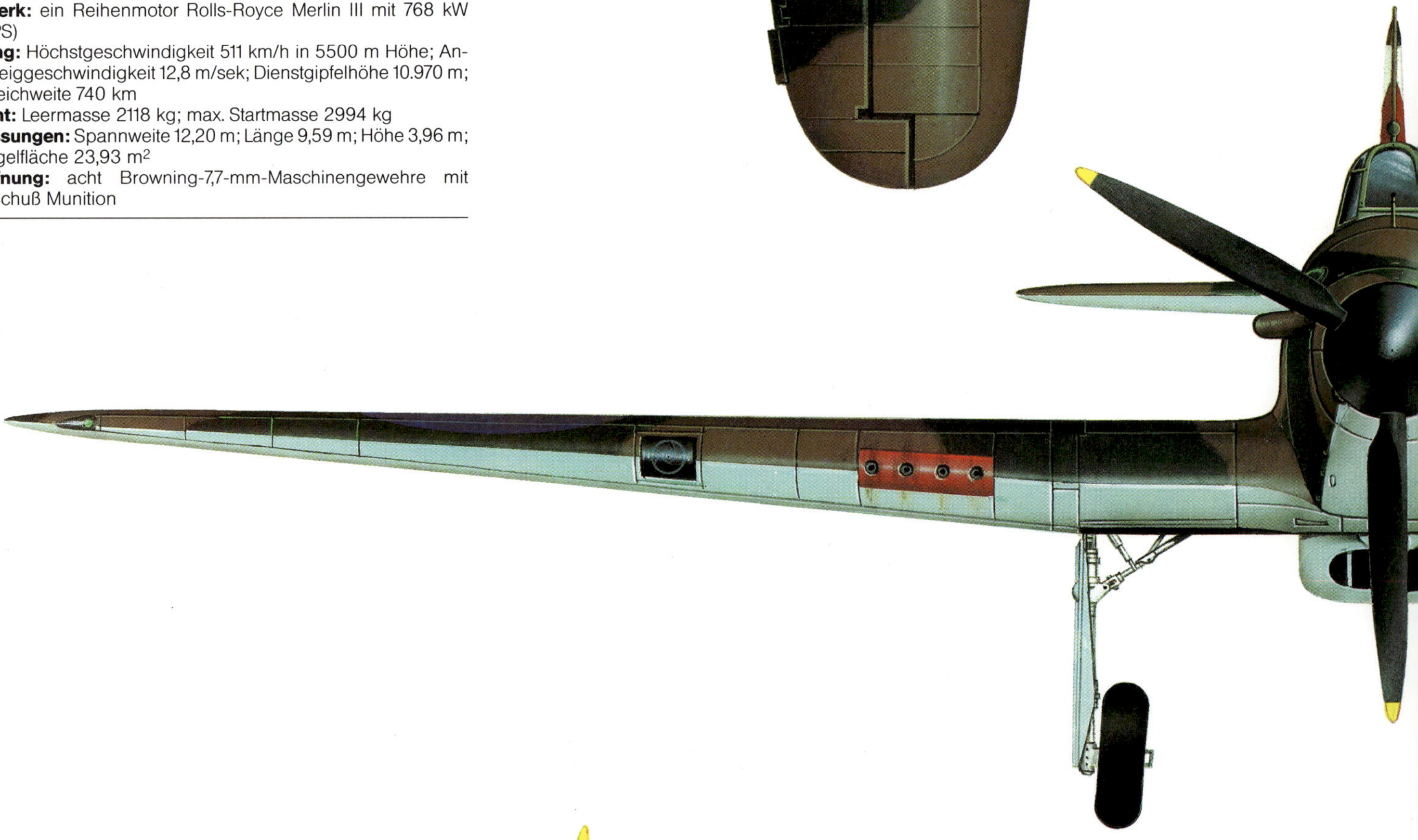

P3059 der No. 501 (County of Gloucester) Squadron vertritt im August 1940 den RAF-Klassiker Hurricane I der Luftschlacht um England. Jäger dieser Baureihe, die von Gloster Aircraft gefertigt und von Anfang an mit dem gleichdrehzahlgeregelten Rotol-Propeller ausgerüstet war, stießen ab Mai zu den RAF-Jägerstaffeln, und die Zuschleusung brach während dieser Luftschlacht nie ab. Es hieß, der Rotol-Propeller habe die Leistung der Hurricane von „enttäuschend" zu „mittelmäßig" verbessert. Fest steht jedenfalls, daß entsprechend modifizierte Flugzeuge bei Jagdstaffeln, die noch die Hurricane der ersten Generation mit Holzpropellern von de Havilland für zwei Steigungen flogen, äußerst begehrt waren.

D
N
P3059

Ein nicht statthafter Staffelpfeil schmückt diese tropenfeste Hurricane IIB (BD930) der No. 73 Squadron, die 1942 in Nordafrika eingesetzt war. Die durch den Frankreichfeldzug und die Luftschlacht um England kampfbewährte Einheit mußte 1940 hastig in den Mittleren Osten verlegt werden, um der kritischen Situation an dieser Front zu begegnen. Die Einheit wurde von ihrer technischen Gruppe getrennt und büßte bei der Überführung viele Maschinen ein.

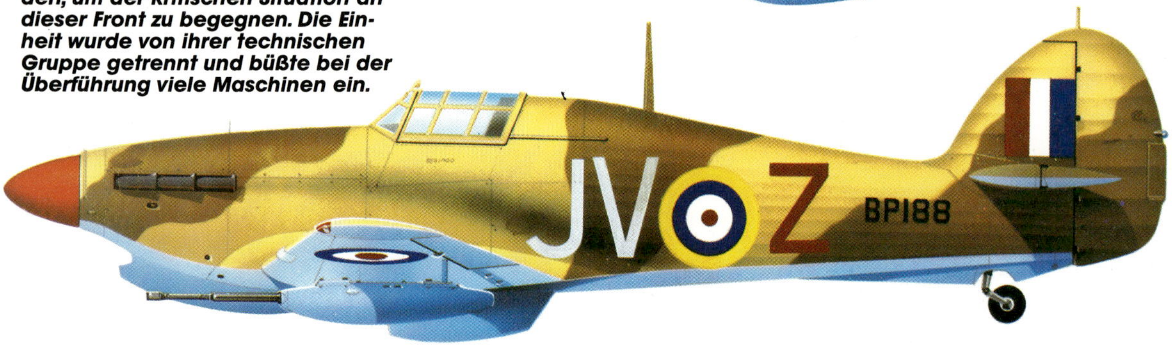

Eine Hurricane Mk IID der No. 6 Squadron mit 40-mm-Panzerabwehrkanonen, die im Juli 1942 auf LG89 und LG91 in Nordafrika lag. Der Staffel, die diese Hurricane-Version als erster Verband erhielt, kam während der Monate unmittelbar vor der zweiten Schlacht von Al Alamain eine Schlüsselfunktion bei der Zerstörung feindlicher Gefechtsfahrzeuge zu.

Als nächstes wurde bei einigen Handelsschiffen (MAC) ein kleines Flugdeck eingerichtet, von dem aus die Sea Hurricane Mk IB, ausgerüstet mit einem Fanghaken, operieren konnte. Die dritte Version Sea Hurricane Mk IC führte vier Kanonen mit, aber den Antrieb lieferte weiterhin der Merlin III. Auf sie folgte die Sea Hurricane IIC, eine komplett umgebaute Hurricane IIC mit Merlin XX-Motor, vier flächenmontierten Kanonen, Katapultspulen, Fanghaken, Anschlüssen für Außenlasten unter den Flächen und marinespezifischer Funkausrüstung. Diese Maschine besaß eine Höchstgeschwindigkeit von 512 km/h in 5340 m Höhe, eine Dienstgipfelhöhe von 9300 m und eine maximale Reichweite von 1710 km. Aus dem Einsatz auf See wurde sie im Oktober 1943 herausgenommen.

Ende 1942 wies der Flugzeugbestand der Fleet Air Arm über 600 Sea Hurricane aus, und fast jeder Flotten- oder Geleitträger der Royal Navy hatte eine Zeitlang ein Kontingent dieses Typs an Bord.

Ab Sommer 1944 zog die RAF die Hurricane allmählich aus den Heimatverbänden ab, um sie nur noch zur Ausbildung, Radarkalibrierung und für Wetterflüge zu nutzen. Im Mittelmeerraum und im Fernen Osten blieben die Hurricane II und IV jedoch bis 1945 im Einsatz.

Zwischen 1939 und 1945 wurden mit der Hurricane zahlreiche Versuche durchgeführt, die größtenteils auf eine Steigerung des Überführungspotentials abzielten. Dazu gehörten Tests mit abwerfbaren Oberflügeln (Projekt Hillson Bi-Mono), Huckepack-Tests mit einer Consolidated B-24 Liberator als Trägerflugzeug und Schleppversuche hinter einer Avro Lancaster. Andere Programme umfaßten die Bewaffnung mit übergroßen Raketen und die Erprobung eines laminar angeströmten Tragwerks. In der Phase des Norwegenfeldzugs von 1940 wurde eine Schwimmerversion vorgeschlagen und mindestens eine kanadische Hurricane mit Schneekufen ausgerüstet. Ebenso standen gelegentlich alternative Motoren zur Diskussion, doch nur ein Vorhaben dieser Art soll zur Durchführung gelangt sein, eine jugoslawische Hurricane, die 1941 einen Daimler-Benz DB 601A erhielt.

Nach dem Krieg sonderte Großbritannien sehr viele Hurricane aus und ließ einen Teil dieses Überschußbestandes für den Export herrichten. Das Irish Air Corps hatte im Krieg eine kleine Zahl Mk I beschafft und kaufte im Zeitraum 1945–1957 weitere 13 Maschinen hinzu. Mitte der vierziger Jahre dienten Hurricane-Jagdflugzeuge auch bei den türkischen, ägyptischen und südafrikanischen Luftstreitkräften. Rund 50 Hurricane Mk IIB und IIC wurden nach Portugal geliefert (einige davon allerdings nur zur Ersatzteilversorgung), und 16 Hurricane II gingen nach Persien, um eine Vorkriegsbestellung von 18 Flugzeugen zu vervollständigen. Eine einzigartige Hurricane in Form einer zum doppelsitzigen Schulflugzeug umgebauten Mk IIC wurde 1947 ebenfalls an Persien verkauft.

Das eindrucksvolle Bild einer Sea Hurricane, die in der Abenddämmerung vom Bugkatapult eines Handelsschiffes startet. Der Katapultjäger Sea Hurricane sollte alliierten Schiffskonvois vor Ort Schutz gegen Feindflugzeuge bieten, doch sein Erfolg im Jahre 1941 war begrenzt. Da die „Hurricat-Piloten" nirgendwo landen konnten, mußten sie entweder aussteigen oder notwassern in der Hoffnung, von einem vorbeifahrenden Schiff aus dem Meer gefischt zu werden.

Varianten der Hawker Hurricane

F.36/34: ein Prototyp (K5083) mit 764 kW (1039 PS) starkem Reihenmotor Merlin C; später mit acht MG bewaffnet; Erstflug am 6. November 1935
Hurricane I: erste Serienversion mit 768 kW (1044 PS) starkem Reihenmotor Merlin II oder III und acht Browning 7,7-mm-MG; frühe Serienjäger mit stoffbespannten Tragflächen; später metallene Außenhaut (insgesamt 2719 Exemplare gebaut, nicht eingerechnet die kanadische Fertigung; etwa 90 Maschinen exportiert)
Canadian Hurricane I: von der kanadischen Firma Car & Foundry im Jahre 1940 in Montreal produziert; Merlin III und DH-Propeller; Baureihe umfaßte auch Hilson Bi-Mono Hurricane mit abwerfbarem Oberflügel (insgesamt 40 Flugzeuge)
Hurricane IIA Series 1: führte im September 1940 den zweistufigen Ladermotor Merlin XX mit 883 kW (1200 PS) ein; Tragwerk mit acht MG; Umrüstung einiger Mk I
Hurricane IIA Series 2: führte Universal-Tragflächen ein, die Außenlasten aufnehmen konnten; einige umgerüstete Mk I, aber auch Aufklärer PR.Mk I und PR.Mk IIA
Hurricane IIB: führte das 12-MG-Tragwerk und Schlösser für 227-kg-Bomben ein (insgesamt etwa 3100 von Hawker, Gloster und Austin gebaute Flugzeuge sowie viele Umrüstungen anderer Versionen, einschließlich der PR.Mk IIB)
Hurricane IIC: führte 1941 vier 20-mm-Kanonen als Hauptbewaffnung sowie Halterungen für Bomben und Zusatztanks ein; auch mit Tropenausrüstung, da weltweit eingesetzt; (insgesamt etwa 3400 von Hawker, Gloster und Austin gebaute Flugzeuge sowie zahlreiche Umrüstungen)
Hurricane IID: führte 1942 ein Paar 40-mm-Panzerabwehrkanonen (Vickers oder Rolls-Royce) und zwei Browning-Maschinengewehre ein; viele Exemplare mit Tropenausstattung (insgesamt etwa 800 Flugzeuge gebaut und viele andere entsprechend nachgerüstet)
Hurricane IV: führte 1942 das 954 kW (1297 PS) starke Triebwerk Merlin 24 oder 27 und Universal-Tragflächen zur alternativen Beladung mit Raketen, Bomben, Abwurftanks oder Panzerabwehrkanonen ein; viele Exemplare mit Tropenausrüstung (insgesamt etwa 2000 Flugzeuge gebaut und zahlreiche andere entsprechend nachgerüstet)
Hurricane V: zwei Prototypen (KZ193 und NL255 durch Umrüstung von Mk IV) mit Merlin 32 und vierblättrigem Rotol-Propeller für Tiefflugeinsatz
Canadian Hurricane X: Packard Merlin 28; rund 100 Flugzeuge mit 8-MG-Tragwerk, alle anderen mit Tragflächen der IIB; viele Exemplare mit IIC-Flächen nachgerüstet; (insgesamt 489 Flugzeuge im Zeitraum 1940/41 gebaut)
Canadian Hurricane XI: 150 Flugzeuge mit 12 MG oder vier Kanonen; die meisten Exenplare im Zeitraum 1942-43 in die Sowjetunion verschifft)
Canadian Hurricane XII: 248 Flugzeuge mit Änderungen der Hurricane IIC; Einzelexemplar mit Schneekufen
Canadian Hurricane XIIA und Sea Hurricane XIIA: Packard Merlin 29; 150 Flugzeuge, 1943 primär in die Sowjetunion und nach Birma verschifft
Sea Hurricane IA: von Handelsschiffen (CAM-ships) aus operierende Katapult-Jäger (50 im Jahre 1941 umgerüstete Hurricane Mk I)
Sea Hurricane IB: von CAM- oder MAC-Handelsschiffen (mit Flugdeck) aus operierende Jäger mit Katapultspulen und Fanghaken (insgesamt etwa 340 umgerüstete Hurricane IIA, Serie 2, im Zeitraum 1941/42)
Sea Hurricane IC: wie Sea Hurricane IB, aber einschließlich Kanonenbewaffnung (insgesamt etwa 400 umgerüstete Hurricane IIB und IIC im Zeitraum 1942/43)
Sea Hurricane IIC: zu Marinejägern nach Komplettstandard umgerüstete Hurricane IIC mit Fanghaken, Katapultspulen und marinespezifischer Funkausrüstung (insgesamt etwa 400 Umrüstmaschinen); die Hurricane-Produktionszahl steht zwar fest, aber Aufzeichnungen über die Stückzahlen der einzelnen Varianten existieren nicht mehr (oder wurden nie geführt), begründet durch ad hoc Umrüstungen auf seiten der Hersteller und der Truppe

Spitfire

Die Supermarine Spitfire ist wohl das berühmteste Muster, das die Royal Air Force je flog. Die Produktion dieses reinrassigen Jagdflugzeugs hielt den ganzen Zweiten Weltkrieg hindurch an, denn die Spitfire blieb ein ebenbürtiger Gegner für alle kolbengetriebenen Jäger und erwies sich als so ausbaufähig, daß sie auch als Aufklärer, taktischer Jagdbomber und schiffsgestützter Jäger zum Einsatz kam.

Die Spitfire gilt als das berühmteste britische Jagdflugzeug aller Zeiten. Bei der Luftschlacht um England spielte sie zwar eine untergeordnete Rolle im Vergleich zur nicht so hoch gepriesenen Hawker Hurricane, aber sie war vermutlich das wichtigste einzelne Muster des Zweiten Weltkriegs auf seiten der Alliierten. Sie entstand in größeren Stückzahlen als jeder andere alliierte Typ außerhalb der Sowjetunion, blieb den ganzen Krieg über in der Produktion und wurde in einem Maße weiterentwickelt wie kein anderes Luftfahrzeug in der Geschichte. Großbritannien konnte sich glücklich schätzen, dank einer vom Vorstand gebilligten Eigeninitiative des Chefkonstrukteurs im Jahre 1936 den Prototyp eines Jägers zu besitzen, der sich auf mehr als die doppelte Antriebsleistung und Lademasse fortentwickeln ließ.

Wäre Großbritannien nur den amtlichen Spezifikationen gefolgt, hätte es 1936 als einzigen Jäger lediglich die Supermarine 224 vorweisen können. Die Zelle dieser schwerfälligen Maschine erinnerte an die Schwimmerflugzeuge Schneider Trophy, die von einem Goshawk-Motor mit 492 kW (669 PS) angetrieben wurden und mit vier Maschinengewehren bewaffnet waren, zwei im Rumpf und zwei in der Hosenverkleidung des starren Fahrwerks. Der Konstrukteur, Reginald Mitchell, war von seinem eigenen Produkt nicht sonderlich überzeugt und schuf die neue Type 300. Dieses Flugzeug war viel kleiner und stromlinienförmiger gestaltet, hatte ein einziehbares Fahrwerk, und die Außenhaut bildete einen tragenden Teil der Struktur. Den Antrieb sollte der neue Rolls-Royce-Motor PV.12 mit rund 671 kW (912 PS) übernehmen. Sämtliche Kanonen waren so in die Tragflächen eingebaut, daß sie am Propellerkreis vorbeischossen. Dank der Bemühungen des jungen Squadron Leader Ralph Sorley hatte das Air Ministry, also das britische Luftfahrtsministerium, beschlossen, daß künftige Jäger mit acht Maschinengewehren bewaffnet werden müßten. Die von Großbritannien versäumte Entwicklung einer modernen Bordkanone glich man mit der Lizenzfertigung der amerikanischen Browning aus. Ende 1935 sollte die Produktion dieser auf das britische Kaliber 7,7 mm umgemünzten Waffe im BSA-Werk anlaufen. Mitchell paßte das Tragwerk der Type 300 so an, daß sich acht solcher Maschinengewehre

Niemand unter den Spitfire-Fliegern verdiente größere Anerkennung als die polnischen Freiwilligen, von denen viele Verwandte hatten, die unter dem Nazi-Joch litten. Diese Spitfire Mk Vb flog der Staffelkapitän der No. 303 Squadron, RAF, von Januar 1941 bis April 1945.

Dieses Foto zeigt eine Spitfire Mk Vb der No. 40 Squadron, South African Air Force, die Ende 1943 im Raum Taranto, Süditalien, operierte. Die gekappten Tragflächen sorgten für eine höhere Geschwindigkeit und eine bessere Rollrate in geringer Höhe.

recht weit außen installieren und ihre Gurtmagazine durch Klappen in der Außenhaut rasch aufmunitionieren ließen.

Dies ergab die für die Spitfire typische Ellipsenform des Tragwerks, das zum besten aller Jäger dieser Periode führen sollte. Die Form spielte dabei keine Rolle, sondern erschwerte nur die Fertigung. Von der Aerodynamik her aber eignete sich dieses Profil hervorragend für Geschwindigkeiten bis über Mach 0,9, und im Zweiten Weltkrieg erreichte die Spitfire im Sturzflug sogar Mach 0,92, wesentlich mehr als jeder deutsche Düsenjäger. Bis dahin hatte Supermarine neue Tragflächen mit sogenanntem Laminarprofil entwickelt, mit denen das geplante Nachfolgemuster der Spitfire, die Spiteful, ausgerüstet wurde. Tatsächlich war dieses Tragwerk deutlich jedoch schlechter, und als es später in die ersten Supermarine-Düsenjäger einfloß, wünschten sich manche Flugzeugführer, einschließlich des Cheftestpiloten, die alten Spitfire-Tragflächen zurück.

Flugerprobung und Serienfertigung

Wie sein lebenslanger Widersacher, die Messerschmitt Bf 109, hatte der neue Supermarine-Jäger ein schmalspuriges Fahrwerk, das nahe am Rumpf gelagert war und nach außen in die Flächen einzog. Ebenfalls wie die Bf 109 nutzte die Spitfire zur Motorkühlung ein Wasser-Glykol-Gemisch, das zu Aggregaten unter dem hinteren Teil des Innenflügels gepumpt wurde. Beim britischen Flugzeug hatte man allerdings eine merkwürdig asymmetrische Anordnung mit einem kastenförmigen Motorkühler unter der rechten Fläche und einem schmalen Ölkühler unter der linken Fläche gewählt. Zu den weiteren Ausrüstungsmerkmalen zählten Spaltklappen (die wie das Fahrgestell mit einer hydraulischen Handpumpe im Cockpit betätigt wurden), ein komfortables Cockpit mit einer nach hinten aufschiebbaren Perspex-Haube (Acryl-Kunststoff), sechs einfache Auspuffstutzen auf jeder Seite des Bugs, ein starres Spornrad und ein kräftiger, aber grobgeformter Zweiblatt-Holzpropeller (in Großbritannien gab es keinen der modernen Verstellpropeller).

Alles in allem war dies das attraktivste Jagdflugzeug seiner Zeit. Das Air Ministry hatte die Spezifikation F.37/34 auf den neuen Jäger abgestimmt und ihm die Kennung K5054 zugeteilt (der rund sechs Monate früher gebaute Hurricane-Prototyp trug die höhere Nummer K5083). Am 5. März 1936 führte Cheftestpilot „Mutt" Summers den schneidigen neuen Prototyp vom Flugplatz Eastfield (heute Southampton Airport) aus in die Luft. Die K5054 flog sich traumhaft, aber die schwierige Ausbildung und Einweisung der Facharbeiter in die moderne Halbschalenbauweise ließ die geplante Serienfertigung nur schleppend anlaufen. Im Juli 1938 traf die erste Spitfire Mk I bei No. 19 Squadron in Duxford ein, und zum Zeitpunkt des Münchner Abkommens im September jenes Jahres waren erst fünf Maschinen übergeben. Als 1939 die Kriegswolken aufzogen, wurde die Fertigung der Mk I effektiver organisiert. Vom Merlin-Motor, zu dem der PV.12 des Prototyps herangereift war, entwickelte man leistungsstärkere Versionen. Schließlich standen auch erste Dreiblatt-Verstellpropeller mit konstanter Drehzahl der Hersteller de Havilland und Rotol zur Verfügung. Das Cockpit wurde mit einer gewölbten Haube geschlossen, die dem Jagdpiloten mehr Raum bot und vor allem die Sicht nach draußen verbesserte. Hinzu kam eine kugelsichere Frontverglasung aus Perspex und Panzerglas. Der Pilotensitz und das Motorschott wurden gepanzert, ebenso wie die beiden recht kleinen Kraftstofftanks (Gesamtkapazität 386 Liter) vor dem Cockpit. Zuvor hatte man den Motor bereits mit Abgasschubdüsen versehen und eine Hydraulikpumpe für die Bordsysteme angeschlossen. Nach Kriegsausbruch wurden verbesserte Funkgeräte und ein Freund-Feind-Kenngerät eingebaut.

1938 stellte Joe Smith, der nach dem frühen Tod von Mitchell zum Chefkonstrukteur aufgestiegen war, einen Entwicklungsplan für spätere Spitfire-Varianten auf. Eine Hauptlinie sah Tragflächen der Serie „B" vor, bei denen eine Hispano-Kanone, Kaliber 20 mm, mit Trommelmagazin auf jeder Seite das innere Maschinengewehrpaar ersetzte. Anfang 1940 wurden 30 solcher Mk IB geliefert, aber die Kanonen arbeiteten damals nicht zuverlässig. Beim „C"-Flügel entfielen die Maschinengewehre zugunsten der Bewaffnung von vier dicht gepaarten Kanonen. Dies kam allerdings selten zur Anwendung.

Bis 1941 waren zahlreiche Versuchs- und Sondervarianten erschienen, darunter die geplante Geschwindigkeitsrekordmaschine Speed Spitfire, zwei Wasserflugzeuge, ein teilweise aus Kunststoffmaterial

Hier steuert Testpilot „Mutt" Summers den Spitfire-Prototyp mit dem hellblauen Farbanstrich. Man beachte den massiven Zweiblatt-Propeller und die mit der Außenhaut abschließenden Auspuffstutzen, je einer pro Zylinder der rechten Sechserreihe. Die engspurige Fahrwerk sollte sich als taktische Schwäche erweisen.

Spitfire-Varianten

Spitfire I: erste Serienversion mit 768 kW (1044 PS) starkem Reihenmotor Merlin II, acht Browning 7,7-mm-Maschinengewehren (zunächst nur vier aus Mangel an Waffen) oder (Mk IB) zwei 20-mm-Kanonen und vier 7,7-mm-Maschinengewehren (insgesamt 1566 Flugzeuge)
Spitfire II: in Castle Bromwich gefertigte Flugzeuge mit kleineren Änderungen und Merlin XII à 877 kW (1193 PS) (insgesamt 750 Mk IIA und 170 Mk IIB)
Spitfire III: einzelne Versuchsmaschine mit Merlin XX, der 955 kW (1299 PS) erzeugte
Spitfire IV: Griffon-Prototyp; dieselbe Typnummer erhielten 229 Aufklärer der Version Mk V
Spitfire V: verstärkter Rumpf zur Aufnahme des Merlin 45 mit 1103 kW (1500 PS) oder Merlin 50 mit 1097 kW (1492 PS); Halterungen für Abwurftanks und Bomben; F- oder LF-Spannweite und „A"-, „B"- oder „C"-Bewaffnung (insgesamt 94 Mk VA, 3923 Mk VB und 2447 Mk VC)
Spitfire VI: Höhen-Abfangjäger mit 1056 kW (1436 PS) starkem Merlin 47, druckbelüftetem Cockpit und HF-Flächen mit einer Spannweite von 12,24 m und zugespitzten Flächenenden (insgesamt 100 Flugzeuge)
Spitfire VII: Höhen-Abfangjäger mit Merlin 61, 64 oder 71 und zweistufigem Lader, Druckbelüftung, einziehbarem Spornrad und (häufig) breitem, oben zugespitztem Seitenruder (insgesamt 140 Flugzeuge)
Spitfire VIII: endgültige Jägerversion mit Merlin 61, 63, 66 oder 70 und Zweistufenlader; keine Druckbelüftung; LF-, F- oder HF-Tragflächen (insgesamt 1658 Flugzeuge)
Spitfire IX: Zwischenlösung in Form einer Kombination des zweifach aufgeladenen Merlin 61, 63 oder 70 mit der Zelle der Mk V; LF-, F- oder HF-Tragflächen; „B"-, „C"- oder „E"-Bewaffnung (insgesamt 5665 Flugzeuge)
Spitfire X: druckbelüftete Version der PR.XI (Aufklärer); Merlin 77-Motor; ein Exemplar mit HF-Flächen (insgesamt 16 Flugzeuge)
Spitfire XI: unbewaffnete Aufklärungsversion mit Merlin 61, 63 oder 70 (insgesamt 471 Flugzeuge)
Spitfire XII: Tiefflug-Abfangjäger; Ladermotor Griffon II oder IV mit 1294 kW (1760 PS); LF-Tragflächen; „B"-Bewaffnung (insgesamt 100 Flugzeuge)
Spitfire XIII: Tiefflug-Aufklärerversion, die auf der Mk B VB basierte, aber vom Merlin 32 mit Dreiblatt-Propeller (DH-Typ im Gegensatz zu anderen späten Spitfire-Flugzeugen) angetrieben wurde; vier 7,7-mm-Maschinengewehre (insgesamt 18 Flugzeuge)
Spitfire XIV: Griffon 65 oder 66 mit zweistufigem Lader von 1529 kW (2079 PS), die ein Fünfblatt-Propeller umsetzte; Zelle teilweise neu entworfen und verstärkt; symmetrische, breite Kühler; langsehniges Seitenleitwerk und häufig blasenförmiges Kabinendach; F- oder LF-Spannweite; „C"- oder „E"-Bewaffnung (insgesamt 957 Flugzeuge)
Spitfire XVI: Mk IX mit Packard-Merlin 266; F- oder LF-Spannweite; gewöhnlich „C"- oder „E"-Bewaffnung; viele Maschinen mit blasenförmigem Kabinendach (insgesamt 1054 Flugzeuge)
Spitfire XVIII: definitiver Jäger mit zweifach aufgeladenem Griffon-Motor; F-Tragflächen; „E"-Bewaffnung; blasenförmige Cockpithaube und zusätzliche Flächentanks; FR.XVIII- (FR.18 nach dem Krieg) Jagdaufklärer mit Kameraausrüstung im Hinterrumpf (insgesamt 300 Flugzeuge)
Spitfire XIX: unbewaffnete Aufklärungsversion; Griffon-Motor mit Zweistufenlader; die Mehrzahl mit Druckkammer (insgesamt 225 Flugzeuge)
Spitfire XX: einzelner Prototyp durch Umbau einer Mk IV und des Prototyps Mk XII
Spitfire 21: neu entworfenes Flugwerk; Antrieb hauptsächlich durch Griffon 61 oder 64 und Fünfblatt-Propeller; vier 20-mm-Kanonen (insgesamt 122 Flugzeuge)
Spitfire 22: kleinere Änderungen; einige Maschinen mit Griffon 85 à 1772 kW (2410 PS) und Gegenlauf-Doppelpropeller (insgesamt 278 Flugzeuge)
Spitfire 24: geringfügige Änderungen; Spiteful-Leitwerk; Kurzrohrwaffen Mk V (insgesamt 54 Flugzeuge)
Seafire IB: Marineversion der Spitfire Mk VB (insgesamt 166 Flugzeuge)
Seafire IIC: Katapulthaken und verstärktes Fahrwerk; Merlin 32 und Vierblatt-Propeller (insgesamt 372 Flugzeuge)
Seafire III: doppelt klappbare Tragflächen; Merlin 55M mit 1183 kW (1609 PS) (insgesamt 1220 Flugzeuge)
Seafire XV: einfacher Ladermotor Griffon VI mit 1380 kW (1877 PS) und asymmetrischer Kühleranordnung wie bei der Spitfire XII; die Mehrzahl mit Stachel-Fanghaken; späte Baureihen mit Blasenhaube (insgesamt 390 Flugzeuge)
Seafire XVII oder 17: wie Seafire XV mit Blasenhaube und häufig mit verstärktem Fahrwerk; einige Jagdaufklärer (FR.17) mit Kameras anstelle des hinteren Rumpftanks (insgesamt 232 Flugzeuge)
Seafire 45: die gleiche neue Zelle wie für die Spitfire 21; Tragflächen nicht beiklappbar; Griffon 61 (Fünfblatt-Propeller) oder Griffon 85 (Gegenlauf-Doppelpropeller) (insgesamt 50 Flugzeuge)
Seafire 46: wie Seafire 45; Blasenhaube; Jagdaufklärer FR.46 mit Kameraausrüstung im Hinterrumpf; letzte Exemplare mit Spiteful-Leitwerk (insgesamt 24 Flugzeuge)
Seafire 47: Faltflächen (zumeist hydraulisch); Griffon 87 oder 88 à 1772 kW (2410 PS) und Gegenlauf-Doppelpropeller; Vergaserlufteinlauf direkt unter der Propellerhaube; erhöhte Kraftstoffkapazität; Schlußbaureihen nur FR-Jagdaufklärer mit Luftbildkameras (insgesamt 140 Flugzeuge)

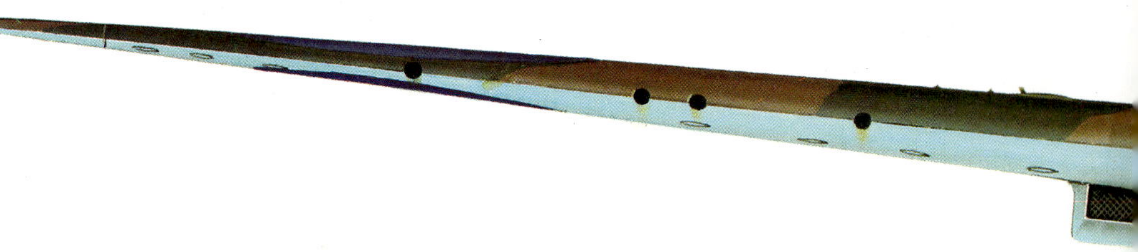

Die persönliche Maschine des Geschwaderkommandanten Douglas Bader, dem Anfang 1941 die Tangmere Wing unterstand. Diese Mk VA gehörte zu den letzten Spitfire-Jägern, die man ohne Kanonenbewaffnung fertigstellte. Das Flugzeug war Teil eines Auftrags über 450 Spitfire Mk I, der am 22. März 1940 an Vickers-Armstrong (Supermarine) vergeben und nachträglich in Mk V geändert wurde. Die Mehrzahl entstand als Mk VB, aber es gab auch eine kleine Baureihe Mk VA. Bader flog diese Maschine, die im Gegensatz zu anderen Flugzeugen seines Verbandes keine Bombenschlösser hatte, als er am 7. August 1941 nach einem Zusammenstoß mit einer Messerschmitt Bf 109 über Frankreich ausstieg und in Gefangenschaft geriet.

TECHNISCHE DATEN

Spitfire Mk VA
Typ: einsitziger Abfangjäger
Triebwerk: ein Reihenmotor (V-Form) Rolls-Royce Merlin 45 mit 1103 kW (1500 PS)
Leistung: Höchstgeschwindigkeit 594 km/h in 5945 m Höhe; Anfangssteiggeschwindigkeit 24,08 m/sec; Dienstgipfelhöhe 11.125 m; max. Reichweite 1827 km
Gewicht: Leermasse 2267 kg; max. Startmasse 2911 kg
Abmessungen: Spannweite 11,23 m; Länge 9,12 m; Höhe 3,02 m; Tragflügelfläche 22,48 m²
Bewaffnung: acht Browning-7,7-mm-Maschinengewehre mit 350 Schuß Munition pro Rohr

NOT TO BE
WALKED ON
WALKWAY INBOARD
D
B
W3185

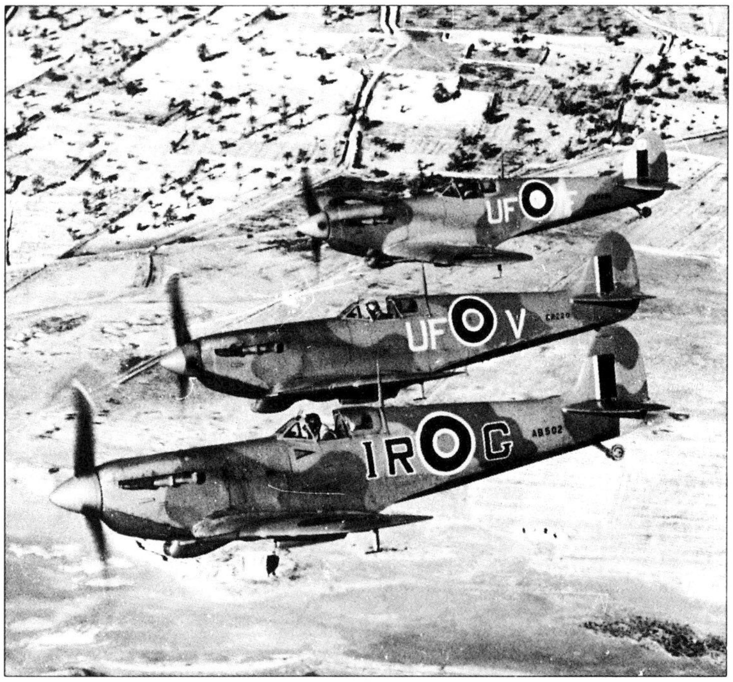

No. 601 (County of London) Squadron, eine Staffel der Hilfsluftwaffe, war die meiste Zeit über im Mittelmeerraum eingesetzt. Hier haben zwei Mk VB (mit gekappten Tragflächen) zum Verbandsflug mit dem Kommandeur, Wing Commander I.R. Gleed, aufgeschlossen.

konstruiertes Exemplar, um seltene Werkstoffe einzusparen, eine verstärkte Mk III und zwei Mk IV, bei denen das größere Griffon-Triebwerk und ein Vierblatt-Propeller eingeführt wurden. Die Serienfertigung blieb jedoch auf die Mk I und die fast identische Mk II beschränkt, die in einer „Schattenfabrik" in Castle Bromwich bei Birmingham gebaut wurde. Auch die nächste Hauptserienversion, die Mk V, hob sich nicht wesentlich von den vorausgegangenen Versionen ab. Der Rumpf war wie bei der Mk III verstärkt, den Antrieb besorgte ein Merlin-Motor mit breiteren Blättern an seinem Dreiblatt-Propeller, und es bestanden Anschlüsse für Tragflächen der Serien „A", „B" und „C" sowie für einen 136-Liter-Abwurftank oder eine maximal 227 kg schwere Bombe unter dem Rumpf. Die gebräuchlichste Version war die Mk VB mit zwei Kanonen und vier Maschinengewehren, aber gegen Ende der Mk V-Produktion überwog die „C"-Bewaffnung mit vier Kanonen. Flugzeuge, die vorwiegend im Mittelmeerraum eingesetzt werden sollten, erhielten Sand- und Staubfilter unter dem Bug, die sowohl das Erscheinungbild als auch die Flugleistung erheblich beeinträchtigten. Bei Jagdflugzeugen, die hauptsächlich in Bodennähe operieren sollten, entfernte man die Randbögen an den Flächen.

Diese „Kappflügel-Spits" benötigten für Start und Landung eine etwas längere Strecke. Auch ihre Höhenleistung war schlechter, aber im Tiefflug zeigten sie sich schneller und beweglicher. Die Manövrierfähigkeit hatte man durch den Einsatz aluminiumbeplankter statt stoff-

Der Prototyp der Spitfire XII erhielt wie alle Mk XII gekappte Tragflächen, die die Abfangjagd in geringer Höhe erleichtern sollten. Die Mk XII brachte den Spitfire-Serienflugzeugen auch den größeren Griffon-Motor von Rolls-Royce, der in einer längeren Nase mit Wülsten über den Zylinderreihen untergebracht werden mußte.

Aufriß-Erläuterung zur Supermarine Spitfire IX

1 Randbogen
2 Positionslampe
3 Querruder (steuerbord)
4 Browning-7,7-mm-Maschinengewehr
5 MG-Öffnungen
6 Munitionskästen, 350 Schuß pro Rohr
7 Querruder-Stoßstange
8 Umlenkhebel
9 Spaltklappe (steuerbord)
10 Querruder-Seilzüge
11 Kanonenmagazin (120 Schuß)
12 Hispano 20-mm-Kanone (steuerbord)
13 Gurtzuführungstrommel
14 Kanonenrohr
15 Rotol Vierblatt-Propeller mit konstanter Drehzahl
16 Rohrführungshülse
17 Propellerhaube
18 Verstellregler
19 Rückenpanzer
20 Kühlmittelstirntank
21 Kühlmitteltankdeckel
22 flüssigkeitsgekühlter 12-Zylinder-Reihenmotor (V-Form) Rolls-Royce Merlin 61
23 Auspuffstutzen
24 vordere Motoraufhängung
25 untere Motorverkleidung
26 Schmierölbehälter, Fassungsvermögen 25,5 Liter
27 Vergaser-Lufteinlaufkanal
28 Motorträger
29 Hauptmotorträger
30 Ölfilter
31 zweistufiger Lader
32 Befestigung des Motorträgers
33 Schwingungsdämpfer
34 Motoranbaugeräte
35 Zwischenkühler
36 Laderlufthutze
37 Hydraulikbehälter
38 Hydraulikfilter
39 Brandschott/Tankschott, gepanzert
40 Tankdeckel
41 oberer Hauptkraftstofftank, Fassungsvermögen 218 Liter
42 Rückseite der Instrumententafel
43 Kompaßmontage
44 Tankbefestigung am Rumpflängsgurt
45 unterer Hauptkraftstofftank, Fassungsvermögen 168 Liter
46 Seitenruderpedalstange
47 Kraftstofftank-Schrägschott
48 Brandhahnregelung
49 Kartenfach
50 Trimmrad
51 Gashebel und Propellerregler
52 Handgriff der Steuersäule
53 Funkbediengerät
54 kugelsichere Frontscheibe
55 Reflexvisier
56 Rückspiegel
57 Haubenrahmen
58 Seitenfenster
59 Schiebehaube
60 Kopfstütze
61 Kopfpanzerung
62 Sicherheitsgurte
63 Pilotensitz
64 seitliche Einstiegsluke
65 Rückenpanzer
66 Sitzspant
67 Preßluftflaschen für das Drucksystem
68 Hauptrumpflängsgurt
69 132-Liter-Hilfstank für große Reichweite (Einbaumöglichkeit)
70 Haubengleitschiene
71 Spannungsregler
72 hintere Cockpitverglasung
73 Freund-Feind-Kenngerät
74 HF-Antennenmast
75 Antenneneinführung
76 Funksender/-empfänger
77 Wartungsklappe
78 obere Kennleuchte
79 Aufbau des Hinterrumpfs
80 Rumpfbeplankung
81 Sauerstoffflasche
82 Startgerät für Signalpatronen
83 IFF-Antenne
84 Höhenflosse (steuerbord)
85 Höhenruder (steuerbord)
86 Nasenholm des Seitenleitwerks
87 Rippenstruktur
88 HF-Antennenkabel
89 Seitenrudermassenausgleich
90 Ruderstruktur
91 Seitenruderholm
92 Trimmklappe
93 Trimmklappenbetätigung
94 Heckpositionslampe
95 Trimmklappe
96 Aufbau des stoffbespannten Höhenruders (backbord)

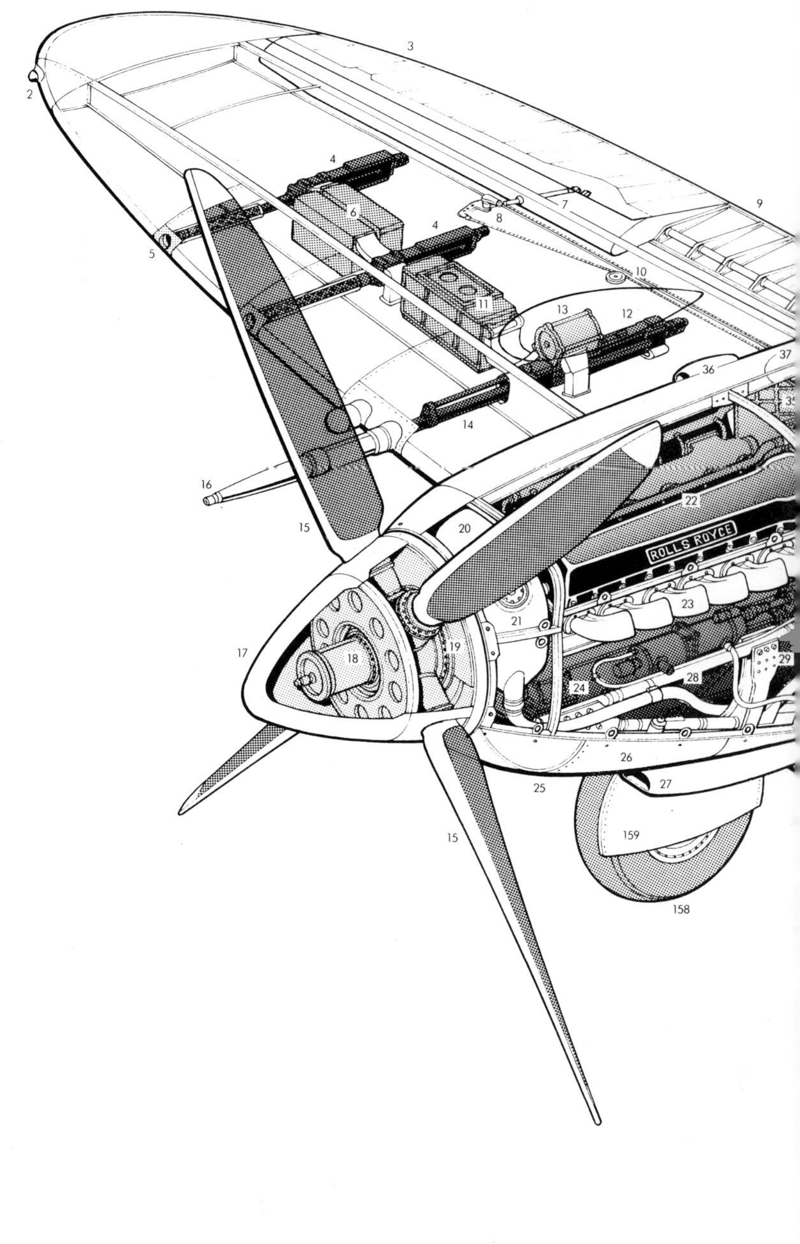

Die Sowjetunion wurde im Zweiten Weltkrieg mit einer großen Zahl von Spitfire unterstützt, darunter 1188 Mk IX. Dieses Exemplar durchlief eine interessante Modifikation: Sämtliche Waffen waren ausgebaut, und eine zweite Kanzel wurde für den Fluglehrer eingearbeitet.

Die Mk IX war als Zwischenlösung gedacht, um den Merlin der Serie 60 mit Zweistufenlader rasch in einer Spitfire zur Wirkung zu bringen. Die Version blieb jedoch in der Serienfertigung. Diese F.IX flog bei No. 402 Sqn. der Royal Canadian Air Force.

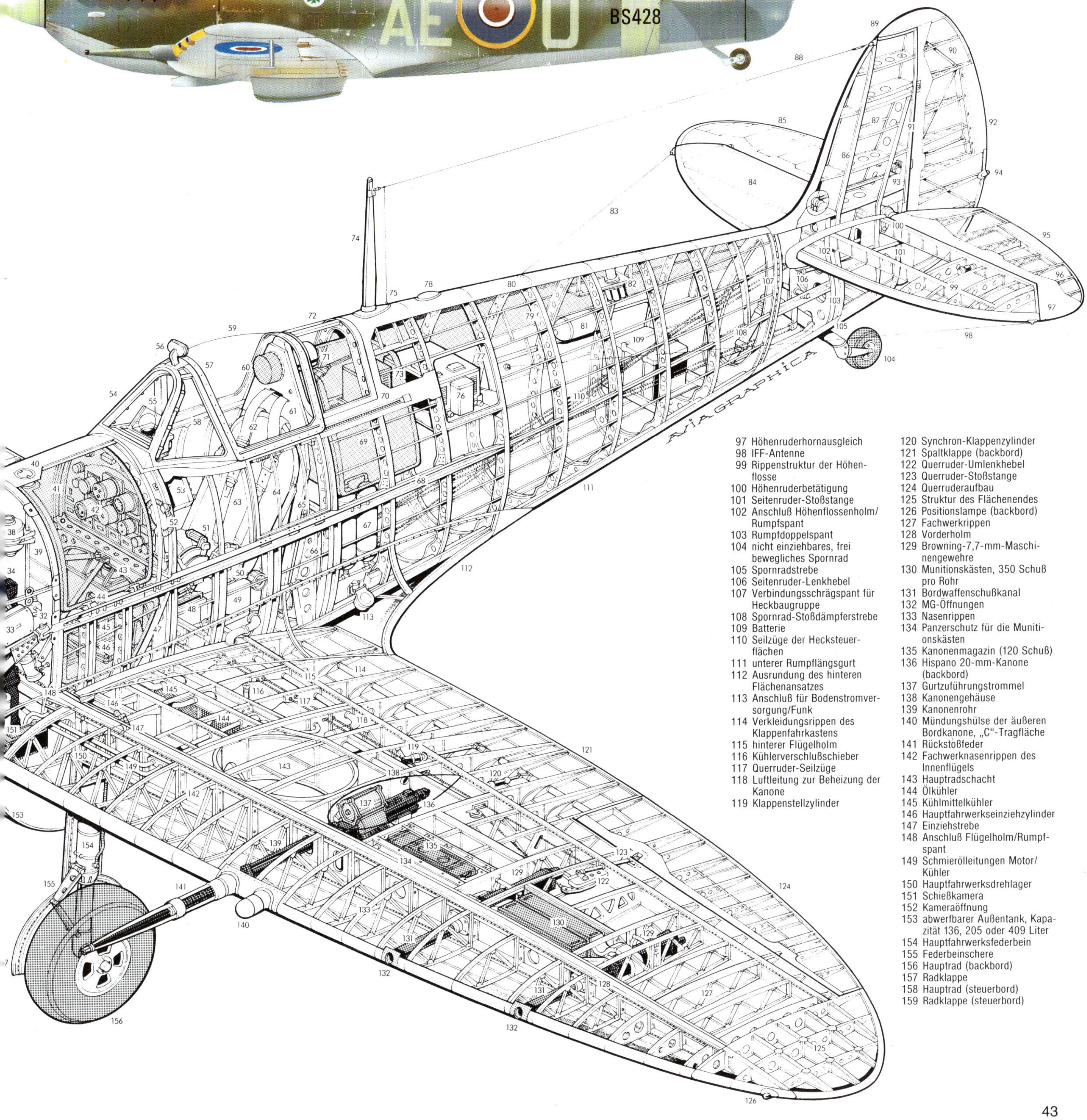

97 Höhenruderhornausgleich
98 IFF-Antenne
99 Rippenstruktur der Höhenflosse
100 Höhenruderbetätigung
101 Seitenruder-Stoßstange
102 Anschluß Höhenflossenholm/Rumpfspant
103 Rumpfdoppelspant
104 nicht einziehbares, frei bewegliches Spornrad
105 Spornradstrebe
106 Seitenruder-Lenkhebel
107 Verbindungsschrägspant für Heckbaugruppe
108 Spornrad-Stoßdämpferstrebe
109 Batterie
110 Seilzüge der Hecksteuerflächen
111 unterer Rumpflängsgurt
112 Ausrundung des hinteren Flächenansatzes
113 Anschluß für Bodenstromversorgung/Funk
114 Verkleidungsrippen des Klappenfahrkastens
115 hinterer Flügelholm
116 Kühlerverschlußschieber
117 Querruder-Seilzüge
118 Luftleitung zur Beheizung der Kanone
119 Klappenstellzylinder
120 Synchron-Klappenzylinder
121 Spaltklappe (backbord)
122 Querruder-Umlenkhebel
123 Querruder-Stoßstange
124 Querruderaufbau
125 Struktur des Flächenendes
126 Positionslampe (backbord)
127 Fachwerkrippen
128 Vorderholm
129 Browning-7,7-mm-Maschinengewehre
130 Munitionskästen, 350 Schuß pro Rohr
131 Bordwaffenschußkanal
132 MG-Öffnungen
133 Nasenrippen
134 Panzerschutz für die Munitionskästen
135 Kanonenmagazin (120 Schuß)
136 Hispano 20-mm-Kanone (backbord)
137 Gurtzuführungstrommel
138 Kanonengehäuse
139 Kanonenrohr
140 Mündungshülse der äußeren Bordkanone, „C"-Tragfläche
141 Rückstoßfeder
142 Fachwerknasenrippen des Innenflügels
143 Hauptradschacht
144 Ölkühler
145 Kühlmittelkühler
146 Hauptfahrwerkseinziehzylinder
147 Einziehstrebe
148 Anschluß Flügelholm/Rumpfspant
149 Schmierölleitungen Motor/Kühler
150 Hauptfahrwerksdrehlager
151 Schießkamera
152 Kameraöffnung
153 abwerfbarer Außentank, Kapazität 136, 205 oder 409 Liter
154 Hauptfahrwerksfederbein
155 Federbeinschere
156 Hauptrad (backbord)
157 Radklappe
158 Hauptrad (steuerbord)
159 Radklappe (steuerbord)

Als Verbündete Großbritanniens erhielt die Força Aérea Portuguesa im Jahre 1943 110 Spitfire-Jäger, 92 Mk VB und 18 Mk I. Diese Mk I war der Esquadrilha XZ zugeordnet und diente bis 1948 bei der Grupo de Caca (Jagdgeschwader). Die Mk VB flogen noch bis 1952.

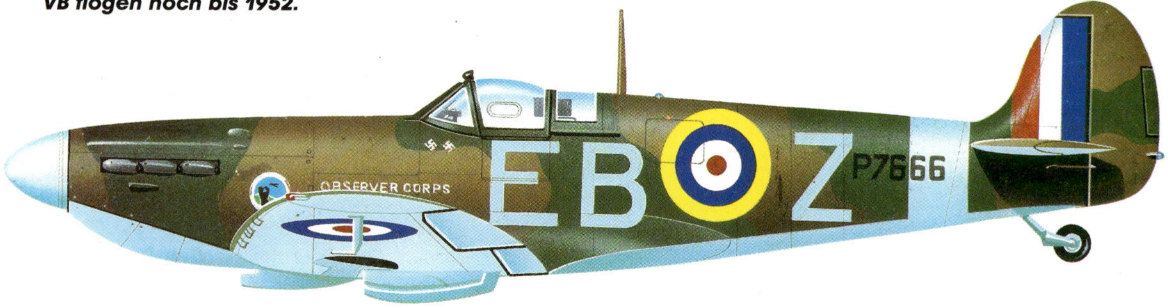

P7666 war eine im „Schattenwerk" Castle Bromwich gefertigte Spitfire Mk IIA. Sie war die persönliche Maschine von Squadron Leader (Major) Don Finlay, Hürdenläufer bei den Olympischen Spielen vor dem Krieg und Staffelkapitän der No. 41 Sqn. in Hornchurch, 1940.

Ein höchst interessanter Spitfire-Jäger war diese Mk I der zweiten Baureihe, 1937 bei Supermarine in Auftrag gegeben und kurz nach Kriegsausbruch ausgeliefert. Die Maschine wurde zur PR Type C umgerüstet und gehörte zu den ersten Foto-Aufklärungsflugzeugen, die man Benson 1941 zuwies.

Diese Spitfire Mk VB war eine von mehr als 600 Flugzeugen dieses Musters, die der USAAF im umgekehrten Lend-Lease-Verfahren zuflosssen. Die Markierungen weisen die Maschine als Trainer der 78. Fighter Group aus, tatsächlich aber operierte sie 1942 unter der 4. FG.

No. 91 Squadron flog die Spitfire den ganzen Zweiten Weltkrieg hindurch und wurde der einzige Verband, der die Mk 21 im Kampf einsetzte. 1943 im Operationsgebiet Mittelmeer war sie mit der tropentauglichen Mk VC ausgerüstet, die in Castle Bromwich entstand.

Einer der wenigen Jagdverbände, die den Höhen-Abfangjäger F.VII mit zugespitzten Flächenenden flogen, war No. 131 Squadron, die zuvor die Mk I, II, V und IX eingesetzt hatte. Die F.VII verwendete den Höhensichtschutz Medium Grey (Mittelgrau) und PRU Blue (Blau der Fotoaufklärungseinheiten). Hier ist die F.VII mit Invasionsstreifen abgebildet.

Von allen „Spits" flog sich die Mk VIII am besten. Diese Mk VIII gehörte Wing Commander (Oberst) Glenn Cooper, Kommandeur der No. 457 Squadron, Royal Australian Air Force, mit Standort Darwin und ab Dezember 1944 Morotai auf den Molukken.

Der Prototyp der Spitfire 21. Diese letzte Variante wurde von einem Griffon 61 oder 64 mit Rotol-Fünfblatt-Propeller angetrieben. Einige Exemplare nutzten allerdings den Griffon 85 in Verbindung mit einem sechsblättrigen Gegenlauf-Doppelpropeller. Die Standardbewaffnung umfaßte vier Hispano 20-mm-Kanonen.

Die letzten Spitfire, die 20er Serie, hatten einen Griffon mit zweistufigem Lader als Antrieb und ein wesentlich stärkeres Tragwerk, das die Fahrwerksschächte mit Klappen abdeckte (bei dieser F.Mk 22 im Messerflug sind die Spornradklappen allerdings noch offen).

überzogener Querruder verbessert. Insgesamt 6479 Spitfire Mk V wurden gebaut, mehr als von jeder anderen Version.

Luftbildaufklärung

Einige Mk V (229 Exemplare) wurde als Fotoaufklärer gefertigt und erhielten verwirrenderweise die Bezeichnung PR.IV (es gab bereits eine andere Mk IV mit Griffon-Triebwerk). Bei diesen taktischen Aufklärungsflugzeugen waren die Rohrwaffen durch Nasenkantentanks ersetzt, die zusätzlich 302 Liter Kraftstoff faßten. In einer beheizten Zelle des Hinterrumpfs befanden sich zwei Kameras, die Luftaufnahmen zu beiden Seiten des Flugwegs mit leichter Überlappung machen konnten. Weitere Verbesserungen betrafen die erhöhte Sauerstoffzufuhr für den Piloten sowie einen größeren Schmierölbehälter.

Die Mk VI war die erste Abfangjägerversion für große Höhen, ausgestattet mit Druckkabine und zugespitzten Flächenenden, die die Spannweite auf 12,24 m erhöhten. Solche Jäger wurden 1941 benötigt, um die hoch fliegenden Angriffs- und Aufklärungsjäger Junkers Ju 86P und 86R bekämpfen zu können. Diese Aufgabe warf schwierige Probleme durch die extreme Kälte auf, die die Frontscheiben vereisen und die Kanonen blockieren ließ. Ein bedeutender Fortschritt in bezug auf die Höhenleistung gelang Rolls-Royce mit dem Merlin-Motor der Serie 60. Er zeichnete sich durch zwei hintereinandergeschaltete Lader aus, deren Zwischenkühler die Lufttemperatur minderte und somit die Luftdichte weiter erhöhte. In 9000 m Höhe erzeugten diese Motoren doppelt soviel Leistung wie die frühen Merlin-Triebwerke. Die mit solchem Antrieb ausgerüsteten Spitfire-Höhenjäger waren leicht erkennbar an ihrer etwas längeren Flugzeugnase, sechs statt drei Auspuffstutzen pro Seite, einem Vierblatt-Propeller und symmetrischen Kühlern, da man den Ölkühler unter der linken Fläche durch eine zusätzliche Kühlbaugruppe ergänzt hatte. Im Gefecht traten diese Unterschiede nicht deutlich hervor, so daß die viel leistungsfähigere Mk IX Spitfire im Jahre 1942 eine unliebsame Überraschung für die Focke-Wulf Fw 190 war.

Die Mk IX war eine Mk V mit neuem Motor – ein hastiges Flickwerk, um den Merlin 61 (und später den 63, 66 und 70) möglichst rasch zur Wirkung zu bringen. Das endgültige Modell, die Mk VIII, war viel besser. Dennoch blieb die Mk IX erstaunlich lange in der Serienfertigung, so daß bis 1945 5665 Exemplare gebaut wurden. Sie trat in vielen Versionen auf, einschließlich LF-Flächen (Spannweite 9,88 m), F- Flächen (normale Spannweite von 13,50 m) und HF-Flächen (Spannweite 12,24 m), der drei bisherigen Bewaffnungsarten und einem Tragwerk der Serie „E“ mit zwei Kanonen und zwei 12,7-mm-Maschinengewehren sowie Bombenlasten von maximal 454 kg. Spitfire, die mit dem amerikanischen Packard V-1650 (Merlin 266) ausgerüstet wurden, fußten nicht auf der Zelle der Mk VIII, sondern auf dem Flugwerk der Mk IX. Sie erhielten die Bezeichnung Mk XVI. 1945 setzte die 2. Tactical Air Force die LF.XVIE (E-Bewaffnung und gekappte LF-Flächen) in großer Zahl ein.

Von der großartigen Mk VIII, die die meisten Piloten für die fliegerisch beste Spitfire überhaupt hielten, und der Mk VII wurden nur relativ kleine Baureihen aufgelegt. Letztere kombinierte den zweistufigen Merlin-Ladermotor mit dem druckbelüfteten Cockpit der Mk VI, einer doppelschichtigen Haube und einem „C“-Tragwerk, dessen Querruder kürzer gespannt waren. Einige Spitfire Mk VII erhielten ein breiteres Seitenruder, das sich nach oben hin rundete. Dies wurde später zum Standard für alle Flugzeuge mit Merlin-Motor der 60er Serie erklärt. Eine weitere Verfeinerung stellte das einziehbare Spornrad dar. Diese Merkmale flossen alle in die Mk VIII ein, die dem Muster zusätzlich einen eleganteren Tropenfilter einbrachte. Das Muster kämpfte größtenteils in Übersee, einschließlich des pazifischen Kriegsschauplatzes. Die letzte Merlin-Spitfire-Version, die Mk XI oder PR.XI, war das wichtig-

Im Jahre 1943: Deckmannschaften ordnen Seafire IIC auf dem Achterdeck eines Trägerschiffes der Royal Navy zur Startfolge. Die Seafire IIC war die erste Marineversion, die nicht aus der Spitfire umgerüstet wurde. Ihre Flächen ließen sich nicht beiklappen, und im Kern handelte es sich um eine Spitfire VC mit Haken.

Die Spitfire-Standardversion für bewaffnete Aufklärung in der zweiten Kriegshälfte war die Mk IX (No. 541 Sqn., Benson, 1944). Man erkannte sie am breiteren Seitenprofil des Bugs (wegen des erweiterten Schmierölbehälters für Fernaufklärungseinsätze) und an der ungepanzerten Frontverglasung.

Die erste Variante der neuen Spitfire-Generation mit Griffon-Triebwerk, Zweistufenlader und Fünfblatt-Propeller war die Mk XIV, einer der wenigen Typen, die die V-1 abfangen konnten. Squadron Leader R.A. Newbury, Staffelkapitän der No. 610 Sqn. in Lympne, Kent, flog diese F.XIV.

TZ114 gehörte zur letzten Spitfire-Kriegsproduktion und entstand bei Supermarine als FR.XIV mit blasenförmiger Haube und abgeflachtem Hinterrumpf. Nach dem Krieg wurde die Maschine der Indian Air Force zugeteilt und von No. 6 Squadron eingesetzt. Die Aufklärungskamera (siehe FR.XVIII) war nicht mehr eingerüstet.

ste Aufklärungsflugzeug der Alliierten in Europa. Sowohl die RAF als auch die USAAF setzten diese unbewaffneten Maschinen zu Solo-Aufklärungsflügen von England aus zu Zielgebieten bis nach Berlin ein. Das Gros wies das spitze Seitenruder und alle das einziehbare Spornrad auf. Kennzeichen dieser unbewaffneten Version aber war die ausgewölbte Unterseite der Motorverkleidung, die der für Einsätze dieser Dauer nötige große Schmierölbehälter nach sich zog.

Abgesehen vom Prototyp Mk IV war die Mk XII die erste Spitfire mit Griffon-Triebwerk. Aus dem größeren Motor resultierte eine längere Flugzeugnase mit Wülsten auf dem Rücken, hinter denen sich die Zylinderblöcke verbargen. Die Mk XII war ein kurzfristig geplanter Tiefflug-Abfangjäger, der sich der Fw 190 beim Heckenspringen annehmen sollte. In Meereshöhe erreichte sie rund 560 km/h im Vergleich zu 500 km/h der Mk IX. Eine Baureihe mit 100 Flugzeugen wurde den RAF-Heimatschutzstaffeln 1942 in zwei Ausführungen zugeschleust. Diese Maschinen verhielten sich anders als die früheren Spitfire. So drängten sie beim Start stark nach rechts statt sanft nach links, weil ihr Propeller entgegengesetzt drehte. Alle hatten gekappte Tragflächen und einige das einziehbare Spornrad.

Leistungsstärkere Motoren

Wie zu erwarten, ließ Rolls-Royce den Zweistufenlader auch dem großen Griffon-Triebwerk zukommen. Das Ergebnis, die 65er Serie, brachte mehr als eine Verdoppelung der Leistung gegenüber dem Original-Merlin, und das in allen Höhen. Die Spitfire fiel dadurch um 91 cm länger aus und erhielt zwei breite Kühler. Dieser großartige Motor wurde erstmals in die Mk XIV installiert, die ein in jeder Hinsicht ausgezeichnetes Flugzeug war, obwohl man sie 1943 in aller Eile zusammengebaut hatte. Am Boden erkannte man sie abgesehen vom markanten Bugprofil leicht an ihrem Fünfblatt-Propeller. Dieser beeinträchtigte jedoch die Kursstabilität, so daß man das Seitenleitwerk vergrößern mußte. Das gleiche Problem ergab sich bei den späteren F- und FR-Versionen (F – Fighter, FR – Fighter-Reconnaissance) mit abgesenktem Hinterrumpf und eindrucksvoller tropfenförmiger Cockpithaube, die eine uneingeschränkte Sicht nach hinten gewährleistete. Im letzten Jahr des Zweiten Weltkriegs stellte die Mk XIV die bedeutendste Spitfire-Version dar. Sie wurde durch eine kleine Zahl der definitiven Mk XVIII ergänzt, die wie die Mk VIII/IX aber nur in wenigen Exemplaren entstand. Die letzte Spitfire mit dem Original-Tragwerk, die PR.XIX mit zweistufigem Griffon-Ladermotor, war das Nachfolgemuster der PR.XI und zugleich der Typ, der den letzten Spitfire-Einsatz 1954 in Malaya flog. Die arabischen Nachkriegsziffern kennzeichneten Restkontingente wie die LF.16, FR.18 und PR.19.

Nach dem Zweiten Weltkrieg wurden drei grundsätzlich ähnliche Spitfire-Versionen mit neuer Zelle in Dienst gestellt, die die volle Leistung des zweistufigen Griffon ausschöpften und erheblich schwerer waren. Die Tragflächen wiesen nicht mehr die simple Ellipsenform auf, waren noch stärker als bisher und trugen vier Kanonen, mehr Treibstoff und ein stärkeres Fahrwerk, das in eingefahrenem Zustand mit Flügelklappen abgedeckt wurde. Das große Leitwerk enthielt metallbeplankte Ruder, und man hatte sämtliche Bordsysteme technisch erneuert. Das erste Mitglied dieser neuen Spitfire-Familie, die F.21, befand sich ab September 1944 in der Serienfertigung. Einige Maschinen wurden mit dem Griffon 85 und einem gegenläufigen Sechsblatt-Propeller ausgerüstet. Die F.22 führte eine gewölbte Cockpithaube und eine 24-Volt-Gleichspannungsversorgung ein. Späte F.22 erhielten ein weiter gespanntes Höhenleitwerk in Verbindung mit der neuen Seitenflosse der Spiteful und einen hinteren Rumpftank, dessen Nutzung aus Gründen der Kursstabilität untersagt wurde. Bei der letzten Spitfire-Version, der F.24, ließ sich der hintere Rumpftank verwenden. Ansonsten hob sie sich nur durch geringe Änderungen wie Raketenstartgeräte und elektrisch motorisierte Kanonen ab. Die letzte der 20.334 Spitfire, eine F.24, wurde im Februar 1948 ausgeliefert.

Um den Sofortbedarf der Fleet Air Arm an einem modernen trägergestützten Jäger zu decken, entwickelte Air Service Training im Jahre 1941 eine Marineversion der Spitfire VB, die sogenannte Seafire IB. In dieser Zeit besaßen die britischen Seeluftstreitkräfte auch frühere Seafire, die durch Umrüstung fertiger Spitfire entstanden waren. Bei der hauptsächlichen Seafire-Version im Zweiten Weltkrieg, der Mk III, handelte es sich um eine marinetaugliche Mk VC mit Merlin 32 oder 55, der über seinen Vierblatt-Propeller mehr Leistung in geringer Höhe abgab. Dies war auch die erste Seafire mit manuell hochklappbaren Tragflächen. Ihre Produktion teilten sich die Firmen Westland (die auch viele Spitfire fertigte) und Cunliffe-Owen. Der einstufige Griffon trieb die Seafire Mk XV, eine wesentlich kampfstärkere Maschine, und die schmucke Mk XVII mit tropfenförmiger Cockpithaube an. Nach dem Krieg schlossen die mächtigen Mk 45, 46 und 47 den Kreis der Spitfire-/Seafire-Familie mit Flugzeugen, die bis zu 5783 kg wogen und dennoch eine eindrucksvolle Leistungsbilanz im Koreakrieg aufstellten. Ohne die Umrüstmaschinen belief sich die Seafire-Produktion auf insgesamt 2556 Marinejäger.

Henschel Hs 129

Trotz durchschnittlicher Flugleistungen stellte die kleine und stark bewaffnete Hs 129 das ideale Schlachtflugzeug dar. Sie konnte sich allerdings erst im Rußlandfeldzug bewähren, als die sowjetischen Panzerarmeen die deutsche Ostfront zu überrollen drohten.

Bereits im Ersten Weltkrieg hatte man die Bedeutung von Schlachtflugzeugen erkannt und eine Reihe spezieller, stark gepanzerter Flugzeuge zur Erdkampfunterstützung gebaut. Praktisch umgesetzt wurden diese Erfahrungen aber nur in Deutschland, wo man die Henschel Hs 129 als einziges Flugzeug des Zweiten Weltkriegs für die unmittelbare Heeresunterstützung, speziell jedoch für die Panzerjagd entwickelte. Abgesehen von der Schturmowik, dem gepanzerten sowjetischen Angriffsflugzeug, verfügten die Alliierten über keine speziellen Kampfflugzeuge. So besaß die RAF nur einige Hurricane, die zwar mit 40-mm-Kanonen bestückt, verglichen mit der Hs 129 aber völlig unzureichend bewaffnet waren.

Kaum hatte Hitler seine Luftwaffe im Frühjahr 1935 enttarnt, als auch weit zurückreichende deutsche Pläne zum Bau von Schlachtflugzeugen bekannt wurden. In den Jahren nach 1918 vertraten viele Fachleute die Ansicht, zukünftige Luftkriege hätten nur noch strategischen Charakter und Flugzeuge dürften es wegen der stürmischen Entwicklung von Maschinen- und Flugabwehrwaffen nicht mehr wagen, im Wirkungsbereich der gegnerischen Bodentruppen zu operieren. Man fürchtete, schwere Panzerung würde sie langsam und schwerfällig machen und ihre Waffenzuladung erheblich einschränken. Erst als sich im spanischen Bürgerkrieg (1936–1939) zeigte, daß Flugzeuge auch im modernen Krieg wirksam und entscheidend in die Erdkämpfe eingreifen konnten, erinnerte man sich in Berlin an die alten Pläne. Schon im Frühjahr 1937 gab das Technische Amt das Pflichtenheft für ein Schlachtflugzeug heraus, das so klein wie möglich, wendig, nicht zu schnell, stark gepanzert, schwer bewaffnet (mindestens zwei 20-mm-Kanonen) und zweimotorig sein sollte.

Die Ausschreibung ging an vier Firmen, von denen zwei, Focke-Wulf und Henschel, in die engere Wahl kamen und Entwicklungsaufträge erhielten. Focke-Wulf plante, die als zwei- beziehungsweise dreisitzigen Aufklärer konzipierte Fw 189, für die die Produktionsvorbereitungen bereits angelaufen waren, zur Erdkampfunterstützung umzubauen, während Henschel mit der Hs 129 von vornherein ein reines Schlachtflugzeug entworfen hatte. Als die beiden Attrappen im Frühjahr 1938 besichtigungsreif waren, fiel das Urteil über beide Entwürfe vernichtend aus. Henschel baute daraufhin eine neue Maschine, die nach weiteren Änderungen schließlich akzeptiert wurde. Der erste Prototyp Hs 129 V1 flog erstmals im Februar oder März 1939. Der Führerraum der Hs 129 war derart eng, daß das Reflexvisier außen davor und einige Triebwerksüberwachungsinstrumente an der Innenseite der Motorverkleidungen installiert werden mußten. Da die Kabinenabdekkung aus Panzerplatten bestand, konnte sich der Pilot nur durch Sehschlitze orientieren, die sich im Einsatz zwar als zweckmäßig erwiesen, im Verbandsflug aber so wenig Übersicht gestatteten, daß ständig Kollisionsgefahr bestand. Zudem war der Steuerknüppel so kurz, daß selbst mäßige Manöver große Kraftanstrengungen erforderten.

Den Ausschlag gab schließlich die Tatsache, daß die Hs 129 nicht nur kleiner, sondern auch um etwa ein Drittel billiger als die Fw 189 war. Henschel erhielt einen Auftrag über acht Vorserienflugzeuge Hs 129 A-0 und hatte alle ausgeliefert, bevor am 10. Mai 1940 der Blitzkrieg begann. Sie wurden bei der Schlachtflieger-Ausbildungsstaffel in Paris-Orly gründlich erprobt, von der Luftwaffe jedoch abgelehnt und später an Rumänien verkauft.

Im Prinzip war die Hs 129 ein konventionelles, in Ganzmetallbauweise gefertigtes Flugzeug mit einfacher, tragender Hautstruktur. Bei ihren Trapezflügeln hatte man die gesamte Hinterkante als zweiteilige

Eine Hs 129 B-2/R2 der IV.(Pz)SG 9 wird hier im März 1944 in Tschernowitz vom Bodenpersonal aufgetankt. An der Ostfront überstrich man den Sichtschutz der Flugzeuge im Winter oft mit weißer Temperafarbe, die wasserlöslich und leicht abwaschbar war.

Henschel Hs 129 B der 8. Staffel/ Schlachtgeschwader 2. Im Juli verlegte die Einheit an die Ostfront. Der Verlust Nordafrikas fiel für die Deutschen mit der Kapitulation Stalingrads (Ende Januar/ Anfang Februar 1943) zusammen. Der Vormarsch der Sowjets war nicht mehr aufzuhalten.

4./SchG 2 wurde als zweite Staffel im September 1942 in Deblin-Irena (Polen) mit Hs 129 B-1 ausgerüstet. Im November verlegte die Einheit nach Nordafrika, wo der Wüstensand den Motoren schwere Schäden zufügte. Die letzten nicht mehr einsatzfähigen Hs 129 mußten vor den heranrückenden Briten gesprengt werden.

Schlitzklappe ausgebildet, und zwar außen als aerodynamisch und statisch ausgeglichenes Querruder und innen als hydraulisch betätigte Wölbungsklappe. Der Antrieb durch zwei luftgekühlte Zwölf-Zylinder-Motoren mit hängender Anordnung, die Argus-Verstellpropeller antrieben, entsprach praktisch dem der bereits in der Fertigung befindlichen Fw 189. Treibstoff wurde in einer einzigen Rumpfzelle sowie in zwei zwischen dem Rumpf und den Motorgondeln angeordneten Flügeltanks mitgeführt. Das Hauptfahrwerk war geteilt ausgeführt, und jedes Fahrwerksbein zog hydraulisch nach hinten in die Motorgondeln ein. Dabei ragten die Räder etwas heraus, um bei Bauchlandungen Beschädigungen zu vermeiden. Das Spornrad war starr angeordnet.

Ein ungewöhnliches Merkmal der Hs 129 stellte ihr auffallend schlanker Rumpf mit annähernd trapezförmigem Querschnitt (oben schmal, unten breit) dar, der sich aus dem Rumpfvorderteil (Panzerkabine), Rumpfmittel- und Rumpfhinterteil zusammensetzte. Die Seiten- und Bodenpänzerung der Kabine war 6 beziehungsweise 12 mm und die obere Abdeckung für den Flugzeugführer 7,5 mm stark. Das Gewicht der Bugpanzerung betrug insgesamt 1080 kg. Wie bereits erwähnt, schränkte der Wunsch, die Ausmaße des Flugzeuges möglichst gering zu halten, die Bewegungsfähigkeiten des Piloten ein und

Eine Hs 129 B-1/R2 wird hier auf einer Straße nahe Tripolis abgeschleppt. 8./SchG 2 wurde mit dem Personal der JG 27 und JG 53 aufgestellt, als fünfte Staffel mit Hs 129 ausgerüstet und nach ihrer Verlegung an die Ostfront in 13.(Pz)SchG 9 umbenannt.

Die Nullserienmaschinen Hs 129 A-0 wurden von einem Reihenmotor Argus As 410-A-1 angetrieben. Nach einem enttäuschenden Truppenversuch bei 5./LG 2 wies man die Maschinen der in Paris-Orly stationierten Schlachtflieger-Ausbildungsstaffel 4./SG 101 zu.

8./SchG 1 erhielt als vierte Staffel Hs 129 B-1. Sie wurde in Lippstadt aufgestellt und kämpfte an der Ostfront. Diesen Anstrich trugen ihre Maschinen in der schweren Panzerschlacht bei Kursk, die die endgültige Wende im Rußlandfeldzug brachte.

Die meisten an der Ostfront eingesetzten deutschen Flugzeuge paßten ihren Sichtschutz der Jahreszeit an. Im Winter trugen viele, so auch diese Hs 129 B-1 der 8./SchG 1, einen weißen Tarnanstrich.

behinderte ihn folglich auch bei der optimalen Durchführung seines Kampfauftrags. Andererseits war die Forderung nach starker Bewaffnung erfüllt, da man links und rechts in den Rumpfseitenwänden des Bugs je ein 20-mm-MG FF sowie darunter je ein 7,92-mm-MG 17 in Höhe der Flügelwurzeln starr in Flugrichtung lafettiert hatte.

Bessere Motoren

Schon bei der Erprobung der Hs 129 A-0 hatte der leitende Ingenieur Friedrich Nicolaus erkannt, daß ein weitaus besseres Flugzeug gebaut werden könnte, wenn leistungsstärkere Motoren verfügbar wären. Die Möglichkeit bot sich, als nach dem Sieg über Frankreich luftgekühlte 14-Zylinder-Sternmotoren vom Gnome-Rhône mit 700 PS Startleistung in großer Zahl verfügbar wurden. Der Entwurf des verbesserten, etwas größeren Modells erhielt die Projektbezeichnung P 76. Inzwischen waren die Vorbereitungen für die Fertigung der Hs 129 aber schon so weit fortgeschritten, daß die technischen Umstellungen auf eine größere Version zu unverantwortlichen Verzögerungen geführt hätten. Man wies Nicolaus daher an zu prüfen, ob sich der Gnome-Rhône 14M 4/5 in die vorhandene Hs-129-Zelle einbauen ließ. Die französischen Triebwerke eigneten sich dazu erstaunlich gut. Sie trieben einen dreiflügeligen Metall-Verstellpropeller Ratier mit konstanter Drehzahl an, der entweder elektrisch von Hand oder automatisch verstellt werden konnte. Aus diesen Modifikationen entstand die Baureihe Hs 129 B.

Insgesamt bedeutete die Hs 129 B eine erhebliche Verbesserung, auch wenn ihre Flugleistungen unzureichend blieben. Sie flog langsamer als die Ju 87D, hatte einen weitaus kleineren Einsatzradius und war träger sowie schlechter zu handhaben, obwohl man ständig an der Flugsteuerung herumbastelte, was ihr schließlich schnell ansprechende, elektrisch betätigte Trimmklappen einbrachte.

Mitte 1941 fiel unter dem Druck der Erfordernisse des Rußlandfeldzuges die Entscheidung, den Schlachtfliegern größere Bedeutung als bisher beizumessen. Mit nur 40 einsatzbereiten Hs 123 A-1, einem robusten Anderthalbdecker, hatten sie bei Kriegsbeginn in Polen beachtliche Erfolge erzielt und 1940 in Frankreich unter anderem den Durchbruchsversuch starker feindlicher Panzerkräfte vereitelt. So gab man die Hs 129 B mit höchster Priorität zur Serienfertigung frei und ersetzte die MG FF in einer letzten Umrüstung durch zwei Kanonen MG 151/20 mit je 125 Schuß. Außerdem wurden an den Rumpf- und Flügelunterseiten Vorrichtungen angebracht, die es der Truppe erlaubten, an der Front unterschiedlichste Rüstsätze für Rohrwaffen, Bomben und Kameras zu montieren.

Die erste von zehn Vorserienmaschinen Hs 129 B-0 kam Ende 1941 zur Auslieferung, und die ersten B-1 folgten im März 1942. Henschel hatte aber mit großen Schwierigkeiten und Verzögerungen zu kämpfen, die die Aufstellung der geplanten Schlachtfliegergeschwader

Die Trapezflügel waren ein charakteristisches Merkmal der Hs 129. Für die B-1 gab es mehrere Rüstsätze: R2, eine 30-mm-MK 101 in einem Unterrumpfwaffenbehälter, R3, vier unverkleidet unter dem Rumpf angeordnete 7,92-mm-MG 17, R4, Aufhängevorrichtungen für Bomben, und R5, ein Reihenbildgerät zur Gefechtsfeldaufklärung.

Diese von der RAF erbeutete Hs 129 B-1 trägt einen britischen Tarnanstrich. In den Bugseitenwänden waren je ein 7,92-mm-MG 17 (unten) und ein MG 151/20 (oben) eingebaut. Für jedes MG 17 wurden 500 Schuß und für die Bordkanonen nur je 125 Schuß mitgeführt.

ernsthaft gefährdeten. Nutzungsbedingte Änderungen und Lieferungsverzug bei Einzelteilen wie Ausrüstung behinderten die Fertigung. Der Monatsausstoß sank, und die geplante Produktion von monatlich 40 Maschinen konnte erst Mitte 1943 erreicht werden. Das größte Problem stellte jedoch das Triebwerk dar, das sich äußerst anfällig gegenüber dem Steppenstaub in der UdSSR und dem Wüstensand in Nordafrika zeigte. Der Motor war unzuverlässig, und trotz dringendster Untersuchungen dauerte es sechs Monate, bis man Abhilfe schuf. Die erste Staffel, 4./SchG 1, machte Mitte 1942 beim Vorstoß zum Kaukasus deprimierende Erfahrungen. Noch schlimmer erging es der 4./SchG 2, die im November 1942 mit zwölf Maschinen von Polen nach Nordafrika verlegte und bald kein Exemplar mehr besaß.

Im Laufe des Jahres 1943 steigerte sich die Monatsproduktion der Hs 129 B zwar erheblich, blieb mit insgesamt 414 aber immer noch rund 50 Prozent hinter dem geplanten Fertigungsausstoß zurück. Aufbau und Ausrüstung neuer Schlachtgeschwader sowie der Ersatz der Frontverluste wurden dadurch zu einem frustrierenden Unterfangen. Andererseits hatte sich die Kampfleistung der Hs 129 durch die Bereitstellung zahlreicher Rüstsätze beachtlich erhöht. Wichtigste Verbesserung war eine zusätzliche 30-mm-Maschinenkanone MK 101 mit großer Lauflänge und 30 Schuß Munition in einem Waffenbehälter unter dem Rumpf. Mit diesem Rüstsatz R2 war die Hs 129 eine tödliche Bedrohung für alle Panzerfahrzeuge mit Ausnahme des sowjetischen Standardkampfpanzers T-34, dessen Bug- und Seitenpanzerung die MK 101 nicht durchschlagen und dem sie nur im Heckangriff gefährlich werden konnte. Andere Rüstsätze umfaßten eine eingebaute Reihenbildkamera (R5), vier 7,92-mm-MG 17 mit 1000 Schuß (R3) und Aufhängevorrichtungen für vier 50-kg-Bomben oder vier Bombenbehälter für je 24 Splitterbomben SD 4 gegen ungepanzerte Ziele oder eine 250-kg-Bombe (R4).

1943 ging die Hs 129 B-2 unter Berücksichtigung aller einsatzmäßig bedingten Änderungen der B-1 in Serie. Auch sie war mit Rüstsätzen modifizierbar, wurde jedoch wegen ihrer durchschlagenden Erfolge gegen Punktziele und wegen der taktischen Situation an der Ostfront schon bald ab Werk ausschließlich als Panzerjäger-Waffenträger ausgeliefert. Die Ausrüstung mit Bombenschlössern entfiel. Diese reinen Waffenflugzeuge Hs 129 B-2/Wa rüstete man zunächst mit der 30-mm-MK 103 aus. Durch ihre größere Anfangsgeschwindigkeit und flachere Flugbahn waren deren Geschosse zwar für die Panzerabwehr weitaus wirksamer, im Kaliber aber nicht schwer genug und nur bei Angriffen von der Seite und von hinten wirkungsvoll. Einige Hs 129 B-2/Wa erhielten daher die BK 3,7, die bereits mit wirklich „durchschlagendem" Erfolg bei der Ju 87G verwendet wurde. Diese Kanone erforderte bei

Zwei Einheiten, 10.(Pz)/SchG 9 und 14.(Pz)/SchG 9 (Foto), wurden im Winter 1944/45 mit Hs 129 B-3/Wa ausgerüstet. Mit Einführung der BK 7,5 entfielen die beiden MG 17.

Der Standardsichtschutz für die deutschen Flugzeuge an der Ostfront bestand auf der Oberseite aus zackenförmig ineinanderlaufenden Farbflächen, während die Unterseiten hellblau gestrichen waren. Gelbe Markierungen an Rumpfheck, Flügelspitzen und Bug kennzeichneten das jeweilige Einsatzgebiet.

Eine Hs 129 B-2/R2 der 4.(Pz)/SchG 9 mit provisorischem Wintersichtschutz. Verglichen mit der B-1, besaß die B-2 mehrere Verbesserungen, die meistens auf einsatzbedingten Erfahrungen basierten. Als die sowjetischen Panzerarmeen anwuchsen, wurde der Rüstsatz R2 (30-mm-MK 101) serienmäßig im Werk eingebaut.

der Hs 129 jedoch den Ausbau der beiden im Unterrumpf lafettierten MG 17, um Platz für die 3,7-mm-Stangenmagazine zu schaffen. (Die Ju 87G war allerdings mit zwei BK 3,7 bewaffnet, während die Hs 129 B-2/Wa nur eine Bordkanone tragen konnte.)

Die schnell wachsenden sowjetischen Panzerarmeen mit immer widerstandsfähigeren Kampfpanzern standen in krassem Gegensatz zur schwindenden Zahl der deutschen Schlachtflieger, und die Motoren der Hs 129 waren nach wie vor unzuverlässig, obwohl man längst speziell entworfene Luftfilter eingebaut hatte. Dringlicher benötigt wurde eine wirksamere Panzerabwehrwaffe, und so bildete man am 10. Januar 1944 aus ehemaligen Schlachtfliegergeschwadern in Udetfeld eine Sondereinheit, das Erprobungskommando 26, um die verzweifelten Bemühungen um neue Waffen und Taktiken zu zentralisieren. Bald erschienen die Hs 129 dieses Kommmandos mit den verschiedensten Waffensystemen für dieses doch kleine Flugzeug.

Ein typisches Beispiel für diese Panzerbekämpfungsmittel stellte die vollkommen neuartige „Förstersonde" S.G.113 A dar, die turmähnlich im Mittelrumpf unmittelbar hinter dem Rumpftank installiert war. In diesem Aufbau befanden sich sechs Mörserrohre, Kaliber 77 mm, mit glatter Bohrung, einer Länge von 1,60 m und einem panzerbrechenden Kern von 45 mm. Sie waren so montiert, daß sie in einem Winkel von ungefähr 75° nach hinten unten feuerten, und ausgelöst wurden sie durch eine im Rumpfbug installierte photoelektrische Zelle. Damit die „Förstersonde" sicher ansprach, mußte der Pilot das Ziel im Tiefstflug (nicht höher als 10 m!) überfliegen, was 80 Prozent Trefferwahrscheinlichkeit garantierte. Voraussetzung für die Funktionstüchtigkeit war die Aufhebung des Rückstoßes durch Verschießen einer dem Geschoß gleichen Masse (Knüppel oder auch Gegengewicht genannt) in entgegengesetzter Richtung. Bei der „Förstersonde" waren Geschoß und Gegengewicht in einem Abstand von 100 mm durch einen Kerbstab verbunden, und in diesem Zwischenraum lag die Treibladung. Bei der Zündung zerbrach der Kerbstab durch den stark ansteigenden Gasdruck, während Geschoß und Gegengewicht gleichzeitig in entgegengesetzte Richtungen beschleunigt wurden. Ein Führungsflansch von 77 mm Durchmesser am vorderen und ein entsprechender Ring als Treibspiegel am hinteren Geschoßteil glichen den Kaliberunterschied aus und führten die panzerbrechende Granate in dem glatten Rohr. Insgesamt rüstete man angeblich drei Hs 129 B-2 mit je sechs „Förstersonden" aus. Versuche auf dem Waffenprüfplatz Tarnewitz verliefen erfolgreich, konnten aber vor dem Auslaufen der Hs-129-Produktion nicht mehr abgeschlossen werden.

Um die sowjetischen Panzer effektiver bekämpfen zu können, wurden die Hs 129 B-3/Wa und die BK 7,5 entwickelt, die mit einem Treffer den schwersten Panzer vernichtete. Flugleistung und Wendigkeit fielen durch den Waffenbehälter allerdings dramatisch ab.

Als man die Fertigung der Hs 129 zugunsten des Jäger-Notprogramms einstellte, betrug die Gesamtproduktion einschließlich Prototypen nur rund 870 Maschinen. Trotz beträchtlicher Anfangsschwierigkeiten war die Hs 129 zu einem für die unmittelbare Heeresunterstützung, speziell jedoch zur Panzerjagd, hervorragenden Schlachtflugzeug entwickelt worden. Leider gelang es nicht, ihre Hauptschwäche, den trotz aller Nachbesserungen sehr empfindlichen Motor, zu beseitigen, so daß die mit Hs 129 ausgerüsteten Schlachtfliegereinheiten zumeist einen schlechten Klarstand hatten. Ihre Wirkung auf den Verlauf des Krieges blieb daher insgesamt relativ gering. Als Deutschland schließlich Anfang Mai 1945 kapitulierte, existierte nur noch eine Handvoll Exemplare der Hs 129.

Diese in Nordafrika erbeutete Hs 129 B läßt deutlich die eckige, aber solide Gestaltung erkennen. Sie wurde zur Erprobung in die USA verschifft und trägt daher die Markierung „FE-4600" (Foreign Equipment = fremdes Gerät). Ihr weißes Rumpfband zeigt, daß die Maschine im Mittelmeerraum eingesetzt war.

TECHNISCHE DATEN

Henschel Hs 129 B-2
Typ: einsitziges Schlachtflugzeug
Triebwerke: zwei Sternmotoren Gnome-Rhône 14M 4/5 mit einer Startleistung von 522 kW (700 PS)
Abmessungen: Spannweite 14,20 m; Länge 9,75 m; Höhe 3,25 m; Tragflügelfläche 29 m^2
Gewicht: leer 3810 kg; maximal beladen 5250 kg
Leistung: Höchstgeschwindigkeit 407 km/h; Reichweite 688 km; Steiggeschwindigkeit in Bodennähe 486 m/min; Dienstgipfelhöhe 9000 m
Bewaffnung: je zwei 7,92-mm-MG 17 und MG 151/20 im Bug; verschiedene Rüstsätze mit einer 30-mm-MK 101 oder vier 7,92-mm-MG 17 oder Unterrumpf-Aufhängevorrichtungen für vier 50-kg-Bomben oder Behältern für 92 2-kg-Splitterbomben gegen ungepanzerte Ziele oder einer 250-kg-Bombe unter dem Rumpf oder zwei 50-kg-Bomben oder 48 2-kg-Splitterbomben an Unterflügelbombenschlössern

Am berühmtesten wurde die Hs 129 als Panzerjäger Hs 129 B-3/Wa mit BK 7,5. Die meisten der Hs 129 waren jedoch mit kleinkalibrigeren Bordwaffen bestückt. Abgebildet ist eine B-2, wie sie an der Ostfront kämpfte. Außer ihren serienmäßigen MG 17 und der Bordkanone MG 151/20 trägt sie im Unterrumpf-Waffenbehälter eine 30-mm-MK 101. An den Unterflügel-Bombenschlössern konnten Splitterbomben gegen ungepanzerte und gepanzerte Ziele mitgeführt werden. Nach schwierigen Anfängen, belastet durch größte Motorprobleme, erzielte die Hs 129 später doch noch recht beachtliche Erfolge.

Nakajima Ki-84 Hayate

Die Nakajima Ki-84 Hayate war zweifellos der beste japanische Jäger, der in den beiden letzten Kriegsjahren noch in größerer Zahl im Pazifik eingesetzt wurde. Die japanischen Piloten schätzten sie als gut gepanzert, ausreichend bewaffnet, schnell und beweglich, und bei den alliierten Fliegern verschaffte sie sich in den Luftschlachten der Jahre 1944/45 schnell Respekt.

Als europäische und amerikanische Jagdflieger längst erkannt hatten, wie lebenswichtig gute Panzerung, geschützte Tanks und schwere Bordwaffen waren, legten die japanischen Jägerpiloten immer noch mehr Wert auf hohe Wendigkeit als auf Schutzmaßnahmen. Letztere galten im Hauptquartier der Kaiserlich Japanischen Luftwaffe (Koku Hombu) allerdings schon lange vor Ausbruch des Krieges mit den USA als unerläßlich. So forderte man bereits 1940 einen Nachfolger für den nur leicht bewaffneten und ungepanzerten Jäger Nakajima Ki-43, der damals kurz vor der Serienfertigung stand. Die neue Maschine sollte ein ausreichend bewaffneter Mehrzweckjäger mit Teilpanzerung und geschützten Tanks werden. Als Antrieb war der flüssigkeitsgekühlte Kawasaki-Ha-40-Motor vorgesehen, eine lizenzgefertigte Version des deutschen Daimler-Benz DB 601A. Um den Bau des neuen Jägers bewarben sich Kawasaki Kokuki Kogyo KK (Kawasaki-Luftfahrttechnik GmbH) und Nakajima Hikoki KK (Nakajima-Flugzeugwerk GmbH), die zwei konkurrierende Modelle vorstellten. Da Kawasaki größere Erfahrungen mit der Produktion von Flugzeugen mit flüssigkeitsgekühlten Triebwerken besaß und Nakajima mit der Fertigung ihrer Jäger Ki-43 und -44 voll ausgelastet war, entschied sich das Koku Hombu schließlich für die Kawasaki Ki-61. Sie sollte weiterentwickelt und dann seriengefertigt werden.

Wenn ihre Ki-62 im Wettbewerb für Jäger mit Ha-40-Motor auch unterlegen war, konnten die Ingenieure unter T. Koyama bei der Konstruktion der Ki-62 und -63 doch wertvolle Erkenntnisse gewinnen. Da sie die Ki-63 für den Mitsubishi-Sternmotor Ha-102 mit 783 kW (1065 PS) ausgelegt hatten, vermochten sie besonders schnell zu reagieren, als das Koku Hombu Anfang des Jahres 1942 ein Lastenheft für einen modernen Jäger vorlegte. Gefordert wurde ein Langstrecken-Mehrzweckjäger mit einer Höchstgeschwindigkeit von 640 bis 680 km/h, der in der Lage sein sollte, unter Kampfbedingungen bis zu 400 km von der Einsatzbasis entfernt eine Stunde und 30 Minuten zu operieren. Als Flächeninhalt empfahl man 19 bis 21 m² und als Flächenbelastung maximal 170 kg/m². Als Antrieb sollte ein Nakajima Ha-45 dienen, eine Version des für die Kaiserlich Japanische Marine entwickelten 18-Zylinder-Sternmotors NK9A Homare (Ehre), und als Bewaffnung waren zwei 12,7-mm-MG Modell 1 (Ho-103) und zwei 20-mm-BK Ho-5 vorgesehen. Im Gegensatz zu früheren Jäger-Spezifikationen sollte die neue Maschine mit einer Panzerung und selbstversiegelnden Tanks ausgerüstet werden.

Der Prototyp des neuen Jägers Ki-84, der stark den Entwürfen für die Ki-62 und -63 ähnelte, konnte in nur zehn Monaten fertiggestellt und bereits Ende März 1943 den Militärs vorgeführt werden. Die Ki-84 war ein Tiefdecker mit herkömmlichem einziehbarem Fahrwerk und einer dreiteiligen Kabinenhaube, deren mittlerer Teil sich nach hinten verschieben ließ. Im April 1943 hob der Prototyp auf dem Flugplatz Ojima erstmals zum Jungfernflug ab, und im Rahmen des werkseigenen Testprogramms konnte zwei Monate später eine zweite Versuchsmaschine übernommen werden.

Leistungsgesteigerte Motoren

Die Tests und die vorläufige Einsatzerprobung liefen zügig ab, und vor der Serienfertigung waren nur wenige Modifikationen erforderlich. Verschiedene Änderungen und Verbesserungen sowie mehrere Triebwerksversionen (Ha-45-11 mit 1342 kW/1825 PS, Ha-45-12 mit 1361 kW/1850 PS, Ha-45-21 mit 1417 kW/1926 PS) wurden mit den vielen Ki-84 erprobt, die für Truppenversuche bereitstanden. Sie waren größtenteils in Handarbeit gefertigt, weil Nakajima die erforderlichen Maschinen noch nicht eingerichtet hatte. Für die Serienfertigung wurden allerdings nur wenige dieser Änderungen übernommen. Als einzige wichtige Modifikation erhielten die seriengefertigten Ki-84 statt eines Unterrumpftanks zwei Unterflügel-Abwurftanks. Andere kleinere Umbauten betrafen Form und Größe des Seitenleitwerks zwecks besserer Handhabung der Maschine beim Start (Ausgleich des vom Propeller abgegebenen Drehmoments) sowie den Ersatz der beiden links und rechts der Motorhaube angeordneten Auspuffsammler durch einzelne Auspuffstutzen.

Nakajima Ki-84-Ia der 101. Sentai bereiten sich während der Verteidigung Okinawas auf den Start vor. Diese Einheit, die Ende 1944 zusammen mit der 102. Sentai aufgestellt wurde, war bei ihren Tag- und Nachtangriffen auf US-Flugplätze im Norden Okinawas besonders erfolgreich.

Die 73. Hiko Sentai wurde im Juni 1944 gemeinsam mit der 71. und 72. Sentai aufgestellt und sofort auf den Philippinen eingesetzt. Die japanischen Luftwaffenverbände dort hatten damals bei der Lieferung von Ki-84 absolute Priorität. Abgebildet ist eine Ki-84-Ia der 1. Chutai der 73. Sentai.

Inzwischen hatten auch die Jagdflieger erkannt, wie lebensnotwendig Panzerung, selbstversiegelnde Tanks und schwere Bordwaffen waren. Sie bemängelten jetzt nur noch die Schwergängigkeit der Höhenruder in hohen und das ungenaue Ansprechen des Seitenruders in niedrigen Geschwindigkeitsbereichen. Dies waren jedoch Lappalien bei diesem ansonsten außergewöhnlich leistungsfähigen Jäger. Kaum hatte Nakajima in seinen Werken Nr. 1 und 4 in Ota beziehungsweise Utsonomiya (Rumpffertigung) die erforderlichen Kapazitäten freigestellt, als auch schon die Serienfertigung im großen Stil unter der Bezeichnung Jäger-Modell 1A Heerestyp 4 (Ki-84-Ia) anlief. Zusätzlich bauten auch Mansyu Hikoki Seizo KK (Mandschurische Flugzeugwerke GmbH) in Harbin (Mandschukuo) Ki-84-I, die Hayate (Hurrikan) genannt wurden.

Produktion unter Druck

Mit 44 Prozent weniger Arbeitsaufwand als beim leichten Jäger Ki-43, konnte die Ki-84 in größerer Stückzahl gefertigt werden. So lieferte Nakajima von April 1944 bis Mitte August 1945 3288 Maschinen und Mansyu 1945 noch einmal 94 Exemplare. Diese beeindruckenden Zahlen sagen nichts über die großen Schwierigkeiten aus, die Rüstungsministerium und Flugzeugwerke bei der Realisierung dieses ehrgeizigen Projekts bewältigen mußten. Der Mangel an Facharbeitern sowie der Einsatz zwangsverpflichteter, schlecht ausgebildeter Zivilisten, Rohstoffknappheit und minderwertiger Stahl brachten den Arbeitsablauf völlig durcheinander. Unzureichende Qualitätskontrollen, besonders bei Motoren, Fahrwerk, Funkgeräten und so weiter, führten zu mangelndem Klarstand und zu zahlreichen Unfällen. Nur selten konnten die seriengefertigten Ki-84 mit jenen handgefertigten Maschinen konkurrieren, die die Flieger bei den Truppenversuchen begeistert hatten. An der Front, wo Wartung und Instandsetzung der Maschinen häufig unter primitiven und gefährlichen Bedingungen durchgeführt werden mußten, wirkte sich der Mangel an erfahrenen Technikern noch weitaus negativer aus. Den Alliierten kam diese Entwicklung allerdings gelegen. Sie hatten schon sehr bald nach Indienststellung der Ki-84 erfahren müssen, daß diese den modernsten amerikanischen Maschinen (Chance Vought F4U, Lockheed P-38J/L, Republic P-47D, North American P-51D) ebenbürtig und der Grumman F6F Hellcat, die die meisten trägergestützten Jagdstaffeln der US Navy einsetzten, sogar überlegen war.

Dank der zahlreich bestellten Test- und Vorserienflugzeuge konnten die Werks- und Truppenversuche zügig durchgeführt und schon im Oktober 1943, knapp sechs Monate nach dem Erstflug, eine Chutai (Staffel) zur Einsatzerprobung auf Ki-84 umgerüstet werden. Die Einrichtung der Fertigungsstraßen nahm jedoch weitere sechs Monate in Anspruch, so daß die erste in reiner maschineller Serienfertigung bei Nakajima gebaute Ki-84-Ia erst im April 1944 fertiggestellt war. Von da an aber steigerte sich die monatliche Fertigungsrate von 54 Ki-84-I im April 1944 auf eine Höchstzahl von 373 Maschinen im Dezember. Dies entsprach einem monatlichen Durchschnitt von 200 Flugzeugen.

Die hart bedrängten Sentai (japanische Jäger-Regimenter oder -Gruppen) brauchten die hervorragende Hayate dringend, denn außer an der chinesischen Front sahen sich die Japaner überall in die Defensive gedrängt. Schlimmer noch, ihre Kawasaki Ki-61, Nakajima Ki-43 und -44 waren den meisten der inzwischen in Dienst gestellten alliierten Jäger nicht mehr überlegen.

Ihren ersten Einsatz leistete die Hayate im März 1944, als die in Hankow stationierte 22. Sentai, ausgerüstet mit Jägern der Typen Ki-84-Ia und Nakajima Ki-44-II, eine Bodenoffensive des japanischen Heeres unterstützte. Ihnen warfen sich amerikanische und chinesische Piloten entgegen, die hauptsächlich veraltete Curtiss P-40 flogen. Damals begründete die 22. Sentai den Ruf der Hayate als eines exzellenten Jägers. Schon fünf Wochen nach ihrem Debüt mußten die Ki-84 der 22. Sentai auf die Philippinen verlegen, wo der nächste alliierte Angriff erwartet wurde.

Kampf um die Philippinen

Während der acht Monate dauernden Kämpfe um die Philippinen, die mit amerikanischen Landungen in Tacloban und Dulag auf Leyte am 20. Oktober 1944 begannen, versuchten elf mit Ki-84 ausgerüstete Sentai (1., 11., 22., 29., 50., 51., 52., 71., 72., 73. und 200.) verzweifelt, die mit überlegenen Massen vorgetragenen amerikanischen Angriffe zu stoppen. Aber das Blatt hatte sich gewendet, und die Japaner waren nun in die Verteidigung gedrängt. Zusätzlich erschwert wurde die Lage ihrer Luftwaffe noch durch die Tatsache, daß viele Maschinen wegen schadhafter Treibstoff- und Hydrauliksysteme ausfielen oder ihre schwachen Fahrwerksbeine nicht standhielten. Nicht viel besser erging es im April des Jahres 1945 den 47., 52., 101. und 102. Sentai, die den amerikanischen Angriff auf Okinawa abwehren sollten. Selbst auf dem asiatischen Festland, wo die Ki-84 (bei den Alliierten als „Frank" bekannt) anfangs erfolgreich operierte, konnten die 13., 25., 64., 85. und 104. Sentai nichts mehr ausrichten. Die alliierten Jäger, wie die P-38J/L, P-47D und P-51D, waren den Hayate jetzt zahlenmäßig weit überlegen. Auch die 20. Sentai, die ihre Ki-84 von Formosa aus flog, erlitt dasselbe Schicksal.

Über Japan selbst kämpften die Piloten der Hayate recht erfolgreich gegen die von Iwo Jima aus angreifenden Langstreckenmaschinen Republic P-47N und P-51D sowie gegen die trägergestützt operierenden Flugzeuge der amerikanischen und britischen Marine. Sehr hoch fliegende Boeing B-29 konnten sie mit ihrem Ha-45-Motor jedoch nicht erreichen.

Technische Weiterentwicklungen

Um möglichst viele Sentai neu ausrüsten und die durch Feindeinwirkungen oder Verschleiß ausgefallenen Maschinen schnell ersetzen zu können, liefen die Flugzeugfabriken auf Hochtouren. Dies bedeutete aber, daß sowohl Koku Hombu als auch das Rüstungsministerium sich der Entwicklung fortschrittlicher Jagdflugzeuge nur begrenzt widmen konnten. Sie konzentrierten sich vor allem auf drei Aufgaben. Erstens galt es, die Verwendung von Aluminiumlegierungen einzuschränken, da sie nur in begrenzter Menge zur Verfügung standen.

Eine Ki-84 Hayate aus dem ersten Baulos von 83 Vorserienmaschinen, aufgenommen im August 1943 in Tachikawa, wo sie der japanischen Luftwaffe als Erprobungsträger diente. Die meisten Piloten bewerteten das neue Modell außerordentlich positiv.

Nakajima Ki-84 Hayate

TECHNISCHE DATEN

Nakajima Ki-84-Ia
Typ: einsitziger Jäger und Jagdbomber
Triebwerk: ein luftgekühlter 18-Zylinder Sternmotor Nakajima Ha-45-21 mit 1484 kW (2018 PS)
Leistung: Höchstgeschwindigkeit 631 km/h in 6120 m Höhe; Steigflugdauer auf 5000 m Höhe 5 Minuten, 54 Sekunden; Dienstgipfelhöhe 10.500 m; Reichweite 1695 km
Gewicht: Leermasse 2660 kg; max. Startmasse 3890 kg
Abmessungen: Spannweite 11,24 m; Länge 9,92 m; Höhe 3,39 m; Tragflügelfläche 21 m^2
Bewaffnung: zwei MG Modell 1 (Ho-103), Kaliber 12,7 mm, in der oberen Rumpfbeplankung und zwei flügellafettierte 20-mm-BK Ho-5 sowie zwei 250-kg-Bomben

Diese Ki-84-Ia wurde im Sommer 1945 von der 74. Sentai betrieben. Diese zuvor auf Okinawa stationierte Einheit hatte zur Verteidigung dieser Insel Ki-43 und -44 eingesetzt und war dann nach Naruhatsu verlegt worden. Die aufgehende Sonne im weißen Feld auf Flügeln und Rumpf kennzeichnet Maschinen mit der Aufgabe Heimatverteidigung.

Varianten der Nakajima Ki-84

Ki-84: zwei Prototypen, 83 Maschinen im Rahmen eines Truppenversuchs und 42 Vorserienmaschinen; die beiden Prototypen sowie die Truppenversuchsmuster wurden größtenteils von Hand gebaut und zur Erprobung verschiedener Änderungen benutzt (z. B. einer größeren Spannweite, verschiedener Modelle des Ha-45-Motors usw.), während man die Vorserienmaschinen in den Fabriken später den Serienstandards anglich; ein Nakajima-Sternmotor von 1342 kW (1825 PS) trieb einen Vierblatt-Verstellpropeller mit konstanter Drehzahl an, aber einige Flugzeuge hatten einen Ha-45-12 mit 1361 kW (1850 PS) oder Ha-45-21 mit 1484 kW (2018 PS); ein anfangs mitgeführter Unterrumpf-Abwurftank wurde später durch zwei Unterflügel-Abwurftanks ersetzt; zwei rumpflafettierte 12,7-mm-MG Ho-103 und zwei flügellafettierte 20-mm-BK Ho-5
Ki-84-Ia, -Ib und -Ic: alle bei den Versuchs- und Vorserienmaschinen erprobten Verbesserungen wurden bei diesen ersten Serienmustern berücksichtigt, die bei Nakajima Hikoki KK in Ota und Utsonomiya sowie bei Mansyu Hikoki KK in Harbin, Mandschurei, entstanden; die bei den Versuchsmaschinen verwendeten drei Ha-45-Modelle dienten anfangs als Triebwerke für diese Serienflugzeuge, und im Verlauf der Serienfertigung wurden der Ha-45-12- sowie später der Ha-45-21 als Standardtriebwerk übernommen; einige wenige Maschinen hatten den zuverlässigeren Ha-45-23-Motor mit 1417 kW (1926 PS); im Unterschied zur Ki-84-Ia war die -Ib mit vier 20-mm-BK bestückt (zwei Ho-5 ersetzten die rumpflafettierten Ho-103-MG), während die Ki-84-Ic, als Zerstörer gebaut, mit zwei rumpflafettierten 20-mm-BK Ho-5 und zwei 30-mm-BK Ho-105 bewaffnet war; bei einigen Maschinen hatte man die Funkausrüstung entfernt und hinter dem Pilotensitz einen Klappsitz für Piloten eingebaut, die im Flug erste Erfahrungen mit diesem Flugzeug sammeln sollten
Ki-84-II: diese Versionen, in verhältnismäßig kleiner Stückzahl im Nakajima-Werk Tabuma gefertigt, unterschied sich von der Ki-84-Ia durch einen hölzernen Heckrumpf und hölzerne Flügelspitzen; als Antrieb dienten Ha-45-23 mit 1417 kW (1926 PS) oder Ha-45-25 mit 1491 kW (2028 PS)
Ki-84-III: projektierte Version mit hochkomprimiertem Ha-45-Ru im Unterrumpf
Ki-84N, -P und -R: vorläufige Musterbezeichnungen für projektierte Weiterentwicklung der Hayate; die ersten beiden sollten einen 18-Zylinder-Nakajima-Sternmotor Ha-44-13 mit 1864 kW (2535 PS) und Tragflügel mit einer Fläche von 22,5 m² beziehungsweise 24,5 m² erhalten; die Ki-84R, von der bei Kriegsende ein Prototyp zu 80% fertiggestellt war, behielt den Standardrumpf bei, hatte aber einen 1491 kW (2028 PS) starken Ha-45-44 mit mechanisch angetriebenem Zweistufen-Vorverdichter mit drei Geschwindigkeitsstufen
Ki-106: von Tachikawa Hikoki KK entworfenes Muster mit Ganzholzrumpf; drei Prototypen wurden 1945 gebaut, aber es kam nicht mehr zur Serienfertigung; als Bewaffnung waren zwei oder vier 20-mm-BK vorgesehen
Ki-113: Bezeichnung für einen teilweise aus Stahl gebauten Prototyp mit Cockpit, Rippen und Schotten aus Kohlenstoffstahl sowie einer Beplankung aus Stahlblech; angetrieben von einem Ha-45-21; Anfang 1945 bei Nakajima gebaut, wegen Übergewichts aber nie geflogen
Ki-116: ein Prototyp, gebaut bei Mansyu Hikoki Seizo KK; der Rumpf ähnelte dem der Ki-84-Ia, aber als Antrieb diente ein Mitsubishi-14-Zylinder-Sternmotor mit 1119 kW (1521 PS) und Dreiblatt-Propeller
Ki-117: geplante Serienversion der Ki-84N

Zuerst sollten nur bestimmte Teile des Flugwerks der Ki-106 aus Holz gefertigt werden, doch zuletzt bestand der gesamte Rumpf aus Holz. Als der Prototyp zum Erstflug startete, war kaum noch jemand an dem Projekt interessiert.

Diese Ki-84-Ia, ursprünglich von der 2. Chutai des 11. Sentai betrieben, wurde von den Amerikanern erbeutet und vom US Technical Air Intelligence Command zuerst auf den Philippinen und später in den USA flugerprobt. Nach zwei Neukonstruktionen im Jahre 1963 kehrte sie 1973 in ihre Heimat zurück.

Aufriß-Erläuterung zur Nakajima Ki-84-Ia

1 Andrehklaue
2 Propellerhaube
3 elektrisch betätigter Verstellpropeller Pe-32
4 Gehäuse des Propeller-Untersetzungsgetriebes
5 Vergaser-Lufteinlauf
6 Mündung der 20-mm-BK Ho-5 (steuerbord)
7 Einbauöffnung für die Schießkamera
8 Tank in Flügelvorderkante (67 Liter)
9 Hauptholm
10 Positionslicht (steuerbord)
11 Flügelspitze (steuerbord)
12 stoffbespanntes Querruder
13 Verkleidung der Querruderstoßstange
14 Querrudertrimmklappe
15 Verkleidung der Klappenführung
16 Fowlerklappe (steuerbord)
17 Inspektionsklappe des Munitionsmagazins der Flügelkanone
18 Abdeckung der Flügelkanonen-Inspektionsklappe
19 Vergaser-Lufteinlaufkanal
20 Schutzrohr für MG-Lauf
21 MG-Schußmulde
22 Modell 21 Heerestyp 4 (18-Zylinder Nakajima-Sternmotor Ha-45-21)
23 Motorhaubenhalterung 24 Zylindergebläse aus Aluminium
25 Ölkühler-Lufteinlauf 26 Hauptfahrwerk (steuerbord)
27 Ölkühlergehäuse
28 Auspuffstutzen
29 Kühlklappen
30 Motorträger
31 Öltank (50 Liter)
32 Entlüftung
33 MG-Kühlmuffe
34 Brandschott
35 zwei MG Ho-103, Kaliber 13 mm
36 Haupttank (217 Liter)
37 Munitionssbehälter (350 Schuß, backbord)
38 Tankklappe
39 Seitenruderpedale
40 Steuerknüppel
41 Instrumentenbrett
42 senkvernietete, tragende Rumpfbeplankung
43 Reflexvisier (versetzt nach steuerbord)
44 Panzerglas-Windschutzscheibe (65 mm)
45 nach hinten verschiebbare Kabinenhaube
46 Haubenverriegelung
47 Kopfstütze des Piloten
48 Kopfpanzerung/Überrollstütze
49 starre rückwärtige Haubenverglasung
50 Haubenschiene
51 Einstiegshandgriff
52 13-mm-Rückenpanzerung des Piloten
53 Handrad für Höhenrudertrimmklappe
54 Pilotensitz (höhenverstellbar)
55 Handhebel für Gasregulierung
56 Handhebel zur Landeklappenverstellung
57 Fahrwerkswahlschalter
58 Unterflur-Steuerzugführung
59 Klappenwelle
60 Wasser-Methanol-Behälter

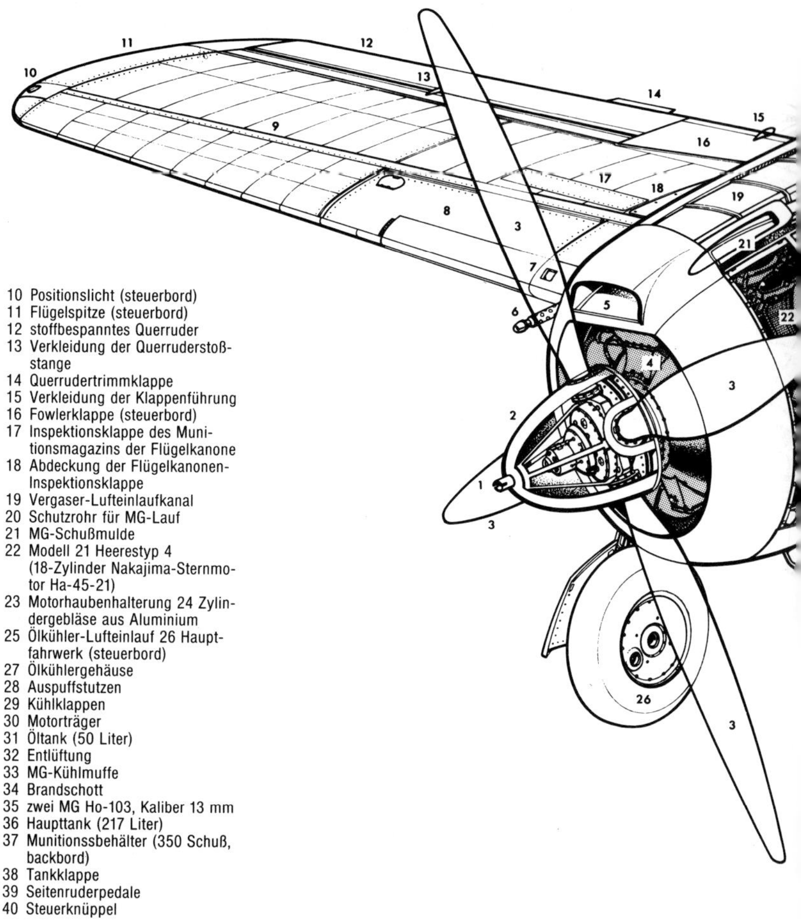

Eine Ki-84-Ia der 183. Shimbu-Tai (Spezial-Kampfverband), die im August 1945 in Tatebayashi, Japan, stationiert war. Als Anfang 1945 immer mehr Rüstungsbetriebe von den Alliierten zerbombt wurden, hatte der sich verschlechternde Produktionsstandard auch bald negative Auswirkungen auf die Einsatzbereitschaft der Frontverbände.

61 Abschlußspant des Rumpfmittelteils
62 Träger der Funkausrüstung
63 Funkausrüstung Modell 4 Hi Nr. 3
64 Antennen-Einführungsöffnung
65 Antennenmast
66 Antennen
67 aluminiumbeplankte Rumpfkonstruktion in Halbschalenbauweise
68 oberer Rumpfstringer
69 ovale Heckrumpfspanten
70 Abschlußspant des Heckrumpfes
71 Höhenflosse (steuerbord)
72 Höhenflosse-Ausgleichshilfsruder
73 stoffbespanntes Höhenruder (steuerbord)
74 Höhenrudertrimmklappe
75 Seitenflossenvorderkante
76 Seitenflossenkonstruktion
77 Heck-Navigations-/Formationsflugleuchte
78 Antennenbefestigungsstummel
79 oberes Seitenruderscharnier
80 stoffbespanter Seitenruderspant
81 Seitenrudertrimmklappe
82 mittleres Seitenruderscharnier
83 unterer Seitenruderbereich
84 Höhenrudertrimmklappe
85 stoffbespannter Höhenruderspant
86 Höhenflossenkonstruktion
87 Radspornklappen
88 Vollgummi-Spornrad
89 nach rückwärts einfahrender Radsporn
90 unterer Rumpfstringer
91 Steuerzüge zu den Leitwerkssteuerflächen
92 Sauerstofflaschen
93 Inspektionsklappe Funkausrüstung
94 einfahrbare Trittstufe
95 Flügelwurzelverkleidung
96 Verkleidungsaussteifung
97 Hauptflügeltank (173 Liter; backbord)
98 Tankklappe
99 Flügelholm
100 Ausschnitt für Fahrwerksfederbein
101 Fahrwerksschacht
102 Fahrwerksklappen
103 Mündung der 20-mm-BK Ho-5 (backbord)
104 Hydraulikbremsleitung
105 Stoßdämpfer
106 Hauptfahrwerk (backbord)
107 Achse
108 Hauptfahrwerksverkleidung
109 Abwurftank (200 Liter)
110 Landescheinwerfer
111 Schutzrohr der Bordkanone
112 20-mm-BK Ho-5 (backbord)
113 Klappenlaufschienen
114 Verkleidung der Klappenlaufschienen
115 Konstruktion der Fowlerklappe
116 hinterer Hilfsholm
117 Munitionsmagazin der BK Ho-5 (150 Schuß)
118 Holmverbindung
119 Tank in Flügelvorderkante (67 Liter)
120 Tankklappe
121 Staurohr
122 Flügelvorderkante
123 äußere Sektion des Hauptholms
124 Flügelrippen
125 Verkleidung der Querruderstoßstange
126 Querrudertrimmklappe
127 stoffbespanntes Querruder
128 Flügelbeplankung
129 Flügelspitze (backbord)
130 Positionslicht (backbord)

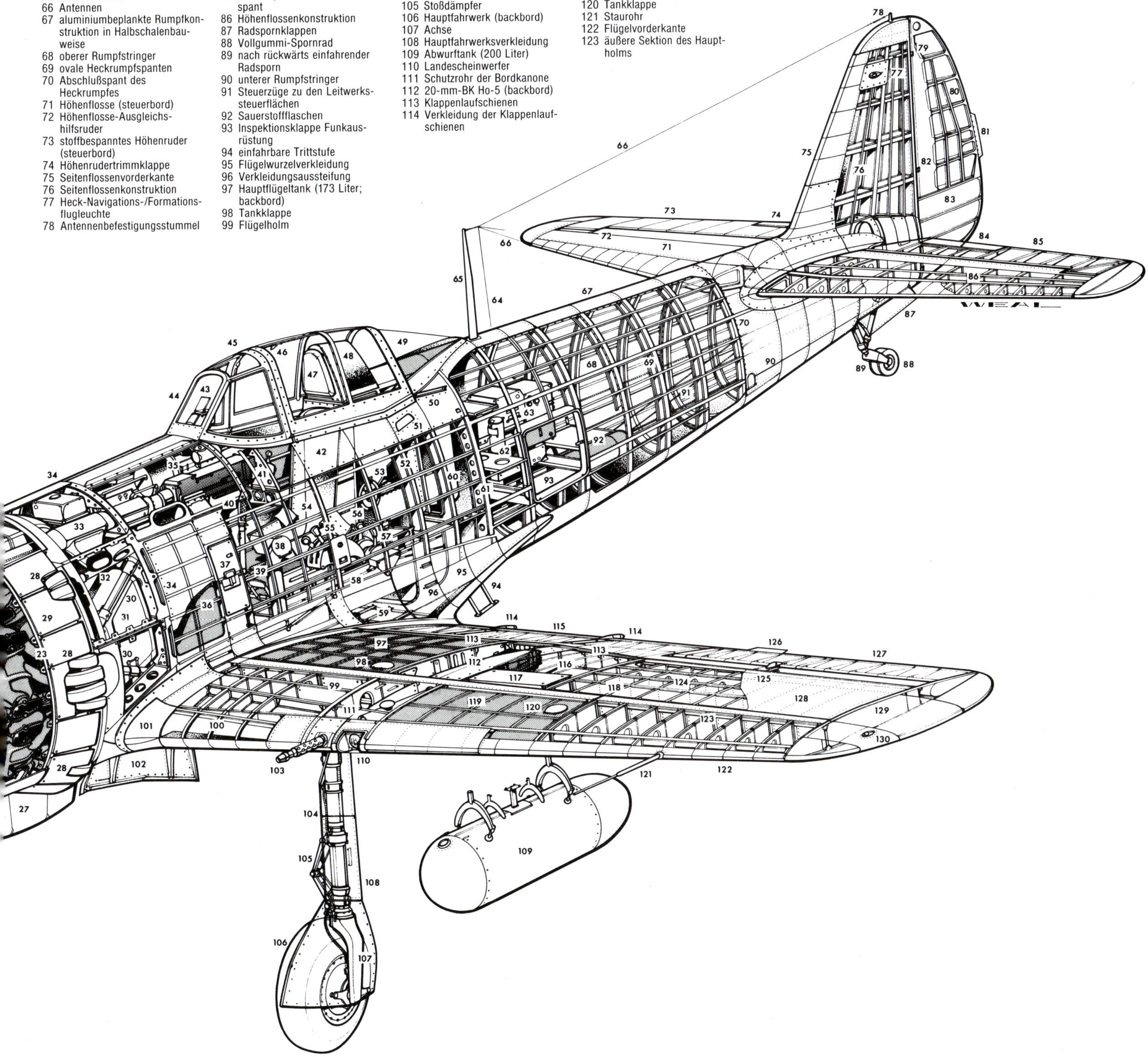

Eine Ki-84-Ia in den Farben der 1. Chutai der 102. Hiko Sentai, die im April 1945 auf Kiuschu, Japan, stationiert war. Ende 1944 zur Verteidigung Okinawas aufgestellt, führte auch diese Einheit einen hoffnungslosen Kampf gegen die überlegenen amerikanischen Angreifer.

Da die Mehrheit der Ki-84 verschiedene Varianten des gesprenkelten Sichtschutzes trugen, mag diese Ki-84-Ia mit ihrer unbearbeiteten Metalloberfläche ungewöhnlich erscheinen. Das Abzeichen der 29. Sentai (auf der Seitenflosse) war eine stilisierte Welle. Der kobaltblaue Anstrich weist auf eine Maschine der Sentai Hombu hin.

Nakajima baute daher einige Ki-84-II Hayate Kai, bei denen der Heckrumpf, bestimmte Zubehörteile und modifizierte Flügelspitzen aus Holz gefertigt waren. Tachikawa Hikoki KK fertigte drei Prototypen der Ki-106, einer ganz aus Holz konstruierten Version der Ki-84-Ia, während Nakajima einen teilweise aus Stahl bestehenden Prototyp der Ki-113 fertigstellte, der aber nie flog. Zweitens mußte man nach dem schweren Bombenangriff auf das Werk in Musashi, wo Nakajima Ha-45-Motoren produzierte, ein Ersatztriebwerk für die Hayate finden. Zu diesem Zweck erleichterte Mansyu die Zelle ihrer vierten Ki-84-Ia und richtete sie für den Einbau eines Mitsubishi Ha-33-62-Motors mit 1119 kW (1521 PS) ein. Die Erprobung dieser Ki-116 war gerade angelaufen, als Japan kapitulieren mußte.

Außergewöhnliche Flugeigenschaften

Als drittes Ziel wurde der Bau eines Hayate-Musters mit leistungsgesteigerten Höhenflugeigenschaften angestrebt. Diese Ki-84-III war eine direkte Weiterentwicklung des Basisflugwerks zum Einbau eines hochkomprimierten Ha-45-Ru-Motors. Die Ki-84R sollte einen Ha-45-44-Motor mit einem neuen, mechanisch angetriebenen Zweistufen-Kompressor mit drei Geschwindigkeitsstufen erhalten, und die Ki-84N wie auch drei Ki-84P waren geplante Versionen mit einem Mitsubishi-Ha-44-13-Motor von 1864 kW (2535 PS) sowie größerer Spannweite und Flügelfläche.

Im letzten Kriegsmonat lief die Serienfertigung der Ki-84-Ia noch auf vollen Touren, und man baute sogar noch einige Ki-84-II, als bereits Pläne für die Produktion der Ki-84-III, Ki-106, Ki-113, Ki-116 und Ki-117 (neue Bezeichnung für die Ki-84N) bestanden.

In den Jahren 1945/46 wurde eine erbeutete Ki-84-Ia der 11. Sentai auf den Philippinen und später in den USA eingehend erprobt. Sämtliche Testergebnisse bestätigten die außergewöhnlichen Flugeigenschaften der Hayate, die die alliierten Piloten diesen Jäger hatten fürchten lassen. Danach wurde diese Maschine zweimal neu konstruiert, ehe sie 1973 nach Japan zurückkehren durfte.

Die Gesamtproduktion belief sich auf 3514 Flugzeuge, von denen 3416 bei Nakajima Hikoki KK entstanden (zwei Prototypen der Ki-84, 83 Ki-84 zur Einsatzerprobung, 42 Vorserienmaschinen Ki-84, 3288 seriengefertigte Ki-84-I und -II sowie ein Ki-113-Prototyp), 94 seriengefertigte Ki-84-I und ein Prototyp der Ki-116 bei Mansyu Hikoki Seizo KK sowie drei Prototypen der Ki-106 bei Tachikawa Hikoki KK.

Eine von Chinesen erbeutete Ki-84-Ia, die, wie man sieht, schwer gebeutelt wurde. Sie gehörte zur 22. Sentai, die sich im März 1944 über China heftige Luftkämpfe mit der 14. US-Luftflotte lieferte.

Hawker Typhoon

In der vorgesehenen Rolle als Abfangjäger hatte die Typhoon wenig Erfolg, meisterte dafür aber eine Aufgabe, die heute Luftnahunterstützung genannt wird. So warteten die Typhoon der 2. Air Force abrufbereit in „Taxischlangen" vor der jeweiligen Gefechtszone, als die Truppen der Alliierten in Richtung Berlin vorstießen.

In der zweiten Hälfte des Jahres 1944 war die Hawker Typhoon der Schrecken der deutschen Armee, die sich in Westeuropa auf dem Rückzug befand. Der Auftritt dieses Typs mit seiner Boxernase, vier langrohrigen Kanonen in den Tragflächen und dem jaulenden Sabre-Motor verhieß selbst Elite-Panzerverbänden die drohende Zerstörung im Bomben- und Raketenhagel. Nur 18 Monate früher hätte man dieses kampfstarke Muster jedoch beinahe gestrichen. Das Produkt des namhaften Konstruktionsteams um Sydney Camm in Kingston litt unter einem unausgereiften Motor, blieb weit hinter der erwarteten Leistung zurück und kostete viele Piloten das Leben durch Mängel wie etwa das Versagen der hinteren Rumpfstruktur. Das Muster wurde nie der überlegene Luftkampfjäger, den man erzielen wollte, glich dies aber durch Robustheit, hohe Geschwindigkeit im Tiefflug (die Typhoon konnte die Focke-Wulf Fw 190 bei deren Bombenattacken auf englische Küstenstädte einholen) und vor allem durch überragende Effektivität im Erdkampfeinsatz wieder aus.

Die Typhoon basierte im wesentlichen auf der Unterlage F.18/37 des Air Ministry, deren Kernvorgaben Anfang 1938 festlagen. Hawker Aircraft schlug eine Bewaffnung mit zwölf Browning-7,7-mm-MGs vor, doch inzwischen hatte das Air Ministry die Vorteile von Bordkanonen schwereren Kalibers zu schätzen gelernt. F.18/37 schrieb daher als primäre Bewaffnung nicht weniger als vier Hispano-20-mm-Kanonen vor, eine außergewöhnliche Forderung für einen einmotorigen Jäger. Ein Motor der Leistungsklasse 1472 kW (2000 PS) stand außer Frage, und Großbritannien war, wie einige andere Länder auch, in der glücklichen Lage, eine ganze Reihe solcher Triebwerke zu besitzen. Rückblickend wäre der schiebergesteuerte Sternmotor Bristol Centaurus die beste Wahl gewesen, aber aus den Schneider-Rennen hatten viele Amtsträger und Konstrukteure die Lehre gezogen, daß luftgekühlte Sternmotoren schnelle Jäger hervorbringen konnten, und das immense Potential des Centaurus blieb leider so gut wie ungenutzt. Statt dessen plante man den neuen Camm-Jäger in zwei Ausführungen, als N (Napier Sabre) und R (Rolls-Royce Vulture).

Anfang 1938 wurden vier Prototypen bestellt, je zwei R-Jäger namens Tornado und zwei N-Jäger mit der Bezeichnung Typhoon. Der Vulture-Motor des Tornado bestand im Prinzip aus zwei V-12-Reihenmotoren Peregrine, deren Zylinderreihen in X-Form um ein gemeinsames Kurbelgehäuse angeordnet waren. Der Sabre zeigte sich noch unkonventioneller: Seine 24 Zylinder mit Schieberventilsteuerung hatte man in Form zweier Zwölf-Zylinder-Boxermotoren aufeinander montiert, und zwei Kurbelwellen trieben ein gemeinsames Untersetzungsgetriebe an der Stirn an. Beide Triebwerke verfügten über eine Wasser-Glykol-Flüssigkeitskühlung und galten als vielversprechend, da sie eine Leistung von 2000 PS boten.

Die Grundzelle, die diese beiden Motortypen aufnehmen sollte, entsprach den gewohnten Konstruktionen Sydney Camms. Der Rumpf fußte auf einem verschraubten und vernieteten Stahlrohrgerüst, war an den Hauptverbindungsstellen mit Versteifungsblechen verstärkt und an der Front mit Trägern für den großen Flugmotor versehen. Die Innenfläche war ebenfalls eine Fachwerkskonstruktion, allerdings aus Aluminium, dessen bemerkenswerte Dicke die Stärke und Festigkeit

Wie diese Typhoon IB der No. 175 Squadron zeigt, die hier mit zwei kurzen 227-kg-Bomben beladen wird, war selbst bei der EJ-/EK-Serie die Schiebehaube noch nicht eingeführt. Immerhin sind die Kanonenrohre der Maschine glatt verkleidet, was eine willkommene Steigerung der Spitzengeschwindigkeit brachte.

Diese verwitterte Typhoon mit der neuen Schiebehaube war MN363, die Y-Maschine der No. 247 Squadron. Sie operierte im Juni 1944 von einem vorgeschobenen Stützpunkt in Colombelles aus und war durch Invasionsstreifen gekennzeichnet sowie mit Raketen bewaffnet. Zu diesem Zeitpunkt hatten viele Tiffy bereits den Vierblatt-Propeller von de Havilland.

noch steigerte. Die Profildicke übertraf sogar die der Hawker Hurricane, deren Produktion im Kingston-Hauptwerk sowie im neuen Werk in Langley bei Slough auf vollen Touren lief. Im Unterschied zur Hurricane aber waren der Hinterrumpf und die Außenflächen des neuen F.18/37-Jägers in Halbschalenbauweise mit selbsttragender Außenhaut gefertigt und die Quer- und Höhenruder (nicht aber das Seitenruder) mit einer Blechbeplankung anstelle einer Stoffbespannung versehen. Ein ungewöhnliches Merkmal stellte die Anordnung des Höhenleitwerks vor dem Seitenruder dar, die Ausschnitte an der Hinterkante der Höhenruder entbehrlich machte. Das Hauptfahrwerk war sehr breitspurig gelagert und zog außerhalb des Rumpfes nach innen in die Tragflächen ein. Die Fahrwerksbeine, das Spornrad und die Spreizklappen wurden hydraulisch betätigt, und das Cockpit wies beidseitig autoähnliche Türen auf.

Die erste Tornado (P5219) entstand in Kingston und flog erstmals am 6. Oktober 1939 von Langley aus mit dem Piloten P. G. Lucas am Steuer. Die mit B-Kokarden (rot und blau) bemalte Maschine war durch doppelte Auspuffreihen an den Bugseiten gekennzeichnet, während der Bauchkühler ihr eine gewisse Familienähnlichkeit mit der Hurricane verlieh. Bald darauf ging bei Hawker Aircraft ein Auftrag über 1000 solcher Jäger ein, aufgeteilt in 500 Tornado, 250 Typhoon und 250 Exemplare, über die entschieden werden sollte, wenn der bessere Motor ermittelt war. Erste Ergebnisse der Flugerprobung mit der Tornado ließen schlechte Strömungsverhältnisse im Bereich des Kühlers bei hohen Geschwindigkeiten erkennen, und noch vor Jahresende erhielt P5219 einen ähnlichen Kinnkühler, wie ihn die Typhoon bereits hatte. Die erste Typhoon, ebenfalls am 24. Februar 1940 von Langley aus geflogen, war an den Oberseiten grün und an den Unterseiten silbern gestrichen und zeigte die rot-weiß-blaue Standard-Kokarde. Die Konstrukteure rechneten mit einer Höchstgeschwindigkeit von knapp 750 km/h, doch der Motor erwies sich als sehr unzuverlässig. Bei einem Testflug am 9. Mai 1940 brach der Rumpf hinter dem Cockpit, doch Lucas gelang eine meisterliche Notlandung.

Da Hawker Aircraft keine weitere Massenproduktion neben der der Hurricane übernehmen konnte, wurde die Herstellung der Tornado an Avro und die der Typhoon an Gloster, beides Tochterfirmen der Hawker-Siddeley-Gruppe, vergeben. 1941 standen beide Jäger, nachdem sie zahlreiche Änderungen erfahren hatten, kurz vor der Serienfertigung. Hierzu zählten ein erweitertes Seitenleitwerk, ein viel größeres Seitenruder, Hauptradschachtklappen (zunächst an den Federbeinverkleidungen, dann an den Flächenansätzen angelenkt), zum Einbau von vier Kanonen vorbereitete Tragflächen, eine die Kanzelhaube ergänzende Heckverglasung und, im Falle der Tornado, ein separater Triebwerkslufteinlauf vorn auf der Motorhaube (bei der Typhoon befand er sich in der Mitte der großen Kühlergruppe unter dem Kinn, die auch den Ölkühler umfaßte). Der schlimmste Störfaktor war das katastrophale Verhalten beider Motoren. Hawker erhielt schließlich die Genehmigung, den Centaurus in eine Tornado einzurüsten, und diese Maschine (HG641) startete am 23. Oktober 1941 zum Jungfernflug. Bis zu diesem Zeitpunkt war das gesamte Vulture-Programm zusammengebrochen und mit ihm die Tornado, so daß letzt-

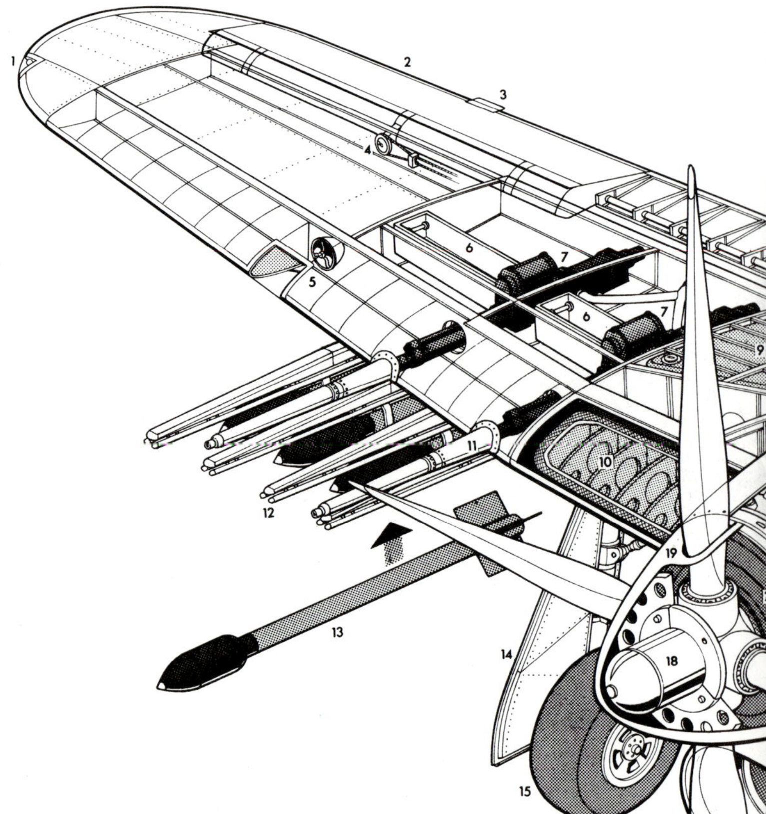

Aufriß-Erläuterung zur Hawker Typhoon Mk IB

1 Positionslampe (steuerbord)
2 Querruder
3 Trimmkante
4 Querruder-Seilrolle
5 Landescheinwerfer
6 Munitionskästen
7 rechte 20-mm-Kanonen Hispano Mk II
8 Spreizklappen
9 Hauptkraftstofftank im rechten Flügel (Fassungsvermögen 182 Liter)
10 selbstversiegelnder Kraftstofftank in der Flügelnase (159 Liter)
11 Kanonenrohrverkleidung
12 Raketenstartschienen
13 27-kg-Raketen zur Bekämpfung von Erdzielen
14 Federbeinklappe
15 Hauptrad (steuerbord)
16 de-Havilland-Vierblatt-Propeller
17 Lufteinlauf
18 Blattverstellmechanik
19 Propellerhaube
20 Panzerrücken der Propellerhaube
21 Kühlmitteltank (33 Liter)
22 Kompressor-Staulufteinlauf
23 Ölkühler
24 Flüssigkeitskühler
25 Kühler-Abdeckklappe
26 Motormontageblock
27 Motor-Trägergerüst aus Stahlrohr
28 Auspuffstutzen
29 Napier Sabre II, 24-Zylinder-Boxermotor in H-Form
30 Motorgehäuse
31 Patronenanlasser
32 Brandschott
33 Sauerstofflasche
34 Luftkanal zur Beheizung der Flügelkanonen
35 Hydraulikmittelbehälter
36 Fußstütze
37 Seitenruderpedale
38 Schmierölbehälter (82 Liter)
39 Verschlußkappe des Öleinfüllstutzens
40 Instrumentenbrett

Über den Wolken flog ein Typhoon-Pilot relativ selten, denn die eigentlichen Fähigkeiten dieses Typs kamen im Tiefflug zur Geltung. Diese Aufnahme einer späten Serien-Typhoon zeigt die Maschine ohne Außenlasten im mittleren Höhenband, das ihr einst als Abfangjäger zugedacht war.

Nur wenige Typhoon waren so erfolgreich wie die DN406 der No. 609 Squadron. Zu den Zielen, die während ihrer Angriffsflüge über Frankreich als zerstört bestätigt wurden, zählten 18 Lokomotiven, wie am Rumpf vermerkt. Am 12. März 1943 gelang es der Maschine außerdem, eine Fw 190 beim Angriff auf London abzufangen und abzuschießen. Zu diesem Zeitpunkt war DN406 in Manston stationiert.

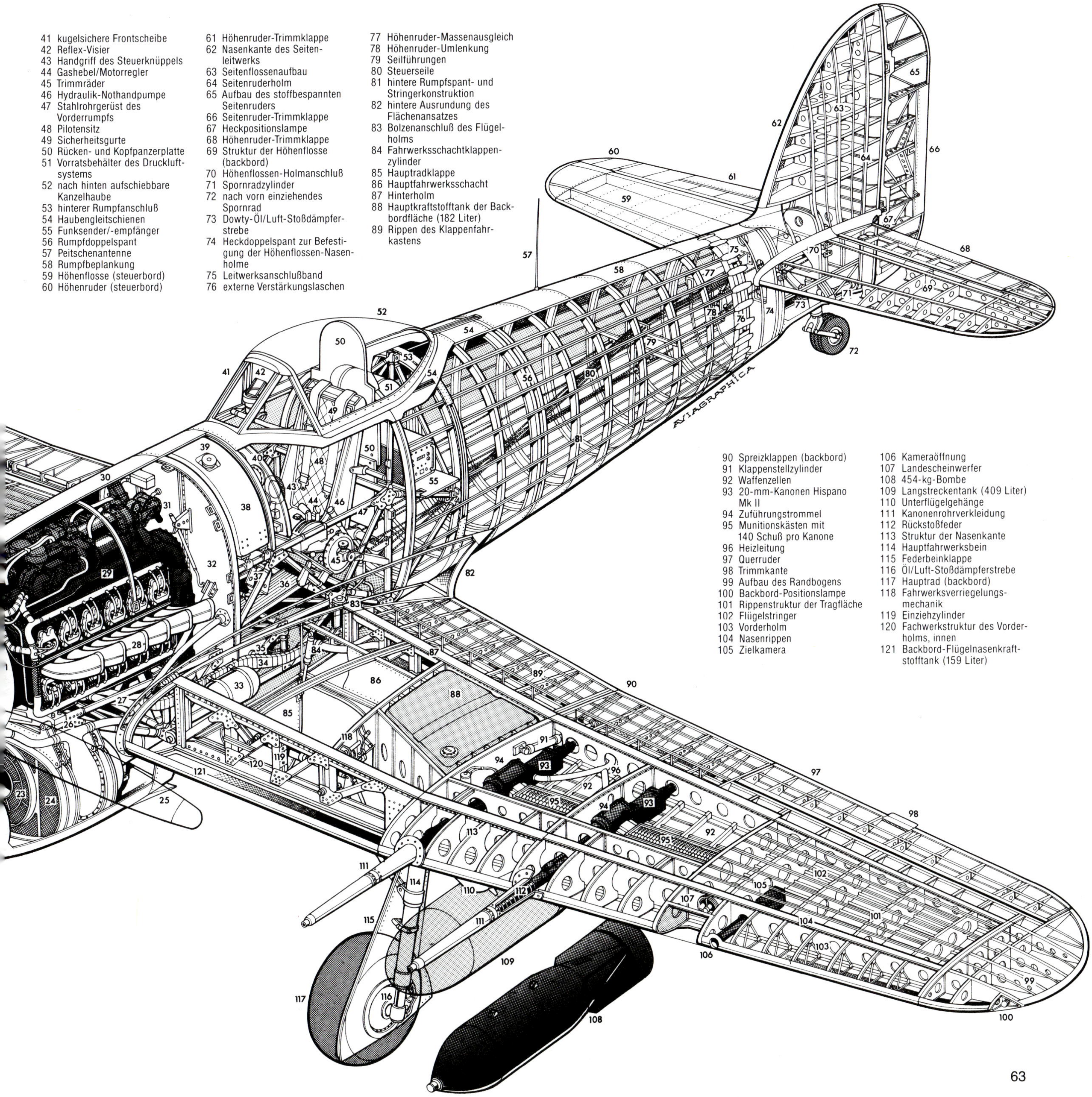

41 kugelsichere Frontscheibe
42 Reflex-Visier
43 Handgriff des Steuerknüppels
44 Gashebel/Motorregler
45 Trimmräder
46 Hydraulik-Nothandpumpe
47 Stahlrohrgerüst des Vorderrumpfs
48 Pilotensitz
49 Sicherheitsgurte
50 Rücken- und Kopfpanzerplatte
51 Vorratsbehälter des Druckluftsystems
52 nach hinten aufschiebbare Kanzelhaube
53 hinterer Rumpfanschluß
54 Haubengleitschienen
55 Funksender/-empfänger
56 Rumpfdoppelspant
57 Peitschenantenne
58 Rumpfbeplankung
59 Höhenflosse (steuerbord)
60 Höhenruder (steuerbord)
61 Höhenruder-Trimmklappe
62 Nasenkante des Seitenleitwerks
63 Seitenflossenaufbau
64 Seitenruderholm
65 Aufbau des stoffbespannten Seitenruders
66 Seitenruder-Trimmklappe
67 Heckpositionslampe
68 Höhenruder-Trimmklappe
69 Struktur der Höhenflosse (backbord)
70 Höhenflossen-Holmanschluß
71 Spornradzylinder
72 nach vorn einziehendes Spornrad
73 Dowty-Öl/Luft-Stoßdämpferstrebe
74 Heckdoppelspant zur Befestigung der Höhenflossen-Nasenholme
75 Leitwerksanschlußband
76 externe Verstärkungslaschen
77 Höhenruder-Massenausgleich
78 Höhenruder-Umlenkung
79 Seilführungen
80 Steuerseile
81 hintere Rumpfspant- und Stringerkonstruktion
82 hintere Ausrundung des Flächenansatzes
83 Bolzenanschluß des Flügelholms
84 Fahrwerksschachtklappenzylinder
85 Hauptradklappe
86 Hauptfahrwerksschacht
87 Hinterholm
88 Hauptkraftstofftank der Backbordfläche (182 Liter)
89 Rippen des Klappenfahrkastens

90 Spreizklappen (backbord)
91 Klappenstellzylinder
92 Waffenzellen
93 20-mm-Kanonen Hispano Mk II
94 Zuführungstrommel
95 Munitionskästen mit 140 Schuß pro Kanone
96 Heizleitung
97 Querruder
98 Trimmkante
99 Aufbau des Randbogens
100 Backbord-Positionslampe
101 Rippenstruktur der Tragfläche
102 Flügelstringer
103 Vorderholm
104 Nasenrippen
105 Zielkamera
106 Kameraöffnung
107 Landescheinwerfer
108 454-kg-Bombe
109 Langstreckentank (409 Liter)
110 Unterflügelgehänge
111 Kanonenrohrverkleidung
112 Rückstoßfeder
113 Struktur der Nasenkante
114 Hauptfahrwerksbein
115 Federbeinklappe
116 Öl/Luft-Stoßdämpferstrebe
117 Hauptrad (backbord)
118 Fahrwerksverriegelungsmechanik
119 Einziehzylinder
120 Fachwerkstruktur des Vorderholms, innen
121 Backbord-Flügelnasenkraftstofftank (159 Liter)

Diese Maschine weist den Spitzenstandard der Typhoon IB auf, den alle Exemplare außer den ersten 105 erhielten. Der Vierblatt-Propeller wurde 1943 eingeführt, ersetzte aber nicht in jedem Fall das Original. Die abgebildete Maschine flog im Juni 1944 in Frankreich bei No. 181 Squadron, 2. Tactical Air Force, und ist mit Raketen bewaffnet.

TECHNISCHE DATEN

Hawker Typhoon F.Mk 1B (Frühserie)
Typ: einsitziger Jagdbomber
Triebwerk: ein Reihenmotor Napier Sabre IIA mit 1626 kW (2211 PS)
Leistung: Höchstgeschwindigkeit (ohne Außenlasten) 652 km/h in 5485 m Höhe; Steigzeit von Meereshöhe auf 4570 m fünf Minuten, 55 Sekunden; Dienstgipfelhöhe 10.670 m; Reichweite (ohne Außenlasten) 982 km und mit 910-kg-Bomben 821 km
Gewicht: Leermasse 3992 kg; max. Startmasse 6010 kg
Abmessungen: Spannweite 12,67 m; Länge 9,73 m; Höhe 4,52 m; Tragflügelfläche 25,90 m²
Bewaffnung: vier Hispano-20-mm-Kanonen mit 140 Schuß pro Waffe und zwei 454-kg-Bomben oder acht 27-kg-Raketen oder andere Lasten wie 205-Liter-Abwurftanks

Diese Typhoon gehörte einem frühen Baulos an, wie an den unverkleideten Kanonenrohren zu erkennen ist, und war eine der fünf Typhoon, die beim Angriff auf den Flugplatz Poix von Bf 109 der I./JG 27 abgeschossen wurden.

Diese frühe Typhoon war im Juni 1942 die Maschine des Kommodore des Duxford Wing (mit No. 56, No. 266 und No. 609 Squadron). Wie seinerzeit üblich, trug sie die Initialen des Wing Commander John Grady auf den Rumpfseiten.

lich nur eine einzige Serienmaschine (R7936) im August 1941 vom Avro-Flugplatz in Woodford aus in die Luft kam. Es lag auf der Hand, die Tornado mit dem Centaurus-Motor zu fertigen, denn HG641 flog nicht nur besser, leiser und zuverlässiger als alle anderen Exemplare, sondern auch deutlich schneller. Statt der erwarteten 750 km/h erlangte die Typhoon mit Mühe eine Geschwindigkeit von 644 km/h, während die vom Centaurus angetriebene Tornado bald auf 677,5 km/h beschleunigte. Damit war diese Tornado der seinerzeit schnellste Jäger der Welt und hätte bei entsprechender Fortentwicklung sicher noch höhere Geschwindigkeiten erreicht.

Der unerbittliche Widerstand seitens Wilfrid Freemans, des Chefs des Beschaffungswesens, der Bristol-Sternmotoren ablehnte, brachte die Centaurus-Tornado zu Fall. Zwar gelang es Camm im Juli 1942 endlich, einen Centaurus in die dünnflügelige Typhoon II, später Tempest genannt, einzubauen, aber Freeman ließ ihn sofort wieder entfernen. Die Centaurus-Tempest blieb bis zum August 1943 an den Boden gefesselt, und so wurde der einzig wirklich erfolgreiche Abfangjäger dieser Serie, der nach dem Krieg zur Fury und Sea Fury führte, erheblich verzögert. Hawker mußte statt dessen den völlig unzuverlässigen Sabre weiterverwenden. Nach dem Erstflug der R7576 am 27. Mai 1941 stieß das Gloster-Werk in Hucclecote allmählich die ersten Serien-Typhoon aus. Hawker selbst fertigte nur 15 Jäger, von denen der erste (R8198) im November 1941 vom Boden abhob. Rund 100 frühe Exemplare waren Typhoon IA mit zwölf MGs, doch alle anderen wurden als Typhoon IB mit vier 20-mm-Kanonen fertiggestellt, deren lange Rohre bedrohlich aus der Nasenkante hervortraten. Man erarbeitete Studien der Typhoon mit größerer und kürzerer Spannweite sowie verschiedenen anderen Modifikationen, darunter Turboladern in einfacher und doppelter Ausführung, doch die einzigen im Flug erprobten Versuchseinbauten waren das Bordradar AI Mk VA (die Zeichnungen zur Einrüstung stammten von John W. R. Taylor, dem ehemaligen Herausgeber von „Jane's All the World Aircraft") und verschiedene Kamera-Rüstsätze für die FR.IB mit nur einem Kanonenpaar. Von diesem Jagdaufklärer wurden 60 Exemplare gefertigt.

Die Typhoon, innerhalb der RAF „Tiffy" genannt, traf Ende September 1941 bei No. 56 Squadron in Duxford ein. Ihr Motor ratterte wie eine Nähmaschine, funktionierte aber nur selten, und zudem brauchte er alle 25 Stunden eine Grundüberholung. Die „Tiffy" ließ sich sehr gut fliegen, bot dem Jagdpiloten aber eine schlechte Sicht, und ihre Leistung, vor allem im Steig- und Höhenflug, lag weit hinter der der Spitfire IX zurück. Im Kurvenkampf konnte sich der große Jäger nicht einmal mit frühen Versionen der Fw 190 messen. Viel schlimmer aber waren Abstürze, zum Teil mit Todesfolge, die durch das Abbrechen des Leitwerks verursacht wurden. Infolge der unzureichenden Untersuchungsmethoden jener Zeit fand man erst gegen Kriegsende heraus, daß sich diese Schwäche durch eine schlichte Änderung des Massenausgleichs der Höhenruder beheben ließ. So aber blieb das Höhenruderflattern eine ständige Gefahr, und die Typhoon erhielten um den rückwärtigen Rumpf herum eine ganze Reihe von Verstärkungsplatten, die das Leitwerk sichern sollten. Besondere Erwähnung verdient R. P.

Der erste Hawker-Jäger nach F.18/37 war der Tornado-Prototyp P5219. Angetrieben von einem der ersten Vulture-Motoren, blieb er das einzige Mitglied der gesamten Tornado-/Typhoon-/Tempest-/Fury-Familie mit einem Kühler unter dem Tragwerk, etwa in gleicher Position wie bei der früheren Hurricane.

Beim zweiten Tornado-Prototyp (P5224) war der Kühler wie bei der Typhoon unter den Motor gerückt. Mit diesem Versuchsjäger wurden auch ein modifiziertes Leitwerk mit größerem Seitenruder, Cockpit-Hauptradschachtklappen und andere Neuerungen eingeführt, die im Herbst 1940 auf den ersten Typhoon-Prototyp übergingen.

SW564 war eine der vielen Typhoon IB, die nach dem Krieg als Teil der BAFO-Besatzungsluftstreitkräfte (British Air Forces of Occupation) nach Deutschland verlegt wurden. Die Abbildung zeigt die Maschine im April 1945, als sie bei No. 175 Squadron auf dem Luftwaffenflugplatz Celle diente.

RB389, eine weitere Typhoon der späten Kriegsjahre, flog für No. 440 Squadron (Royal Canadian Air Force) als Teil der 2. TAF. Die Abbildung zeigt sie ohne Invasionsstreifen und in einem recht abgenutzten Zustand, so wie sie im März 1945 in Goch stationiert war. Sie ist mit zwei 454-kg-Bomben beladen.

Beamont, ein junger Pilot der No. 609 Squadron und später einer der weltweit angesehensten Testpiloten. Er führte einige der härtesten Testflüge durch, und seine überzeugenden Argumente trugen 1942/43 dazu bei, daß die verantwortlichen Stellen ihre Meinung änderten: Statt der schon beschlossenen Einstellung wurde die Serienfertigung der Typhoon nun bei Gloster fortgesetzt.

Beamont überzeugte aber nicht nur mit Worten, sondern auch mit Taten, indem er persönlich 56 offensive Kampfeinsätze über Europa flog, die meisten davon nachts. Obwohl die Typhoon als Zerstörer und tieffliegender Angreifer geeignet war, hatte sich bis Ende 1942 doch klar gezeigt, daß die eigentliche Stärke dieses leistungsfähigen und robusten Flugzeugs der Erdkampf war. Nach sehr erfolgreichen Versuchen mit Abwurftanks, 454-kg-Bomben und acht 27-kg-Raketen an Rosten unter den Tragflächen wurde die gesamte Typhoon-Flotte der neuaufgestellten 2. Tactical Air Force zugeteilt, um Bodenziele auf dem Kontinent und die deutsche Schiffahrt zu zerschlagen. Wie begrenzt die Flugzeugidentifizierung damals war, erhellt die Tatsache, daß man die Typhoon 1943 mit auffälligen schwarz-weißen Streifen an der Tragflächenunterseite versah, um Verwechslungen mit der Fw 190 auszuschließen. Zur gleichen Zeit und aus dem gleichen Grund erhielten die P-47 Thunderbolt in England weiße Motorhauben sowie weiße Heckbänder, und 1944 traten alle Kampfflugzeuge der Alliierten mit ähnlichen Invasionsstreifen auf.

Während ihrer kurzen Einsatzzeit erfuhr die Typhoon nur wenige weitere Änderungen. Man verbesserte das Sichtfeld des Piloten zunächst durch eine durchsichtige Heckkuppel und dann weitaus effektiver, indem man alle unnötigen Teile hinter dem Kopf des Flugzeugführers (bis auf den Panzerschutz) entfernte und eine praktische Schiebehaube in Blasenform einbaute, wie sie später zum Standard fast aller Jagdflugzeuge wurde. Letztere erlaubte es, die Türen abzuschaffen, was die Piloten besonders begrüßten, da diese entweder klemmten oder ausgerechnet beim Luftkampf aufklappten. Außerdem ließen sich die nun starren Cockpitwände zur günstigeren Anordnung von Trimmrädern und anderen Kontrolleinrichtungen nutzen. Der Hydromatic-Propeller von de Havilland erhielt vier Blätter, so daß die allmählich gesteigerte Motorleistung voll umgesetzt werden konnte, und der starre Antennenmast wich einer widerstandsärmeren Peitschenantenne auf dem Hinterrumpf. Die Kanonen waren sauber in die Tragflächen eingearbeitet, die überlebenswichtigen Munitionszuführungen zuverlässiger und die Visiereinrichtungen für Bomben und Raketen perfektioniert.

Bis zum Invasionsbeginn am 6. Juni 1944 hatte Gloster fast 2000 Typhoon produziert, und die 26 Einsatzstaffeln der 2. TAF schickten

Typhoon IB der No. 56 Squadron im Jahre 1943 beim Start vom RAF-Fliegerhorst Manston zu einem Kampfeinsatz jenseits des Ärmelkanals. Zu diesem Zeitpunkt verwendete No. 56 Squadron die Typhoon für Jagd- und Jagdbomberangriffe auf Gelegenheitsziele.

JR371, eine der letzten Typhoon mit „Autotüren", sieht man hier mit Bomben für einen offensiven Einsatz der No. 198 Squadron über Frankreich Anfang 1944 beladen. In dieser Phase wurde die 2. Tactical Air Force aufgestellt, und die Piloten machten sich in Einweisungskursen mit dem Einsatz der neuen Bordraketen (RP) vertraut, die sich als ungemein wirksam erwiesen.

Diese Typhoon trägt keinerlei Staffelmarkierungen, weil sie nie bei der RAF diente. Aus diesem Grund entging sie auch der Zerstörung, so daß sie als einziges Exemplar heute noch existiert. Anfang 1944 wurde die Maschine zur Bewertung in die USA verschifft. Später ging sie an das Smithsonian Institute, das sie 1967 der RAF zurückgab.

sich an, die immensen Bemühungen zu rechtfertigen, die der Herstellung der Kampftüchtigkeit vorausgegangen waren. Vom Beginn der alliierten Invasion an stand den Bodentruppen eine neue Art der Feuerunterstützung zur Verfügung: Jagdbomber im sogenannten „Taxistand-Verfahren". Über Funk konnten Heerestruppen die Typhoon jederzeit zur Bekämpfung der den Vormarsch behindernden Ziele wie Sperren, Panzer oder Feuerstellungen der Verzögerungskräfte abrufen. Ihren Einsatzhöhepunkt erlebte die Typhoon in der dritten Augustwoche 1944, als die gesamte in Nordfrankreich noch bestehende deutsche Armee (5. Panzerarmee, 7. Armee und Panzergruppe „Eberbach"), die Überreste von 16 Divisionen einschließlich neun Panzerdivisionen, bei Falaise, Argentan und Chambois in einen Hinterhalt gerieten. Die Typhoon, hauptsächlich die der No. 83 Group von Harry Broadhurst, deckten die Verbände mit einem Hagel von Raketen, 20-mm-Granaten und Bomben ein, bis sich praktisch kein deutsches Fahrzeug mehr bewegen konnte.

Die meisten Typhoon, die an diesem Einsatz teilnahmen, operierten von hastig eingerichteten Flugfeldern unweit der französischen Nordküste aus. Dazu wurden Stahlrostplatten direkt auf den Erdboden verlegt. Der August war heiß, und der von den Propellern aufgewirbelte Staub und Sand geriet in die Motoren und schadete besonders den schiebergesteuerten Ventilen. 1943 hatte man zwar drei mit Wüstentarnanstrich versehene Typhoon in Abukir einer Erprobung unter tropischen Bedingungen unterzogen, aber nun brauchte man etwas anderes. Innerhalb von zwölf Stunden wurde eine Spezialfilterhaube entwickelt, die Staub und Sandpartikel von der Lufteintrittsöffnung zum Einspritzvergaser fernhielt. Am nächsten Tag ging die Kuppel in Serie, und in der Nacht des dritten Tages brachte eine Douglas Dakota die erste Sendung zu den Stützpunkten.

Tatsächlich kamen bei den Serien-Typhoon drei verschiedene Bauarten des Sabre-Motors zum Einsatz, die sich grundsätzlich glichen: der Sabre IIA mit einer Nennleistung von 1626 kW (2211 PS), der IIB mit 1641 kW (2232 PS) und der IIC mit 1686 kW (2293 PS). 1944 wurde die der Typhoon verwandte Tempest mit dem Sabre VII ausgerüstet, dessen Wasser-Methanol-Einspritzung für die Dauer von fünf Minuten eine Leistung von 2238 kW (3043 PS) bereitstellte. Alle späten Sabre-Serienmotoren hatten einen Hobson-Einspritzvergaser und zeigten sich viel zuverlässiger als die Sabre-Triebwerke der Jahre 1939 bis 1942. Längst nicht das einzige ungewöhnliche Merkmal des Sabre-Motors war sein Coffman-Anlasser, der von einer mächtigen Kartusche gestartet wurde. Wenn der Pilot den Anlasserknopf drückte, gab es eine starke, wenngleich kontrollierte Explosion, und der riesige Vierblatt-Propeller setzte sich in Bewegung. Die meisten Großmotoren erreichten beim Start 2600 bis 3000 U/min, wobei der Merlin den letztgenannten Wert gerade noch erreichte. Der Sabre aber drehte auf 3700 bis 3850 U/min hoch, und seine 24 kleinen Zylinder verursachten ein unvergeßliches, heulendes Geräusch. Sogar beim Überflug konnte man die „Tiffy" am Ton erkennen.

Nachdem der Krieg in Europa zu Ende war, verschwand die Typhoon rasch von der Bühne, wenn auch die letzte Maschine (SW772) erst im November 1945 das Werk in Gloucester verließ. Insgesamt lieferte die Firma Gloster Aircraft 3300 Kampfflugzeuge dieses Typs, und Hawker baute 15 Exemplare sowie die beiden Prototypen. Einige Typhoon dienten noch bis 1946 als Zielbanner-Schlepp- oder als Verbindungsflugzeuge bei Einsatzstaffeln, doch kaum eine überdauerte bis ins Jahr 1947. Eine Typhoon (R8694) wurde von Napier in Luton für Versuche mit Ringkühlern verwendet, aber bedauerlicherweise gibt es heute nur noch ein einziges Exemplar dieses Typs.

Varianten der Hawker Typhoon

F.18/37 Typ R (Tornado): angetrieben von einem Rolls-Royce Vulture II mit 1313 kW (1785 PS), der 1941 durch einen Vulture V mit 1477 kW (2008 PS) ersetzt wurde; später mit zwölf Browning-7,7-mm-MGs in den Tragflächen ausgerüstet; Höchstgeschwindigkeit 640,5 km/h in 7010 m Höhe; Steigzeit auf 6095 m acht Minuten, 25 Sekunden; Dienstgipfelhöhe 10.640 m; Leermasse 3800 kg und maximale Startmasse 4839 kg; Spannweite 12,78 m, Länge 10 m und Tragflügelfläche 26,29 m²; zwei Exemplare

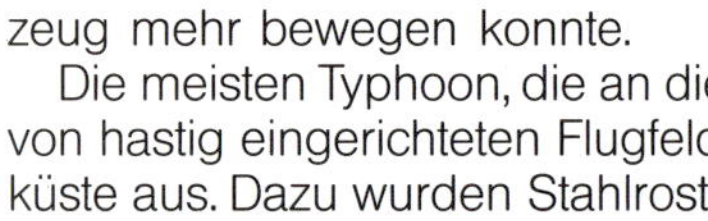

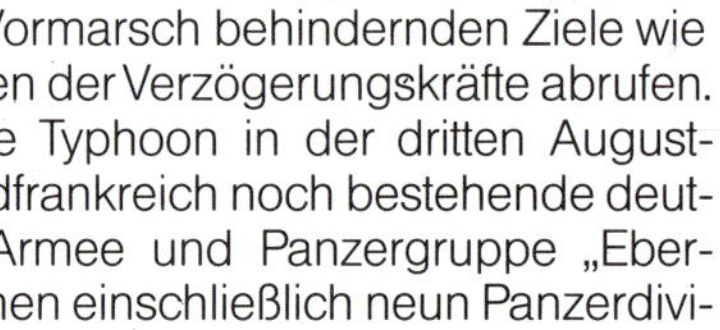

Tornado (Centaurus): angetrieben von einem Bristol-Sternmotor Centaurus CE.4S mit 1649 kW (2242 PS) und Vierblatt-Propeller; Einzelexemplar

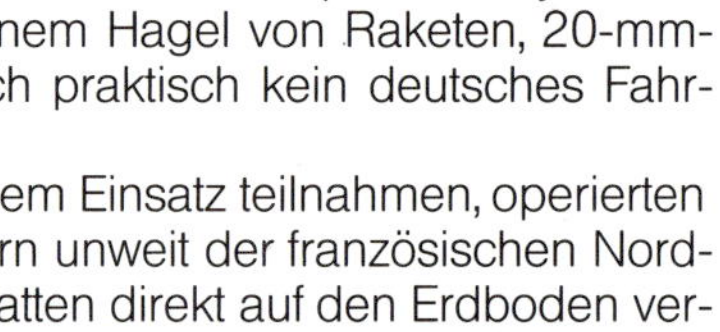

Tornado I: angetrieben von einem Rolls-Royce Vulture V mit 1477 kW (2008 PS) und bewaffnet mit zwölf MGs; 595 Maschinen bestellt, aber nur drei gefertigt; diente zur Erprobung gegenläufiger Propeller durch Rotol

F.18/37 Typ N (Typhoon): angetrieben von einem Napier Sabre I mit einer Nennleistung von 1533 kW (2085 PS); später mit zwölf Browning-7,7-mm-MGs in den Tragflächen ausgerüstet; erster Prototyp (P5212) erreichte 660 km/h und der zweite 653 km/h; zwei Exemplare

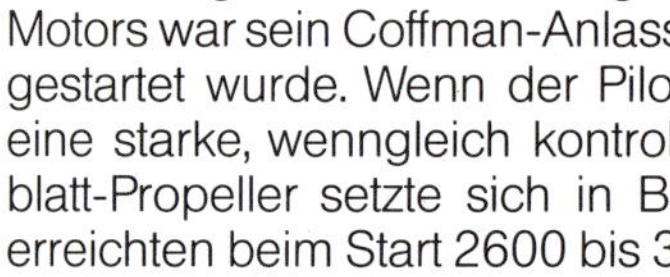

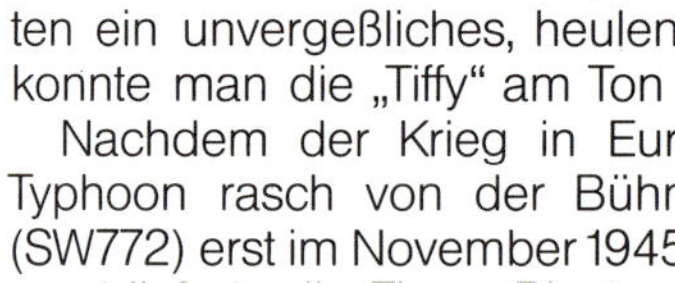

Typhoon IA: erste Serienversion, angetrieben vom Napier Sabre I oder II mit 1533 kW (2085 PS) bzw. vom Sabre IIA mit 1626 kW (2211 PS); Länge 9,70 m, Höhe 4,52 m; zwölf Browning-7,7-mm-MGs; etwa 105 Exemplare

Typhoon IB: späteres Serienmodell, angetrieben vom Napier Sabre IIB mit 1641 kW (2232 PS) oder Sabre IIC mit 1686 kW (2293 PS); Länge 9,74 m, Höhe 4,67 m; vier Hispano-20-mm-Kanonen, ergänzt durch zwei 454-kg-Bomben oder acht 27-kg-Raketen; 3210 Exemplare

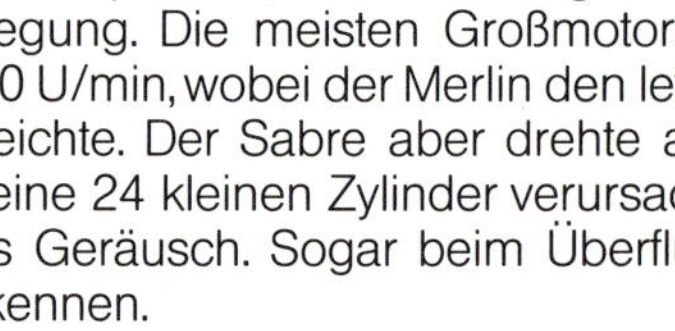

Typhoon FR.IB: nur zwei Kanonen und verschiedene Kamerarüstsätze; etwa 60 Exemplare (Umrüstungen anderer Varianten)

Dewoitine D.520

Die Dewoitine D.520, in etwa mit der Hurricane bei der RAF vergleichbar, mußte den Preis für die Gleichgültigkeit, Unentschlossenheit und Trägheit Frankreichs in den Monaten vor dem Zweiten Weltkrieg zahlen. Als sie endlich in Dienst gestellt wurde, war sie kaum mehr ein ernsthafter Gegner für die Bf 109 der Luftwaffe. Danach wechselte die D.520 die Seiten und kämpfte unter den Vichy-Streitkräften gegen die Alliierten, während die Luftwaffe sie zur Schulung nutzte.

Der Prototyp der Hawker Hurricane flog bereits ein Jahr lang, als die Arbeiten am Entwurf der Dewoitine D.520 endlich ernsthaft vorangetrieben wurden. Schon im Juli 1934 hatte das französische Luftfahrtministerium eine Ausschreibung für neue Jagdflugzeuge herausgegeben, die die vorhandene Jägergeneration ablösen sollten, darunter das letzte Produkt von Dewoitine, die D.510. Die Firma bot daraufhin die D.513 an, die aber leistungsmäßig der Morane-Saulnier M.S.405 unterlag und abgelehnt wurde.

Im Juni 1936 gründete Dewoitine ein eigenständiges Konstruktionsbüro unter Robert Castello und ließ Projektstudien für den Entwurf eines neuen Jägers ausarbeiten. Vorgegeben waren ein Hispano-Suiza-Motor 12Y-21 mit einer Leistung von 662 kW (900 PS) und einer Sollgeschwindigkeit von 500 km/h. Der Führungsstab der französischen Luftwaffe wies dieses Modell ebenfalls ab, da er bereits 520 km/h schnelle Jäger ins Auge gefaßt hatte. Das Castello-Projekt wurde aufgrund der geforderten Geschwindigkeit in D.520 umbenannt und einer Modifikation unterzogen, bei der man die Spannweite reduzierte und das in der Entwicklung befindliche Hispano-Suiza-Triebwerk mit einer Nennleistung von 883 kW (1200 PS) einsetzte.

Es erging eine neuerliche Ablehnung, und diesmal erhielt die MS.406 den amtlichen Vorzug. Dennoch beschloß Dewoitine, an diesem Entwurf festzuhalten, ihn in Einzelheiten zu verbessern und zwei Versuchsjäger auf eigene Kosten zu konstruieren. Diese Eigeninitiative würdigte der französische Staat erst am 3. April 1938 durch einen Dekkungsauftrag, als die erste Maschine, die Dewoitine D.520.01, nahezu fertiggestellt war.

Marcel Doret führte den ersten Prototyp am 2. Oktober 1938 von Toulouse-Francazals aus durch den Jungfernflug. Als Antrieb diente ein Hispano-Suiza 12Y-21 in Verbindung mit einem hölzernen Zweiblatt-Festpropeller. Es war daher nicht verwunderlich, daß die Maschine nur eine Spitzengeschwindigkeit von 483 km/h erreichte. Nachdem man jedoch die beiden Kühler unter den Flächen gegen ein Einzelaggregat unter dem Mittelrumpf und den alten Motor gegen einen HS 12Y-29 für einen Dreiblatt-Propeller ausgetauscht hatte, erzielte die D.520.01 ihre Sollgeschwindigkeit von 520 km/h. Am 7. Februar 1939 jagte Léopold Galy sie im Sturzflug sogar auf 825 km/h. Der zweite Versuchsjäger D.520.02 mit größerem Seitenleitwerk, geänderter Haube, verstärktem Fahrgestell sowie einer Bewaffnung von einer durch die Propellernabe feuernden 20-mm-Kanone und einem Maschinengewehrpaar unter den Flächen flog erstmals am 28. Januar 1939. In der Test- und Erprobungsphase beim CEMA in Villacoublay beschleunigte Capitaine Rozanoff die .02 auf 527 km/h. Bis zum Kriegsausbruch im September 1939 kam nur noch ein weiteres Exemplar, die D.520.03 mit Szydlowski-Lader anstelle des bisherigen Verdichtertyps von Hispano-Suiza, in die Luft.

Nationale Kontraste

Ende 1938 verfügte Frankreich über 378 Jagdeinsitzer zur Landesverteidigung, darunter 16 M.S.405 und M.S.406, die als modern bewertet werden konnten. Die Situation bei der Royal Air Force stellte sich kaum anders dar, doch nur neun Monate später, als der Krieg begann, besaß das RAF Fighter Command 19 Hurricane und neun Spitfire-Staffeln mit insgesamt 486 Jagdflugzeugen à acht Bordkanonen. Im Gegensatz dazu brachte die Armée de l'Air alles in allem 271 M.S.406 auf, verteilt auf die Großstädte des Landes. Zudem waren diese Flugzeuge dem Standard-Luftwaffenjäger Messerschmitt Bf 109E in jeder Beziehung unterlegen und kaum in der Lage, einen der von Deutschland in Dienst gestellten Bomber abzufangen.

Anfang 1939 wurde den zuständigen französischen Behörden der klägliche Rüstungsstand ihrer Jagdflieger offenbar bewußt, denn am 17. April erging ein Auftrag über 200 D.520 zur Auslieferung bis Jahresende. Anschlußbestellungen vom Juni 1939, September 1939, Januar 1940, April 1940 und Mai 1940 erhöhten den Beschaffungsumfang auf

D.520 Nr. 408 traf am 24. Juni bei der Armée de l'Air ein, doch zwei Tage zuvor war der Widerstand in Frankreich zusammengebrochen. Unter den Vichy-Luftstreitkräften kämpfte die Maschine gegen die Alliierten, überstand den Zweiten Weltkrieg jedoch unbeschadet und wurde von 1977 bis 1980 prächtig restauriert. Sie zeigt den Anstrich der besonders erfolgreichen Nr. 90, die bei GC II/3 diente.

Diese D.520 mit dem Maskenwappen der 6. Escadrille, Groupe de Chasse III/6, am Seitenleitwerk war während der Invasion der Alliierten im Jahre 1941 in Ryak, Syrien, stationiert. Die rotgelben Längsstreifen kennzeichneten die Vichy-Flugzeuge.

Eine Dewoitine D.520, Nr. 245, der 3. Escadrille, Groupe de Chasse II/7, die kurz vor der Landung der Alliierten in Nordafrika (Operation „Torch") im November 1942 in Gabes, Tunesien, Stellung bezogen hatte. Das Storchen-Emblem war eine von vielen Ausführungen des berühmten „Cigogne"-Wappens aus der Zeit des Ersten Weltkriegs.

2200 D.520 (einschließlich 120 Exemplaren für die Aéronavale). Die geforderte Fertigungsrate von monatlich insgesamt 50 Flugzeugen im September 1939 steigerte sich bis zum November 1940 auf 350 Maschinen pro Monat.

Letztlich flog der erste D.520-Serienjäger aber erst am 2. November 1939. Bis zum 1. Januar waren nur 13 Flugzeuge fertiggestellt, die, ohne den Vortrieb verstärkende Auspuffstutzen und mit behelfsmäßigem Laderlufteinlauf, nur eine Spitzengeschwindigkeit von 509 km/h erreichten. Anschließend stieg der Ausstoß etwas an, und bis zum 10. Mai, als Deutschland den Westfeldzug eröffnete, verfügte die Groupe de Chasse I/3 in Cannes-Mandélieu über 36 einsatztaugliche D.520. GC II/3, GC II/7 und GC III/3 hatte kampfuntaugliche Maschinen zur Umschulung erhalten.

GC I/3 war mit dem neuen Jäger noch kaum einsatzbereit, als der Verband auch schon eiligst in die Gefechtszone verlegt wurde. Am 13. Mai flog die Gruppe ihren ersten Kampfeinsatz und schoß drei Henschel Hs 126 sowie eine Heinkel He 111 ohne eigene Verluste ab. Am nächsten Tag nahm sie an einem Gefecht über Sedan teil, bei dem sie vier Messerschmitt Bf 110, zwei Bf 109, zwei Dornier Do 17 und zwei He 111 zerstörte, aber auch zwei ihrer Männer verlor. Am 17. Mai griff die Luftwaffe den Stützpunkt der Gruppe an und vernichtete sieben abgestellte D.520. Daraufhin zog man GC I/3 nach Meaux-Esbly zurück.

Als nächster Verband wurde GC II/3 am 21. Mai ins Gefecht geworfen. In den drei folgenden Wochen meldete die in Bouillancy stationierte Einheit die Zerstörung von 31 deutschen Flugzeugen (darunter zwölf Junkers Ju 87) gegenüber dem Verlust von 20 eigenen Maschinen, davon zwei durch das Abwehrfeuer französischer Truppen.

Im Juni kamen GC II/7 und GC III/3 zum Einsatz. Die Piloten der erstgenannten Einheit hatten ihre Jäger direkt vom Werk in Toulouse abgeholt. Mit Standort Avelange in der Zone d'Operations Aériennes Est (Ostzone der Luftoperationen) als Teil des von Colonel Dumemes geführten Groupement 22 war GC II/7 damit beauftragt, deutsche Bomber auf dem Heimflug nach erfolgtem Angriff abzufangen. Während ihrer Kampfperiode zerstörten Piloten der GC II/7 ein Dutzend Feindflugzeuge und hatten selbst den Verlust von 14 D.520 und den Tod dreier Piloten zu beklagen. GC III/3 konnte nur acht Luftsiege vorweisen und büßte 17 D.520 ein.

Im Süden übernahm Groupe de Chasse III/6 in Le Luc ihre erste D.520 am 10. Januar, dem Tag, an dem Italien in den Krieg eintrat. Ohne in den Genuß einer Umschulung und Gewöhnungsphase gekommen zu sein, führte diese Gruppe ihre neuen Jäger am 13. Mai zum ersten Mal ins Gefecht gegen die Italiener, und zwei Tage später kämpften zwei ihrer Piloten, Adjutant Pierre Le Gloan und Capitaine Assolant, gegen einen starken Fiat-Verband CR.42. Assolant schoß einen Feindjäger und Le Gloan drei weitere Exemplare sowie einen Aufklärer Fiat BR.20 ab. Le Gloan, Patrouillenleiter der 5. Escadrille, GC III/6, hatte bislang mit der M.S.406 vier Feindflugzeuge zerstört und mit seiner D.520 am 13. Mai zwei BR.20 abgeschossen. Er erhöhte die Zahl seiner Luftsiege im Zweiten Weltkrieg auf 22.

Nach dem Waffenstillstand

Kurz vor dem Zusammenbruch Frankreichs befanden sich zwei Jagdgruppen, GC II/6 und GC III/7, in der Umrüstungsphase von der M.S.406 auf die D.520, kamen aber nicht mehr zum Kampfeinsatz. In den letzten 14 Tagen wurden 26 D.520 an Escadrilles AC1 und AC2 der Aéronavale ausgeliefert, und am Tag des Waffenstillstands übernahmen AC3 und AC4 26 Exemplare, die kein Gefecht mehr erlebten.

Der Prototyp D.520.01, der eher einem Rennflugzeug als einem Jäger ähnelte, unterschied sich in wesentlichen Teilen vom endgültigen Serienjäger, angefangen vom geduckten Leitwerk über das offene Cockpit bis hin zum fehlenden Spinner. Die Aufnahme entstand beim zweiten Flug (am 8. Oktober 1938) mit Marcel Doret als Pilot.

D.520 der ersten Baureihe im Herbst 1939. Die Jäger sind offenbar mit den Auspuffstutzen versehen, die den Abgasstrahl zur Steigerung des Vortriebs nutzten. Lieferengpässe bei diesen und anderen Teilen verzögerten die Übergabe ansonsten kompletter Maschinen an die Jagdverbände der Armée de l'Air.

Eine der wenigen D.520, die der Beschlagnahme durch die Deutschen entgangen war. Im April 1945 fand die Maschine ihren letzten Nutzer in GCB I/18 Vendée. Die Flugzeuge dieser Einheit trugen individuelle Nummern am Seitenleitwerk.

D.520 des Jagdgeschwaders 105 in Chartres im Jahre 1944, die zur Jägerschulung diente. Die Flug- und Steuereigenschaften der D.520 waren völlig anders als die irgendeines deutschen Jägertyps und dementsprechend hoch fiel die Unfallrate aus.

Bis zum 25. Juni waren 437 D.520 in Toulouse produziert worden, eine bemerkenswerte Zahl, die Frankreichs Motivation und Wehrwilligkeit nach dem Einmarsch deutscher Truppen belegt. Von diesen Flugzeugen übernahm die Armée de l'Air 351 und die Aéronavale 52 Exemplare, und 106 gingen im Kampfeinsatz oder bei Unfällen verloren. Vom Restbestand waren 153 Maschinen in der unbesetzten Zone Frankreichs stationiert, 175 wurden von Piloten der französischen Luftstreitkräfte nach Nordafrika ausgeflogen und drei Flugzeugführer der GC III/7 setzten sich am 25. Juni mit ihren D.520 nach England ab. Sie wurden in die 1. Fighter Group der „Free French Air Force" (1. Jagdgruppe der freifranzösischen Luftwaffe) aufgenommen, die sich am 29. August auf dem RAF-Fliegerhorst Odiham bildete.

Nachdem die Deutschen zunächst die Verlagerung aller D.520-Einheiten in die unbesetzte Zone Frankreichs verboten hatten, rüsteten viele dieser Flugzeuge GC I/3, GC II/3, GC III/6 und GC II/7 in Nordafrika aus. Später erhielten Escadrilles 1AC und 2AC der Aéronavale (zuvor AC1 und AC2) D.520-Jäger. Im April 1941 stimmte die deutsche Waffenstillstandskommission in Frankreich der geplanten Produktion von 1074 Maschinen im unbesetzten Teil Frankreichs zu, und im August jenes Jahres erging an die SNCASE-Organisation (die das Toulouse-Werk vereinnahmt hatte) ein Auftrag über 550 D.520. Bis Ende 1942 waren 349 Exemplare gefertigt, darunter 197 mit dem Hispano-Suiza-Motor 12Y-49, dessen Leistung von 604 kW (820 PS) ein Chauvière-Propeller umsetzte.

Unterdessen hatten D.520 an Operationen gegen die britischen Seeluftstreitkräfte (Fleet Air Arm) teilgenommen. Im Syrien-Feldzug von 1941 zerstörten GC III/6, GC II/3, GC I/7 und Escadrille 1AC 31 britische Kriegsflugzeuge und verloren selbst 32 Maschinen. Der mit Abstand erfolgreichste französische Jagdpilot war Pierre Le Gloan mit elf anerkannten Abschüssen britischer Flugzeuge.

Als die Alliierten im November 1942 in Nordafrika landeten, verfügten die Vichy-Luftstreitkräfte unter anderem über 173 D.520, von denen 142 bei GC II/3, GC III/3, GC III/6, GC II/7 und GC II/5 sowie bei Escadrilles 1AC und 2AC einsatzklar waren. GC II/6 mit 30 D.520 war im Senegal stationiert. In den verbissenen Luftgefechten zwischen dem 8. und dem 10. November verlor die Aéronavale 19 D.520 und sieben Bomber Martin 167, während die Armée de l'Air de l'Armistice 56 Flugzeuge einbüßte, darunter 13 D.520. Zu den 44 von den Franzosen zerstörten Maschinen zählte eine gesamte Formation der HMS Furious mit neun Fairey Albacore, die GC III/3 zum Opfer fielen. Kurz darauf schloß sich die Mehrheit der französischen Piloten den Alliierten an (Pierre Le Gloan kam jedoch bei einem Flugunfall mit einer Bell Airacobra am 11. September 1943 ums Leben).

Vichy-Beutejäger

Die Landung der Alliierten in Nordafrika hatte die deutsche Besetzung Restfrankreichs und die Auflösung der Vichy-Luftstreitkräfte am 27. November 1942 zur Folge. Die Deutschen beschlagnahmten 1876 Maschinen, darunter 246 D.520, von denen 13 zur Reparatur anstanden und vier abgeschrieben werden mußten. Im Werk Toulouse fielen

Aufriß-Erläuterung Dewoitine D.520

1 Kanonenöffnung
2 Propellerhaube
3 Dreiblatt-Propeller, Ratier Electric
4 Schußkanal
5 Kühlmitteltank
6 Sicherheitsventil
7 vorderer Motorhaubenspant
8 Hilfslufteinlauf
9 Hauptlufteinlauf unter dem Kinn
10 Kühlflüssigkeitsleitung
11 Ölkühlerlufteintritt
12 Luftkanal
13 Ölkühler
14 Motorträger
15 Motoranbaugeräte
16 Auspuffstutzen
17 V-Reihenmotor Hispano-Suiza 12Y-45
18 hinterer Motorhaubenspant
19 Trommelmagazin der Kanone (60 Schuß)
20 Schmierölbehälter
21 Tragflächentank (steuerbord)
22 Flächenbeplankung
23 Positionslampe
24 Querruder
25 Querruderscharnier
26 Ringkorn-Notvisier
27 Rumpfhaupttank
28 oberer Rumpflängsgurt
29 obere Befestigung des Motorträgers
30 Bugschott
31 Verschluß der 20-mm-Kanone HS 404
32 Verdichterluftauslaß
33 Feuerlöscher
34 Szydlowski-Verdichter
35 Motorträgerstütze
36 Verkleidung des Flächenansatzes
37 Hauptrad (steuerbord)
38 Radschacht (backbord)
39 Bauchkühlerlufteinlauf
40 Einziehmechanik
41 Hauptfahrwerksdrehlager
42 Schußkanäle der flächenmontierten Maschinengewehre
43 MG-Öffnungen
44 Hauptfahrwerksbein

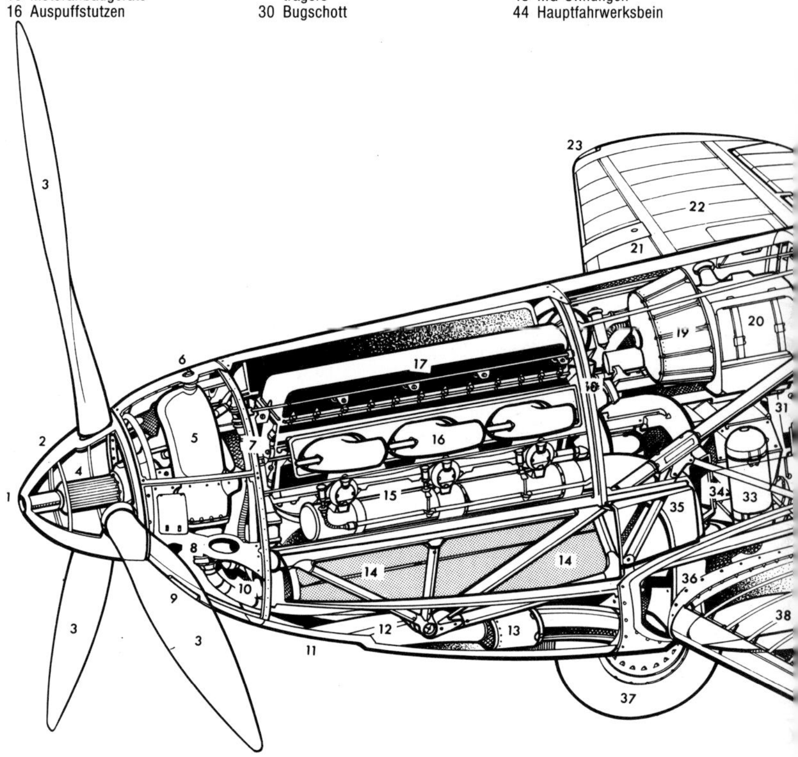

Die D.520 der Luftwaffe flog bei dem 1944 in Chartres liegenden Jagdausbildungsgeschwader JG 105. Mit der Führung solcher Verbände wurden häufig Jagdfliegerasse der mittleren Offiziersebene betraut, die eine Ruhepause verdient hatten. Kommodore des JG 105 war Major Richard Leppla, ein Ritterkreuzträger mit 68 Luftsiegen.

Die Luftwaffe selbst nutzte die D.520 zur Ausbildung bei Jagdfliegerschulen und Jagdeinweisungsgeschwadern in Frankreich. Im März 1944 flog JG 101 mit Standort Pau-Nord in den Pyrenäen die abgebildete Maschine. In dieser Phase führte Major Walter Nowotny, Ritterkreuzträger mit Brillanten, das Geschwader.

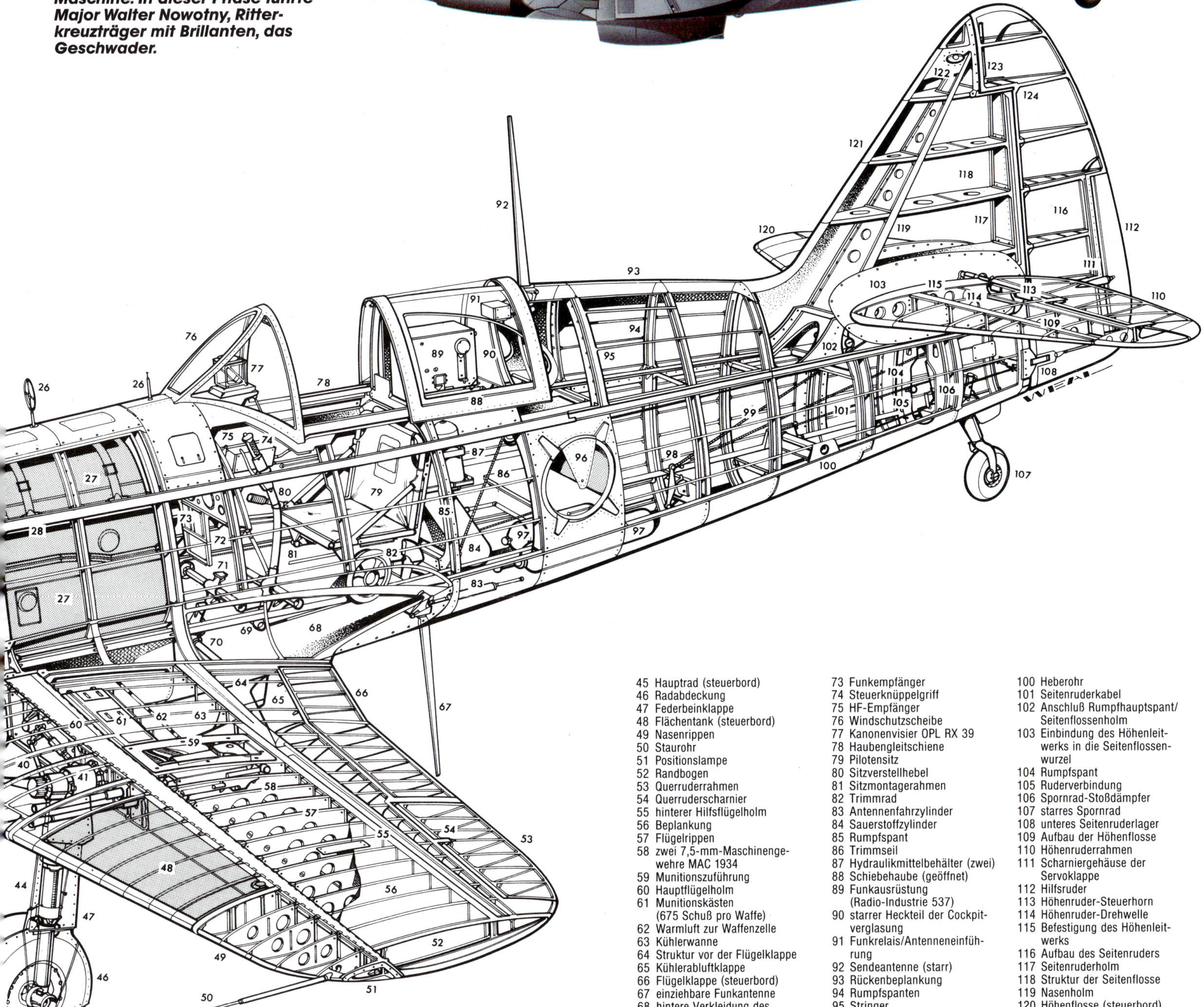

45 Hauptrad (steuerbord)
46 Radabdeckung
47 Federbeinklappe
48 Flächentank (steuerbord)
49 Nasenrippen
50 Staurohr
51 Positionslampe
52 Randbogen
53 Querruderrahmen
54 Querruderscharnier
55 hinterer Hilfsflügelholm
56 Beplankung
57 Flügelrippen
58 zwei 7,5-mm-Maschinengewehre MAC 1934
59 Munitionszuführung
60 Hauptflügelholm
61 Munitionskästen (675 Schuß pro Waffe)
62 Warmluft zur Waffenzelle
63 Kühlerwanne
64 Struktur vor der Flügelklappe
65 Kühlerabluftklappe
66 Flügelklappe (steuerbord)
67 einziehbare Funkantenne
68 hintere Verkleidung des Flächenansatzes
69 unterer Rumpflängsgurt
70 Klappengestänge
71 Seitenruderpedalstange
72 Instrumententafel
73 Funkempfänger
74 Steuerknüppelgriff
75 HF-Empfänger
76 Windschutzscheibe
77 Kanonenvisier OPL RX 39
78 Haubengleitschiene
79 Pilotensitz
80 Sitzverstellhebel
81 Sitzmontagerahmen
82 Trimmrad
83 Antennenfahrzylinder
84 Sauerstoffzylinder
85 Rumpfspant
86 Trimmseil
87 Hydraulikmittelbehälter (zwei)
88 Schiebehaube (geöffnet)
89 Funkausrüstung (Radio-Industrie 537)
90 starrer Heckteil der Cockpitverglasung
91 Funkrelais/Antenneneinführung
92 Sendeantenne (starr)
93 Rückenbeplankung
94 Rumpfspanten
95 Stringer
96 Ausrüstungs-/Gepäckraumklappe
97 Druckluftflaschen
98 Bauteil der Höhensteuerung
99 Höhenruderseile
100 Heberohr
101 Seitenruderkabel
102 Anschluß Rumpfhauptspant/Seitenflossenholm
103 Einbindung des Höhenleitwerks in die Seitenflossenwurzel
104 Rumpfspant
105 Ruderverbindung
106 Spornrad-Stoßdämpfer
107 starres Spornrad
108 unteres Seitenruderlager
109 Aufbau der Höhenflosse
110 Höhenruderrahmen
111 Scharniergehäuse der Servoklappe
112 Hilfsruder
113 Höhenruder-Steuerhorn
114 Höhenruder-Drehwelle
115 Befestigung des Höhenleitwerks
116 Aufbau des Seitenruders
117 Seitenruderholm
118 Struktur der Seitenflosse
119 Nasenholm
120 Höhenflosse (steuerbord)
121 Nasenkante des Seitenleitwerks
122 Heckpositionslampe
123 interner Ruderausgleich
124 oberes Seitenruderlager

Eine werksneue D.520, Nr. 494, im März 1942 in Toulouse mit den obligatorischen rot-gelben Längsstreifen der Vichy-Kriegsflugzeuge. Dieses Foto unterstreicht die recht weit hinten angeordnete Kanzel, die dem Flugzeugführer eine ausgezeichnete Bodensicht hinter den Tragflächen ermöglichte, ihm aber auch ein beträchtliches Schlängeln beim Rollen abverlangte.

Varianten der Dewoitine D.520

D.520.01: erster Prototyp mit Hispano-Suiza-Motor 12Y-21; keine Bewaffnung
D.520.02: zweiter Prototyp mit HS-Motor 12Y-29; eine Kanone und zwei Maschinengewehre
D.520.03: dritter Prototyp mit HS-Motor 12Y-31 und Szydlowski-Lader
D.520: insgesamt 905 Serienjäger, von denen 437 vor dem Fall Frankreichs im Juni 1940 fertiggestellt und die restlichen 468 Exemplare ab August 1941 produziert wurden; die erstgenannten Flugzeuge waren mit dem HS 12Y-45 als Antrieb für einen Ratier-Propeller und 197 Maschinen der Anschlußproduktion mit dem HS 12Y-49 für einen Chauvière-Propeller ausgerüstet; viele D.520 dienten bei der Luftwaffe, 60 bei der Regia Aeronautica, 120 bei der bulgarischen Luftwaffe und etliche bei den rumänischen Luftstreitkräften
D.520Z: Einzelexemplar (die 465. seriengefertigte D.520), mit dem ein Alternativmotor im Flug erprobt wurde
SE.520Z: projektierte Entwicklung der D.520Z mit HS-Triebwerk 12Z und stärkerer Bewaffnung; ein Prototyp
D.521.01: Einzelexemplar (die 41. seriengefertigte D.520), mit dem der Merlin III von Rolls-Royce im Flug erprobt wurde
D.523: Einzelexemplar (die 45. seriengefertigte D.520), mit dem der Hispano-Suiza 12Y-51 im Flug getestet wurde
D.524: die auf den Hispano-Suiza 12Z-89ter ummotorisierte D.521.01 (s.o.); Rückrüstung zum Standard D.520
D.550: 1939 produziertes Rennflugzeug mit Hispano-Suiza 12Ycrs (später 12Y-51)
D.551: militärische Version der D.550; insgesamt 18 Exemplare gebaut, aber nie geflogen; HS-Motor 12Y-51
HD.780: eine versuchsweise zum Schwimmerflugzeug umgerüstete D.520

TECHNISCHE DATEN

Dewoitine D.520
Typ: einsitziges Jagdflugzeug
Triebwerk: ein flüssigkeitsgekühlter Zwölf-Zylinder-Reihenmotor in V-Form mit 626 kW (850 PS)
Leistung: Höchstgeschwindigkeit 535 km/h in 5500 m Höhe; Steigzeit auf 4000 m fünf Minuten, 48 Sekunden; Standardreichweite 890 km; Höchstreichweite 1540 km
Gewicht: Leermasse 2125 kg; max. Startmasse 2790 kg
Abmessungen: Spannweite 10,20 m; Länge 8,76 m; Höhe 2,57 m; Tragflügelfläche 15,95 m²
Bewaffnung: eine durch die Nabe feuernde 20-mm-Kanone HS404 mit 60 Schuß Munition und vier 7,5-mm-Maschinengewehre MAC 1934 M39 mit 675 Schuß Munition pro Waffe in den Tragflächen

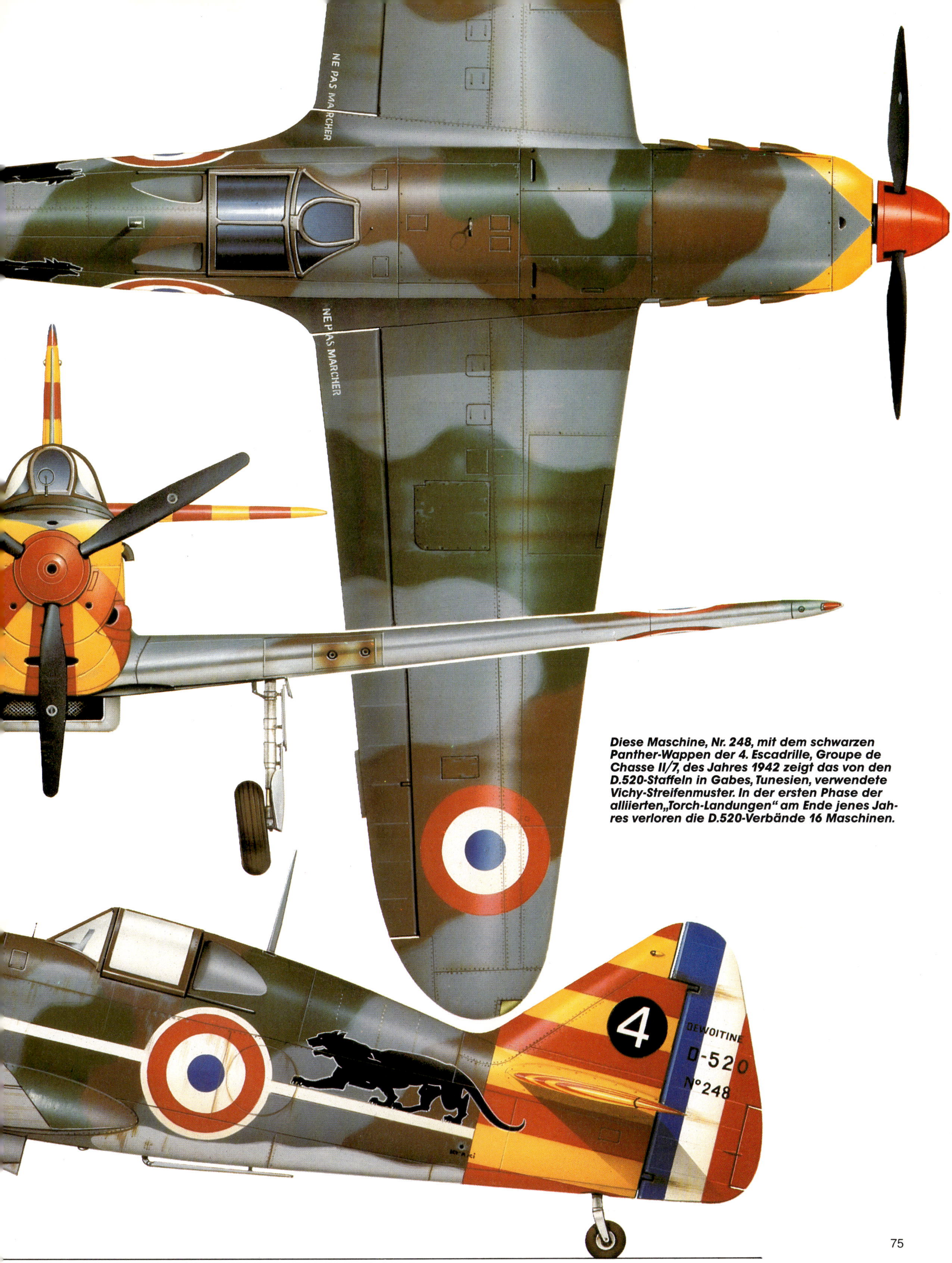

Diese Maschine, Nr. 248, mit dem schwarzen Panther-Wappen der 4. Escadrille, Groupe de Chasse II/7, des Jahres 1942 zeigt das von den D.520-Staffeln in Gabes, Tunesien, verwendete Vichy-Streifenmuster. In der ersten Phase der alliierten „Torch-Landungen“ am Ende jenes Jahres verloren die D.520-Verbände 16 Maschinen.

Nach der Besetzung Restfrankreichs teilte Deutschland beschlagnahmte D.520 auch den bulgarischen Luftstreitkräften zu. Diese D.520 gehörte beispielsweise zur III.(Bulg)/JG 6, die im Ferbruar 1944 neben Einheiten der Luftwaffe in Bojourishté stationiert war.

ihnen weitere 169 D.520 in die Hände, davon 19 in flugtüchtigem Zustand. Im März 1943 wurde SNCASE angewiesen, die restlichen 150 teilgefertigten Maschinen zu komplettieren. Etwas mehr als ein Jahr später war dieser Auftrag erfüllt, so daß sich die Zahl der insgesamt gebauten D.520 auf 905 erhöhte.

Von dieser Zeit an kam die D.520 weitverbreitet bei den Luftstreitkräften der Achsenmächte zum Einsatz. Anfangs beschränkte sich die Nutzung auf die Jagdpilotenschulung, aber in begrenztem Umfang diente das Muster auch bei Jagdgeschwadern der Luftwaffe an der Ostfront. Zu den Jagdlehrgeschwadern zählten JG 105, das 1944 in Chartres ausschließlich mit D.520 ausgerüstet war, und Anfang 1943 das in Zeltweg (Österreich) liegende JG 103 sowie JG 101 in Pau-Nord, geführt vom berühmten Jagdpiloten Walter Nowotny.

1942 und 1943 wurden der Regia Aeronautica 60 D.520 zugeschleust und bei je einer Squadriglia der 13., 22., 24. und 167. Gruppo zum regionalen Schutz des italienischen Festlands eingesetzt. Ein kleines Kontingent D.520 ging an die rumänische Luftwaffe, offenbar zum Schutz der kriegswichtigen Ölfelder. Die Maschinen konnten aber gegen die Bomber der Alliierten nichts ausrichten und wurden schließlich in rumänische Truppenteile an der russischen Front eingegliedert. 1943 überließ Deutschland der bulgarischen Luftwaffe 120 Dewoitine D.520. Sie rüsteten mindestens zwei Staffeln der 6. Luftflotte aus, die zum Zeitpunkt der alliierten Luftangriffe auf dieses Land zur Verteidigung Sofias eingeteilt waren, fielen jedoch größtenteils der Lockheed P-38 Lightning der 9. Amerikanischen Luftflotte zum Opfer.

Wiedergeburt der französischen Luftwaffe

Nach der Befreiung Südfrankreichs durch die Alliierten Mitte 1944 stellten die Forces Françaises de l'Intérieur eine Jagdgruppe mit D.520 auf. Dieser Groupe Doret, nach ihrem Kommandeur Marcel Doret (vormals Testpilot) benannt, unterstanden zwei Escadrilles, die in Tarbes-Ossun und Toulouse stationiert waren und an Luftangriffen gegen die Wehrmacht in den Kesseln Pointe de Grave und Royan teilnahmen.

Bei der Neuaufstellung der französischen Luftstreitkräfte am 1. Dezember 1944 wurde die Groupe Doret in GC II/18 „Saintonge" umbezeichnet und mit D.520 ausgerüstet. Drei Monate später erhielt der Verband die Spitfire Mk VB und gab seine D.520 an GCB I/18 „Vendée" und an eine Ausbildungseinheit in Toulouse ab. In den Schlußmonaten des Krieges fielen 50 D.520 der Deutschen an Frankreich zurück, ergänzt durch 20 Exemplare aus Nordafrika, die bei der Auflösung des Centre d'Instruction de Chasse in Meknès angefallen waren.

Nach dem Kriegsende in Europa wurde in Tours eine Fluglehrerschule eröffnet, deren Flugzeugpark 17 D.520 enthielt. Auf die Initiative des Schulkommandeurs hin baute man eine dieser Maschinen zum Doppelsitzer um. Nachdem die zuständigen Dienststellen ihre Zustimmung erteilt hatten, wurde rund ein Dutzend zur D.520DC (Double Commande) umgerüstet. Bei seiner Auflösung am 31. August 1947 besaß das Schulgeschwader Nr. 704 noch 29 D.520.

Als letzte Einheit setzte Escadrille de Présentation de l'Armée de l'Air (EPAA) 58 die Dewoitine D.520 ein. Nachdem diese Vorführstaffel eine Reihe Jakowlew Jak-3 (vom Regiment „Normandie-Niémen" aus Rußland heimgeführt) geflogen hatte, die 1948 wegen fehlender Ersatzteile stillgelegt werden mußten, erhielt sie sieben D.520, darunter drei DC-Doppelsitzer. Der letzte Flug einer dieser Maschinen, eines Einsitzers, fand am 3. September 1953 statt.

Diese D.520 mit dem berühmten Wappen der 5. Escadrille, Groupe de Chasse III/6, der „Afrikanischen Maske", flog Sergeant Hardouin im November 1940 vom marokkanischen Casablanca aus.

Macchi MC.200, 202 und 205

Eifersüchteleien innerhalb der italienischen Luftfahrzeugindustrie verhinderten die nötige Bündelung der Kräfte auf ein gemeinsames Ziel hin, so daß Italien im Zweiten Weltkrieg nur mittelmäßige Jagdflugzeuge zur Verfügung standen. Die einzigen Ausnahmen bildeten die Macchi MC.200, 202 und 205, die sich durchaus mit der Hurricane Mk 1, Spitfire Mk V und Mk IX messen konnten, auch wenn ihre Kanonenbewaffnung stets unzureichend war.

Im Frühjahr 1935, als die Konstruktion der Messerschmitt Bf 109 und der Hawker Hurricane bereits weit fortgeschritten war, untersuchte der Chefkonstrukteur der italienischen Firma Macchi, Ing. Mario Castoldi, die Möglichkeit, einen Eindeckerjäger mit Einziehfahrwerk zu bauen. Dieses Projekt hatte die Firma in Eigeninitiative gestartet. Als im Jahr darauf von offizieller Seite ein Jäger zum Schutz von Ballungszentren gefordert wurde, legte die Firma Macchi den Castoldi-Entwurf als Macchi MC.200 vor und leitete die Fertigung eines Prototyps ein. Wenn man die zunächst vorgeschriebene Bewaffnung mit einem einzelnen 12,7-mm-Maschinengewehr auch auf zwei solcher Rohrwaffen erhöhte, so blieb sie doch zu schwach und belastete den italienischen Jagdflugzeugbau noch während der nächsten acht Jahre als schwerwiegender Mangel.

Im großen und ganzen aber war der Macchi-Jäger ein robustes und innovatives Modell, auch wenn das Fehlen eines entsprechend starken (883 kW/1200 PS und mehr) Flugmotors eine ernste Beeinträchtigung darstellte. Statt dessen wurde der luftgekühlte 14-Zylinder-Doppelsternmotor Fiat A.74 eingebaut, der nur 640 kW (870 PS) zum Start erzeugte. Die bis ins kleinste Detail sorgfältig bedachte Konstruktion ergab dennoch eine Spitzengeschwindigkeit von 504 km/h in 4520 m Höhe, die fast an die der Hurricane mit ihrem 768 kW (1044 PS) starken Merlin-Reihenmotor heranreichte.

Der MC.200-Prototyp flog erstmals am 24. September 1937 mit dem leitenden Werkstestpiloten Guiseppe Burei am Steuer (zur gleichen Zeit stieß die Hurricane zu den ersten RAF-Jagdstaffeln). Anschließend zog man das Muster zum Vergleichsfliegen mit der Caproni-Vizzola F.5, der Reggiane Re.2000, der AUT-18 und der Meridionali Ro.51 heran, offenbar um einen Entwurf zum Sieger zu bestimmen.

Zum Zeitpunkt dieser Wettbewerbserprobung bemühte sich das Luftfahrtministerium um eine Erweiterung der Flugzeugindustrie und der Luftstreitkräfte (Programm R), doch diese Expansion blieb, zum Teil wegen der im Spanischen Bürgerkrieg erlittenen Verluste, weit hinter dem Zeitplan zurück. Die einzelnen Hersteller nutzten die Gelegenheit, um mit dem Hinweis auf ihre brachliegenden Fertigungskapazitäten für die Produktion aller in der Bewertung befindlichen Jagdflugzeugtypen statt eines einzigen zu plädieren. So kam es zu dem unsinnigen Zustand, daß die Macchi MC.200, die Fiat CR.42 und G.50 sowie die Reggiane Re.2000 gleichzeitig produziert wurden. Keines dieser Muster war überragend, hätte man die Entwicklung jedoch auf die MC.200 oder die G.50 konzentriert, wäre daraus ein vielleicht wirklich eindrucksvoller Typ hervorgegangen.

Die MC.200 Saetta („Blitz") war ein Tiefdecker in Ganzmetall-Schalenbauweise, und ihr Pilot saß über der Hinterkante des Tragwerks in einer hohen Kanzel, die ihm ein ausgezeichnetes Sichtfeld bot. Das hydraulisch einwärts einklappende Fahrgestell ermöglichte außer einer großen Spurbreite auch eine hohe Belastbarkeit. Ein synchronisiertes SAFAT-Maschinengewehrpaar, Kaliber 12,7 mm, war so im Flugzeugnasenrücken installiert, daß es durch die Lücken der charakteristischen Zylinderkopfhauben feuern konnte. Eine später in Feldwerften vorgenommene Modifikation gestattete die Beladung mit einer externen Bombenlast von bis zu 295 kg.

Eine Reihe MC.200 Saetta der 90. Squadriglia CT (Caccia Terrestre), 10. Gruppo CT, 4. Stormo CT, auf Sizilien im Jahre 1941. Am Rumpfband ist das berühmte Wappen des 4. Stormo in Form des Cavallino Rampante zu erkennen und unter dem Cockpit das Emblem der 90. Squadriglia in Gestalt eines roten Elefanten auf weißem Schild.

TECHNISCHE DATEN

Macchi MC.202 Folgore der Serie VIII
Typ: Jagdeinsitzer
Triebwerk: ein Zwölf-Zylinder-Reihenmotor (A-Form) Alfa Romeo R.A.1000 RC 41-1 Monsoni mit 791 kW (1075 PS)
Leistung: Höchstgeschwindigkeit 600 km/h in 5600 m Höhe; Steigzeit auf 5000 m vier Minuten, 40 Sekunden; Dienstgipfelhöhe 11.500 m; Reichweite bei max. Startmasse 765 km
Gewicht: Leermasse 2490 kg; max. Startmasse 3010 kg
Abmessungen: Spannweite 10,58 m; Länge 8,85 m; Höhe 3,50 m; Tragflügelfläche 16,82 m²
Bewaffnung: zwei 12,7-mm-Maschinengewehre Breda-SAFAT mit je 360 Schuß Munition im Bug und zwei 7,7-mm-Maschinengewehre Breda-SAFAT mit je 500 Schuß in den Tragflächen

Das Spauracchio-Emblem („Vogelscheuche“) am Hinterrumpf und die Nummer zeigen, daß diese MC.202 zur 22. Gruppo beziehungsweise zur 369. Squadriglia gehörte. Zum Zeitpunkt der Invasion Siziliens im Juli 1943 war diese Staffel als Teil des 53. Stormo in Capodichino, Neapel, stationiert. Mit ihrer Höchstgeschwindigkeit von 600 km/h konnte sich die MC.202 durchaus mit alliierten Jägern wie der Spitfire Mk V messen, doch ihr Einsatz zum Schutz italienischer Großstädte vor der Bombardierung durch Feindbomber war fragwürdig, denn für einen Bomberzerstörer hatte sie eine zu schwache Bewaffnung.

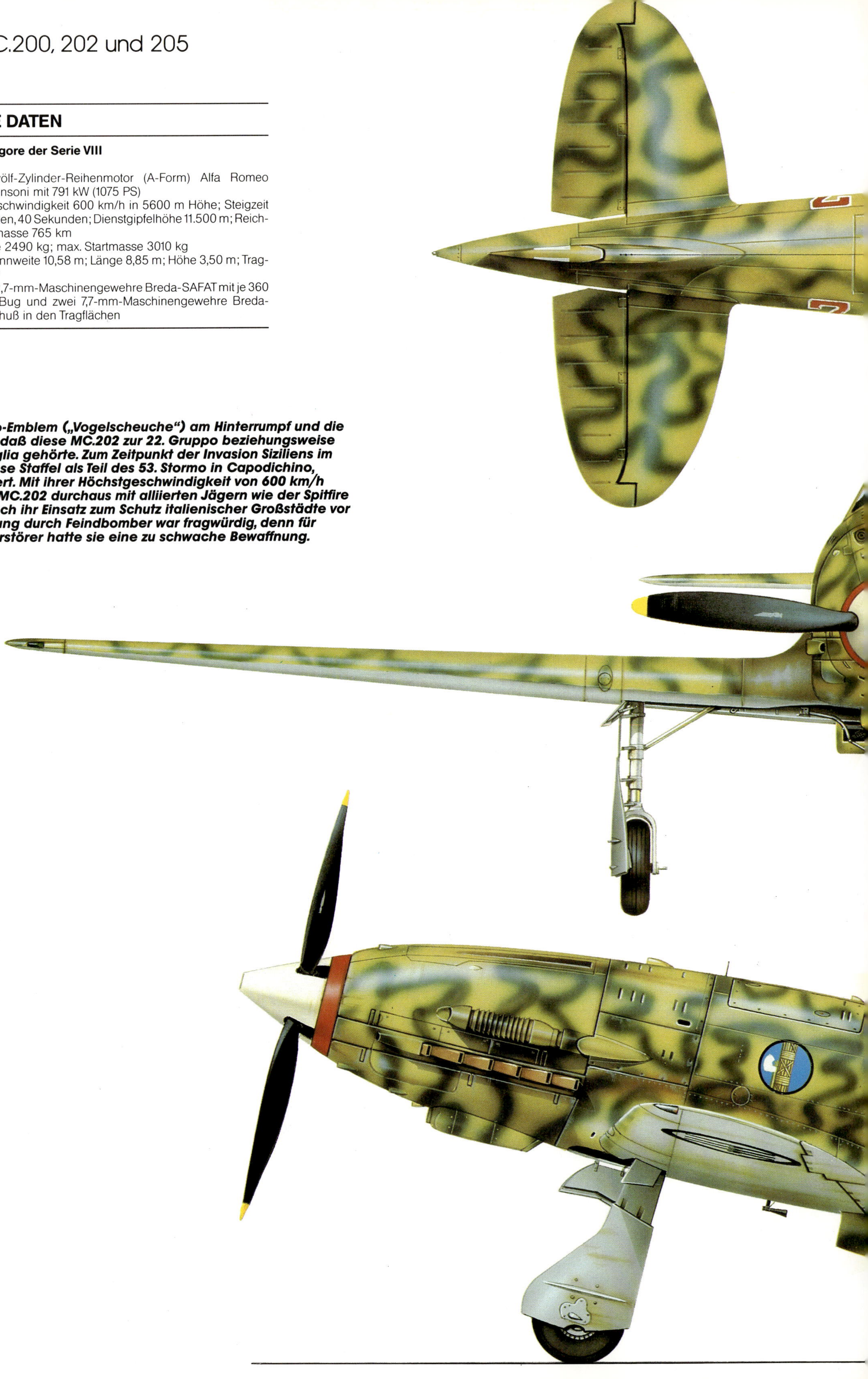

369
2

Das „Programm R“ sah die Ausrüstung von drei Stormi (Jagdgeschwadern) mit der MC.200 bis Ende 1940 vor. Der erste dieser Verbände war der 4. Stormo „Cavallino Rampante“, doch seine Piloten äußerten den Wunsch, weiterhin Doppeldecker zu fliegen, und durften ihre MC.200 gegen CR.42 des 1. Stormo eintauschen. Als Italien im Juni 1940 in den Zweiten Weltkrieg eintrat, waren die 152. Gruppo in Airasca und die 153. Gruppo in Vergiate (beide Staffeln gehörten zum 54. Stormo) sowie die 6. Gruppo des 1. Stormo in Palermo mit der Saetta ausgerüstet. Am kurzen Feldzug gegen Frankreich im Juni 1940 nahmen diese Staffeln nicht teil (nach zwei unerklärlichen Abstürzen waren die Einheiten vorübergehend an den Boden gefesselt). Ihre Feuertaufe erhielt die Saetta im September jenes Jahres, als die 6. Gruppo an ersten Luftoperationen gegen Malta teilnahm.

Im Kampf gegen Griechenland hieß es, die CR.42 habe sich behauptet, solange ihre Gegner nicht besser als die Gloster Gladiator waren. Als aber die Hurricane der RAF eine eindeutige Luftüberlegenheit (bis die Luftwaffe eintraf) verschaffte, wurde die 22. Gruppo mit 36 Saetta nach Tirana geschickt, während sich die 7., 10., 16. und 153. Gruppo mit 134 Flugzeugen (davon etwa die Hälfte einsatzklar) am Feldzug gegen Jugoslawien beteiligten. Vor allem wegen der hohen Verluste bei diesen Feldzügen sah sich Deutschland genötigt, das X. Fliegerkorps in den Mittelmeerraum zu entsenden.

Nordafrika wurde zum Hauptkampfgebiet der Saetta, die durch Nachrüstung einen Staubfilter vor dem Motorlufteinlauf erhalten hatte (dadurch änderte sich die Bezeichnung in MC.200AS, wobei AS für Africa Settentrionale stand). Als erster Verband traf die 374. Squadriglia im April 1941 in Nordafrika ein, gefolgt von der 153. und 157. Gruppo.

Bis zum Ende jenes Jahres hatten die Hurricane Mk II und die Curtiss P-40 die Oberhand über die älteren italienischen Jäger in Nordafrika gewonnen, und bei der Achsmacht-Offensive im Jahre 1942 wurde die Saetta mit einigem Erfolg erstmals als Jagdbomber unter dem Schutz modernerer Jäger genutzt.

Im August 1941 waren die Saetta der 22. Gruppo als erste Komponente des italienischen Expeditionskorps in Rußland an die Ostfront vorgerückt. Acht Monate später folgte die 21. Gruppo nach, und diese beiden Einheiten flogen insgesamt 6361 Kampfeinsätze. Dabei zerstörten sie angeblich 85 sowjetische Luftfahrzeuge.

Bis zur Invasion Siziliens durch die Alliierten im Juli 1943 war die Saetta völlig veraltet, doch noch immer zählten 42 einsatzklare Maschinen zum Verfügungsbestand, von denen 23 beim Waffenstillstand im September 1943 an die Alliierten überführt wurden.

Wie bereits erwähnt, hatte das Versäumnis Italiens, einen Hochleistungs-Flugmotor für militärische Verwendung zu entwickeln, die Jägerkonstruktion dieses Landes vor dem Zweiten Weltkrieg zu einer Farce gestaltet, trotz der beachtlichen Erfolge, die Calstoldis antriebsstarke Rennflugzeuge aller Orten errangen.

1940 importierte Macchi einen Daimler-Benz DB 601 aus Deutschland, den Alfa Romeo in Lizenz fertigen sollte. Daraufhin begann Castoldi mit der Entwicklung der MC.200 mit diesem viel größeren

Die fünftletzte MC.200 der siebten Serie (MM7705) wurde vom Hersteller Macchi zum Prototyp Macchi MC.201 modifiziert. Eine auffällige Neuerung waren Verdickungen über den Bug-Maschinengewehren.

Aufriß-Erläuterung zur Macchi MC.200 (Serie XIX) Saetta

1 Propellernabe
2 Verstellpropeller
3 Nabenplatte
4 Gehäuse
5 Propellerregler
6 Ölkühler
7 Haubenring
8 luftgekühlter 14-Zylinder-Sternmotor Fiat A.74 R.C.38
9 Zylinderkopfgehäuse
10 Vergaserlufteinlauf
11 Einlaufkanal
12 rechtes Hauptrad
13 Luftfilter
14 Auspuff
15 Motoraufhängungsring
16 Abgasringsammler
17 regelbare Kühlklappen
18 Zenith-Verdichter
19 Motorträgergerüst
20 Öleinfüllstutzen

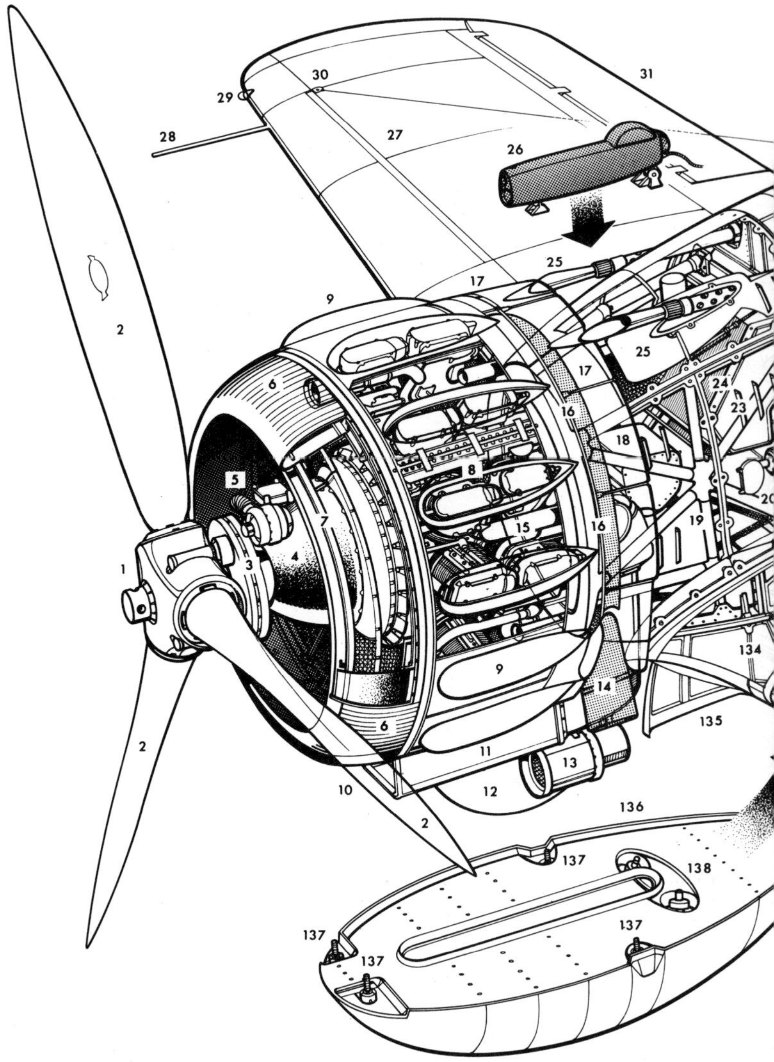

© Pilot Press Limited

Späte Serienjäger MC.200 der 81. Squadriglia, 6. Gruppo, 1. Stormo, Ende 1940 in Catania auf Sizilien stationiert. Diese Einheit war damals an vielen Einsätzen über Malta beteiligt.

Eine Macchi MC.200 der 86. Squadriglia, 7. Gruppo, 54. Stormo, zu Beginn des Jahres 1942 in Crotone auf Sizilien stationiert. Der Tigerkopf war das Wappen des 54. Stormo CT, dessen Maschinen bei Bombenangriffen auf Malta Jagdschutz flogen. Man beachte den Verzicht auf die Cockpithaube.

21 Befestigung des Fahrwerkeinholzylinders
22 Brandschott
23 Kühlschlitze
24 Schmierölbehälter (42 Liter)
25 MG-Rohröffnungen
26 Zielkamera F.M.62 (mittig auf der Steuerbordfläche montiert)
27 Hauptflügel (steuerbord)
28 Staurohr
29 Steuerbord-Positionsleuchte
30 Antennenhalterung
31 Querruder (steuerbord)
32 Wartungsklappen
33 Tankstutzen
34 Funkgerätesatz Allocchio Bacchini B.30
35 Batterie
36 Bugmaschinengewehrpaar Breda-SAFAT, Kaliber 12,7 mm
37 MG-Synchronisationsmechanik
38 Gurtglieder- und Hülsenauswurf
39 Waffenklammer
40 Munitionszuführung
41 vorderer Rumpfspant (Spant 0)
42 Reservemagazin
43 Munitionsmagazin
44 Hülsen-/Gurtglieder-Sammelkasten
45 Hauptkraftstofftank (Kapazität 238 Liter)
46 Hinterholm des durchgehenden Tragflächenmittelstücks
47 Rumpfspant (Spant 4)
48 Seitenruderpedal-/Fußstützenbaugruppe
49 Steuersäule
50 Antennenhalterung
51 Instrumentenbrett
52 Reflexvisier (San Giorgio)
53 Frontscheibe
54 Haubenriegel
55 seitlicher Haubenausschnitt
56 seitlicher Haubenausschnitt

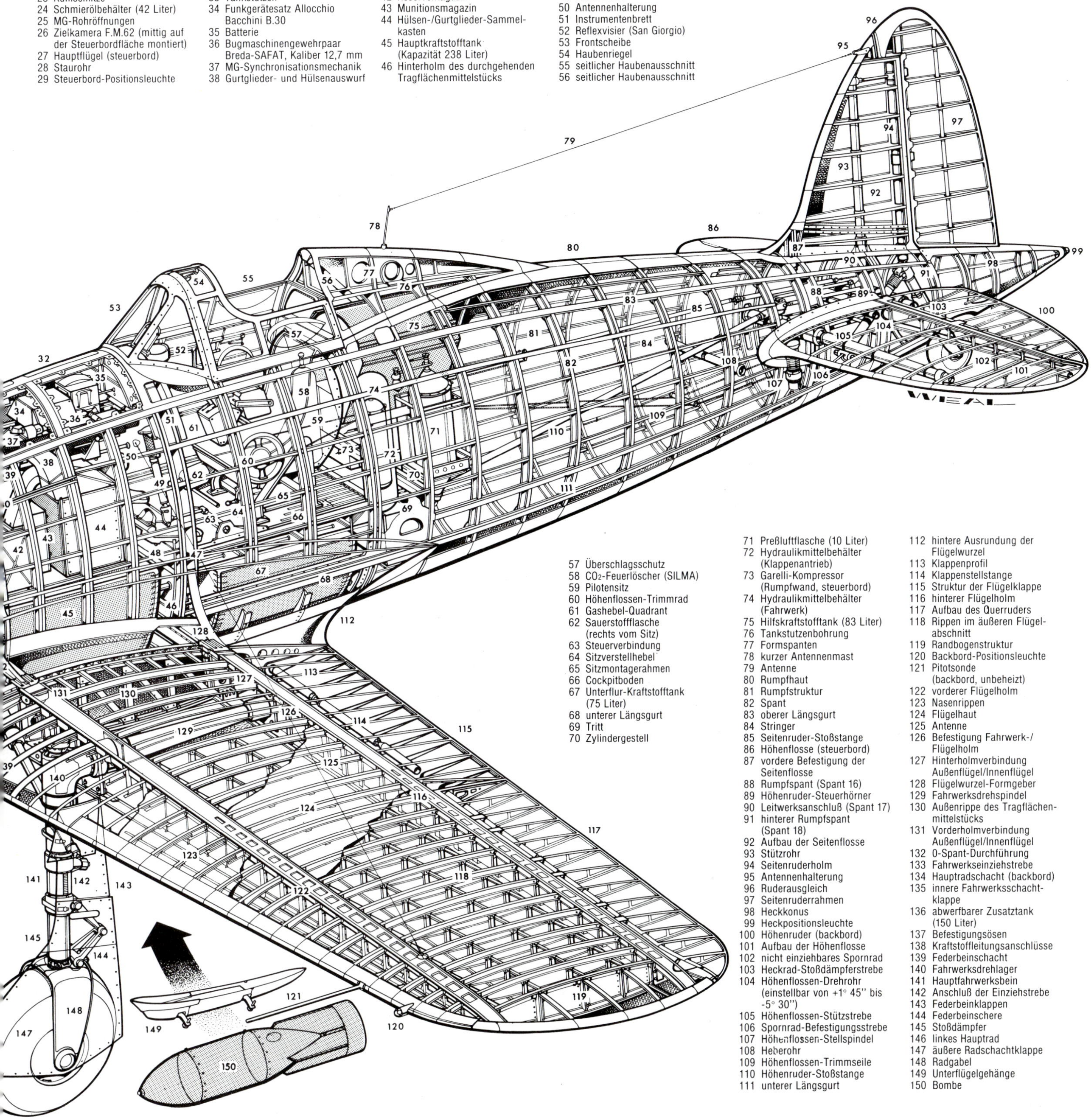

57 Überschlagsschutz
58 CO_2-Feuerlöscher (SILMA)
59 Pilotensitz
60 Höhenflossen-Trimmrad
61 Gashebel-Quadrant
62 Sauerstoffflasche (rechts vom Sitz)
63 Steuerverbindung
64 Sitzverstellhebel
65 Sitzmontagerahmen
66 Cockpitboden
67 Unterflur-Kraftstofftank (75 Liter)
68 unterer Längsgurt
69 Tritt
70 Zylindergestell
71 Preßluftflasche (10 Liter)
72 Hydraulikmittelbehälter (Klappenantrieb)
73 Garelli-Kompressor (Rumpfwand, steuerbord)
74 Hydraulikmittelbehälter (Fahrwerk)
75 Hilfskraftstofftank (83 Liter)
76 Tankstutzenbohrung
77 Formspanten
78 kurzer Antennenmast
79 Antenne
80 Rumpfhaut
81 Rumpfstruktur
82 Spant
83 oberer Längsgurt
84 Stringer
85 Seitenruder-Stoßstange
86 Höhenflosse (steuerbord)
87 vordere Befestigung der Seitenflosse
88 Rumpfspant (Spant 16)
89 Höhenruder-Steuerhörner
90 Leitwerksanschluß (Spant 17)
91 hinterer Rumpfspant (Spant 18)
92 Aufbau der Seitenflosse
93 Stützrohr
94 Seitenruderholm
95 Antennenhalterung
96 Ruderausgleich
97 Seitenruderrahmen
98 Heckkonus
99 Heckpositionsleuchte
100 Höhenruder (backbord)
101 Aufbau der Höhenflosse
102 nicht einziehbares Spornrad
103 Heckrad-Stoßdämpferstrebe
104 Höhenflossen-Drehrohr (einstellbar von +1° 45'' bis -5° 30'')
105 Höhenflossen-Stützstrebe
106 Spornrad-Befestigungsstrebe
107 Höhenflossen-Stellspindel
108 Heberohr
109 Höhenflossen-Trimmseile
110 Höhenruder-Stoßstange
111 unterer Längsgurt
112 hintere Ausrundung der Flügelwurzel
113 Klappenprofil
114 Klappenstellstange
115 Struktur der Flügelklappe
116 hinterer Flügelholm
117 Aufbau des Querruders
118 Rippen im äußeren Flügelabschnitt
119 Randbogenstruktur
120 Backbord-Positionsleuchte
121 Pitotsonde (backbord, unbeheizt)
122 vorderer Flügelholm
123 Nasenrippen
124 Flügelhaut
125 Antenne
126 Befestigung Fahrwerk-/Flügelholm
127 Hinterholmverbindung Außenflügel/Innenflügel
128 Flügelwurzel-Formgeber
129 Fahrwerksdrehspindel
130 Außenrippe des Tragflächenmittelstücks
131 Vorderholmverbindung Außenflügel/Innenflügel
132 0-Spant-Durchführung
133 Fahrwerkseinziehstrebe
134 Hauptradschacht (backbord)
135 innere Fahrwerksschachtklappe
136 abwerfbarer Zusatztank (150 Liter)
137 Befestigungsösen
138 Kraftstoffleitungsanschlüsse
139 Federbeinschacht
140 Fahrwerksdrehlager
141 Hauptfahrwerksbein
142 Anschluß der Einziehstrebe
143 Federbeinklappen
144 Federbeinschere
145 Stoßdämpfer
146 linkes Hauptrad
147 äußere Radschachtklappe
148 Radgabel
149 Unterflügelgehänge
150 Bombe

Frühe Serienjäger MC.200 Saetta der 371. Squadriglia (Cucaracha-Abzeichen am Hinterrumpf) des 52. Stormo CT, bei Kriegseintritt Italiens in Ciampino stationiert. Damals waren die Faszes (Rutenbündel) an der Tragflächenunterseite auf hellem Untergrund ausgeführt.

Macchi MC.200 der 373. Squadriglia, 153. Gruppo Autonomo, 1942 in der Zyrenaika stationiert und von F. Raffaelli, dem Kommandeur der Luftgruppe Ostsektor, geflogen. Der Stern auf blauem Feld war der Wimpel eines Generale di Brigata. Das Asso di Bastone (Pikas-Wappen) führte die 153. Gruppo Autonomo, deren Maschinen häufig in roten Riesenlettern den Kode CLIII am vorderen Rumpfband zeigten.

Triebwerk, und am 10. August jenes Jahres flog Carestiato den entsprechenden Musterjäger. Zwölf Monate später wurden Serienjäger mit der Bezeichnung MC.202 Folgore („Blitz“) von Macchi auf einem Parallelband im Mailänder Breda-Werk montiert, während in einem großangelegten Netz Subunternehmen Baugruppen und Teile herstellten.

Die MC.202 war ein hervorragender Entwurf, der die besten Merkmale der Saetta (was eine zügige Produktion dieser Teile gewährleistete) mit einer ranken Flugzeugnase verband, die den neuen Motor beherbergte. Man hatte das Kabinendach erweitert, die Rückenlinie des Hinterrumpfs angeglichen und unter den Rumpf auf Höhe der Tragflächenhinterkante einen Motorkühler montiert. Die Bugbewaffnung in Form der beiden SAFAT-12,7-mm-Maschinengewehre blieb erhalten, doch ab der MC.202 Serie VI wurden zusätzlich zwei 7,7-mm-Maschinengewehre in die Tragflächen eingebaut. Diese Neuerung verschaffte der Folgore einigen Respekt.

Erstempfänger der MC.202 im Sommer 1941 war der 1. Stormo in Udine, aber deren 6. und 17. Gruppo waren erst im November jenes Jahres zur Verlegung nach Nordafrika bereit. In manch einem Hauptquartier meinte man, die späte Ankunft dieses ausgezeichneten Jägers hätte entscheidend dazu beigetragen, daß die RAF die Luftüberlegenheit während der alliierten Offensive in der Cyrenaika habe behalten können.

Bei der nachfolgenden Gegenoffensive der Achsmächte, die 1942 bei El Alamein endgültig abgewehrt wurde, errang die Folgore ihre größten Erfolge. Zu Jahresbeginn lag die 6. Gruppo in Ara Fileni und die 17. Gruppo in Tamet. Im April wurde der 4. Stormo zum Sturmangriff gegen Malta nach Sizilien vorgeschoben, doch zwei Monate später ebenfalls nach Libyen geschickt. Im Mai hatten Folgore und Bf 109 die Oberhand über die Hurricane und P-40 der Desert Air Force gewonnen, und eine kurze Zeit lang beherrschten die Regia Aeronautica und die Luftwaffe den Himmel über den vorrückenden Streitkräften der Alliierten, bis sie mit der Spitfire Mk V konfrontiert waren.

Am Vorabend der Schlacht von El Alamein waren der 4. Stormo in Fuka und der 3. Stormo in Bengasi und Abug Aggag mit der Folgore ausgerüstet. Den 1. Stormo hatte man in die Heimat zurückbeordert. Bei den anschließenden Gefechten konnte die RAF viel mehr Flugzeuge als die Achsmächte aufbringen, deren Nachschublinien überdehnt waren. Als die Vorräte an Ersatzteilen, Betriebsstoffen und Munition zur Neige gingen, faßte man die beiden MC.202-Geschwader zu einem Stormo zusammen, der schließlich nach Tunesien zurückgezogen wurde. Zur gleichen Zeit waren die auf Sizilien stationierten Folgore in erbitterte Luftgefechte über Schiffskonvois verwickelt, die Malta zur Hilfe kommen sollten, als sie versuchten, den Junkers Ju 87 und Savoia-Marchetti S.M.79 bei ihrem Angriff auf die Schiffe zu Hilfe zu kommen.

Eine Spätaufnahme des ersten MC.200-Prototyps, MM336. Der erstmals am 24. Dezember 1937 geflogene Versuchsjäger hatte ein im Heck ungerahmtes Kabinendach, doch wegen Vibrationen mußten nachträglich Längs- und Querstreben eingearbeitet werden.

Das Kakerlaken-Emblem am Hinterrumpf gibt diese frühen MC.200 als Angehörige der 22. Gruppo (richtiger 371. Squadriglia), 52. Stormo, zu erkennen. Diese Jäger waren 1940 zum Schutz Roms in Ciampino stationiert.

In diese Macchi MC.202 der Serie III (MM7731) hatte man erstmals vier Bordkanonen eingebaut. Die Bug-Maschinengewehre blieben 12,7-mm-kalibrige Breda-SAFAT, und die flächenmontierten Waffen besaßen Kaliber 7,7 mm. Die gelbe Farbe an Flugzeugnase und Propellerhaube zeigte den Versuchsstatus dieses Kanonenjägers an.

Varianten der MC.200, MC.202 und MC.205

MC.200: zwei Prototypjäger (MM336 und 337); Erstflug am 24. Dezember 1937; Antrieb durch Fiat-Sternmotor A.74 RC 38
MC.200 Saetta: sieben Serien mit insgesamt 345 von Macchi gebauten Jägern; die ersten 144 Flugzeuge mit einziehbarem Spornrad und geschlossener Kanzel; spätere Serienjäger mit starrem Heckrad und offener Kanzel
MC.200 Saetta: sechs Serien mit insgesamt 436 von Breda gefertigten Jägern; alle mit starrem Spornrad
MC.200 Saetta: sechs Serien mit insgesamt 124 von SAI Ambrosini gebauten Jägern
MC.200 Saetta: Serien XX, XXIII und XXIV in unbekannter Größenordnung von SAI Ambrosini
MC.200 Saetta: Serien XXI und XXV in unbekannter Größenordnung von Breda
MC.200 Saetta: Serie XXII; 50 im Jahr 1941 von Macchi gebaute Jäger
MC.200 Saetta: MM8191, von Breda versuchsweise mit dem Piaggio-Sternmotor P.XIX ausgerüstet
MC.202: Prototyp (MM445), erstmals am 10. August 1940 geflogen und vom DB 601A-1 angetrieben
MC.202 Folgore: fünf Serien mit insgesamt 392 von Macchi gebauten Jägern; letzte Serie führte Gehänge unter den Tragflächen und einen Staulufteinlauf für den Lader ein
MC.202 Folgore: sechs Breda-Serien mit insgesamt rund 1000 Exemplaren; Serie VI führte Maschinengewehre in den Tragflächen ein
MC.202 Folgore: MM7768 als Entwicklungsprototyp mit Kinnkühler
MC.202 Folgore: MM91974 als Entwicklungsprototyp mit zwei MG 151 unter den Tragflächen
MC.205V Veltro: Daimler-Benz-Motor DB 605; insgesamt 262 Serienjäger
MC.205N-1 Orione: DB 605A (Fiat R.A.1050 Tifone), vier 12,7-mm-MG und eine 20-mm-Kanone MG 151
MC.205N-2: drei 20-mm-Kanonen MG 151 und zwei 12,7-mm-Maschinengewehre

Nachdem die Streitkräfte der Achsmächte in Nordafrika aufgerieben waren, belief sich die Gesamtstärke der Folgore im Mittelmeerraum am Vorabend der Invasion Siziliens auf 186 Flugzeuge, davon nur knapp 100 flugklare Exemplare. Sie gehörten zum 2. Stormo (Lonate Pozzolo), 3. Stormo (Cerveteri), 4. Stormo (Catania), der 21. Gruppo (Florenz und Chinisia), 22. Gruppo (Capodichino), 24. Gruppo (Venafiorita), 155. Gruppo (Monserrato), 153. Gruppo (Palermo), 154. Gruppo (Rhodes) und 161. Gruppo (Reggio di Calabria).

Als der alliierte Druck im Mittelmeerraum übermächtig wurde, besaßen weder die Luftwaffe noch die Regia Aeronautica ein Mittel, um die Offensive gegen ihre Luftstützpunkte abzublocken. Die meisten Verluste entstanden daher durch die Bombardierungen ihrer Flugplätze. 33 Kriegsflugzeuge der Alliierten sollen den Kanonen der Folgore zum Opfer gefallen sein, beim Waffenstillstand mit Italien existierten noch 53 flugtüchtige Exemplare.

Wie die Saetta diente auch die Folgore an der russischen Front, wenn auch der lagebedingte Bedarf im Mittelmeerraum dem Einsatz im Osten enge Grenzen auferlegte. Tatsächlich wurden nur zwölf dieser neuen Jäger im September 1942 an die Ostfront geschickt, um die 21. Gruppo zu verstärken. Diese Maschinen griffen in die von der 8. Armee in Richtung Don vorgetragene Offensive ein und waren nacheinander in Woroschilowgrad, Millerowo und Kantemirowka stationiert.

Im Spätsommer 1943 galt die Folgore an allen Fronten als veraltet. Sie war nicht nur in bezug auf Flugleistung und Manövrierfähigkeit Mustern wie der Spitfire Mk IX, P-40 Warhawk und Lockheed P-38 Lightning deutlich unterlegen, sondern wegen ihrer schwachen Kanonenbewaffnung auch außerstande, Feindbombern vernichtende Schläge zu versetzen.

Um diese Zeit herum erschien ein neuer Macchi-Jäger, die MC.205V Veltro („Windhund"). Hätte man sich ernsthaft bemüht, vor allem in Deutschland, den Daimler-Benz-Motor DB 605 zu einem früheren Zeitpunkt und in größeren Mengen bereitzustellen, so hätte dieses Muster die Luftlage im zentralen Mittelmeerraum des Sommers 1943 sicher stärker beeinflußt. So aber waren bis zum Waffenstillstand viel zu wenige dieser Jagdflugzeuge ausgeliefert worden, um dem Verlauf der Ereignisse in Italien noch eine entscheidende Wende geben zu können. Eine kleine Zahl flog anschließend noch für die italienisch-faschistische Luftwaffe (RSI), aber die wenigen Maschinen, die unter der X. Gruppo des 4. Stormo zur Co-Belligerent Air Force (die den Alliierten angegliederte italienische Luftflotte) gehörten, mußten aus Mangel an Ersatzteilen bald aus dem Einsatz genommen und durch Bell P-39 Airacobra ersetzt werden.

Angesichts der Tatsache, daß sich Italien in den Jahren unmittelbar vor dem Zweiten Weltkrieg die Sache der Achsenmächte kompromißlos zu eigen gemacht hatte, war es außerordentlich erstaunlich, daß keinerlei Anstrengungen unternommen wurden, das Manko an leistungsstarken, für Jagdflugzeuge geeigneten Flugmotoren zu beseitigen. Hätte man den DB 601 bereits 1938 verfügbar gemacht (und die Produktion dieses Motors entsprechend vorangetrieben), wäre die MC.202, der zweifelsfrei beste Jäger Italiens im Zweiten Weltkrieg, mit dem Kriegseintritt Italiens sicher zu einem entscheidenden Faktor in den Operationsgebieten Mittelmeer und Nordafrika geworden. Dies hätte allerdings eine grundlegend andere Einstellung Italiens zur Bewaffnung von Jägern vorausgesetzt. Das Urteil, daß die Jägerkonstruktion in diesem Land eher auf die Flugkünste italienischer Jagdpiloten als auf ihre Tüchtigkeit im Luftkampf abzielte, dürfte der Wahrheit sehr nahe kommen. Die Produktion aller drei Typen umfaßte rund 1200 MC.200, 1500 MC.202 und 262 MC.205.

Die stark verbesserte MC.205V Veltro mit hochgetrimmtem Daimler-Benz-Motor erschien in kleiner Zahl ab 1943. Zu wenige solche Jäger wurden zu spät produziert, um die Luftüberlegenheit der Alliierten im Mittelmeerraum ernsthaft gefährden zu können. Die Veltro führte zur MC.205N Orione, hier vertreten durch die N-1 mit vier 12,7-mm-MG im Bug und einer durch die Propellernabe feuernden 20-mm-Kanone.

Bristol Beaufighter

„Flüsternder Tod" nannten die Japaner die schwer bewaffnete Beaufighter der Royal Air Force, als das Muster im Zweiten Weltkrieg im Fernen Osten auftauchte, um sie nach Südostasien zurückzutreiben. Ebenso war es vor allem der Beaufighter zu verdanken, daß die deutsche Luftoffensive mit ihren nächtlichen Bombenangriffen über den britischen Inseln abgewehrt wurde. Mit Raketen und Torpedos bewaffnet, entwickelte sie sich später zur Geißel für die Schiffahrt der Achsenmächte.

In der Periode unmittelbar vor dem Zweiten Weltkrieg verfolgte die British Aeroplane Co. Ltd. mehrere Projekte für einen Hochgeschwindigkeitsjäger mit schwerer Bewaffnung. Dazu gehörte Leslie Frises zweisitziger Typ 156, der von zwei schiebergesteuerten Bristol-Hercules-Sternmotoren angetrieben und mit vier 20-mm-Kanonen im Bug bewaffnet werden sollte. Das Air Ministry nahm diesen Entwurf an, da man vorschlug, existierende Baugruppen der Beaufort zu verwenden, wie Tragflächen, Leitwerk und Fahrgestell. Dies ermöglichte eine Umstellung der Produktion von einem Muster auf das andere ohne tiefgreifende Änderung der Fertigungsanlagen. Unmittelbar nach dem Erstflug der Beaufort am 15. Oktober 1938 gingen Aufträge zur Konstruktion von vier Versuchsflugzeugen des Typs 156, der Beaufighter heißen sollte. Die erste Maschine flog am 17. Juli 1939 – nur 45 Tage vor Kriegsausbruch. Gleichzeitig erhielt Bristol die Order zum Bau von 300 Serienjägern.

Luftschlacht um England

Obgleich Hercules-III-Motoren gefordert waren, wurde Bristol angewiesen, den Merlin und Griffon von Rolls-Royce als Alternativantrieb zu untersuchen. Die Luftschlacht um England erforderte jedoch einen so hohen Verschleiß an Merlin-Motoren, daß sich das Vorhaben verzögerte und man die ersten Serienflugzeuge im Sommer 1940 mit Hercules-Triebwerken in Boscombe Down erprobte. Einige dieser frühen Maschinen kamen in der Luftschlacht um England bei der Fighter Interception Unit (FIU) zum Einsatz, und Anfang September wurden einzelne Exemplare an Nachtjagdstaffeln der RAF übergeben. Die FIU flog zu diesem Zeitpunkt erste Kampfeinsätze, und am 13. September ging die erste Maschine im Kampf verloren. Die Höchstgeschwindigkeit der frühen Beaufighter betrug 497 km/h statt – wie erwartet – 539 km/h.

Die nach der Luftschlacht um England gelieferten Beaufighter Mk IF (F=Fighter Command oder Jagdkommando) besaßen ein für den Einsatz zugelassenes Bordradar (AI Mk IV). Sowie die RAF-Radarbeobachter mit dieser Ausrüstung besser vertraut waren, stellten sich erste Erfolge bei der Nachtjagd ein. Bis zum Ende des deutschen Blitzkrieges im Mai 1941 hatten fünf in Großbritannien stationierte Nachtjagdstaffeln (No. 24, 29, 219, 600 und 604 Squadron) auf den neuen Bristol-Jäger umgerüstet und gemeinsam rund 60 Luftsiege unter Verwendung des Abfangradars errungen. Die ersten 50 in Filton gebauten Flugzeuge waren nur mit den vier 20-mm-Bugkanonen bewaffnet, aber danach führten die Beaufighter (einschließlich der 1000 in sogenannten „Schattenfabriken" produzierten Exemplare) die komplette Bewaffnung von vier Kanonen und sechs flächenmontierten Browning-Maschinengewehren mit, zwei backbord und vier steuerbord. Im Jahre 1941 wurden Beaufighter auch in Stockport, Weston-super-Mare und Blythe Bridge in Staffordshire gebaut.

Viele Besatzungen scheuten anfangs vor der Beaufighter zurück, weil sie bei niedrigen Geschwindigkeiten schwierig zu fliegen war und eine recht hohe Abreißgeschwindigkeit aufwies. Doch auf zahlreichen Kriegsschauplätzen erwies dieses Muster der RAF unschätzbare Dienste, vor allem im Mittelmeerraum und in Fernost. Mit ihrer robusten Zelle und dem Sternmotor war die Beaufighter besser gerüstet für Einsätze in Staub und Hitze als die Mosquito.

Diese Beaufighter Mk IF war eine der ersten „Beaus" im Einsatz bei der Truppe. Im Spätsommer 1940 flog sie bei No. 25 Squadron in North Weald.

Diese Beaufighter TF.Mk X gehörte zu No. 455 Squadron, die Ende 1944 von Dallachey in Großbritannien aus operierte. Als Teil des Coastal Command flog diese Staffel Abriegelungseinsätze gegen Seeziele entlang der norwegischen Küste.

Inzwischen war am 26. Juli 1940 ein Prototyp der Beaufighter Mk II mit Merlin-Antrieb geflogen, und die ersten Serienmaschinen erreichten No. 600 Squadron im April 1941, gefolgt von der Canadian No. 406 Squadron im Juni und No. 255 im Juli. Sämtliche nachfolgenden Versionen erhielten das ursprünglich nur für die Merlin-Beaufighter vorgesehene, neu konzipierte Höhenleitwerk mit einer V-Stellung von 12° (um einer Ausbrechtendenz beim Start entgegenzuwirken).

Vielzählige Projekte und Experimente

Bis Ende Mai 1941 hatte die RAF 207 Beaufighter Mk IF und Mk IIF übernommen, darunter auch die ersten Mk IC (C=Coastal Command oder Küstenkommando), die im April an No. 272 Squadron auf Malta gingen. Die Mk IC unterschieden sich von den Flugzeugen des Coastal Command durch ihre zusätzliche spezielle Navigations- und Funkausrüstung. Die Produktion beider Versionen belief sich auf 910 Maschinen sowie zusätzlich 450 Beaufighter Mk IIF.

Es gab mehrere erwähnenswerte Beaufighter-Projekte und -Experimente. Eine einzelne Maschine diente als Versuchsträger für Rolls-Royce-Griffon-Motoren zur Entwicklung der Beaufighter Mk IV, doch dieses Vorhaben wurde aufgegeben. Ein anderes Flugzeug mit doppelten Seitenflossen und Rudern zur Verbesserung der Richtungsstabilität blieb ebenfalls im Versuchsstadium stecken. Bei zwei Exemplaren mit der Bezeichnung Mk V wurde auf dem Rumpfrücken unmittelbar hinter dem Cockpit ein motorisierter Waffenstand mit vier Maschinengewehren eingebaut. Mit diesem Duo führte man 1941 Vergleichsschießen gegen einen Beaufighter-Prototypen mit je einer Vickers und Rolls-Royce-40-mm-Panzerabwehrkanone unter dem Bug durch. Die geplante Beaufighter Mk III mit Hercules-VI-Motoren kam jedoch nicht zum Zug.

Hercules-VI- (und XVI-) Motoren mit einer Leistung von 1194 kW (1624 PS) dienten jedoch der nächsten Hauptserienversion als Antrieb. Die Mk VI erschien sowohl in Ausführung „F" als auch „C", letztere mit einem gasdruckgeladenen Vickers-K-Maschinengewehr in der hinteren Beobachterstation. Die Version „F" kam bei 16 in Großbritannien stationierten Nachtjagdstaffeln zum Einsatz, während die „C" zehn Squadron des Coastal Command ausrüstete, die über dem Golf von Biskaya auf ihren Patrouillen Ausschau nach deutschen Langstrecken-Seeflugzeugen, gegnerischen U-Booten und Blockadebrechern hielten. Im Juli 1942 wurde No. 272 Squadron des Coastal Command mit Beaufighter-Jägern nach Malta verlegt, um alliierten Konvois, die die Straße von Messina passierten, weiträumige Sicherung aus der Luft zu bieten. Dabei zerstörte diese Einheit 49 feindliche Seeflugzeuge und beschädigte eine noch größere Zahl. In Nordeuropa drangen die Flugzeuge bei Nacht in den Luftraum über besetzten Gebieten ein, griffen deutsche Bomber über ihren Stützpunkten an und fügten Straßen- und Eisenbahnzielen schwere Schäden zu. Ein echtes Bravourstück lieferte Flight Lieutenant Ken Gatward mit einer Beaufighter Mk VIC der No. 236 Squadron, als er am hellichten Tag im Tiefflug eine Trikolore über den Pariser Champs-Elysées abwarf, ehe er das nahegelegene Gestapo-Hauptquartier unter Beschuß nahm.

Typisch für die zahlreichen Beaufighter des Küstenkommandos ist diese Mk X der No. 236 Squadron, die von 1942-1945 in North Coates stationiert war, aber auch etliche küstengestützte Außenkommandos stellte. Unter den Flächen hingen acht Raketen, die diesen Typ zu einer wirkungsvollen Waffe gegen Leichtfahrzeuge machten.

T4638
F

TECHNISCHE DATEN

Bristol Beaufighter TF.Mk X
Typ: zweisitziger Angriffsjäger gegen Seeziele
Triebwerke: zwei schiebergesteuerte Sternmotoren Bristol-Hercules-XVII mit je 1294 kW (1760 PS)
Leistung: Höchstgeschwindigkeit 488 km/h in 400 m Höhe; Steigzeit auf 1525 m 3 Minuten 30 Sekunden; Dienstgipfelhöhe 4575 m; normale Reichweite 2367 km
Gewicht: Leermasse 7082 kg; max. Startmasse 11.441 kg
Abmessungen: Spannweite 17,64 m; Länge 12,71 m; Höhe 4,83 m; Tragflügelfläche 47,13 m^2
Bewaffnung: vier 20-mm-Bugkanonen und ein 7,7-mm-Maschinengewehr auf dem Rücken sowie ein 750-kg- bzw. 966-kg-Torpedo oder acht 27-kg-Raketen und zwei 113-kg-Bomben unter den Flächen

Die T4638 war der 16. Bristol Beaufighter Mk IF Nachtjäger aus der Fertigung der Fairey Aviation Company. Zur Ausrüstung gehörte ein AI Mk IV Radar, erkennbar an der breiten, pfeilförmigen Bugantenne und den Dipolgruppen an den Außenflächen. Die Bewaffnung bestand aus vier 20-mm-Kanonen und sechs 7,7-mm-Maschinengewehren. Die T4638 kam 1941 zu No. 604 Squadron in Middle Wallop. Zu diesem Zeitpunkt belegte die von Wing Commander John Cummingham geführte Staffel den ersten Platz in der Siegerliste der RAF-Nachtfliegerkräfte. Sie gehörte zu den ersten Einheiten, die im September 1940 mit der Beaufighter ausgerüstet wurden. Auch wenn die Besatzungen recht lange brauchten, bis sie das Abfangradar wirklich beherrschten, hatte sich die Beaufighter doch bis zum Ende der deutschen nächtlichen Blitzangriffe von 1940/41 zum effektivsten Nachtjäger der Welt entwickelt.

Im Januar 1943 wurden Beaufighter Mk IF und Mk VIF zum ersten Mal mit der aus No. 89 Squadron gebildeten No. 176 Squadron in den Fernen Osten entsandt, wo sie von Kalkutta aus gegen die Japaner zum Einsatz kamen. Gleich in der ersten Nacht vernichtete einer der Piloten, Sergeant Pring, drei Feindbomber. Bis zum Ende des Krieges waren bereits acht RAF-Staffeln in Fernost mit Beaufighter-Maschinen ausgerüstet. Darüber hinaus gab es in diesem Raum noch 54 IC, die Fairey in Großbritannien speziell für die Royal Australian Air Force gebaut hatte.

Nach dem einschlagenden Erfolg dieses Musters in Europa beschloß man, in Australien ein neues Werk zu eröffnen. Das erste Flugzeug aus dieser Fertigung in Fishermen's Bend, Victoria, die Beaufighter Mk XXI, startete am 26. Mai 1944 zum Jungfernflug. Bis Ende 1945 wurden insgesamt 364 Beaufighter in Australien produziert. Eine der von Fairey für Australien gebauten Mk IC modifizierte man mit Wright-Double-Cyclone-GR-2600-A5B-Motoren als Prototyp für eine australische Mk VIII und Mk IX, aber zur Serienfertigung dieser beiden Versionen kam es nicht.

Auf dem fernöstlichen Kriegsschauplatz mußten die „Beaus" sich zumeist mit primitiven Feldflugplätzen begnügen. Dem feuchtwarmen Klima dieser Regionen widerstand die Beaufighter mit ihrer Metallstruktur viel besser als die hölzerne Mosquito.

Birma-Bomber

Vor allem die über Birma eingesetzten Beaufighter der No. 176 und 217 Squadron flößten dem japanischen Heer einen besonders großen Respekt vor diesen Flugzeugen ein, nachdem sie am Geburtstag des japanischen Kaisers einen vernichtenden Angriff auf eine Militärparade in Myitkyina im Norden des Landes ausgeführt hatten. Mit Bomben, Raketen und Kanonen richteten die Beaufighter bei ihren vielen Angriffen auf Fluß- und Dschungelziele während des Birma-Feldzugs, der bis zur endgültigen Befreiung von Rangun andauerte, große Schäden an.

Mit der Einführung der Mosquito wurde die Beaufighter allmählich in Europa abgelöst. Wing Commander J.R.D. Braham, Kommandeur der No. 219 Squadron und erfolgreichster Pilot der RAF-Nachtjäger, stellte jedoch weiterhin die taktische Überlegenheit der Beaufighter Mk VIF des Fighter Command unter Beweis. Er mischte sich unter gegnerische Nachtjagdverbände, wenn sie sich den britischen Bomberströmen näherten. Durch Einsatz seines vorwärts und rückwärts gerichteten Radars verleitete er die deutschen Jäger dazu, sich seiner Maschine von hinten zu nähern, bevor er sich durch eine hochgezogene Kehre selbst in Schußposition auf das Heck des Gegners brachte. Diese Taktik wurde von der für den Bombergeleitschutz zuständigen Mosquito-Jagdgruppe übernommen, doch die Eindringjäger Beaufighter Mk VIF blieben noch bis Ende 1944 im Einsatz.

Mehrere Beaufighter-Nachtjagdstaffeln, darunter auch No. 255 und No. 600, wurden 1943 nach Nordafrika verlegt und richteten unter den deutschen Transportflugzeugen, die den Rückzug der Truppen aus Tunesien unterstützten, ein wahres Gemetzel an. Als Beispiel sei Flight Sergeant Downing von No. 600 Squadron genannt, der am 30. April vor Setif innerhalb von zehn Minuten fünf Junkers Ju 52/3m abschoß. Auch das I Tactical Air Command der USAAF in Nordafrika erhielt Beaufighter Mk VIF mit AI Mk VI Radar aus Feldbeständen. Die Nachtjagdstaffeln des amerikanischen Kommandos warteten auf die Lieferung der Northrop P-61 Black Widow, doch diese Maschinen trafen erst 1944 in Europa ein.

Der Oberbefehlshaber des Coastal Command, Air Chief Marshal Sir Philip Joubert de la Ferté, schlug die Aufstellung gemischter Seezielbekämpfungsgeschwader vor, die die Beaufighter als Jäger, Jagdbomber und Torpedobomber einsetzen sollten. Damit leitete er ein völlig neues Kapitel in der Geschichte dieses Musters ein. Das erste Geschwader dieser neuen Gattung wurde im November 1942 in North Coates, Lincolnshire, mit Jägern unter No. 143 Squadron sowie Jagdbombern (mit zwei 113-kg-Bomben unter den Flächen) und Torpedo-Beaufighter unter No. 254 Squadron aufgestellt. Die Maschinen waren zur Aufnahme des britischen 45,7-cm- oder des amerikanischen 53,3-cm-Marinetorpedos modifiziert, und die ersten Versuche mit Torpedoträgern fanden im Mai 1942 statt. Als Zwischenversion wurden 60 weitere Torpedojäger mit der Bezeichnung Mk VI(ITF) umgerüstet. Diese Exemplare stießen noch vor Ende des Jahres zu No. 254 Squadron.

Kampfgruppe Nordsee

Die so gebildeten Kampfgeschwader kamen gegen gegnerische Schiffskonvois, mittlerweile schwer geschützt durch Jagdflugzeuge und Flak-Schiffe, in der Nordsee zum Einsatz. Während die Beaufighter-Jäger die Luftwaffe in Gefechte verwickelten, deckten die Beaufighter-Jagdbomber die angreifenden Torpedojäger. Die ersten Angriffe erfolgten allerdings verfrüht und mußten wegen unzureichender Ausbildung und schlechter Wetterverhältnisse abgebrochen werden. Am 18. April 1943 aber erzielte die North Coates Wing erste Erfolge. Im nächsten Monat verstärkten Beaufighter Mk VIC den Verband. Sie

Eine der ersten Beaufighter Mk IF (R2153) der No. 219 (Fighter) Squadron Anfang 1941 in Tangmere. Damals steckte die Nachtjagd noch in den Kinderschuhen, wie auch aus dem fehlenden Tarnanstrich zu ersehen ist. Die Staffelführung hatte seinerzeit Wing Commander Tom Pike, der spätere Oberbefehlshaber des Fighter Command.

Die X7579, eine der vielen Beaufighter-Versuchsmaschinen, war eine Mk IF, ausgerüstet mit einem Abfangradargerät Mark VIII in einer fingerhutförmigen Bugkuppel. Das Gerät versorgte den Piloten mit einem Radarbild, wie aus der hochgezogenen Abdeckung vor der Frontscheibe hervorgeht.

Diese Beaufighter Mk VIF der 416th Night-Fighter Squadron, USAAF, war zwischen dem 14. und 23. August 1944 vorübergehend als Teil der 63rd Fighter Wing nach Borgo auf Korsika entsandt, um die alliierte Landeoperation in Südfrankreich zu sichern. Kurze Zeit später rüstete die Staffel auf Mosquito-Nachtjäger um.

Eine der zehn Beaufighter TF.Mk 10 aus ehemaligen RAF-Beständen, die auf den Standard Mk VI gebracht und an die Dominikanische Republik verkauft wurden. Dort waren sie auf dem Stützpunkt Trujillo, San Isodoro stationiert. Die Raketen unter den Tragflächen sind amerikanische HVAR 12,7-cm-Waffen.

konnten bis zu acht 27-kg-Raketengeschosse unter den Flächen (anstelle der Maschinengewehre in den Tragflügeln) aufnehmen und wurden gelegentlich „Flakbeaus" genannt. Bald griffen zwei weitere solcher Kampfgeschwader mit No. 144, 235, 404 (RCAF), 455 (RAAF) und 489 (RNZAF) Squadron in das Geschehen ein.

Direkt aus der Mk VIC ging die Beaufighter-Hauptserienversion Mk X hervor, die nahezu ausschließlich beim Coastal Command flog, abgesehen von einigen Jagdstaffeln im Nahen und Fernen Osten. Diese Version wurde von zwei Bristol Hercules XVII mit je 1294 kW (1760 PS) angetrieben und hatte die Torpedotragevorrichtung der Mk VI(ITF) übernommen. Das zur Schiffsbekämpfung entwickelte Bordradar AI Mk VIII war im Bug unter einem fingerhutförmigen Radom installiert. Anstelle der Vickers-Gasdrucklader im hinteren Gefechtsstand führte das Muster ein Browning-Maschinengewehr (gelegentlich ein Zwillings-MG) ein.

Das höhere Gewicht aufgrund dieser und anderer Modifikationen wirkte sich nachteilig auf die Richtungs- und Längsstabilität aus, so daß die V-Stellung des Höhenleitwerks allein nicht mehr zur Korrektur ausreichte. Folglich erhielt die Mk X eine Rückenfinne und großflächigere Höhenruder. Von dieser Version produzierten die Schattenfabrik in Weston-super-Mare und das Werk Rootes in Blythe Bridge insgesamt 2205 Exemplare. Die letzte Serienvariante mit 165 Maschinen war die Beaufighter Mk XIC des Coastal Command, bei der es sich schlicht um eine Mk X ohne Torpedogeschirr handelte.

„Rover-Patrouillen"

Während Beaufighter des Coastal Command weiterhin über dem Golf von Biskaya patrouillierten, wurden die Beaufighter Mk X der Kampfgeschwader Anfang 1944 nach Schottland verlegt. Hier nahmen sie „Rover-Patrouillen" gegen deutsche Versorgungsschiffe für die Tirpitz auf, die in einem norwegischen Fjord Schutz gesucht hatte. Als der Zeitpunkt der Landung in der Normandie immer näher rückte, wurden diese Einheiten wieder in den Süden zurückbeordert, um von Stützpunkten in East Anglia und Kent aus die Feindbewegungen nahe der für die Invasion bestimmten Küstenabschnitte zu überwachen. Zur Teilnahme an den Unterstützungsoperationen während der Landung wollte man eine neue Beaufighter (die Mk XII) mit verstärkter Zelle einführen, die sich mit zwei 454-kg-Bomben unter den Flächen beladen ließ. Da aber Teile des vorgesehenen Motors Hercules 27 nicht rechtzeitig fertig waren, konnte die Produktion nicht anlaufen. Statt dessen modifizierte man die Mk X, so daß sie zwei 227-kg-Bomben unter dem Rumpf neben den leichteren Bomben unter den Flächen aufnahm. Diese Flugzeuge wurden mit großem Erfolg gegen deutsche Unter-

Varianten der Bristol Beaufighter

Typ 156 Beaufighter: vier Prototypen (R2052-5); Hercules I-M, I-SM und II
Beaufighter Mk IF und Mk IC: 1044 kW (1420 PS) starke Hercules III, X oder XI; 910 Maschinen von Bristol, Fairey und einer Schattenfabrik in Weston gebaut, darunter 54 für Australien; Serien R, T, V und X
Beaufighter Mk II: zwei Prototypen (R2058 und R2061); Merlin X (später Merlin XX)
Beaufighter Mk IIF: 932 kW (1267 PS) starke Merlin XX; (450 Maschinen von Bristol; Serien R,T und V)
Beaufighter Mk III (Typ 158): geplante Version mit Hercules VI und „schlankem" Rumpf; wurde nicht gebaut
Beaufighter Mk IV (Typ 158): geplante Version mit Griffon-Motoren und „schlankem" Rumpf; nicht gebaut
Beaufighter Mk V: zwei Flugzeuge mit Rückenturm (R2274 und R2306, umgerüstete Mk IF); Merlin XX
Beaufighter Mk VI: drei Prototypen (R2130, X7542 und X7543, umgerüstete Mk IF); Hercules VI je 1194 kW (1624 PS)
Beaufighter Mk VIF und Mk VIC: Hercules VI oder XVI mit je 1194 kW (1624 PS); Einführung eines hinteren Vickers-MG und Waffenstationen unter den Tragflächen (1832 Maschinen von Bristol, Faires und Rootes sowie der Schattenfabrik in Weston gebaut; Serien T, V, X, BT, EL, JL, JM, KV, KW, MM und ND; darunter 60 ITF-Torpedobomber mit Hercules XVI)
Beaufighter Mk VII: geplante Version mit Ladermotor Hercules VIII; nicht gebaut
Beaufighter Mk VIII und Mk IX: reservierte Bezeichnung für australische Serien; nicht verwendet
Beaufighter Mk X: Prototyp (X8095) mit 1294 kW (1760 PS) starken Hercules XVII
Beaufighter TF.Mk X und XC: mit AI Mk VIII, hinterem(n) Browning-Maschinengewehr(en) und Rükkenfinne (2205 Maschinen wurden von Rootes und in Weston gebaut; nach dem Krieg exportierte man umgerüstete Flugzeuge aus ehemaligen RAF-Beständen in die Türkei (20), nach Portugal (2), in die Dominikanische Republik (10) und nach Palästina/Israel (4); Serien JL, JM, KW, LX, LZ, NE, NT, NV, RD und SR)
Beaufighter TT.Mk X: umgerüstete TF.Mk X (Prototyp NT813 und 35 andere Exemplare)
Beaufighter F.Mk XIC: ähnlich wie die TF.Mk X, aber ohne Torpedogeschirr (163 Maschinen wurden in Weston gebaut; Serien JL und JM)
Beaufighter Mk XII: geplante Version mit verstärkter Zelle und Hercules 27; nicht gebaut
Beaufighter Mk XX: in Australien für die RNZAF gebaute Version mit Hercules XVII
Beaufighter Mk XXI: in Australien für die RAAF gebaute Version; 1295 kW (1760 PS) starke Hercules XVII (insgesamt 364 Flugzeuge, einschließlich Mk XX; Seriennummern A8-1 bis A8-364)

R2274 war die Versuchsmaschine für die Beaufighter Mk V. Sie gehörte ursprünglich zum ersten Baulos der Nachtjägerserie Mk II mit Merlin-Antrieb, wurde aber mit einem motorgetriebenen Vierlings-Waffenturm unmittelbar hinter dem Cockpit ausgestattet. Das Abfangradar blieb erhalten.

Eine Beaufighter Mk X (NE798) der No. 445 Squadron, RAAF, die Mitte 1944 zur Seezielbekämpfung in East Anglia stationiert war. Man beachte die „Invasionsstreifen" und die beiden 227-kg-Bomben unter dem Rumpf. Auch die Schlösser für 113-kg-Bomben unter den Flächen sind zu erkennen.

Eine Beaufighter Mk II der No. 307 Squadron, die zwischen April 1941 und April 1943 zur Heimatverteidigung in Exeter stationiert war. Es handelte sich um die einzige polnische Nachtjägerstaffel innerhalb der RAF, geführt von dem namhaften Jagdpiloten Wing Commander Michalowski.

Etatkürzungen nach dem Zweiten Weltrieg ließen die Beaufighter ins zweite Glied rücken. Die RD807, ein Mk X Zielschleppflugzeug, wurde in Weston-super-Mare als TF.Mk X gebaut. Sie befand sich zwischen Februar 1949 und Juli 1959 bei der in Horsham St. Faith beheimateten No. 34 Squadron (vormals No. 695 Sqn) im Einsatz.

wasserboote eingesetzt, die versuchten, die künstlichen Häfen der Alliierten vor der Küste der Normandie anzugreifen.

Im Mittelmeer versenkten Beaufighter bei Triest das italienische Passagierschiff Rex, nachdem sich 55 ihrer Raketen unterhalb des Wasserspiegels in das 55.000-Tonnen-Schiff gebohrt hatten. Beaufighter der RAF und SAAF unterstützten ferner die Operationen jugoslawischer Partisanen unter Marschall Tito.

In Fernost flogen Beaufighter australischer Herstellung Fernbomber-Jagdschutz für die Landung bei Tarakan am 2. Mai 1945. Diese Maschinen spielten auch eine wichtige Rolle in der strategischen Offensive, mit der den Japanern der Zugang zu den Küstengewässern von Birma abgeschnitten wurde. Bis Februar 1945 hatten Beaufighter der No. 224 Group (allen voran No. 211 Squadron) rund 700 kleinere Schiffe versenkt.

Dienste nach dem Krieg

Nach dem Krieg wurden die meisten noch vorhandenen Beaufighter-Staffeln der RAF bis 1946 entweder aufgelöst oder neu ausgerüstet. No. 84 Squadron allerdings flog ihre Mk X noch bis 1949 und No. 45 Squadron sogar bis 1950. Beide Einheiten waren zuletzt in Kuala Lumpur stationiert, von wo aus sie Raketenangriffe gegen malaische Aufständische durchführten.

In Großbritannien wurden 35 Beaufighter Mk X zu Zielschleppflugzeugen umgerüstet mit einer vom Fahrtwind betriebenen Standardwinde am Rumpf unmittelbar hinter der rechten Fläche. (Diese Umrüstung hatte man bereits 1942 vorgeschlagen, als es so aussah, als sollten sämtliche Beaufighter durch die Mosquito ersetzt werden.) Zwischen 1948 und 1950 gingen 35 Beaufighter TT.Mk 10 an die RAF und dienten in Ceylon, Gibraltar, Malaya, Malta und Zypern. Das letzte Beaufighter-Zielschleppflugzeug wurde im Mai 1960 in Singapur verschrottet. Andere Beaufighter aus dem Kriegsnachlaß kamen im Export in die Türkei, die Dominikanische Republik und weitere Länder. Die Gesamtproduktion der Beaufighter ergab in Großbritannien 5564 und in Australien 364 Maschinen.

Der erste Prototyp der Bristol Typ 156 Beaufighter (R2052) im Juli 1939 in Filton. Dieses unbewaffnete und von Hercules-I-Sternmotoren angetriebene Flugzeug war mit dem Fahrwerk, den Außenflächen und dem Leitwerk der Beaufort ausgestattet.

Aufriß-Erläuterung zur Bristol Beaufighter

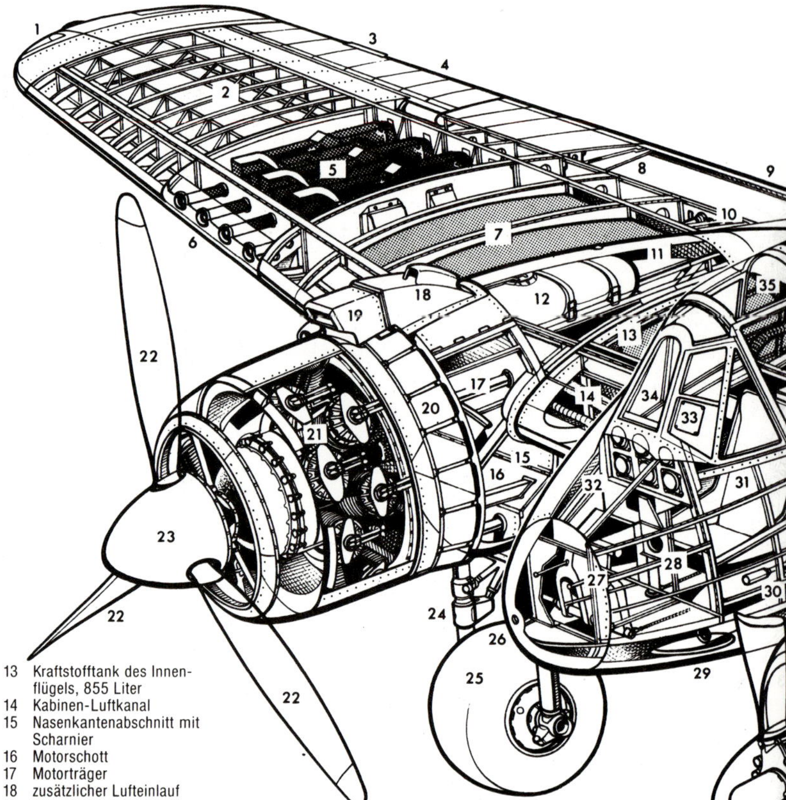

1 Positionslampe (vorn) und Formationsleuchte (hinten)
2 Aufbau der Außenfläche
3 Bügelstreifen
4 Querruder (steuerbord)
5 vier Browning-Maschinengewehre, Kaliber 7,7 mm
6 Mündungen
7 Kraftstofftank des Außenflügels, 395 Liter
8 geteilte Landeklappen, hydraulisch betätigt
9 rechte Flügelklappe
10 Klappenstellzylinder
11 Heckverkleidung der Steuerbord-Motorgondel
12 Schmierölbehälter, 77 Liter
13 Kraftstofftank des Innenflügels, 855 Liter
14 Kabinen-Luftkanal
15 Nasenkantenabschnitt mit Scharnier
16 Motorschott
17 Motorträger
18 zusätzlicher Lufteinlauf
19 Turbolader-Lufthutze
20 Motorkühlluftklappen
21 Bristol Hercules-III-Sternmotor mit 1670 PS
22 de Havilland Hydromatic Luftschraube
23 Propellerhaube
24 Lockheed Ölstoßdämpfer
25 rechtes Hauptrad mit Dunlop-Bremse
26 vordere Kennleuchte in der Bugkappe
27 Seitenruderpedale
28 Steuersäule
29 Kanonenmündungen
30 Sitzverstellhebel
31 Pilotensitz
32 Instrumentenbrett
33 Klarsichtscheibe
34 plane kugelsichere Cockpitscheibe
35 starre Haube (bei späteren Flugzeugen seitlich angeschlagen)
36 Erweiterung des durchgehenden Flügelholms
37 Anschlußpunkt Bug/Tragflächenmittelstück
38 Anschlußpunkt Rumpf/Tragflächenmittelstück
39 Einstieg/Notausstieg für den Piloten
40 Kanonenrohre
41 Anschlußpunkt Rumpf/Tragflächenmittelstück
42 Längsversteifungen zur Befestigung des Mittelstücks
43 Kabinenluftversorgung
44 Schlauch zur Beheizung der Kanonen
45 durchgehender Hinterholm
46 Durchgangsschott für Beobachter zum Fronteinstieg
47 Schott
48 Hydraulikbehälter
49 Antennenmast
50 Rumpf in Schalenbauweise
51 rechtes 20-mm-Kanonenpaar
52 Kabinenboden
53 Tritt
54 Drehstuhl des Beobachters (normalerweise mit der Lehne in Flugrichtung)
55 Bediengerät für Funk- und Bordsprechanlage
56 Kuppel der Beobachterkanzel
57 Scharnierklappe
58 Antenne
59 Sauerstoffflaschen
60 senkrechte Steuerseil-Umlenkung
61 Blechschott
62 Steuerseile
63 Aufbau der Höhenflosse

Eine der Hauptaufgaben der Beaufighter war die Bekämpfung von Seezielen. Diese „Torbeau", RD351 der Version TF.Mk X, flog 1945 unter No. 254 Squadron der North Coates Strike Wing Torpedoeinsätze gegen Schiffe vor der holländischen Küste. Der wuchtige Steg vor dem Leitwerk sollte die Richtungsstabilität der Torpedoträger verbessern.

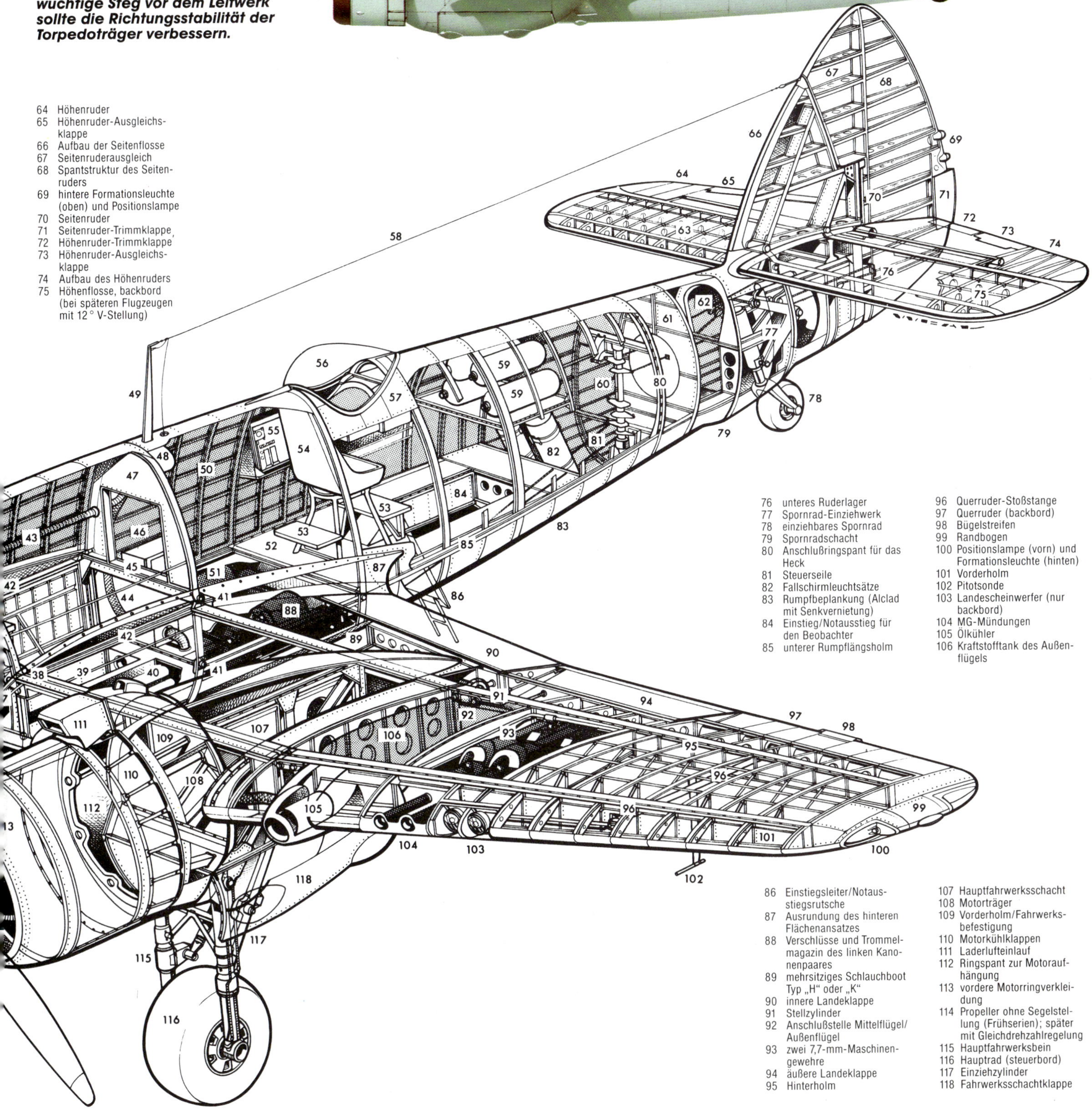

64 Höhenruder
65 Höhenruder-Ausgleichsklappe
66 Aufbau der Seitenflosse
67 Seitenruderausgleich
68 Spantstruktur des Seitenruders
69 hintere Formationsleuchte (oben) und Positionslampe
70 Seitenruder
71 Seitenruder-Trimmklappe
72 Höhenruder-Trimmklappe
73 Höhenruder-Ausgleichsklappe
74 Aufbau des Höhenruders
75 Höhenflosse, backbord (bei späteren Flugzeugen mit 12° V-Stellung)

76 unteres Ruderlager
77 Spornrad-Einziehwerk
78 einziehbares Spornrad
79 Spornradschacht
80 Anschlußringspant für das Heck
81 Steuerseile
82 Fallschirmleuchtsätze
83 Rumpfbeplankung (Alclad mit Senkvernietung)
84 Einstieg/Notausstieg für den Beobachter
85 unterer Rumpflängsholm
96 Querruder-Stoßstange
97 Querruder (backbord)
98 Bügelstreifen
99 Randbogen
100 Positionslampe (vorn) und Formationsleuchte (hinten)
101 Vorderholm
102 Pitotsonde
103 Landescheinwerfer (nur backbord)
104 MG-Mündungen
105 Ölkühler
106 Kraftstofftank des Außenflügels

86 Einstiegsleiter/Notausstiegsrutsche
87 Ausrundung des hinteren Flächenansatzes
88 Verschlüsse und Trommelmagazin des linken Kanonenpaares
89 mehrsitziges Schlauchboot Typ „H" oder „K"
90 innere Landeklappe
91 Stellzylinder
92 Anschlußstelle Mittelflügel/Außenflügel
93 zwei 7,7-mm-Maschinengewehre
94 äußere Landeklappe
95 Hinterholm
107 Hauptfahrwerksschacht
108 Motorträger
109 Vorderholm/Fahrwerksbefestigung
110 Motorkühlklappen
111 Laderlufteinlauf
112 Ringspant zur Motoraufhängung
113 vordere Motorringverkleidung
114 Propeller ohne Segelstellung (Frühserien); später mit Gleichdrehzahlregelung
115 Hauptfahrwerksbein
116 Hauptrad (steuerbord)
117 Einziehzylinder
118 Fahrwerksschachtklappe

Mitsubishi A6M „Zero"

Als die siegreichen Japaner in den ersten Monaten des Jahres 1942 mit atemberaubender Geschwindigkeit durch Südostasien und den Pazifik vorstürmten, ließ der Name „Zero" die alliierten Flieger erschauern. Es sollte sich jedoch zeigen, daß dieses gefürchtete und allgegenwärtige Jagdflugzeug der Japaner nicht die Wunderwaffe war, für die man es gehalten hatte.

Beim Überfall der japanischen Marine auf Pearl Harbor am 7. Dezember 1941 lagen den Amerikanern bereits ausführliche Kampfberichte über die A6M von Colonel Claire Chennot aus dem fernen Chungking in China vor. Offenbar blieben diese Informationen aber ungelesen. So löste der wendige und wohlgerüstete Jäger zum zweiten Mal einen gewaltigen Schock aus und zermalmte jedes Muster, das sich ihm entgegenwarf. Die Luftherrschaft der A6M-Sentais (Jagdgruppen) hatte es den kaiserlichen Streitkräften innerhalb von sechs Monaten ermöglicht, eine Fläche von insgesamt 37,3 Millionen Quadratkilometer zu überrennen – eine bislang einmalige Leistung in der Kriegsgeschichte. Immer wieder tauchte die A6M an Orten auf, die man als unerreichbar für japanische Jäger einschätzte, mitunter 1600 km vom nächsten vorgeschobenen Feldflugplatz oder Flugzeugträger der Japaner entfernt. Im Luftgefecht konnte sie praktisch jedes alliierte Kampfflugzeug ausmanövrieren und zudem eine überlegene Feuerkraft zur Wirkung bringen.

Die A6M wurde zum Symbol für die bislang verleugnete Tatsache, daß die fliegenden Waffensysteme der Japaner keineswegs aus Bambusholz und Reispapier gefertigt oder minderwertige Nachbildungen westlicher Typen waren. Im eigenen Land verkörperte dieser Jäger den fast religiösen Glauben an die Unsiegbarkeit Nippons, und hier kannte man den Namen Jiro Horikoshi besser als in Großbritannien den von Reginald Mitchell. Er war der geniale Schöpfer dieses wunderbaren Jägers, der seine Gegner empfindlich dezimierte.

In Wirklichkeit haftete der A6M durchaus nichts Übernatürliches an. 1937 flog beim britischen Hersteller Gloster der Prototyp eines Jagdflugzeugs, das der A6M in Größe, Form, Gewicht, Antriebskraft und Leistungsvermögen fast genau entsprach. Dieses Muster wurde nicht einmal für die Royal Air Force akzeptiert. Damals versuchte Horikoshi gerade, seinen neuen Jäger am Reißbrett einer neuen Spezifikation der Kaiserlich-Japanischen Marine für einen bordgestützten Jäger anzupassen. Er sollte die Wendigkeit ihrer früheren A5M (eines der agilsten Jagdflugzeuge, die je gebaut wurden) besitzen, ungeachtet der Last eines 20-mm-Kanonenpaars, der beiden Maschinengewehre der A5M, zweier 60-kg-Bomben, einer kompletten Funkausrüstung, eines Triebwerk für eine Geschwindigkeit von 500 km/h und des Kraftstoffs für eine Flugdauer von acht Stunden mit abwerfbarem Tank.

Das Ergebnis war ein durchweg herkömmliches Jagdflugzeug in Schalenbauweise, mit unterteilten Landeklappen, einem nach innen einziehenden Hauptfahrwerk großer Spurbreite und einem Sternmotor als Antrieb für einen Verstellpropeller. Nach längerer Beratung entschied man sich für eine Schiebehaube und baute die geforderten Kanonen (Typ 99 Modell 1, von der Oerlikon abgeleitet) in die Tragflächen außerhalb vom Propellerkreis ein. Die Bezeichnung für dieses Muster lautete natürlich A6M – A für trägergestütztes Jagdflugzeug und 6M für den sechsten Mitsubishi-Typ dieser Kategorie. Sein populärer Name aber war Reisen (Rei-sen = Null-Jäger), hergeleitet vom Jahr 2600 des japanischen Kalenders (1940 Anno Domini). Die erste A6M1 startete am 1. April 1939 von Kagamigahara aus unter dem Antrieb des Mitsubishi-Sternmotors Zuisei 13 mit 576 kW (780 PS) zum Jungfernflug. Die Maschine zeigte hervorragende Qualitäten mit Ausnahme ihrer Spitzengeschwindigkeit von 489 km/h, die die Sollvorgabe knapp verfehlte. Ein Propeller mit Gleichdrehzahlregelung ergab zwar eine Steigerung im gesamten Flugleistungsbereich, doch ein stärkerer Antrieb war vonnöten. Am 28. Dezember 1939 flog der dritte Protoyp mit dem 681 kW (925 PS) starken Nakajima Sakae 12. Dieser Vorläufer der Baureihe A6M2 übertraf alle Erwartungen, so daß im Juli 1940 die Serienfertigung genehmigt wurde. Man beschloß, 15 Maschinen zur Kampferprobung durch das 12. Rengo Kokutai (Marinefliegerkorps) nach China zu entsenden. Ihren ersten Abschuß

Dieses Bild aus einem japanischen Amateurfilm zeigt eine A6M2 (vorne) und mehrere Torpedobomber B5N2 auf dem Flugdeck eines Trägers der 1. Koku Kantai am Sonntag, dem 7. Dezember 1941 – Angriffsziel Pearl Harbor. Die US Navy identifizierte den Träger als Hiryu, aber die Insignien stimmen seltsamerweise nicht mit denen der 2. Sentai überein.

Wie viele A6M2 Reisen, die den im Pazifik eingesetzten alliierten Jagdverbänden 1942 einen lähmenden Schock versetzten, diente diese Maschine an Bord des Trägers Hiryu unter der 2. Sentai (zwei blaue Rumpfbänder) der 1. Koku Kantai (Luftflotte). Die vorherrschende Farbe war Grau mit einem mattschwarzen Anstrich der Motorverkleidung.

Diese A6M2 aus einer Großserie der Reisen gehörte Ende 1942 zum 6. Kokutai mit Standort in Rabaul, New Britain. Zu dieser Zeit war das Metallgrau mit dunkelgrünen Flecken durchsetzt, so daß das Hinomaru-Zeichen (die rote Scheibe als Symbol der aufgehenden Sonne) eines weißen Rings bedurfte.

erzielten die A6M2 am 13. September 1940, und sie steigerten ihre Leistung auf 99 Luftsiege ohne eigene Verluste, bis auf zwei Maschinen, die durch Abwehrfeuer von Bodenwaffen verlorengingen.

Ab der 22. A6M2 wurde der hintere Flügelholm verstärkt, und ab der 65. Maschine ließ sich der letzte halbe Meter der Flächenenden von Hand nach oben klappen. Letzteres entfiel wieder bei der A6M3, die im Juni 1941 erschien. Sie führte den Sakae 21 mit einer Leistung von 832 kW (1130 PS) ein, der dieser Version zu einer höheren Geschwindigkeit und schnelleren Drehbewegungen um die Längsachse verhalf. Der Kurvenradius wurde allerdings etwas verschlechtert. Bei Pearl Harbor standen der Kaiserlich-Japanischen Marine trägergestützte A6M zur Verfügung, die von Anfang an die Curtiss P-40, Curtiss-Wright CW-21A, Brewster Buffalo, Hawker Hurricane und sämtliche anderen Muster der Alliierten beherrschten. Die Buffaloes der RAF, RAAF, RNZAF und Niederländisch-Ostindiens waren beispielsweise so unterlegen, daß ihre 12,7-mm-Maschinengewehre durch 7,62-mm-MG ersetzt, die Munitionsmenge halbiert und die Treibstoffmenge um mehr als ein Drittel reduziert wurde. Dennoch vermochten sie ihre Waffen gegenüber der wendigen und schwerer bewaffneten A6M nicht zur Wirkung bringen.

Trotz verzweifelter Bemühungen konnte man nicht einmal Teile dieses nahezu übernatürlichen Jägers ergattern, bis amerikanische Truppen auf eine nahezu unbeschädigte A6M auf den Aleuten stießen. Unteroffizier der Marine Koga war am 3. Juni vom Träger Ryujo zum Angriff gegen Dutch Habor gestartet, doch zwei Geschosse, die die Kraftstoffleitung zerrissen, zwangen ihn zur Notlandung auf der unbewohnten Insel Akutan. Zahlreiche Schwachstellen dieser Maschine kamen auf dem Marinefliegerhorst North Island in San Diego zu Tage. Der Mythos der A6M war damit zerstört.

Zunächst einmal kann man aus 832 kW (1130 PS) nur eine begrenzte Flugleistung herausholen. Die Zelle der A6M war ferner leicht gebaut und die lebenswichtigen Komponenten schlecht geschützt, gemessen an der Standardpanzerung westlicher Flugzeuge. Es wurden daher taktische Verfahren für den Luftkampf entwickelt, die diesem Manko Rechnung trugen. Eine ebenso große Bedeutung aber hatte der Jungfernflug der ersten Grumman F6F Hellcat im Juni 1942. Dieser amerikanische Marinejäger war größer und schwerer als die A6M und mit einem 1492 kW (2029 PS) starken Motor ausgerüstet. Damit wurde dieses Jagdflugzeug nicht nur stärker, ausdauernder und besser geschützt als die A6M, sondern konnte diese auch im Kurvenkampf ausstechen. Ein anderer Jäger der US Navy und des US Marine Corps, die knickflügelige Vought F4U Corsair, war sogar noch kampfstärker, und die P-38 der US Army war nicht nur schneller als die A6M, sondern konnte trotz ihrer Größe jede Höhe des japanischen Jägers oberhalb 3050 m halten. Zudem verfügten all diese Alliierten-Jäger über genügend Feuerkraft, um eine A6M zu zerfetzen.

Von den japanischen Luftoperationen im Zweiten Weltkrieg existieren nur sehr wenige Luftaufnahmen. Dieses Foto wurde ein Jahr vor Pearl Harbor geschossen, als A6M2 der Vorserie unter dem 12. Rengo Kokutai ihre Feuertaufe im Kampf über China erhielten. Berichte über den neuen Jäger, die nach Washington geschickt wurden, bleiben bis heute verschollen.

Schwimmerflugzeugvariante

Im Herbst 1940 forderte die japanische Marine einen schwimmfähigen Jäger, der über isolierten Brückenköpfen operieren und eine noch größere Reichweite als die A6M besitzen sollte. Während Kawanishi die mächtige N1K1 entwickelte (die schließlich zu einem gefürchteten landgestützten Jäger führte), wurde die Firma Nakajama angewiesen, eine Schwimmerversion der A6M zu konstruieren. Daraus resultierte die A6M2-N, die am Tag des Überfalls auf Pearl Harbor erstmals flog und bald in die Kampfhandlungen eingriff. Dieses Wasserflugzeug war zwar denkbar gelungen, erwies sich aber den alliierten Jägern gegenüber als äußerst verwundbar. Obwohl bis September 1943 327 Exemplare geliefert wurden, blieb ihre Erfolgsbilanz bescheiden. Ein anderer Ableger war die A6M2-K mit Tandemsitzen und Doppelsteuer zur weiterführenden Ausbildung, die dem 21. Marineluftarsenal in Sasebo unterstand. Der erste Doppelsitzer wurde erst 1943 begonnen, flog aber bereits im November desselben Jahres. Am Ende waren 515 Exemplare in zwei Versionen produziert, ohne Kanonen und Fahrwerksschachtklappen, um Gewicht einzusparen. Seit 1940 hatte Horikoshi bei Mitsubishi auf ein Nachfolgemuster für die A6M mit dem 1619 kW (2200 PS) starken MK9-Triebwerk seiner Firma gedrängt, aber dieses Vorhaben verzögerte sich wiederholt. So wurde die alte A6M zwangsläufig weiterproduziert.

1943 versuchte man vergeblich, die Leistung in mittlerer und großer Höhe zu steigern. Das 1. Technische Luftarsenal in Yokosuka hatte in zwei A6M2 Sakae-Motoren mit Turbolader eingebaut, die jedoch versagten. Es blieb daher nur, in aller Eile eine verbesserte Version als Zwischenlösung herzustellen, die A6M5. Wie so häufig der Fall, erreichte der Interimjäger eine höhere Auflage als sämtliche anderen Versionen. Die Hauptänderung bestand in einem neuen Tragwerk mit einer Spannweite von 11 m, abgerundeten Flügelenden und einer stärkeren Beplankung, um die zulässige Sturzfluggeschwindigkeit zu erhöhen, einen bisherigen Schwachpunkt der Reisen. Dadurch stieg das Gewicht um 189 kg, und die Manövrierbarkeit verbesserte sich nicht. Die neue Führung der Auspuffrohre von 14 Zylindern, die einzeln oder paarweise gebündelt und zur Erhöhung des Vortriebs bei Vollgas nach hinten gekrümmt waren, ergab jedoch eine leichte Steigerung der Flugleistung. Zusammen mit sorgsamen Verfeinerungen im Detail führte dies zu einem deutlich besseren Jäger. Als die A6M5 im Herbst 1943 die Kampfverbände erreichte, gelang es, den Schwung des

Dies ist eines der besten Kriegsfotos vom Einsatz der japanischen Reisen. Die Szene zeigt A6M5c oder A6M6c des Genzai Kokutai in Wonsan während der letzten Kriegswochen. Die 5c und 6c wurden als letzte Versionen der Reisen im Kampf eingesetzt. Die aufgezwungene Untermotorisierung aber verdarb beide Varianten.

Pendels, das durch die Einführung der F6F Hellcat zugunsten der US Navy ausgeschlagenen war, abzubremsen.

Wenn irgendein Muster den Mythos von der japanischen Unbesiegbarkeit in der Luft zerstörte, dann die F6F Hellcat. Allerdings hätte sich die Hellcat schwer getan, bei einem reinen Test des Kurvenradius gegen eine gut geflogene A6M zu bestehen – aber das besagte noch nicht alles. Die Antriebsschwäche des japanischen Jägers hatte zur Folge, daß er seinem Gegner im Hinblick auf Panzerung, Feuerkraft und Widerstandsvermögen gegenüber Kampfbeschädigungen hochgradig nachstand. Mangelnde Antriebskraft war auch der Grund, daß die Steiggeschwindigkeit der A6M5 im Vergleich zu den früheren leichten Versionen so stark abfiel. Selbst die schwergewichtige F6F stieg schneller. Auch mit der dickeren Flügelhaut konnte die A6M den amerikanischen Jägern nicht im Sturzflug entkommen. Ein A6M-Pilot vermochte die Kampfbegegnung mit einer F6F, F4U oder Spitfire Mk VIII nur durch sein überragendes fliegerisches Können, erstaunliches Glück oder einen Zufallstreffer zu überleben.

Das Kriegsglück wendet sich

Die Alliierten entwickelten nicht nur weitaus überlegenere Jagdflugzeuge, sondern warfen sie auch in Mengen an die Front, so daß die Japaner förmlich überrollt wurden. Selbst 1941/42 war die Zero zahlenmäßig unterlegen, aber der Einsatz in konzentrierten Gruppen ermöglichte es ihr, die örtliche Luftüberlegenheit zu erringen und den Alliierten katastrophale Verluste zuzufügen. Die aus zahlreichen Typen zusammengesetzten Luftstreitkräfte der Alliierten hingegen blieben großräumig verteilt und häufig ohne zentrale Führung. 1943 aber waren die Kräfte der US Navy, US Marines, US Army Air Force und des British Commonwealth wohl koordiniert und überall numerisch überlegen. Ein größeres Problem für die Kaiserlich-Japanische Marine stellte zudem die hohe Ausfallquote ihrer Flugzeugträger dar. Schon in der Schlacht bei Midway im Juni 1942 – oft als Wendepunkt des pazifi-

Diese A6M2-N Schwimmerjäger scheinen am Katapult eines Überwasserschiffes angeschlossen zu sein. In Wirklichkeit sind sie auf einer Helling an Land, etwa in Tulagi, mit blockierten Rudern festgezerrt. Schwimmfähige Jagdflugzeuge waren allgemein wertlos und spielten im Zweiten Weltkrieg kaum eine Rolle.

Aufriß-Erläuterung zur Mitsubishi A6M2 „Zero“

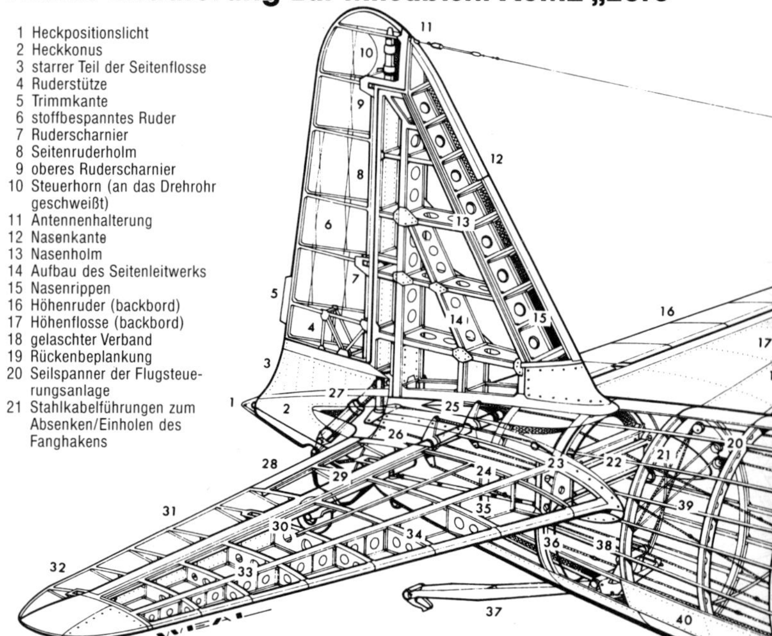

1 Heckpositionslicht
2 Heckkonus
3 starrer Teil der Seitenflosse
4 Ruderstütze
5 Trimmkante
6 stoffbespanntes Ruder
7 Ruderscharnier
8 Seitenruderholm
9 oberes Ruderscharnier
10 Steuerhorn (an das Drehrohr geschweißt)
11 Antennenhalterung
12 Nasenkante
13 Nasenholm
14 Aufbau des Seitenleitwerks
15 Nasenrippen
16 Höhenruder (backbord)
17 Höhenflosse (backbord)
18 gelaschter Verband
19 Rückenbeplankung
20 Seilspanner der Flugsteuerungsanlage
21 Stahlkabelführungen zum Absenken/Einholen des Fanghakens
22 Rumpfspant/Höhenleitwerk-Zentralversteifung
23 Höhenleitwerksanschlüsse
24 Höhenruder-Steuerseile
25 Höhenruder-Steuerhörner/Drehwelle
26 Seitenruder-Steuerhörner
27 kombinierte Einzieh-/Stoßdämpferstrebe des Spornrads
28 Höhenruder-Trimmklappe
29 Spornradverkleidung
30 frei bewegliches Spornrad
31 Aufbau des stoffbespannten Höhenruders
32 Außenscharnier des Höhenruders
33 Höhenflossenaufbau
34 vorderer Holm
35 Steuergestänge für die Trimmklappe (Kettenantrieb)
36 Rückwand des Schwimmersack-Stauraums
37 Fanghaken, abgesenkt
38 Fanghaken-Drehlager
39 Seilführung der Höhenruder-Trimmklappe
40 Rumpfbeplankung
41 Rumpfspanten
42 Kabel zur Stellungsanzeige des Fanghakens (Duralumin-Rohr)
43 Höhenruder-Steuerseile
44 Seitenruder-Steuerseile
45 Trimmklappen-Seilführung
46 Fanghaken-Flaschenzug
47 Rumpflängsversteifungen
48 Frontwand des Schwimmersack-Stauraums
49 Verbindung Hinterrumpf/Mittelrumpf
50 Formstützen des Flächenansatzes
51 Preßluftzylinder (zum Antrieb der flächenmontierten Kanonen)
52 Spannungswandler
53 Funkempfänger, Typ „Ku“
54 Sauerstoffzylinder (steuerbord), Feuerlöscher (backbord)
55 Batterie
56 Funksender-Stellplatte
57 Funksender
58 Übergangsverkleidung Rumpf/Kabinendach
59 Mastsockel/Antenneneinführung
60 Antenne
61 Antennenmast, nach vorn geneigt
62 starrer Teil des Kabinendaches
63 Kabinendachstreben und Rahmen aus Sperrholz und Aluminium
64 Überschlagbügel/Kopfstütze
65 Rahmenantenne der „Ku“-Typ-Funkpeilanlage
66 Gleitschienen
67 Überschlagrahmen
68 Stützrahmen für den Pilotensitz
69 Umlenkhebel der Höhensteuerung
70 Querruder-Steuergestänge
71 Hinterholm/Rumpfbefestigung
72 hinterer Rumpfdoppelspant
73 Querruderverbindung
74 Fahrwerkswahlhebel
75 Landeklappenhebel
76 Sitzverstellhebel
77 Pilotensitz
78 Gleitrahmen der Schiebehaube
79 Seitenstütze
80 Höhentrimmrad
81 Tankanzeigen
82 Gashebelquadrant
83 Reflexvisier, nach rechts versetzt
84 Schiebehaube
85 Plexiglasscheiben
86 Haubenverriegelung/Entriegelung

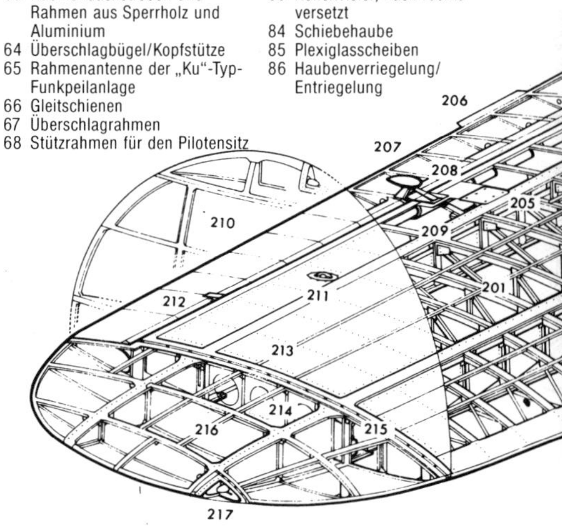

Die A6M3 hatte nicht nur eine kürzere Spannweite, sondern auch ein reduziertes Rumpftankvolumen, bedingt durch den Einbau des Sakae 21 mit zweistufigem Lader. Das Brandschott mußte daher um 20 cm nach hinten versetzt werden. Diese A6M3 diente Ende 1942 beim 21. Kokutai auf Kyushu. Sie ist mit einem 330-Liter-Abwurftank ausgerüstet.

Der wichtigste Jäger der Kaiserlich-Japanischen Marine in den letzten Kriegsjahren war die A6M5, erkennbar an den nach hinten gekrümmten Auspuffrohren und den abgerundeten Flächenenden. Dieses farbenfrohe Exemplar verwendete der Genzan Kokutai in Wonsan, Korea, zur Einsatz- und Waffenausbildung.

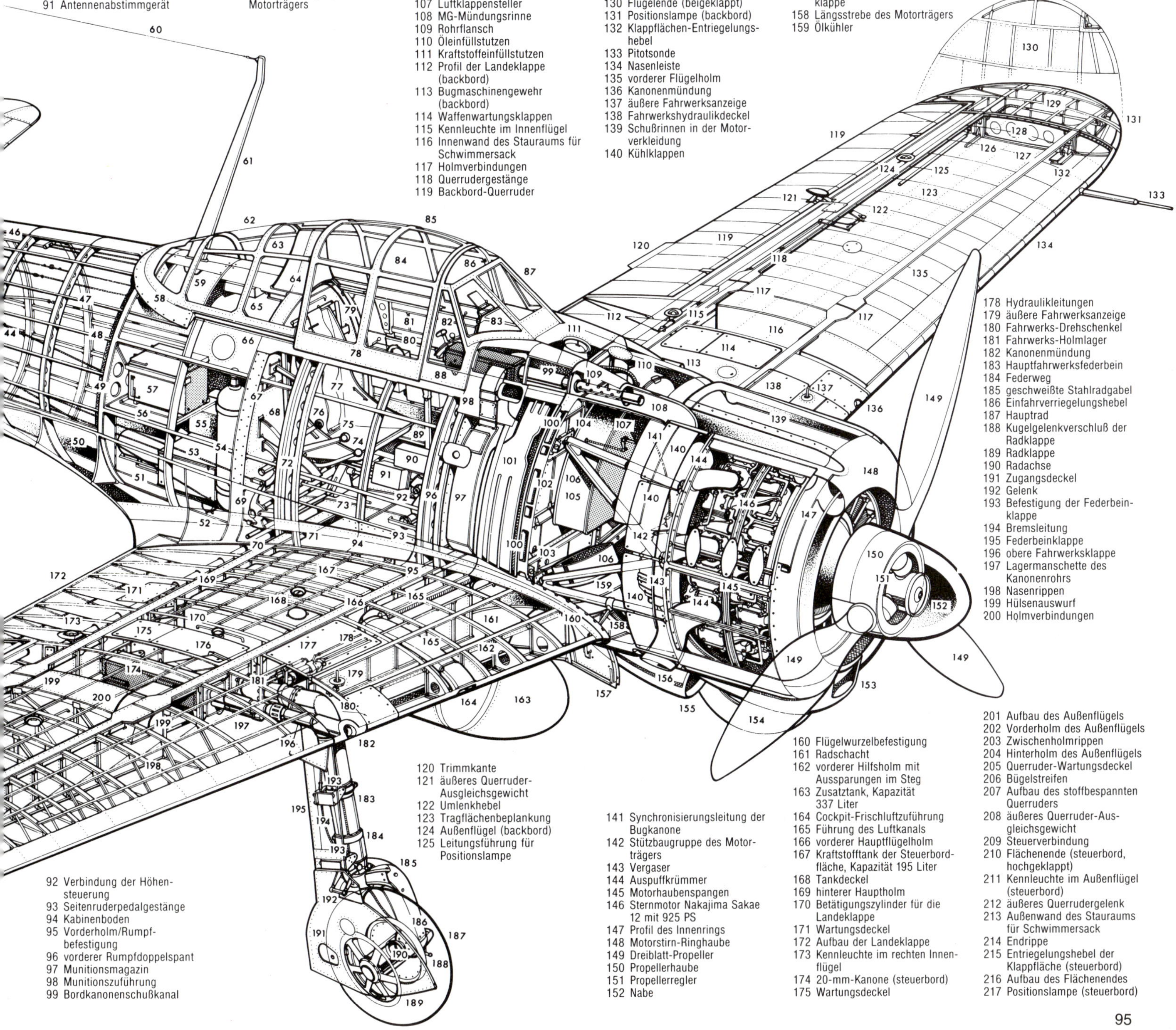

87 Windschutzscheibe
88 Bugmaschinengewehr (steuerbord), Kaliber 7,7 mm
89 Steuerknüppel
90 Funkbediengerät
91 Antennenabstimmgerät
92 Verbindung der Höhensteuerung
93 Seitenruderpedalgestänge
94 Kabinenboden
95 Vorderholm/Rumpfbefestigung
96 vorderer Rumpfdoppelspant
97 Munitionsmagazin
98 Munitionszuführung
99 Bordkanonenschußkanal
100 Kühlschlitze
101 Rumpftreibstofftank, Kapazität 155 Liter
102 Brandschott
103 untere Befestigung des Motorträgers
104 obere Befestigung des Motorträgers
105 Schmierölbehälter, Kapazität 58 Liter
106 Stützstreben des Motorträgers
107 Luftklappensteller
108 MG-Mündungsrinne
109 Rohrflansch
110 Öleinfüllstutzen
111 Kraftstoffeinfüllstutzen
112 Profil der Landeklappe (backbord)
113 Bugmaschinengewehr (backbord)
114 Waffenwartungsklappen
115 Kennleuchte im Innenflügel
116 Innenwand des Stauraums für Schwimmersack
117 Holmverbindungen
118 Querrudergestänge
119 Backbord-Querruder
120 Trimmkante
121 äußeres Querruder-Ausgleichsgewicht
122 Umlenkhebel
123 Tragflächenbeplankung
124 Außenflügel (backbord)
125 Leitungsführung für Positionslampe
126 Faltgelenk
127 Flügelendrippe
128 Außenwand des Stauraums für Schwimmersack
129 Aufbau des Flächenendes
130 Flügelende (beigeklappt)
131 Positionslampe (backbord)
132 Klappflächen-Entriegelungshebel
133 Pitotsonde
134 Nasenleiste
135 vorderer Flügelholm
136 Kanonenmündung
137 äußere Fahrwerksanzeige
138 Fahrwerkshydraulikdeckel
139 Schußrinnen in der Motorverkleidung
140 Kühlklappen
141 Synchronisierungsleitung der Bugkanone
142 Stützbaugruppe des Motorträgers
143 Vergaser
144 Auspuffkrümmer
145 Motorhaubenspangen
146 Sternmotor Nakajima Sakae 12 mit 925 PS
147 Profil des Innenrings
148 Motorstirn-Ringhaube
149 Dreiblatt-Propeller
150 Propellerhaube
151 Propellerregler
152 Nabe
153 Vergaserlufteinlauf
154 linkes Hauptrad
155 Ölkühlerlufteinlauf
156 Auspuff
157 innere Fahrwerksschachtklappe
158 Längsstrebe des Motorträgers
159 Ölkühler
160 Flügelwurzelbefestigung
161 Radschacht
162 vorderer Hilfsholm mit Aussparungen im Steg
163 Zusatztank, Kapazität 337 Liter
164 Cockpit-Frischluftzuführung
165 Führung des Luftkanals
166 vorderer Hauptflügelholm
167 Kraftstofftank der Steuerbordfläche, Kapazität 195 Liter
168 Tankdeckel
169 hinterer Hauptholm
170 Betätigungszylinder für die Landeklappe
171 Wartungsdeckel
172 Aufbau der Landeklappe
173 Kennleuchte im rechten Innenflügel
174 20-mm-Kanone (steuerbord)
175 Wartungsdeckel
176 Munitionsmagazin (von der Unterseite beladbar)
177 hydraulischer Einfahrzylinder des Fahrwerks
178 Hydraulikleitungen
179 äußere Fahrwerksanzeige
180 Fahrwerks-Drehschenkel
181 Fahrwerks-Holmlager
182 Kanonenmündung
183 Hauptfahrwerksfederbein
184 Federweg
185 geschweißte Stahlradgabel
186 Einfahrverriegelungshebel
187 Hauptrad
188 Kugelgelenkverschluß der Radklappe
189 Radklappe
190 Radachse
191 Zugangsdeckel
192 Gelenk
193 Befestigung der Federbeinklappe
194 Bremsleitung
195 Federbeinklappe
196 obere Fahrwerksklappe
197 Lagermanschette des Kanonenrohrs
198 Nasenrippen
199 Hülsenauswurf
200 Holmverbindungen
201 Aufbau des Außenflügels
202 Vorderholm des Außenflügels
203 Zwischenholmrippen
204 Hinterholm des Außenflügels
205 Querruder-Wartungsdeckel
206 Bügelstreifen
207 Aufbau des stoffbespannten Querruders
208 äußeres Querruder-Ausgleichsgewicht
209 Steuerverbindung
210 Flächenende (steuerbord, hochgeklappt)
211 Kennleuchte im Außenflügel (steuerbord)
212 äußeres Querrudergelenk
213 Außenwand des Stauraums für Schwimmersack
214 Endrippe
215 Entriegelungshebel der Klappfläche (steuerbord)
216 Aufbau des Flächenendes
217 Positionslampe (steuerbord)

Flugzeuge der Kaiserlich-Japanischen Marine hatten einen dunkelgrünen Anstrich an Oberseiten und Flanken, häufig kombiniert mit Schwarz am Nasenrükken oder an der gesamten Motorhaube. Diese A6M2 gehörte zur 402. Chutai (Staffel) des 341. Kokutai (Marinefliegerverband mit rund 150 Flugzeugen) mit Standort Clark Field, Manila.

Diese A6M2 gehörte zu den ersten Reisen der Kaiserlich-Japanischen Marine. Gegen Ende 1940 hatten sich die Vorserienmaschinen unter dem 12. Rengo Kokutai (kombiniertes Marineluftkorps) beim Kampf gegen die Chinesen in der Region Wuhan-Hankou hervorragend bewährt. Klappflächen und etliche andere Verfeinerungen hatten diese Exemplare noch nicht.

schen Krieges bezeichnet – waren die großen Flugzeugträger Akagi, Hiryu, Kaga und Soryu versenkt worden; einen Monat zuvor hatte es den leichten Träger Shoho getroffen und im August 1942 ging die Ryuo mit 718 Mann Besatzung unter. Diese verheerenden Verluste an Seebasen für ihre Luftstreitkräfte verhinderten, daß die Kaiserlich-Japanische Marine jemals wieder die Luftherrschaft errang.
1941 verfügte die japanische Marine noch über gut ausgebildete, aggressive und zumeist kampferprobte Piloten. Viele hatten ein Jahr in China oder gegen die UdSSR gekämpft, und in ihren Händen war die Reisen eine tödliche Waffe. 1943 lebte kaum noch einer dieser Flugzeugführer. Der Nachwuchs aber war vergleichsweise unzureichend, desgleichen die Ausbildung in der Heimat. Im Herbst 1944 wurden die einst allmächtigen Sentais in Kamikaze-Gruppen verwandelt, die den Vormarsch der alliierten Truppen abwenden sollten.

Die Notwendigkeit einer großen Reichweite galt den ganzen Krieg hindurch. Anfangs hatte sich die A6M in dieser Hinsicht noch ausgezeichnet, vor allem nachdem erfahrene Piloten das korrekte Verfahren zum Langstreckenmarschflug mit hohem Ladedruck, aber niedriger Drehzahl herausgefunden hatten. Die Verwendung des Sakae 21 ab 1943 aber zog ein geringeres Tankvolumen (durch zwei 45-Liter-Tanks in den Außenflächen teilweise wieder ausgeglichen) und einen merklich höheren Treibstoffverbrauch nach sich. Der Zwang, das Gewicht niedrig zu halten, schloß eine schwerere Bewaffnung aus. Man konzentrierte sich daher auf eine Verbesserung der Kanone Typ 99. Etliche neue Versionen mit längerem Rohr, einer höheren Feuergeschwindigkeit (von 490 Schuß pro Minute auf 750 Schuß pro Minute gesteigert) und einem Behälter für 125 Gurtpatronen statt des 100-Schuß-Trommelmagazins wurden eingeführt. Die höhere Mündungsgeschwindigkeit der Waffe bewirkte, daß die effektive Reichweite (typisch 800–1000 m) zunahm. Dieser Faktor hätte der A6M gegenüber den amerikanischen Jägern mit ihren 12,7-mm-Maschinengewehren zum Vorteil gereichen müssen. In der Praxis aber zeigte sich, daß die japanischen Piloten aus großer Distanz keine gezielten Feuerstöße absetzen konnten. Bei normalen Luftkampfentfernungen aber

Zwei Flugzeuge hier sind A6M2-Jäger, die anderen A6M2-K Schulmaschinen mit Doppelsteuer. Es scheint sich um die Ausbildungsflotte des Kasumigaura Kokutai zu handeln. Die kleinen Straken am hinteren Rumpfabschnitt erleichterten dem Piloten das Ausleiten der Maschine aus dem Trudeln.

erwies sich die wesentlich höhere Feuerfolge der typischen US-Bewaffnung aus sechs 12,7-mm-Maschinengewehren als entscheidend.

Mit der langrohrigen Kanone und Gurtmunition wurde die A6M5 zur A6M5a, die im Frühjahr 1944 erschien. Nur wenige Wochen später folgte die A6M5b, bei der das schwerwiegendste Manko, der mangelnde Selbstschutz, teilweise beseitigt war. Die A6M5b besaß einen besseren Panzerschutz, automatische Feuerlöscher für die Haupttreibstofftanks und eine Frontplatte aus Panzerglas hinter der Windschutzscheibe. Die Feuerkraft wurde geringfügig erhöht durch ein schweres 13,2-mm-Maschinengewehr des Typs 3 anstelle einer der beiden leichtkalibrigen Rohrwaffen vor der Windschutzscheibe. Hunderte A6M5a und A6M5b nahmen im Sommer 1944 an den Großschlachten im Raum der Marianen und der Philippinen teil. Beim ersten größeren Zusammenprall wurden die A6M5b von den F6F allerdings so niedergemacht, daß die amerikanischen Jagdpiloten vom „Marianas-Tontaubenschießen" sprachen.

Verzweifelte Anstrengungen

Diese Niederlage löste in Japan einen weiteren „verzweifelten" Versuch aus, den Kampfwert der A6M zu steigern. Die Marine forderte Aufhängungen für Raketen unter den Tragflächen, zusätzlich zum flächenmontierten Kanonenpaar zwei 13,2-mm-Maschinengewehre, einen großen Treibstofftank hinter der Kanzel und einen Pilotensitz mit Vollpanzerung. Mehr Antriebskraft brauchte die A6M schon früher, aber nun war fast das Doppelte gefordert. Die Genehmigung zum Einsatz eines größeren Motors wurde jedoch verweigert. Nach dem Bau von 93 Flugzeugen mit den genannten Verbesserungen erhielt Mitsubishi einige Sakae 31 Motoren, deren Methanol-Wasser-Einspritzung die Leistung erhöhte und gleichzeitig verhinderte, daß der Motor bei Vollgas explodierte. Das Gros dieser Motoren hielt ihr Hersteller Nakajima aber für die A6M6c zurück, die Ende 1944 zur Serienfertigung

Im verzweifelten Bemühen, den Vormarsch der Alliierten abzuhalten, verlor die Kaiserlich-Japanische Marine im April 1945 vor Okinawa Hunderte von Flugzeugen. Etwa die Hälfte waren Kamikaze-Angriffe diverser Jäger- und Jagdbombertypen. Diese A6M5 verfehlte am 28. April 1945 das Deck der USS Missouri nur äußerst knapp.

gelangte. Dies war die letzte Version der Reisen, die noch in die Kampfhandlungen eingriff. Doch auch sie konnte nicht mehr als alle früheren Modelle ausrichten, um die mit aller Macht auf Japan vorrükkenden Land-, Luft- und Seestreitkräfte der Alliierten aufzuhalten.

Die A6M7 war zur Beladung mit einer 250-kg-Bombe und zwei Abwurftanks unter den Außenflächen gerüstet. Die A6M8 bekam endlich ein kräftigeres Triebwerk, den Mitsubishi Kinsei 62 mit 1148 kW (1560 PS). Dazu wurde die Motorzelle vergrößert, und die Maschinengewehre im Nasenrücken entfielen. Diese Version war erst im Mai 1945 flugbereit und konnte bis Kriegsende nicht mehr in Serie gehen. Zahllose experimentelle Bewaffnungen und Sonderausrüstungen wurden vorgenommen, aber die mit Abstand wichtigsten Versuche betrafen den Kamikaze-Einsatz, gewöhnlich mit einer 250-kg-Bombe am Lastenträger unter dem Mittelrumpf.

Die Gesamtproduktion der A6M belief sich auf 10.449 Flugzeuge (3879 von Mitsubishi und 6570 von Nakajima). Hinzu kamen 327 A6M2-N (Nakajima), 515 A6M2-K und A6M5-K (236 von Dai-Nijuichi Kaigun Kokusho und 279 von Hitachi Kokuki KK).

TECHNISCHE DATEN

Mitsubishi A6M5c „Zero"
Typ: trägergestützter Jagdbomber
Triebwerk: ein Nakajima-NK1F-Sakae-21-Sternmotor mit 832 kW (1130 PS)
Leistung: Höchstgeschwindigkeit 565 km/h; Marschgeschwindigkeit 370 km/h; Steigzeit auf 6000 m Höhe 7 Minuten; Dienstgipfelhöhe 11.740 m; max. Reichweite 1922 km
Gewicht: Leermasse 1876 kg; max. Startmasse 2733 kg

Abmessungen: Spannweite 11,00 m; Länge 9,12 m; Höhe 3,50 m; Tragflügelfläche 21,30 m^2
Bewaffnung: ein schweres 13,2-mm-Maschinengewehr Typ 3 im Nasenrücken (Verschluß in der Kanzel), zwei 20-mm-Kanonen Typ 99 und zwei 13,2-mm-Maschinengewehre Typ 3 in den Tragflächen plus zwei 60-kg-Bomben unter den Flächen (bei Selbstmordeinsätzen eine 250-kg-Bombe unter dem Rumpf)

Varianten der Mitsubishi A6M Reisen

Mitsubishi A6M1: die beiden ersten Prototypen, angetrieben vom Zuisei 13 mit 574 kW (780 PS)
Mitsubishi A6M2: erste Serienversion mit dem 692 kW (940 PS) starken Triebwerk Sakae 12, einer Bewaffnung von je zwei 20-mm-Kanonen und 7,7-mm-Maschinengewehren, einer Spannweite von 12,00 m und einer Betriebsmasse von 2410 kg; die ersten Flugzeuge dieser Baureihe (bis Werknummer 21) hatten noch keinen verstärkten Hinterholm, der ab Werknummer 22 eingesetzt wurde; (beide Untervarianten wurden als Modell 11 geführt); ab Werknummer 65 waren die Endflächen klappbar (diese Unterserie fiel unter die Bezeichnung Modell 21)
Mitsubishi A6M3 Modell 32: verbesserte Serienversion mit dem Sakae 21, der 832 kW (1130 PS) abgab; ab der vierten Maschine wurde die Munitionsmenge für die 20-mm-Kanonen erhöht; spätere Flugzeuge erhielten ein Tragwerk mit rechteckigen Flächenenden und einer Spannweite von 11,00 m im Gegensatz zur A6M3 Modell 22 mit abgerundeten Flächenenden und einer Spannweite von 12,00 m; normale Startmasse 2544 kg
Mitsubishi A6M4: mißglückte Versuchsversion mit aufgeladenem Sakae 21
Mitsubishi A6M5 Modell 52: verbesserte A6M3 mit stärkerer Tragflächenbeplankung, abgerundeten Flächenenden und den Vortrieb erhöhenden Auspuffrohren; normale Startmasse 2733 kg
Mitsubishi A6M5a Modell 52A: Abkömmling der A6M5 mit stärkerer Flächenbeplankung und einer verbesserten Ausführung der Kanone Typ 99, Modell 2, Mark 3
Mitsubishi A6M5 Modell 52B: verbesserte Version der A6M5a mit erweitertem Panzerschutz, einem Feuerlöschsystem für die Kraftstofftanks und einer 13,2-mm-Waffe Typ 3 statt eines 7,7-mm-Maschinengewehrs
Mitsubishi A6M5c Modell 52C: nochmals verbesserte Version mit zwei zusätzlichen 13,2-mm-Maschinengewehren Typ 3 neben den Kanonen, Rückenpanzer, erhöhter Kraftstoffkapazität und Halterungen für acht ungelenkte Luft-Luft-Raketen je 10 kg
Mitsubishi A6M6c Modell 53C: verbesserte Version der A6M5c mit dem 890 kW (1210 PS) starken Sakae 31 Triebwerk einschließlich Wasser-Methanol-Einspritzung; selbstdichtende Flügeltanks
Mitsubishi A6M7 Modell 63: Sturzkampfbomberversion der A6M6c für den Einsatz auf kleinen Flugzeugträgern; Aufhängungen für eine 250-kg-Bombe unter dem Rumpf und zwei 350-Liter-Abwurftanks unter den Flächen
Mitsubishi A6M8 Modell 64: aufgewertete Version mit dem Kinsei 62 à 1148 kW (1560 PS), verstärktem Panzerschutz statt der Bugkanonen und einer Startmasse von 3150 kg
Mitsubishi A6M2-K: zweisitzige Schulversion der A6M2 mit Doppelsteuerung
Mitsubishi A6M5-K: zweisitzige Schulversion der A6M5 mit Doppelsteuerung
Nakajima A6M2-N: Wasserflugzeugversion der A6M2 mit einzelnem Zentralschwimmer und zwei Stabilisierungsschwimmern unter den Außenflächen; normale Startmasse 2460 kg

Diese Zeichnung zeigt eine der Zwischenvarianten, die in der letzten Kriegsphase im Eiltempo entwickelt wurden. Die A6M5c, wie diese Maschine des 210. Kokutai, vereinte die nicht klappbaren, abgerundeten Flügelenden, die stärkere Beplankung, die Einzelauspuffrohre und andere Verbesserungen der Grundversion A6M5 (Modell 52) mit einer erhöhten Feuerkraft durch zwei 13,2-mm-Maschinengewehre neben den 20-mm-Kanonen in den Tragflächen. Darüber hinaus boten die meisten Maschinen ihren Piloten einen besseren Panzerschutz, vor allem im Rücken, und die Flügeltanks waren kugelsicher ausgeführt. Den wesentlichen Makel aber, die fatale Untermotorisierung, hatte man nicht korrigiert, und nur 93 solcher Flugzeuge wurden gebaut.

Focke-Wulf Fw 190

Als die Fw 190 im September 1941 über Frankreich auftauchte, wollte der britische Nachrichtendienst zunächst nicht glauben, daß dieser ungeschlachte, eckige Jäger der schnittigen Spitfire Mk V Paroli bieten konnte. Doch Kurt Tanks „Würger" beherrschte den Luftraum nicht nur acht Monate lang, sondern blieb bis zum Ende des Weltkriegs eines der besten Jagdflugzeuge in Europa.

Zeitgleich im Jahre 1937 bemühten sich Großbritannien und Deutschland um eine Nachfolge der ersten Eindecker-Jägergeneration. Jenseits des Ärmelkanals plante Hawker die Typhoon als Ersatz für die Hurricane, in Deutschland entwarf Focke-Wulf die Fw 190 zur Ablösung der Messerschmitt Bf 109, obwohl man im Reichsluftfahrtministerium (RLM) geteilter Meinung war, ob eine solche Innovation überhaupt notwendig sei. Als Antrieb für den neuen Jäger hatte Focke-Wulf wahlweise den Daimler-Benz DB601-Reihenmotor und den Sternmotor BMW 139 vorgeschlagen. Letzterer erhielt den Vorzug für den Einbau in den Prototypjäger, da er ein größeres Entwicklungspotential besaß. Unter der Leitung von Oberingenieur Blaser begannen die Feinarbeiten am Entwurf, und am 1. Juni 1939 führte Testpilot Hans Sander den ersten Prototyp in Bremen zum Jungfernflug.

Zur Minderung des Luftwiderstands durch die vergleichsweise große Stirnfläche des Sternmotors versah man die beiden ersten Versuchsmaschinen mit großen Propellerhauben. Diese Verkleidung gab man jedoch bald wieder auf, da sie für die Ursache der auftretenden Motorüberhitzung gehalten wurde. Nachdem der BMW 139 endgültig abgelehnt worden war, begann die Serienfertigung der Fw 190A mit dem Vierzylinder-Sternmotor BMW 801, dessen Kühlung durch einen Ventilator unterstützt wurde. Während die ersten neuen Flugzeuge der Nullserie Fw 190A-0 noch ein Tragwerk mit einer Fläche von 15 m^2 aufwiesen, erhielt die definitive Version dieser Maschine ein auf 18,30 m^2 erweitertes Tragwerk.

Während der Erprobung in Rechlin im Jahre 1940 traten keine schwerwiegenden Probleme auf. Die Flugzeugführer der Luftwaffe bemängelten lediglich die für die Fw 190A-1 vorgeschlagene Bewaffnung mit vier synchronisierten 7,92-mm-Maschinengewehren (MG 17). Diese schwache Bewaffnung würde bald in der Truppe auf heftige Kritik stoßen. Ende Mai 1941 war dann die Fertigung der 100 Fw 190A-1 in Hamburg und Bremen abgeschlossen. Diese Serie wurde vom BMW 801C mit 1178 kW (1600 PS) angetrieben, der diesen Jägern die stolze Geschwindigkeit von 624 km/h verlieh. Die Erprobungsstelle Rechlin und die VI./JG 26, im August 1941 in Le Bourget stationiert, flogen die Fw 190A-1. Im nächsten Monat wurden die ersten Kampfbegegnungen mit Supermarine Spitfire V der Royal Air Force gemeldet, wobei sich gezeigt hatte, daß die deutschen Jäger deutlich überlegen waren, ihre Feuerkraft allerdings zu wünschen übrig ließ.

Neue Bewaffnung – neue Überlegenheit

Die bereits während der Erprobung geäußerte Kritik an der Bewaffnung führte dazu, daß die zweite Baureihe Fw 190A-2 zwei synchronisierte 20-mm-Kanonen MG FF in den Flächenansätzen und zwei Maschinengewehre MG 17 im Mittelflügel erhielt. Trotz der schwereren Bewaffnung übertraf die neue Version mit einer Höchstgeschwindigkeit von 614 km/h die Spitfire V bei weitem. Ende März 1942 war das von Adolf Galland geführte Jagdgeschwader 26 vollständig mit Fw 190A-2 ausgerüstet. Bei dem Ausbruch der Schlachtschiffe Scharnhorst und Gneisenau durch die Straße von Dover zur Nordsee im Februar 1942 hatten 30 Fw 190A einen Jagdschutzschirm für den Konvoi gebildet, und die Fw 190A-2 der III./JG 26 hatten maßgeblichen

Nur wenige Jäger sahen nüchterner und zweckbetonter aus als die Fw 190, der die Grazie und Eleganz der Spitfire abging. Diese unbewaffnete Fw 190 wurde von den Amerikanern erbeutet.

Diese Fw 190A-4/U3 vom Gefechtsverband Druschel (II/SchG1) nahm an der Panzerschlacht im Raum Kursk im Juli 1943 teil. Der gelbe Ring um den Rumpf kennzeichnete den Kriegsschauplatz, der vordere waagerechte Balken (schwarz) die Stabszugehörigkeit, der hintere waagerechte Balken (schwarz) die Gruppe und der Buchstabe E (rot) die 4. Staffel.

Für die Jagdbomberangriffe gegen Südengland im Sommer 1943 wurde diese Fw 190A-5/U8 der I. Gruppe des Schnellkampfgeschwaders 10 (SKG 10) vorübergehend schwarz gestrichen. Zur Tarnung übertünchte der in Frankreich stationierte Verband sogar die Hoheitsabzeichen. Die Maschine ist mit einer Bombe unter dem Mittelrumpf und Abwurftanks beladen.

Die „Gelbe Neun" der II. Gruppe, Jagdgeschwader 54 „Grünherz", war die von Leutnant Helmut Sturm im Juni 1944 in Estland geflogene Fw 190A-5. Das gelbe Rumpfband für den Kriegsschauplatz war auf die aus zwei Grüntönen bestehende Sommertarnung dieser Einheit aufgemalt.

Anteil daran, daß der Angriff mit Swordfish-Torpedobombern unter Lieutenant Commander Eugene Esmonde abgeschlagen wurde.

Während die RAF verzweifelt nach einem Gegenmittel für die Fw 190 Ausschau hielt, fuhr Deutschland die Produktion seines neuen Jägers hoch. Die Focke-Wulf-Werke in Cottbus, Marienburg, Neubrandenburg, Schwerin, Sorau und Tutow sowie die Ago und Fieseler wurden in die Produktion eingespannt. Die Fw 190A-3 mit dem 1251 kW (1700 PS) starken BMW 801DG, vier 20-mm-Kanonen und zwei 7,92-mm-Maschinengewehren erreichte die II./JG 26 im März 1942 und kurz danach das einzige andere Jagdgeschwader der Luftwaffe im Westen, das JG 2.

Als die RAF endlich ihre neuen Jagdflugzeuge – die Spitfire Mk IX und die Typhoon – im August 1942 ins Gefecht über die Landezone in Dieppe schicken konnte, vermochte die Luftwaffe rund 200 Fw 190A entgegenzusetzen. Die RAF hatte nicht nur die Zahl der verfügbaren deutschen Jäger unterschätzt, sondern auch zwei bedeutende Änderungen nicht erkannt: die völlig neue Version Fw 190A-4, deren BMW 801D-2 mit Wassereinspritzung 1546 kW (2100 PS) erzeugte und ihr zu einer Spitzengeschwindigkeit von 670 km/h verhalf, sowie die Verwendung der Fw 190A-3/U1 als Bombenträger. Einem solchen Gegner war die RAF völlig unterlegen. Sie verlor insgesamt 106 Flugzeuge, davon 97 durch Fw 190. Aufgrund gravierender Fehler im Management konnten weder die Spitfire IX noch die Typhoon die ersehnte Wende herbeiführen.

Die Deutschen hatten aus Respekt vor der Spitfire V seit Monaten sämtliche Fw 190 an die Kanalfront postiert. An der rasanten Entwicklung an der Ostfront seit Juni 1941 war die Fw 190 erst 1942 beteiligt, als die I./JG 51 ihre Fw 190A-4 erhielt. Zur Reichsverteidigung und zum Schutz der deutschen Flottenverbände in Norwegen wurden der IV./JG 5 und dem JG 1 ebenfalls Fw 190A-3 und A-4 zugeführt. Im März 1942 flog die IX. (H)/LG 2 erstmals eine Aufklärerversion der Fw 190A-3 an der russischen Front. Der Aufklärungsjäger Fw 190A-4/U4 stieß zur NAufklGr 13 in Frankreich, und Jagdbomber Fw 190A-4/Trop erschienen 1942 bei der I./SG 2 in Nordafrika. Vor Ablauf dieses Jahres begann SKG 10, Städte und Häfen in Südengland mit Fw 190A-3/U1 und A-4/U8, beide mit einer 500-kg-Bombe beladbar, bei Tageslicht aus dem Tiefflug heraus anzugreifen. Das britische Fighter Command (Jägerkommando) mußte sehr starke Abwehrkräfte aufbieten.

Wechselndes Kriegsglück der Luftwaffe

Anfang 1943 erschien die Fw 190A-5 mit leicht verlängerter Motoraufhängung und einer erheblich erweiterten Vielfalt an Rüstsätzen. Der R6 für die Fw 190A-5 (aufgerüstet Fw 190A-5/R6) beinhaltete zwei

Die unbewaffnete Focke-Wulf Fw 190V1 vor ihrem Erstflug am 1. Juni 1939. Viele Unterschiede zu den Serienversionen sind zu erkennen, wie etwa das winzige Spornrad, die fehlenden Radschachtklappen am Rumpf und die Gelenkklappen am Fahrwerksbein.

Die ersten Focke-Wulf Fw 190A-1 bei der Endmontage in Bremen 1941. Auf diesem Photo sind die außerordentlich große Spurbreite des Hauptfahrwerks und die zahlreichen Wartungsklappen für den Sternmotor BMW 801 gut zu sehen.

Die blaßgraue FW 190A-6/R11 des Oberleutnant Hans Krause bei der I./NJG 10 im August 1944. Das persönliche Abzeichen des Jagdpiloten bestand aus seinem Spitznamen „Illo“ unter dem Abzeichen Wilde Sau. Man beachte die Antennengruppe des Neptun Funkmeßgeräts und das Tarnmuster der Tragflächenoberseite in zwei verschiedenen Grautönen.

Diese Fw 190A-8 der I. Gruppe, Jagdgeschwader 1, war im Dezember 1944 vom niederländischen Twenthe aus zur Reichsverteidigung (rotes Rumpfband) eingesetzt. Major Hans Ehlers, der Gruppenkommandeur, flog solch eine Maschine mit zwei Winkeln, als er am 27. Dezember 1944 abgeschossen wurde.

WG 21 (Werfergranatrohre, Kaliber 21 cm) unter den Tragflächen zur Abwehr der zunehmenden Bedrohung durch amerikanische Bomber vom Typ Boeing B-17 und Consolidated B-24. Der Nachtbomber Fw 190A-5/U2 konnte eine 500-kg-Bombe und zwei 300-Liter-Abwurftanks mitführen; die Fw 190A-5/U3 war mit bis zu 1000 kg schweren Bomben beladbar; der schwer bewaffnete Jäger Fw 190A-5/U12 verfügte über sechs 20-mm-Kanonen (MG 151/20) und einem Maschinengewehrpaar MG 17; ein 950-kg-Torpedo (LT950) konnte von der Fw 190A-5/U15 (im November 1943 in dreifacher Ausfertigung) zum Einsatz gebracht werden. Eine leichtere Version des Torpedojägers U15 war die Fw 190A-5/U14, von Hauptmann Helmut Viedebannt beim SKG 19 angeblich im Seekrieg geflogen.

Die Fw 190A-6 in ihrer Standardauslegung mit reduzierter Masse der Tragflächenstruktur war mit vier 20-mm-Schnellfeuerkanonen in den Tragflächen (neben den beiden MG 17 im Bug) bewaffnet; die Fw 190A-6/R1 führte sechs 20-mm-Kanonen in Anbaubehältern unter den Flächen mit; der Rüstsatz 6 für die Fw 190A-6 bestand aus denselben Behältern, allerdings mit 30-mm-Kanonen bestückt, so daß die Fw 190A-6/R6 mit vier Mk 108 der schwerstbewaffnete Jagdeinsitzer dieses Krieges war. Die Fw 190A-6/R4 mit BMW 801TS Ladermotor hatte eine Spitzengeschwindigkeit von 683 km/h in 10.500 m Höhe. Die Jagdbomberversionen der Fw 190A-6 konnten eine 500-kg-Bombe unter dem Rumpf mitführen.

Am 14. Oktober 1943 errangen Fw 190A-6 des JG 1, JG 5, JG 26, JG 51 und JG 54 den bedeutendsten Tagesluftsieg dieses Krieges: Der Angriff der Bomberflotten der US 8th Air Force auf Regensburg und Schweinfurt konnte entscheidend abgeschwächt werden. Von insgesamt 228 amerikanischen Bombern wurden 79 abgeschossen und 121 beschädigt. Wären die Amerikaner nicht mit so hervorragenden Begleitschutzjägern wie der North American P-51 Mustang ausgerüstet gewesen, hätten die mit der Fw 190 ausgerüsteten Jagdflieger die Vorstöße der Amerikaner gegen Deutschland bei Tageslicht ab Frühjahr 1944 unterbunden.

Die ersten Focke-Wulf 190 mit dem BMW 801C-0 als Antrieb waren die Fw 190V5k und die V5g, erstere (im Bild) mit kleinen Tragflächen (15,0 m²), letztere mit großen Tragflächen (18,3 m²). Aufgrund ihrer besseren Manövriereigenschaften ging V5g in Serienfertigung.

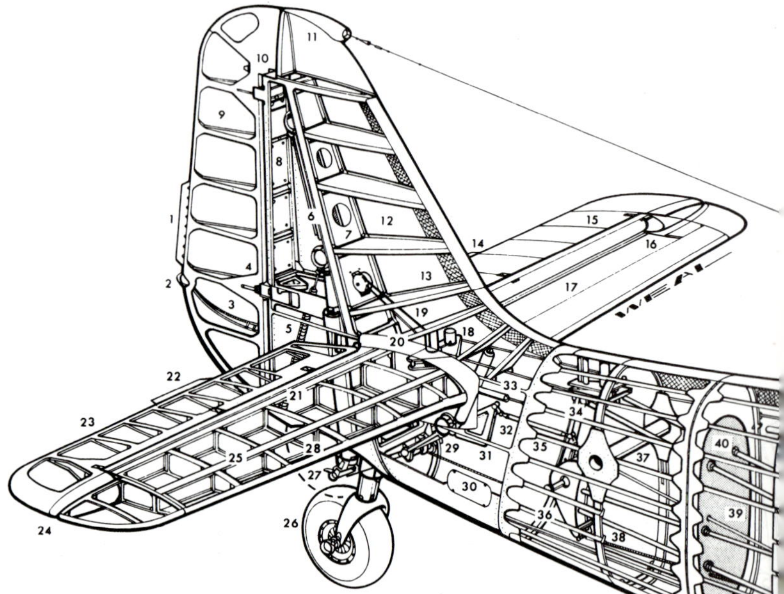

Aufriß-Erläuterung zur Focke-Wulf Fw 190A-3

1 Trimmstreifen
2 Heckpositionsleuchte
3 Kabel
4 Ruderlager
5 Spornrad Ausziehfeder
6 Führung der Stoßdämpferstrebe
7 Schrägholm
8 Ruderholm
9 Seitenruderspant
10 oberes Ruderlager
11 Antennenhalterung
12 Aufbau der Seitenflosse
13 Rippenbogen
14 Bügelstreifen am linken Höhenruder
15 linkes Höhenruder
16 Gewichtsausgleich
17 linke Höhenflosse
18 Höhenflossen-Einstellmotor
19 Seilzug/Seilrolle zur Einholung des Spornrads
20 Höhenleitwerksbefestigung
21 Aufbau der rechten Höhenflosse
22 Bügelstreifen
23 Höhenruderspant
24 Gewichtsausgleich
25 Nasenholm
26 halb einziehbares Spornrad
27 Bremsjoch
28 Radbucht
29 Spornrad-Verriegelung
30 Wartungsdeckel
31 Betätigungstück
32 Stoßstange
33 Seitenruderkabel
34 Seitenruderdifferentialgestänge
35 Anschluß Rumpf/Heck
36 Höhenruderdifferentialgestänge
37 Heberohr
38 Höhenruderkabel
39 Rumpfhauptspant (Nr. 12) mit Stoffbespannung
40 Lederseilführungen
41 Seitenruder-Stoßstangen
42 Rumpfspant
43 Mutterkompaß
44 Flachboden-Rumpfspant (zur Aussteifung der Ausrüstungszelle)
45 Verbandskasten
46 Luftbildkameras (A-3/U4 mit 2 x Rb 12)
47 Steuerkabelführungen
48 Zugangsklappe (backbord)
49 Stromkabel
50 Verteilerkasten
51 Spantaussparung im Schiebehaubenweg
52 fester Teil der hinteren Kanzelabdeckung
53 Antenne
54 Stützplatte/Kopfpanzerschutz
55 Antennenkabeleinführung mit Spannrolle
56 Gerätebucht
57 FuG 7A/FuG 25 Funkausrüstungszelle
58 Batterie
59 hinteres Schott
60 Steuerkabelführungen
61 Kanzelboden/Hauptstruktur des Tragflächenmittelstücks
62 Ausrundung des Flächenansatzes
63 hinterer Unterflurtank (291 Liter)
64 vorderer Unterflurtank (232 Liter)
65 Steuerverbindungen in der Kanzelwand
66 Sitzschale
67 Panzerschott
68 Pilotensitz
69 Handrad für Schiebehaube
70 14-mm-Panzerplatte
71 Kopfstütze
72 Kanzelhaube
73 Frontscheibenrahmen
74 Panzerglas
75 Revi-Kanonenvisier
76 Instrumententafelabdeckung
77 Gashebel
78 linke Seitenkonsole (Trimmknöpfe/Schalter)
79 Steuersäule
80 Sitzwanne
81 rechte Seitenkonsole (Sicherungen)
82 Unterflurverbindung
83 Bordnetzanschlußkasten
84 Ruderpedalbaugruppe
85 Teil des Instrumentenbrettes
86 Stützspant
87 zwei 7,9-mm-Maschinengewehre MG 17
88 Munitionszuführung
89 Entriegelung der Wartungsklappe
90 Magazin für Bugwaffen
91 vorderes Schott
92 Magazin für die innere Flügelkanone
93 untere Befestigung der Motoraufhängung
94 Kühlluftauslaßjalousie
95 obere Befestigung der Motoraufhängung
96 Ölpumpe

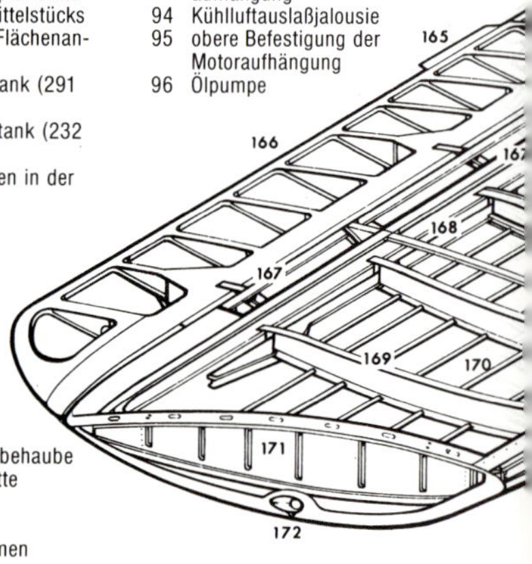

Die „Weiße Elf" mit dem schwarz-weiß-schwarzen Rumpfband des Jagdgeschwaders 4 zur Reichsverteidigung war eine Fw 190A-8 der I. Gruppe. Sie wurde im Winter 1944–45 in Delmenhorst stationiert. Geschwaderwappen am Bug sah man in der hektischen Endphase des Krieges selten.

Die „Blaue Acht" des Schlachtgeschwaders 4 während des Unternehmens „Bodenplatte" am 1. Januar 1945. Diese Fw 190F-8 mit Spiralschnauze und der für Jagdbomberverbände typischen blauen Staffelfarbe war in Köln-Wahn stationiert.

97 Ringspant zur Motoraufhängung
98 Luftkanal zur Kühlung der MG-Munition
99 vordere MG-Lagerung
100 Ausbeulung über dem MG-Verschlußteil
101 linke Spreizklappe
102 Klappenstellmotor
103 linke äußere 20-mm-Kanone
104 Verbindung der Querrudersteuerung
105 Bügelstreifen
106 linkes Querruder
114 Verbindungen der Quersteuerung
115 Mündung des Bugmaschinengewehrs MG 17
116 Mündungsrinne
117 obere Motorverkleidung
118 elektrisches Synchronisiergerät für die MG 17
119 Auspuffrohre
120 Verkleidungsring
121 Sternmotor BMW 801D-2
122 Ringformspant
123 Entriegelung der oberen Wartungsklappen
124 vorderer Verkleidungsstürzring
125 Panzerung des Schmierölbehälters
126 Schmierölbehälter (45,5 Liter)
127 ringförmiger Ölkühler
128 Ölkühler-Panzerring
129 Zwölfblatt-Motorkühlventilator
130 Dreiblatt-Propeller
131 Propellernabe
132 Ölkühler-Luftkanal
133 Verkleidung des Kühlluftkanals zum hinteren Zylinderstern
134 Entriegelung der unteren Wartungsklappen
135 untere Motorverkleidung
136 Verkleidung des vorderen Flächenansatzes
137 Radklappe unter dem Mittelrumpf
138 Mündung der inneren 20-mm-Kanone
139 Radklappenbetätigungskabel
140 rechter Radschacht
141 Rippenaussparung für das rechte Fahrwerk
142 Fahrwerkszylinder
143 Verriegelungsbaugruppe
144 Hülsenauswurf der inneren 20-mm-Kanone
145 Vorderholm des Innenflügels
146 Munitionszuführung
147 Befestigung Rumpf/Vorderholm
148 Bucht für Munitionskästen
149 rechte innere 20-mm-Kanone MG 151
150 Wulstverkleidung über dem Verschlußstück
151 Befestigung Rumpf/Hinterholm
152 Hinterholm
153 rechte Landeklappe
154 innere Vollwandrippen
155 Drehantrieb für das Einziehfahrwerk
156 Fahrwerksschwenkstrebe
157 Mündung der äußeren 20-mm-Kanone
158 Hauptfahrwerkslager
159 Hauptfahrwerksmotor
160 rechte äußere 20-mm-Kanone MG FF
161 vorderer Flügelholm
162 Trommelmagazin
163 Rippenaussparung
164 Verbindung der Quersteuerung
165 Bügelstreifen
166 Querruderspant
167 Querrudergelenke
168 Hinterholm
169 Unterschalen-Abstandsrippen des Außenflügels
170 Innenbeplankung der Unterschale
171 abnehmbarer Randbogen (steuerbord)

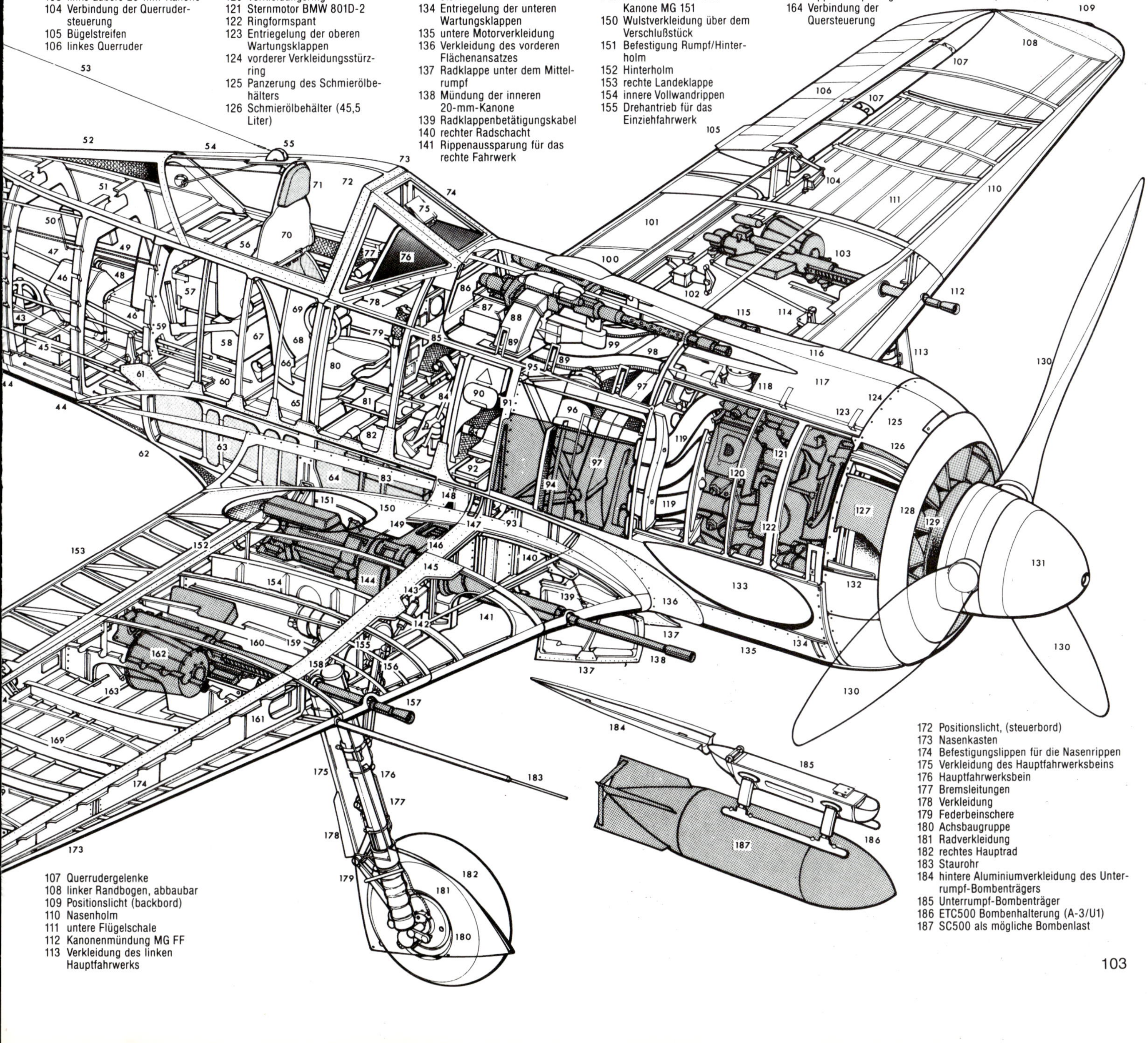

172 Positionslicht, (steuerbord)
173 Nasenkasten
174 Befestigungslippen für die Nasenrippen
175 Verkleidung des Hauptfahrwerksbeins
176 Hauptfahrwerksbein
177 Bremsleitungen
178 Verkleidung
179 Federbeinschere
180 Achsbaugruppe
181 Radverkleidung
182 rechtes Hauptrad
183 Staurohr
184 hintere Aluminiumverkleidung des Unterrumpf-Bombenträgers
185 Unterrumpf-Bombenträger
186 ETC500 Bombenhalterung (A-3/U1)
187 SC500 als mögliche Bombenlast

107 Querrudergelenke
108 linker Randbogen, abbaubar
109 Positionslicht (backbord)
110 Nasenholm
111 untere Flügelschale
112 Kanonenmündung MG FF
113 Verkleidung des linken Hauptfahrwerks

Die „Schwarze Zwölf" war eine Fw 190D-8 der 10. Staffel des Jagdgeschwaders 54 „Grünherz". Die Maschine war am Unternehmen „Bodenplatte" am Neujahrstag 1945 beteiligt und stürzte in Wemmel, Belgien ab. Die gelben Farbmarkierungen sind möglicherweise ein Indiz dafür, daß das Flugzeug für dieses Vorhaben von der Ostfront abgezogen wurde.

Diese Fw 190D-9 im blaß-blaugrauen Grundanstrich mit dunkelgrau geflecktem Tarnmuster gehörte zur III./JG 2 „Richthofen" und war im Dezember 1944 in Altenstadt stationiert. Sie besaß keinerlei weiße Markierung.

Trotz dieser Erfolge zwang das wechselnde Kriegsglück die Luftwaffe zunehmend in die Defensive – bis zum ausschließlichen, verzweifelten Abwehrkampf. Die verstärkte Nachtbomberoffensive der RAF band Fw 190A (insbesondere Fw 190A-5/U2) zur Jagd in mondklaren Nächten; der Lufttaktik Wilde Sau der 30. Jagddivision unter Hajo Hermann mit drei Geschwadern fielen in der zweiten Hälfte des Jahres 1943 rund 200 schwere Bomber der RAF zum Opfer.

Experimentalversionen

Während Fw 190A Jagdbomber im Mittelmeerraum operierten, erschienen die Fw 190A-7 mit einem Paar 20-mm-Kanonen im oberen Bugraum (neben den verschiedenen Rohrwaffenkombinationen in den Flächen) und die Fw 190A-8 mit GM-1 Stickstoff-Oxyd-Einspritzung und Anpassungen für sämtliche früheren Rüstsätze. Die Fw 190A-8/U1 war eine zweisitzige Version, von der drei Exemplare zur Umschulung von Flugzeugführern der Ju 87 auf die Fw 190 für Jagdbomberstaffeln an der Ostfront gebaut wurden. Die Fw 190A-8/U3 war die obere Komponente der „Huckepack-Kombination" Mistel mit einer unbemannten Junkers Ju 88 als Sprengstoffträger. Die Fw 190A-8/U11, eine Version zur Schiffsbekämpfung mit einem Bombentorpedo BT700, wurde im Februar 1944 gegen die russische Schwarzmeerflotte eingesetzt. Die Fw 190A-9 mit gepanzerter Nasenkante des Tragwerks wurde von einem BMW 801F mit 1472 kW (2000 PS) angetrieben, (obwohl die Fw 190A-9/R11 einen BMW 801TS mit Turbolader hatte). Die Fw 190A-10, von der lediglich Versuchsmaschinen fertiggestellt wurden, war mit Aufhängungen für ein größeres Bombenspektrum versehen. Reine Experimentalversionen der Fw 190A stellten die Fw 190V74 mit einer siebenrohrigen 30-mm-Rohrblockwaffe, die durch ein Revi-242-Kanonenvisier gerichtet wurde, und auch die Fw 190V75 dar, die sieben abwärts feuernde 45-cm-Mörser zur Bekämpfung von Panzern aus 10 m über Grund besaß. Ein weiteres interessantes Projekt war die Verwendung sogenannter Doppelreiter. Diese waren große Treibstofftanks auf den Tragflächen der Fw 190A-8, die das Erprobungskommando 25 unter Major Georg Christl im Juli 1944 testete.

Die Verfügbarkeit der Spitfire IX beim Fighter Command in Verbindung mit dem drohenden Verlust der Kampfüberlegenheit der Fw 190A führte zur Entwicklung der Serie Fw 190B mit dem BMW 801D-2-Triebwerk samt Einspritzanlage GM-1 und druckbelüfteter Kanzel. Aufgrund technischer Probleme mit der Druckkabine gab man diese Version jedoch wieder auf, nachdem lediglich eine kleine Gruppe von Versuchsmaschinen produziert worden war. Die Baureihe Fw 190C, von der fünf Prototypen mit DB603-Reihenmotor, Ringkühler, Hirth 9-2281 Lader und Vierblatt-Luftschrauben zusammengestellt waren, wurde Anfang 1944 ebenfalls verworfen.

Die Fw 190D mit einem 1303 kW (1770 PS) starken Junkers Jumo 213A-1 Zwölfzylinder-Reihenmotor und Ringkühler im beträchtlich verlängerten Bug erwies sich als äußerst erfolgreich nach ihrem Erstflug im Mai 1944 in Langenhagen. Die ersten seriengefertigten Fw 190D (sie hießen bei der Luftwaffe im allgemeinen „Dora-Neun") erreichten die III./JG 54 im September 1944 und wurden zum Schutz des Düsenjägerfliegerhorstes des Kommando Nowotny eingesetzt. Zu den Varianten der Serie Fw 190D zählte die Fw 190D-10 mit einer einzelnen 30-mm-Kanone Mk 108, die zwischen die Zylinderreihen gelagert war und durch die Propellernabe feuerte. Die Fw 190D-12/R21, eine Jagdbomberversion der nabenfeuernden Fw 190D-10 mit der Wasser-Methanol-Einspritzanlage MW50, war mit 730 km/h in 11.000 m höchstwahrscheinlich die schnellste aller Fw 190. Während der letzten Monate des Dritten Reichs rüsteten „Dora-Neun" die meisten Jagdverbände der Luftwaffe aus, doch im Kampf gegen die Alliierten – vor allem gegen die P-51 und Spitfire XIV – zogen sie häufig den Kürzeren. Ihre Unterlegenheit ist zum Teil auf zwei schwere Handicaps zurückzuführen: Zum einen bewirkte der Mangel an Treibstoff, daß nur relativ schwache Jagdverbände eingesetzt werden konnten; zum anderen fehlten kampferfahrene Jagdpiloten. Als das JG 6, von Major Gerhard Barkhorn mit 301 anerkannten Luftsiegen geführt, im April 1945 eine brandneue Flotte von 150 „Dora-Neun" übernahm, konnte das Geschwader jeweils nur einen Schwarm für Jagdpatrouillen gegen massierte Angriffsverbände der Alliierten aufbringen.

Die Baureihen Fw 190F und Fw 190G waren im wesentlichen Jagdbomber. Die gepanzerte Jagdbomberversion Fw 190F („Panzer-Blitz")

Die erste von mehreren Torpedo-Trägerversionen der Fw 190 war die A-5/U14 (Nummer 871), hier mit einem Lufttorpedo LT F5b abgebildet. Die Torpedoaufhängung dieser Version war tiefer als bei der U15 für den LT 950. Deswegen mußte die Spornradbaugruppe beträchtlich gestreckt werden.

Der zweite unbewaffnete Prototyp für die vorgeschlagene Höhenjägerserie Fw 190C war die V18, hier in der Ausführung U1 mit DB 603A-Reihenmotor (der den früheren DB 603G ablöste), Vierblatt-Propeller und Hirth-Turbolader 9-2281. Der Einbau einer Druckkabine ist an den Verstärkungsstreben der Kanzelhaube zu erkennen.

Beim Vormarsch der Russen im ostpreußischen Marienburg erbeutet, flog diese Fw 190D-9 im Frühjahr 1945 mit dem Roten Stern der Baltischen Rotbanner-Luftflotte. Der Antennenmast auf der Leitwerksspitze läßt auf eine Ausrüstung mit sowjetischem Funkgerät schließen.

Der Winkel mit dem waagerechten Balken weist auf die Zugehörigkeit zum Geschwaderstab, das Rumpfband der Reichsverteidigung auf das Jagdgeschwader 4 hin. Diese Fw 190D-9 flog Anfang 1945 von Babenhausen aus.

erschien im Frühjahr 1944. Bis auf die gewölbte Haube hatte diese Variante starke Ähnlichkeit mit der Fw 190A, nur die Bestückung mit Rohrwaffen – zwei MG 17 und zwei 20-mm-Kanonen – war zugunsten der Beladung mit Bomben – einer 1000-kg-Bombe und zwei 50-kg-Splitterbomben – reduziert worden. Besondere Bedeutung besaß die Fw 190F-8, die 14 21-cm-Raketenbomben, sechs 28-cm-Granatwerfer oder 24 ungelenkte R4M-Raketen mitführen konnte. Im Herbst 1944 erreichten die ersten Fw 190F-8 die III.(Pz)/KG 200.

Tatsächlich kam die Serie Fw 190G weit vor der Fw 190F zum Kampfeinsatz, denn die ersten Maschinen wurden nach der Landeoperation „Torch" im November 1942 nach Nordafrika für das in Zarzoun/Tunesien liegende SG 2 geschickt. Die Mehrzahl diente jedoch an der Ostfront, wo diese Kampfflugzeuge eine bedeutende Rolle bei der Panzerschlacht im Raum Kursk Anfang Juli 1943 spielten. Die Version Fw 190G-1 mit speziell verstärktem Fahrwerk konnte eine 1800-kg-Bombe zum Einsatz bringen.

Langnasen-Abkömmlinge

Die Geschichte der Fw 190 wäre nicht vollständig, bliebe die Weiterentwicklung in Gestalt der Ta 152 unerwähnt. Ihr Name gibt Aufschluß über den Urheber des Gesamtentwurfs, Kurt Tank. Der Langnasen-Abkömmling der Serie Fw 190D übernahm die nabenfeuernde 30-mm-Kanone, markierte jedoch eine umfassende Verwendung elektrischer Bordsysteme. Etliche Prototypen der Versionen Ta 152A, B und C wurden gebaut, doch erst die Ta 152H-1 mit dreifacher Kanonenbewaffnung (1 x 30 mm und 2 x 20 mm) und einer Spitzengeschwindigkeit von 760 km/h in 12.500 m Höhe wurde zur Truppenverwendung bestimmt. Nur rund ein Dutzend Jäger dieser Version konnten vor dem Ende des Krieges noch fertiggestellt und dem JG 301 übergeben werden. Insgesamt 26 Ta-152-Prototypen und 67 Nullserien- und Serienflugzeuge wurden produziert.

Da sich die Luftwaffe während der letzten 30 Monate des Krieges in der Defensive befand, nahm die Produktion dieses Jägers eindrucksvolle Ausmaße an: In der Periode zwischen 1939 und 1945 wurden nicht weniger als 20.087 Fw 190 (einschließlich 86 Prototypen) gebaut; Anfang 1944 erreichte die Tagesproduktion sogar einen Spitzenwert von 22 Flugzeugen.

Zahlreiche Jagdpiloten der Luftwaffe erzielten beachtliche Kampferfolge mit der Fw 190. So schoß Josef Würmheller an einem einzigen Tag sieben Spitfire V über dem Küstenstreifen von Dieppe ab – trotz einer Gehirnerschütterung und eines Beinbruchs, den er aus einem früheren Unfall davontrug. Das Fliegeras Oberleutnant Otto Knittel errang 220 von insgesamt 267 Luftsiegen mit Fw 190A-4 und -5. Zum illustren Kreis siegreicher Fw 190-Jagdpiloten gehörten ebenso Walter Nowotny, Heinz Bär, Hermann Graf und Kurt Bühligen, die alle mehr als 100 Luftgefechte mit den Kanonen des „Würgers" zu ihren Gunsten entschieden.

Varianten der Focke-Wulf Fw 190 und Ta 152

Fw 190V1 bis V80 (plus sechs weitere Exemplare): Versuchsmaschinen und Entwicklungsflugzeuge im Zeitraum 1939/44; dienten als Prototypen für die Baureihen Fw 190A bis G sowie für einige Ta 152

Fw 190A-0: neun Flugzeuge mit kleinem Tragwerk, elf Flugzeuge mit großen Tragflächen; Nullserie mit BMW 801C-1 Triebwerk; vier 7,92-mm-Maschinengewehre

Fw 190A-1: vier 7,92-mm-Maschinengewehre

Fw 190A-2: zwei 20-mm-Kanonen und zwei 7,92-mm-Maschinengewehre; BMW 801C-2

Fw 190A-3: vier 20-mm-Kanonen und zwei 7,92-mm-Maschinengewehre; BMW 801D-2; Zusatz U1 = Jagdbomber, U3 = Nahunterstützungsjäger, U4 = Aufklärungsjäger, U7 = Jagdbomber; ‚Trop' Untervarianten

Fw 190A-4: FuG16Z Funkausrüstung; BMW 801D-2 mit MW50 Einspritzung; Zusatz U1 und U8 = Jagdbomber, U4 = Nahunterstützungsjäger, R6 = Bomberzerstörer; ‚Trop' Untervarianten; Einführung der Rüstsätze

Fw 190A-5: leicht gestreckte Motoraufhängung des BMW 801D-2; Zusatz U2 = Nachtjagdbomber, U3 ähnlich U2 mit erhöhter Bombenlast, U4 = Aufklärer, U6 und U8 = Jagdbomber, U11 = Bomberzerstörer, U13 = Nahunterstützungsjäger, U14 und U15 = Torpedojäger, U16 = Bomberzerstörer; U17 war der Prototyp für die Fw 190F-3; ‚Trop' Untervarianten

Fw 190A-6: FuG16Z und FuG25 Funkausrüstung; leichtere Struktur des Tragwerks; R1 bis R4 = Bomberzerstörer, R4 mit BMW 801TS; R6 = Bomberzerstörer mit Raketen unter den Flächen; ‚Trop' Untervarianten

Fw 190A-7: zwei 20-mm-Kanonen und zwei 13-mm-Maschinengewehre; Rüstsätze wie für die A-6

Fw 190A-8: FuG15ZY Funkausrüstung; Einspritzanlage GM-1; Rüstsätze R1 bis R6 wie für die A-6; R7 mit gepanzerter Kanzel; R11-Allwetterjäger mit PKS12/FuG125 Funkausrüstung und zwei 30-mm-Kanonen; U1 = zweisitzige Schulversion, U3 = obere Komponente des Mistel-Huckepacksystems; U11 = Jäger/Torpedobomber

Fw 190A-9: BMW 801F; Rüstsätze ähnlich wie für die A-6; R11 mit BMW 801TS und R12 mit zwei 30-mm-Kanonen

Fw 190A-10: ausschließlich Versuchsflugzeuge; BMW 801TS/TH; drei Aufhängungen für Bomben oder Abwurftanks; vier 20-mm-Kanonen und zwei 13-mm-Maschinengewehre

Fw 190B-0: drei Prototypen durch Umbau von Fw 190A-1; unterschiedliche Tragflügelformen; Versagen der Druckbelüftung führte zur Aufgabe dieser Version; eine nicht fertiggestellte Fw 190B-1

Fw 190C-0: sechs Versuchsflugzeuge, einschließlich einer modifizierten Fw 190A-0; verschiedene Triebwerke mit Hirth-Turbolader; Entwicklung eingestellt

Fw 190D-0: Nullserie von zehn Flugzeugen durch Umbau von Fw 190A-7; Reihenmotor Junkers Jumo 213A mit Ringkühler; erste „Langnasen" Fw 190

Fw 190D-9: Jumo 213A; zwei 20-mm-Kanonen und zwei 13-mm-Maschinengewehre; die meisten Jäger mit gewölbter Kanzelhaube; R11-Allwetterjäger mit FuG125 Funkausrüstung

Fw 190D-10: zwei Versuchsmaschinen durch Umrüstung von Fw 190D-0; eine einzelne 30-mm-Nabenkanone als Ersatz für das Maschinengewehrpaar im oberen Bugraum

Fw 190D-11: nur sieben Prototypen; zwei 20-mm- und zwei 30-mm-Kanonen; R20 mit PKS12 Funkausrüstung; R21 mit FuG125 Funkausrüstung

Fw 190D-12: eine 30-mm- und zwei 20-mm-Kanonen; Jumo 213F mit Panzerschutz; R5 = Nahunterstützungsjäger; R11 = Allwetterjäger; R21 mit MW50 Einspritzung; R25 mit Jumo 213EB

Fw 190D-13: Jumo 213EB; drei 20-mm-Kanonen; R5, R11, R21 und R25 wie bei der D-12

Fw 190D-14: DB603A; zwei Versuchsmaschinen durch Umrüstung einer D-9 und einer D-12

Fw 190D-15: DB603EB; nicht gebaut; geplante Umrüstung von Fw 190A-8 und Fw 190F-8

Fw 190E: nicht realisiertes Projekt eines Aufkärungsjägers

Fw 190F-1: gepanzerter Jagdbomber; ein ETC501 und zwei ETC50 Bombenträger; gewölbte Kanzelhaube

Fw 190F-2: ähnlich wie die F-1, jedoch mit ER4-Anpaßgerät für Bombenträger

Fw 190F-3: Möglichkeit zur Ausrüstung mit abwerfbaren Tanks unter den Flächen; R3 mit zwei 30-mm-Kanonen unter den Flächen

Fw 190F-8: Möglichkeit zur Beladung mit diversen Raketen und Waffen zur Bekämpfung von Weichzielen; U1 war die geplante zweisitzige Ausbildungsversion; U2 und U3 waren zur Beladung mit unterschiedlichen Torpedobomben ausgerüstet, und U14 war ein Torpedojäger; R1, R2, R3, R5, R8, R11, R14, R15 und R16 ließen verschiedene Waffenkombinationen zu

Fw 190F-9: gepanzerte Version der Fw 190A-9; Parallelproduktion; BMW 801TS

Fw 190F-10 bis F-14: nicht realisierte Vorhaben

Fw 190F-15: ein Prototyp; Tragwerk von Fw 190A-8; BMW 801TS/TH

Fw 190F-16: ein Prototyp; erweiterter Panzerschutz; BMW 801TS/TH

Fw 190G-0: zwei 20-mm-Kanonen; max. Bombenlast 1000 kg

Fw 190G-1: verstärktes Fahrwerk; eine 1800-kg-Bombe; Junkers-Bombenträger

Fw 190G-2: wie oben, jedoch mit Messerschmitt-Bombenträger

Fw 190G-3: wie oben, jedoch mit Focke-Wulf-Bombenträger; R5 konnte mit vier Splitterbomben unter den Flächen beladen werden

Fw 190G-4: drei ETC503 Bombenträger

Fw 190G-7: war zur Ausrüstung mit einem 900-Liter-Abwurftank vorgesehen

Fw 190G-8: BMW 801D-2; ansonsten wie Fw 190A-8; R4 mit GM1-Einspritzung

Fw 190H-1: vorgeschlagener Höhenjäger mit DB603G; nicht gebaut

Ta 152A-1: nicht realisiertes Projekt ähnlich der Fw 190D-9 mit FuG24 Funkausrüstung

Ta 152A-2: nicht realisiertes Projekt wie oben, jedoch mit vier 20-mm-Kanonen

Ta 152B-1: nicht realisiertes Projekt mit 30-mm-Nabenkanone

Ta 152B-2: nicht realisiertes Projekt mit GM1-Einspritzung

Ta 152B-3: geplanter Nahunterstützungsjäger mit Panzerschutz

Ta 152B-4: projektierter schwerer Jäger; R1 mit zwei 13-mm-Maschinengewehren und zwei 20-mm-Kanonen; R2 mit drei 30-mm-Kanonen und zwei 20-mm-Kanonen

Ta 152B-5: ein fertiggestellter Prototyp (Fw 190V53); drei 20-mm-Kanonen; drei R11-Versuchsflugzeuge gebaut (Ta 152V19, V20 und V21)

Ta 152C: drei fertiggestellte Prototypen; DB603L; Allwetterjäger

Ta 152C-0 und C-1: drei fertiggestellte Prototypen; DB603L; zahlreiche Rohrwaffenkombinationen

Ta 152E-1: Luftbildaufklärungsflugzeug; zwei Prototypen wurden fertiggestellt

Ta 152E-2: Höhenversion der E-1; ein Prototyp (Ta 152V26) fertiggestellt

Ta 152H: Höhenjäger; Jumo 213E; drei modifizierte Fw 190 (Fw 190V29, V30 und V32) wurden als Prototyp fertiggestellt

Ta 152H-0: 20 Nullserienflugzeuge, die 1944 in Cottbus gebaut wurden; Jumo 213EB; Varianten R11, R21 und R31 mit Einspritzanlage und unterschiedlicher Funkausrüstung

Ta 152H-1: eine Versuchsmaschine (Ta 152V26) in Gestalt der modifizierten Ta 152E-2 und rund ein Dutzend fertiggestellte Serienflugzeuge; Ta 152H-10 war eine Jagdaufklärungsversion, die bei Kriegsende noch nicht fertiggestellt war

Ta 153: ein Prototyp (Fw 190V32) durch Modifizierung einer Ta 152H Versuchsmaschine mit sehr hoher Flügelstreckung

TECHNISCHE DATEN

Focke-Wulf Fw 190A-8
Typ: einsitziger Jäger/Jagdbomber
Triebwerk: ein Sternmotor BMW 801D-2 mit 1546 kW (2100 PS)
Leistung: Höchstgeschwindigkeit (ohne Außenlasten) 654 km/ h; Anfangssteiggeschwindigkeit 12 m/sek; normale Reichweite 805 km; Dienstgipfelhöhe 11.400 m
Gewicht: Leermasse 3170 kg; Höchstmasse 4900 kg
Abmessungen: Spannweite 10,50 m; Länge 8,84 m; Höhe 3,96 m; tragende Fläche 18,30 m^2
Bewaffnung: (A-8/R2) zwei 7,9-mm-Maschinengewehre MG 17, vier 20-m-Kanonen MG 151/20, eine 500-kg-Bombe und zwei 250-kg-Bomben oder ein 300-Liter-Abwurftank

Die Hauptserienversion der Focke-Wulf Fw 190 war die A-8 „Panzerbock". Sie ist hier in der Grundauslegung mit dem um 20 cm nach vorn versetzten Lastengestell ETC501 unter dem Mittelrumpf mit einem 300-Liter-Abwurftank zu sehen. Die mit vier langrohrigen 20-mm-Kanonen MG 151/20 in den Flächen und zwei MG 17 Maschinengewehren im Bug bewaffnete „Rote 19" flog Unteroffizier Ernst Schröder, Angehöriger der 5. Staffel, Jagdgeschwader 300, zur Reichsverteidigung im Oktober/ November 1944. Die II. (Sturm-) Gruppe des JG 300 wurde im Juli 1944 mit Major Kurd Peters als Kommandeur, dem im Oktober dieses Jahres das Ritterkreuz verliehen wurde, aufgestellt. Dies war einer der Jagdverbände, die den Westalliierten zur Verhinderung der Invasion entgegengeworfen wurden, und die im Herbst zur Nachtjagdtaktik Wilde Sau übergingen. Staffelkapitän der 5. Staffel war Oberleutnant Klaus Bretschneider, ebenfalls Träger des Ritterkreuzes, der 14 seiner 31 Luftsiege im Jagdverfahren Wilde Sau erzielte.

Kölle alaaf!
19

Nakajima Ki-43

Schwach motorisiert und nur leicht bewaffnet war die Nakajima Ki-43-I eigentlich schon überholt, als sie im Dezember 1941 ihr Einsatzdebüt über Malaysia gab. Dennoch zeigte sich diese Maschine den Typen der Alliierten während des ersten Kriegsjahres überlegen und blieb bis zur japanischen Kapitulation in Produktion. Zu der Zeit war das Muster allerdings bereits hoffnungslos veraltet.

Während der letzten Friedenstage auf der Malaiischen Halbinsel strahlten die Piloten von No. 21 und 453 Squadron (RAAF), No. 67 und 243 Squadron (RAF) sowie No. 488 Squadron (RNZAF) noch Selbstbewußtsein aus. Sie waren sich zwar darüber im klaren, daß ihre Brewster Buffalo neben modernen europäischen Jagdflugzeugen wie Oldtimer wirkten, hatten sich aber von dem Irrglauben einwickeln lassen, daß ihre japanischen Gegner noch ältere Modelle flögen. Tragischerweise mußten viele dieser Piloten dafür mit dem Leben bezahlen oder gerieten in Kriegsgefangenschaft, denn es stellte sich bald heraus, daß die Brewster Buffalo den wendigen Nakajima Ki-43-I Hayabusa der Kaiserlich-Japanischen Armee nicht gewachsen waren.

Zu Beginn der Offensive gegen Malaysia hatte die Heeresleitung 173 Jäger der 3. Hiko-Shidan (Luftwaffendivision) unterstellt und auf Flugplätzen in Indochina stationiert. 59 ihrer Maschinen waren vom Typ Ki-43-I (59. und 64. Sentais), die modernste Jägervariante Japans. Anfangs wurden die Maschinen als Begleitschutz und als Jagdbomber gegen Flugplätze eingesetzt, aber schon bald konnten sie, zusammen mit der älteren Ki-27, die Bedrohung durch die Buffalo unter dem Kommando von Air Chief Marshal Sir Robert Brooke-Popham als nichtig erweisen. Selbst als die ersten Hawker Hurricane Mk II ins Geschehen eingriffen, hielten die Ki-43 ihre Luftüberlegenheit, da die alliierten Piloten in der Kürze der Zeit noch keine wirksame Taktik gegen die kleinen japanischen Jäger entwickeln konnten und auch nicht über die nötigen technischen Möglichkeiten verfügen.

Nach seinem Erstflug auf dem Flugplatz Ojima im Januar 1939 wäre der Prototyp dieses effektiven Jägers fast gescheitert, und nur grundlegende Änderungen und Überarbeitungen konnten ihn retten. Nachdem das Koku Hombu (Hauptquartier der Luftstreitkräfte) seine Politik aufgegeben hatte, Konstruktionsverträge über Ausschreibungen abzuschließen, erhielt die Firma Nakajima Hikoki KK (Nakajima Aeroplane Co. Ltd.) den Auftrag, ein einsitziges Jagdflugzeug als Ersatz für die Ki-27 zu entwickeln, die gerade in Dienst ging. Die Spezifikationen für das neue Muster betonten besonders die Wendigkeit, die mindestens an die der bemerkenswerten Ki-27 heranreichen sollte. Ferner wurden eine Höchstgeschwindigkeit von 500 km/h, eine Steigrate von fünf Minuten auf 5000 m, eine Reichweite von 800 km und die Ausrüstung mit zwei 7,7-mm-Maschinengewehren gefordert. Mit Ausnahme der Wendigkeit waren diese Forderungen eher bescheiden, denn in Europa waren bereits schnellere und schwerer bewaffnete Jagdflugzeuge entwickelt worden.

Unzureichende Ki-43-Prototypen

Das Konstruktionsteam um Hideo Itokawa entschloß sich, die Grundstruktur und das Profil der Ki-27-Tragfläche beizubehalten, wählte aber einen längeren Rumpf, um der höheren Leistung von 690 kW (938 PS) gerecht zu werden, die der zweireihige Nakajima Ha-25-Sternmotor mit festem Zweiblatt-Holzpropeller lieferte. Trotz des Einziehfahrwerks und einer 30 Prozent höheren Startleistung zeigten sich die drei Ki-43-Prototypen kaum schneller als die Serienversion der Ki-27 Otsu (27b). Schlimmer aber war, daß die neue Jägervariante nicht im entferntesten

Diese Ki-43-I-Hei (Ic) mit chinesischen Abzeichen war die erste flugfähige „Oskar", die den Alliierten in die Hände fiel; hier bei Tests durch US-Personal. Die amerikanischen Piloten waren beeindruckt von der Wendigkeit, kritisierten aber die leichte Bewaffnung und den unzureichenden Selbstschutz. Man beachte die Ähnlichkeit der Maschine mit der A6M Zero der japanischen Navy.

Eine Ki-43-I-Hei, wie sie bei der 64. Sentai im Einsatz war, als man versuchte, China von den Alliierten in Indien und Burma abzuschneiden. Die Farben auf dem Leitwerk kennzeichnen die Zugehörigkeit innerhalb der Sentais: Blau identifizierte die Stabsflieger, Weiß die erste, Rot die zweite und Gelb die dritte Chutai. Der Braunschleier über dem üblichen dunkelgrünen Tarnanstrich war an der China-Siam-Burma-Front häufig anzutreffen.

die geforderte Wendigkeit der Ki-27 erzielte. Da die meisten japanischen Piloten ein Einziehfahrwerk für technische Spielerei hielten und glaubten, der Luftkampf würde für alle Zeit ein klassischer Nahkampf bleiben, bewertete das Heerestestteam in Tachikawa die Ki-43-Prototypen als völlig unzureichend.

Zu diesem Zeitpunkt hatte das Koku Hombu ernsthaft in Erwägung gezogen, die Entwicklung der Ki-43 einzustellen und statt dessen die Serienfertigung der Ki-27 zu beschleunigen. Doch schließlich siegte die Vernunft, und man beschloß, nach einer grundlegenden Konstruktionsänderung zehn Maschinen für einen Feldversuch zu fertigen. Dabei wurde auch der Rückschritt auf ein festes Fahrwerk in Betracht gezogen, doch wieder verworfen, da man sonst die geforderten Leistungen nie erreicht hätte.

Die erste der zehn Maschinen war im November des Jahres 1939 fertiggestellt. Sie verfügte über einen leichteren Rumpf, neue Höhenleitwerksflächen, eine neues Kabinendach mit verbesserter Sicht nach hinten und eine stärkere Version des Ha-25-Triebwerks. Die Ergebnisse der ersten Tests waren vielversprechend und erfüllten auch die verschärften Leistungsanforderungen an die Versuchsmaschinen.

Verschiedene Testversionen

In der zweiten und zehnten Vorserienmaschine kam ein Ha-105-Triebwerk zum Einsatz, das mit einem zweistufigen anstelle eines einstufigen Laders 821 kW (1116 PS) leistete. In der siebten und zehnten Maschine wurden zwei 12,7-mm-Maschinengewehre vom Typ 1 (Ho-103) getestet. Zwar kam das Ha-105-Triebwerk bei der Serienversion nicht zum Zug, aber man führte die schwerere Bewaffnung ein. Auch die Tragevorrichtung für abwerfbare 200-Liter-Tanks unter den Tragflächen wurde bei der Serienmaschine übernommen. Doch nur der Einrüstung von „Butterfly"-Manöverklappen (schon früher am P.E.-Prototyp der Ki-27 getestet) bei der achten Ki-43-Vorserienmaschine von 1940 war die endgültige Fertigungsentscheidung zuzuschreiben. Mit diesem Klappensystem zeigte das Jagdflugzeug eine wahrhaft außergewöhnliche Wendigkeit. Im September 1940 erhielt Nakajima grünes Licht für die Serienfertigung der Ki-43-I als Army Type 1 Fighter Modell 1, von dem drei Unterversionen, je nach Verfügbarkeit des 12,7-mm-Maschinengewehrs, geplant waren: die Ki-43-I-Ko (Ia) mit zwei 7,7-mm-Gewehren, die Ki-43-I-Otsu mit einem 7,7-mm- und einem 12,7-mm-Gewehr und die Ki-43-I-Hei (Ic) mit zwei 12,7-mm-Gewehren. Damit standen unterschiedlich einsatzfähige Versionen zur Verfügung.

Der Falke breitet seine Flügel aus

Das neue Muster mit Namen Hayabusa, Wanderfalke, wurde im Juni 1941 in Dienst gestellt. Zunächst rüstete die 59. Sentai von der Ki-27 auf die Ki-43 um, und schon bald, kurz vor Eintritt Japans in den Zweiten Weltkrieg, erhielt auch die 64. Sentai das neue Kampfflugzeug. Die Ki-43 fegte die Buffalo vom Himmel und war selbst gegenüber den Hurricane mehr als erfolgreich. Tatsächlich gingen die meisten Verluste der 59. und 64. Sentais auf das Konto von Treibstoffmangel im Flug oder Strukturbrüchen. Das erste Problem war nach der Lieferung einer ausreichenden Anzahl von Kraftstoffzusatzbehältern gelöst, doch das zweite erforderte eine grundlegende Neukonstruktion der Tragfläche, denn eine im Tachikawa-Arsenal notdürftig durchgeführte Verstärkung der Struktur bei den Einsatzmaschinen erwies sich wider Erwarten als unzureichend.

Nur wenige Monate nach Einführung der Maschine stellten die Armee und auch der Hersteller fest, daß die Flugleistungen der Nakajima-Ki-43 unbefriedigend waren und sie, abgesehen von der hervorragenden Wendigkeit, schon bald gegenüber den modernen Jägern der Alliierten ins Hintertreffen geraten würde. Unglücklicherweise konnte man infolge der unrealistischen Überbetonung von Wendigkeit vor Flugleistung nur wenig tun, um die Geschwindigkeit oder die Bewaffnung zu verbessern. Schließlich erhielt die Maschine jedoch das 858 kW (1167 PS) starke Ha-115-Triebwerk, eine Weiterentwicklung des Ha-25 mit zweistufigem Lader und Dreiblatt-Verstellpropeller

Die zehnte Vorserienmaschine der Ki-43 mit der Seriennummer 4313 gehörte zu den beiden Versuchsflugzeugen, die einen 820 kW (1115 PS) starken Ha-105-Sternmotor erhielten und über verstellbare Kühlluftlamellen verfügten. Die Maschine war mit zwei 12,7-mm-Maschinengewehren Ho-103 ausgerüstet, einer Bewaffnung, die später bei den meisten Serienmaschinen übernommen wurde.

Als die 50. Sentai mit ihren Nakajima Ki-27-Otsu vom Einsatz auf den Philippinen zurückkehrte, wurde sie für ihre weiteren Operationen in Burma auf die Ki-43-I umgerüstet. Dieses Bild entstand im Juni 1942 in Tokorozawa, und die abgebildete Maschine gehörte ihrer farbigen Markierung zufolge entweder zur ersten (weiße Streifen) oder zur dritten Chutai (gelbe Streifen).

Varianten der Nakajima Ki-43

Ki-43: drei Prototypen und zehn Vorserienmaschinen für die Kaiserlich-Japanische Armee; die Vorserienmaschinen erhielten wesentliche Strukturveränderungen; als Antrieb diente ein 690 kW (938 PS) oder 738 kW (1004 PS) starker Nakajima Ha-25-Sternmotor (abgesehen von der zweiten und zehnten Vorserienmaschine mit einem Nakajima Ha-105-Sternmotor mit 821 kW (1116 PS) und Zweiblatt-Festpropeller; die Standardbewaffnung bestand aus zwei 7,7-mm-Maschinengewehren vom Typ 89, die man bei der siebten und zehnten Vorserienmaschine durch 12,7-mm-Maschinengewehre Typ 1 ersetzte; „Butterfly"-Manöverklappen wurden mit der achten Vorserienmaschine getestet

Ki-43-I-Ko: sämtliche Modifikationen der Vorserienmaschinen wurden beim ersten Serienmodell zusammengefaßt, das mit einem Ha-25-Sternmotor mit Zweiblatt-Propeller und zwei 7,7-mm-Maschinengewehren Typ 89 ausgestattet war

Ki-43-I-Otsu und **Ki-43-I-Hei:** ähnlich der Vorgängerversion, allerdings mit einem 7,7-mm- und einem 12,7-mm-Maschinengewehr Typ 1 oder zwei 12,7-mm-Maschinengewehren Typ 1 ausgerüstet

Ki-43-II: fünf Prototypen mit verstärkter Tragfläche, reduzierter Spannweite (10.84 m statt 11.44 m), verkleinerter Flügelfläche (21,4 statt 22 m^2) und 858 kW (1167 PS) starken Nakajima Ha-115-Sternmotoren mit Dreiblatt-Propeller; anstelle von zwei 15-kg-Bomben konnten nun 30-kg- oder 250-kg-Bomben als Außenlasten transportiert werden; Einrüstung erster Schutzschilde für den Piloten und selbstabdichtender Tanks

Ki-43-II-Ko: erste Serienversion der Ki-43-II, die von Nakajima und der Tachikawa Dai-Ichi Rikugun Kokusho gebaut wurde; verfügte über zwei 12,7-mm-Maschinengewehre Typ 1

Ki-43-II-Otsu: verbesserte Version mit geringfügig veränderter Ausrüstung und modifiziertem Motoreinbau; produziert von Nakajima und der Tachikawa Hikoki KK

Ki-43-II-KAI: drei Prototypen, gebaut von Nakajima, mit einzelnen Abgasrohren, wobei der Abgassammelring entfiel und so eine höhere Leistung erzielt wurde; gefolgt von einer großen Serie, die von Nakajima bis September 1944 und von Tachikawa bis zum Ende des Krieges gefertigt wurde

Ki-43-III-Ko: zehn Prototypen, gebaut von Nakajima, mit 888 kW (1207 PS) starkem Ha-115-II Sternmotor; einige Maschinen wurden von Tachikawa produziert

Ki-43-III-Otsu: zwei Prototypen, gebaut von Tachikawa im Frühjahr 1945; als Antrieb diente ein 970 kW (1319 PS) starker Mitsubishi Ha-112-Sternmotor mit Dreiblatt-Propeller; zwei 20-mm-Kanonen Ho-5 waren im oberen Rumpf eingebaut

anstelle des Zweiblatt-Festpropellers. Damit gelang es Nakajima, die Höchstgeschwindigkeit der Ki-43-I-Hei von 492 km/h in 5000 m Höhe auf 558 km/h in 5830 m Höhe bei der Ki-43-II zu steigern, allerdings nur für kurze Zeit. Nach Einrüstung von 13 mm starken Kopf- und Rükkenschilden und einer rudimentären Form von selbstabdichtenden Tanks erreichte die von einem Ha-115 angetriebene Hayabusa nur noch 530 km/h in 4000 m Höhe.

Zusammen mit den Ki-43-II-Prototypen erhielten die Ki-43-II-Ko-I, die Ki-43-II-Otsu-I und die Ki-43-II-KAI-Versionen leicht verkürzte Tragflächen mit verstärkter Struktur. Ferner verstärkte man die Unterflügelträger, die während der Produktion der Ki-43-II-Otsu von einer Position hinter dem Fahrwerk weiter nach außen verlegt wurden, so daß sie sogar 250-kg-Bomben mitführen konnten. Weitere Änderungen, die die Serienversion einführte, betrafen den Triebwerkseinbau. Der bis zur Ki-43-II-Ko ringförmig unter der Motorhaube installierte Ölkühler wurde bei den ersten Ki-43-II-Otsu mit im vergrößerten Luftfiltereinlaß untergebracht, und später erhielt der Ölkühler ein eigenes Gehäuse unter dem Rumpf. Schließlich versah man die Ki-43-II-KAI mit einzelnen Abgasrohren, die den Abgassammelring der früheren Versionen ersetzten und so die Leistungsausbeute verbesserten.

Eine zweite Produktionsstätte

Anfangs war die Produktion der Hayabusa nur auf das Nakajima-Werk in Otsa beschränkt, das in Gumma Prefecture, 80 km nördlich von Tokio, lag. Die Auslieferung erfolgte sehr schleppend, und 1941 wurden nur 157 Ki-43-I fertiggestellt (gegenüber 433 Ki-27 im gleichen Zeitraum). Um die Produktion des neuen Kampfflugzeugs zu beschleunigen, fuhr man im Werk in Otsa die Ki-27-Fertigung herunter. Die Produktionszahlen für 1942 spiegeln deutlich die neuen Prioritäten wider: 616 Ki-43 gegenüber 289 Ki-27, wobei die letzte der alten Ki-27-Maschinen im November geliefert wurde.

Da die Kaiserlich-Japanische Armee nun auf breiter Front vom chinesischen Festland bis zum Dschungel von Neuguinea kämpfte, reichte selbst diese hohe Produktionsrate nicht mehr aus, um die Verluste bei den Ki-43-Einheiten zu decken (dazu gehörten Ende 1942: die 1., 11., 21., 24., 25., 26., 33., 50., 59., 64., 203. und 248. Sentai), geschweige denn, weitere Einheiten umzurüsten. Das Koku Hombu befahl daher sowohl dem Tachikawa Dai-Ichi Rikugun Kukusho (1. Army Air Arsenal in Tachikawa) als auch dem Tachikawa Hikoki KK (Tachikawa Aeroplane Co. Ltd.), mit den Vorbereitungen zur Produktion der Hayabusa zu beginnen. Das Arsenal konnte keinen wesentlichen Beitrag zu der Gesamtproduktion beitragen, da es zwischen Oktober 1942 und November 1943 nur 49 Ki-43-II-Ko-Maschinen fertigte. Andererseits wurde Tachikawa nach einem langsamen Beginn (die erste Ki-43-II-Otsu wurde erst im Mai 1943 mit sieben Monaten Verspätung ausgeliefert) der größte Hersteller der Hayabusa. Die letzte von Nakajima gebaute Ki-43 verließ das Werk im September 1944, während Tachikawa bis zum Kriegsende weiter produzierte. Selbst nach den schweren Bombenangriffen der US 20- Air Force gelang die Auslieferung einer letzten Serie von 35 Ki-43 in der ersten Augusthälfte des Jahres 1945.

Siegreiche Ki-43

Nach der Eroberung von Malaysia und dem Fall von Singapur am 15. Februar 1942 wandte sich die Kaiserlich-Japanische Armee den amerikanischen Verteidigungslinien auf den Philippinen zu. Während der kurzen Eroberung der holländischen Kolonie Indonesien flogen die Piloten der Ki-43 von Sieg zu Sieg und konnten mit herausragenden Ergebnissen aufwarten. So erzielte beispielsweise die 64. Sentai

Nachdem Nakajima zehn Prototypen der Ki-43-III-Ko mit dem 887 kW (1206 PS) starken Sternmotor Ha-115-II gebaut hatte, ging diese Version bei Tachikawa in Serie. Nur wenige erreichten die Einsatzverbände und wurden meist leichte Beute für die modernen alliierten Jagdflugzeuge. Diese Maschine gehörte zur 1. Chutai der 48. Sentai.

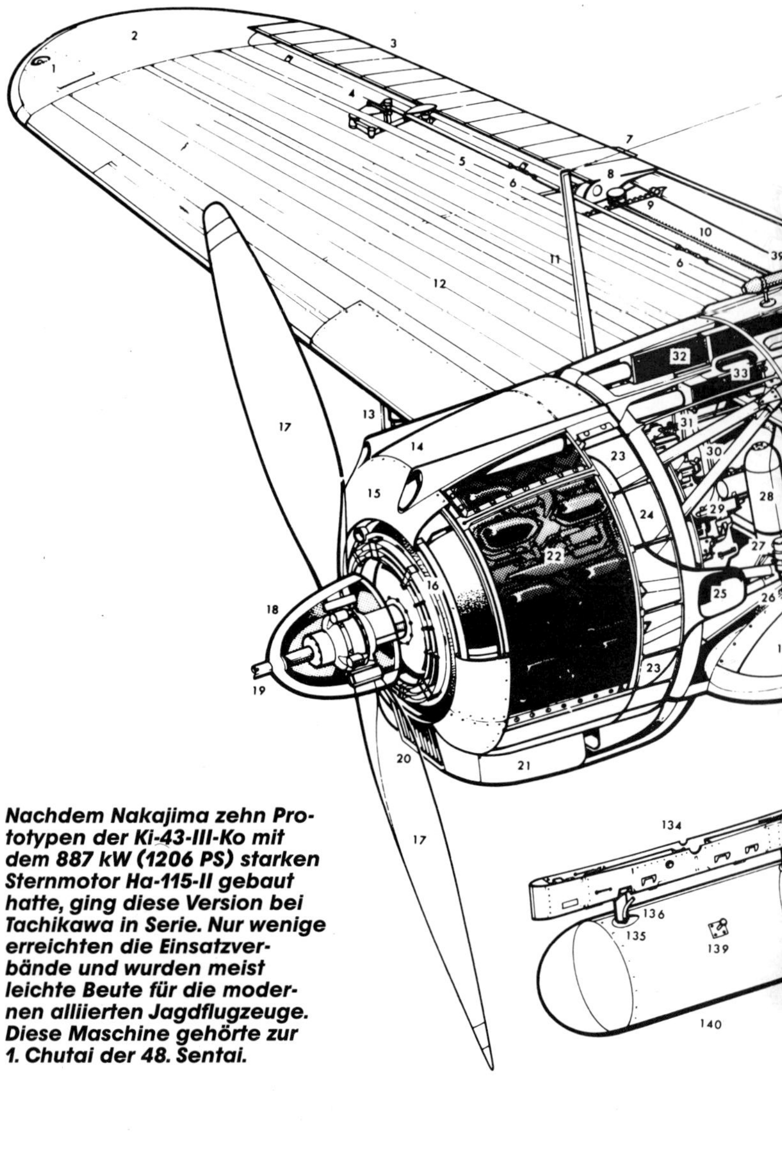

Eine bunt bemalte Ki-43-II-Otsu, das am zahlreichsten vertretene Serienmodell des kleinen Kampfflugzeugs der Kaiserlich-Japanischen Armee. Sie ist abgebildet in den Farben des Führers der Stabs-Chutai, 77. Sentai, während des Wintereinsatzes in Burma 1943/44. Die Einheit flog damals Begleitschutz für Bomberverbände, die auch britische Einrichtungen in Indien zum Ziel hatten.

Aufriß-Erläuterung zur Nakajima Ki-43-I-Ko Hayabusa

1 rechtes Positionslicht
2 Flächenspitze
3 rechtes Querruder, stoffbespannt
4 Gelenk des Querrudergestänges
5 Gestänge zur Querruderbetätigung
6 Verbindungsstück im Querrudergestänge
7 Querruder-Trimmfläche
8 äußere Umlenkrolle der Flügelklappe
9 Klappenantrieb
10 Klappenbetätigungszüge
11 Antennenmast
12 Leichtmetall-Flächenverkleidung
13 Verkleidung des rechten Hauptfahrwerks
14 Verkleidung der Maschinengewehre
15 Ringverkleidung
16 ringförmiger Ölkühler
17 Zweiblatt-Metallpropeller (zwei Steigungen)
18 Verkleidung der Propellernabe
19 Starterflansch
20 Lufteinlaß des Laders
21 Lufteinlaßverkleidung
22 Nakajima Ha-25-(Typ 99)-14-Zylinder-Zwei-Reihen-Sternmotor
23 Kühlerlamellen
24 Abgassammelring
25 Abgasauslaß
26 untere Motoraufhängung
27 Ölregelventil
28 Öltank
29 Triebwerkszusatzgeräte
30 obere Motoraufhängung
31 Kühllamellenbetätigung
32 zwei 12,7-mm-Maschinengewehre Typ 89
33 Gasauslaß der Maschinengewehre
34 Patronenauswurf
35 Brandschott
36 Munitionsmagazin (500 Schuß pro Gewehr)
37 Patronenauswurf
38 Verkleidung des Gewehrverschlusses
39 Visiereinrichtung
40 einteilige Windschutzscheibe
41 Funkantenne
42 nach hinten öffnende Cockpithaube
43 Überrollbügel
44 Sitzschale
45 Sitzverstellung
46 Sitzwanne
47 Leistungshebel
48 Instrumententafel
49 Steuerknüppel
50 Ruderpedale
51 Rudergestänge
52 Sitzeinbaurahmen
53 Steuerkabelverbindungen
54 Sauerstoffbehälter
55 Ruderseilumlenkrolle
56 Sende-/Empfangsteil
57 Typ 96 Hi-3-Funkgerät
58 Empfangsteil
59 Sendeteil
60 Vibrationsdämpfer
61 Verbindungsflansch der Rumpfstruktur
62 Wartungsöffnung
63 Rumpfverspannung
64 Rumpfstruktur
65 Rahmen
66 Oberer Längsträger
67 Höhenruderbetätigungszüge
68 Rumpfverkleidung
86 Höhenruderrahmen
87 aerodynamischer Höhenruderausgleich
88 Höhenleitwerksstruktur
89 Seitenruderbetätigung
90 nicht einziehbares Spornrad
113 mittlere Querruderaufhängung
114 linkes Querruder
115 äußere Querruderaufhängung
116 linke Flächenspitze
117 linkes Positionslicht
118 Tragflächenverkleidung

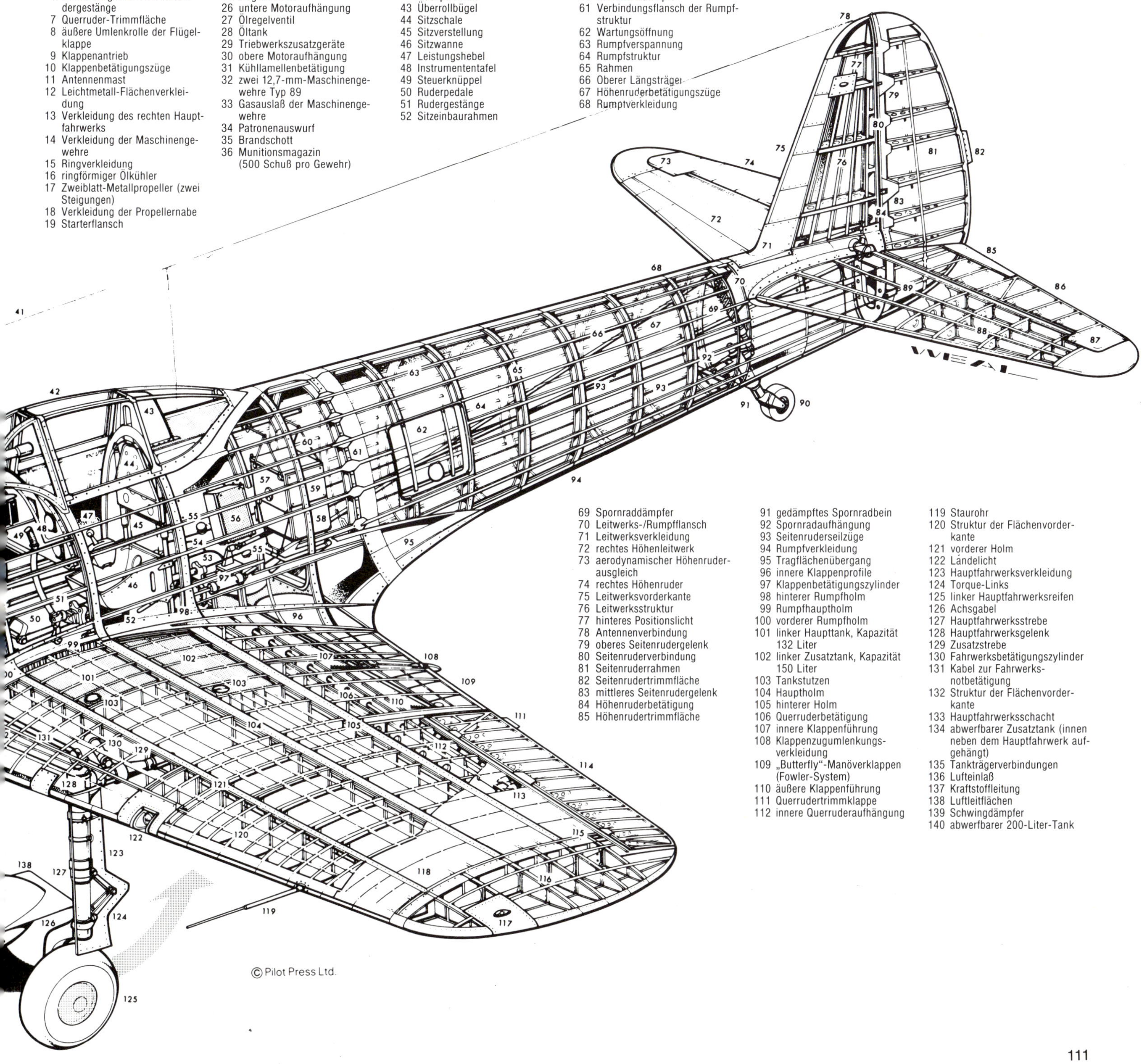

69 Spornraddämpfer
70 Leitwerks-/Rumpfflansch
71 Leitwerksverkleidung
72 rechtes Höhenleitwerk
73 aerodynamischer Höhenruderausgleich
74 rechtes Höhenruder
75 Leitwerksvorderkante
76 Leitwerksstruktur
77 hinteres Positionslicht
78 Antennenverbindung
79 oberes Seitenrudergelenk
80 Seitenruderverbindung
81 Seitenruderrahmen
82 Seitenrudertrimmfläche
83 mittleres Seitenrudergelenk
84 Höhenruderbetätigung
85 Höhenrudertrimmfläche
91 gedämpftes Spornradbein
92 Spornradaufhängung
93 Seitenruderseilzüge
94 Rumpfverkleidung
95 Tragflächenübergang
96 innere Klappenprofile
97 Klappenbetätigungszylinder
98 hinterer Rumpfholm
99 Rumpfhauptholm
100 vorderer Rumpfholm
101 linker Haupttank, Kapazität 132 Liter
102 linker Zusatztank, Kapazität 150 Liter
103 Tankstutzen
104 Hauptholm
105 hinterer Holm
106 Querruderbetätigung
107 innere Klappenführung
108 Klappenzugumlenkungsverkleidung
109 „Butterfly"-Manöverklappen (Fowler-System)
110 äußere Klappenführung
111 Querrudertrimmklappe
112 innere Querruderaufhängung
119 Staurohr
120 Struktur der Flächenvorderkante
121 vorderer Holm
122 Landelicht
123 Hauptfahrwerksverkleidung
124 Torque-Links
125 linker Hauptfahrwerksreifen
126 Achsgabel
127 Hauptfahrwerksstrebe
128 Hauptfahrwerksgelenk
129 Zusatzstrebe
130 Fahrwerksbetätigungszylinder
131 Kabel zur Fahrwerksnotbetätigung
132 Struktur der Flächenvorderkante
133 Hauptfahrwerksschacht
134 abwerfbarer Zusatztank (innen neben dem Hauptfahrwerk aufgehängt)
135 Tankträgerverbindungen
136 Lufteinlaß
137 Kraftstoffleitung
138 Luftleitflächen
139 Schwingdämpfer
140 abwerfbarer 200-Liter-Tank

TECHNISCHE DATEN

Nakajima Ki-43-II-Otsu
Typ: einsitziger Jäger und Jagdbomber
Triebwerk: ein luftgekühlter zweireihiger Nakajima Ha-115 14-Zylinder-Sternmotor mit 858 kW (1167 PS)
Leistungen: Höchstgeschwindigkeit 530 km/h in 4000 m Höhe; Steigzeit auf 5000 m fünf Minuten und 49 Sekunden; Dienstgipfelhöhe 11.200 m; normale Reichweite 1760 km
Gewicht: Leermasse 1919 kg; max. Startmasse 2925 kg
Abmessungen: Spannweite 10,84 m; Länge 8,92 m; Höhe 3,27 m; Tragflügelfläche 21,4 m^2
Bewaffnung: zwei Ho-103-Maschinengewehre Typ 1, Kaliber 12,7 mm, im oberen Rumpf, plus zwei 30-kg- oder 250-kg-Bomben unter den beiden Tragflächen

Tachikawa baute die Ki-43-III-Ko für die 48. Sentai, die im Sommer 1945 in der Mandschurei eingesetzt war. Die Sentai-Symbole am Leitwerk sind die stilisierten Ziffern 4 und 8; die Zahl 21 gibt die laufende Nummer der Maschine in der Sentai an. Standard-Identifikationsmerkmale waren der weiße Streifen um den hinteren Rumpf und die orange-gelben inneren Flächenvorderkanten. Bei ihrem Einsatzdebüt während des letzten Kriegsjahres verfügte diese Version des Nakajima-Jägers über alle Merkmale, die einen modernen Jagdbomber auszeichnen, wie ein Einziehfahrwerk, gute Rundumsicht, Außenlastträger für Bomben und einen Verstellpropeller. In bezug auf die Leistung war die Maschine jedoch auf dem Stand der späten dreißiger Jahre, denn mit ihrer Höchstgeschwindigkeit von nur 576 km/h lag sie sogar noch unter den 582 km/h, die die Spitfire Mk1 bei ihrer Indienststellung 1938 erreichte. Die Bewaffnung mit zwei Maschinengewehren im oberen Rumpf war fast schon ein Rückfall auf den Standard des Ersten Weltkriegs.

I. Hasegawa

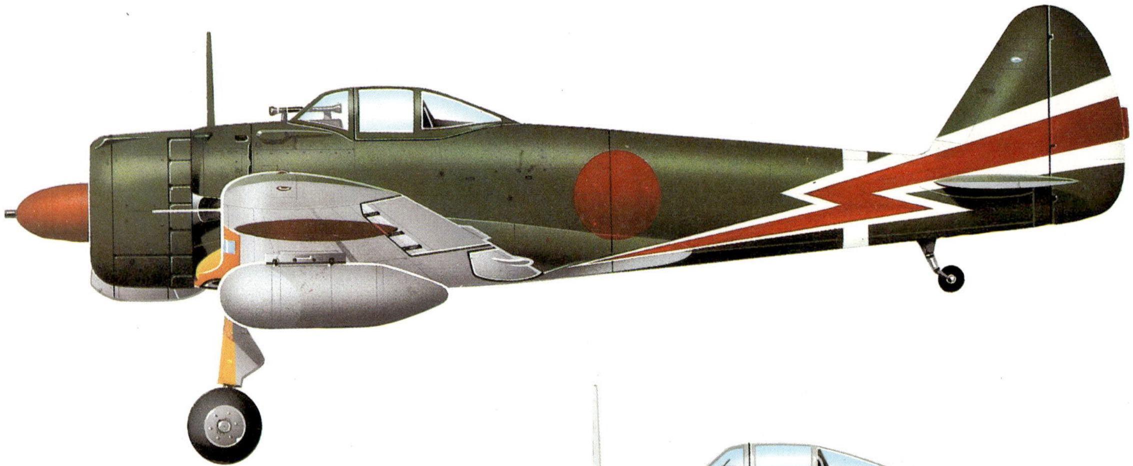

Auch bei dieser Ki-43-I-Hei kennzeichnet der weiß umrandete rote Blitz die Zugehörigkeit der Maschine zur 2. Chutai der 50. Sentai; die Breite der weißen Umrandung ist allerdings ungewöhnlich. Man beachte, daß die orangegelbe Markierung der inneren Flächenvorderkante bis zur Fahrwerksverkleidung hinunterreicht.

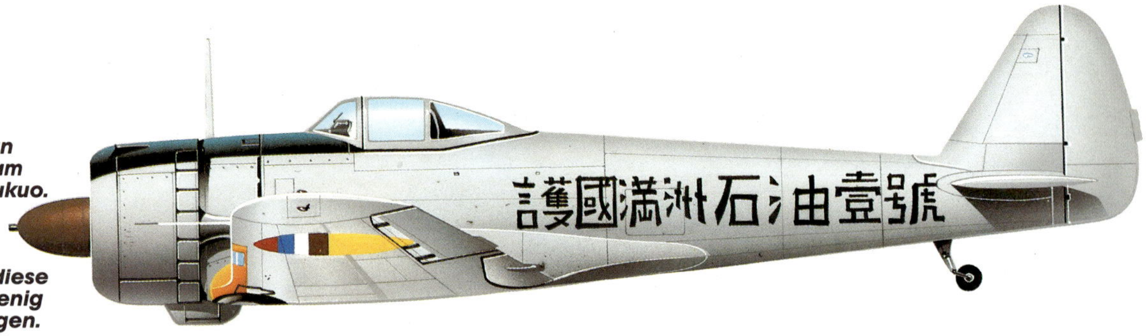

Während des Krieges lieferte Japan eine kleine Anzahl von Ki-43 an Siam und den Marionettenstaat Manchukuo. Die Siamesen, die einige Ki-43-I erhielten, und das Manchukuo Army Air Corps, an das unterschiedliche Typen, darunter auch diese Ki-43-II-KO, gingen, machten nur wenig Gebrauch von ihren Kampfflugzeugen.

am 19. Februar 1942 14 bestätigte und fünf unbestätigte Abschüsse und verlor selbst nur eine einzige Ki-43. An der burmesischen Front sollte sich das Blatt für die japanischen Piloten jedoch wenden, denn hier standen sie den Piloten der amerikanischen Freiwilligengruppe gegenüber, den berühmten „Flying Tigers" von General Chennault. Von da an sahen sich die Ki-43, unter den Alliierten als „Oskar" bekannt, in der Defensive. Die Alliierten erhielten immer mehr moderne Kampfflugzeuge und ersannen bessere Taktiken gegen die wendigen japanischen Maschinen. Trotz der Verstärkung durch Ki-44 im Frühjahr 1942, Ki-61 ab Herbst 1942, Ki-84 ab Sommer 1944 und Ki-100 ab Frühjahr 1945 trug die Ki-43 weiterhin einen Großteil der Verteidigungslast während der letzten beiden Kriegsjahre.

Das Ende der Luftüberlegenheit

Schließlich stand fest, daß selbst mit den neuesten Weiterentwicklungen wie der Ki-43-III-Ko und der Ki-43-III-Otsu die Hayabusa keine effektive Bedrohung für die Kampfflugzeuge der Alliierten mehr darstellte. Wie kaum ein anderes Muster verkörperte die Ki-43 Hayabusa sowohl die Qualitäten als auch die Nachteile der japanischen Kampfflugzeuge des Zweiten Weltkrieges. Im engen Luftkampf kam ihr keine Maschine gleich. Doch ab 1943 waren Geschwindigkeit, Bewaffnung und Selbstschutz wichtigere Qualitäten als Wendigkeit, um im Luftkampf bestehen zu können. Um so bemerkenswerter ist es, daß die Ki-43 als einziger japanischer Jäger auch nach dem Zweiten Weltkrieg in geringen Stückzahlen weiter Verwendung fand. So wurden beispielsweise einige eroberte Hayabusa von der Indonesian People's Security Force gegen die Holländer eingesetzt. Auch von den französischen Groupes de Chasse I/7 und II/7 wurden sie in ihrem Kampf gegen die Kommunisten in Indochina verwendet.

Insgesamt entstanden 5919 Ki-43 aller Varianten, davon 3239 bei Nakajima, 2631 bei Tachikawa und nur 49 Maschinen beim 1. Army Air Arsenal.

Diese im Licht der chinesischen Sonne aufblitzende Ki-43-II-Otsu der 2. Chutai (roter diagonaler Streifen auf dem Leitwerk), 25. Sentai, beweist, daß das Auftragen von grünen Flecken auf die Metallhaut einen wenig effektiven Tarnanstrich ergab.

Jakowlew Jak-1/3/7/9

Abgesehen von vielen Forschungs- und Versuchsflugzeugen produzierte die Sowjetunion im Zweiten Weltkrieg 36.737 Exemplare der kolbengetriebenen Jakowlew-Jäger. Keine andere Jägerserie erreichte diese Stückzahl oder könnte sich rühmen, in den letzten Kriegsjahren einen so großen Beitrag zum Sieg geleistet zu haben.

Als Hitler am 22. Juni 1941 die Sowjetunion angriff, konnten sich die Roten Luftstreitkräfte fast nur auf veraltete Einsatzmuster stützen. Unter den neueren Prototypen war der Jak-Jäger vermutlich der beste, obwohl auch dieser die Krankheitssymptome früherer Sowjetjäger aufwies: ein zu großer Motor in einem zu kleinen Flugzeug, eine zu schwache Bewaffnung und eine zu schwierige Handhabung für schlecht ausgebildete Piloten, die diesen „heißen Ofen" auf zugeschneiten Frontflugplätzen betreiben mußten. Trotz allem war die Jak entscheidend bei der Bezwingung der Luftwaffe.

Alexander S. Jakowlew hatte sich schon immer gewünscht, einen Jäger zu konstruieren. Seine Chance kam im November 1938, als das Bomberprojekt Ja-22 auslief und sein Konstruktionbüro die Genehmigung erhielt, einen Frontjäger zu entwerfen. Dieses Unternehmen begann als Ja-22, doch die amtliche NKAP-Bezeichnung lautete I-26 (I für Istrebitel oder Jäger). Jakowlew hatte die Messerschmitt Bf 109 und die Supermarine Spitfire aus erster Hand studiert, aber noch nie Ganzmetallzellen und Schalenbauweise verwendet. Daher beschloß er, an der gewohnten Konstruktion festzuhalten: hölzerne Tragflächen, ein Rumpfgerüst aus geschweißtem Stahlrohr mit gemischter Aluminiumbeplankung/Stoffbespannung und Kontrollflächen aus Duralumin, die mit Stoff überzogen waren. Da er mit V.J. Klimow auf gutem Fuße stand, stimmte er der Verwendung von dessen 994 kW (1350 PS) starkem Motor M-106-I (fern verwandt mit dem Hispano-Suiza 12Y) vorbehaltlos zu. Bis dahin waren Einziehfahrwerke bereits weniger klobig, und ein gutes, breitspuriges Fahrwerk wurde entworfen, das auf einfachem Weg vor den Nasenholm in die Flächen einzog. Zur Betätigung setzte man Druckluft ein, ebenso wie für die Duralumin-Spaltklappen. Für ein Minimum an Luftwiderstand brachte man den Glykol- und den Ölkühler in einem Kanal an der hinteren Unterseite des Tragwerks unter, während die Vergaserlufteinläufe in die Flächenansätze eingebettet waren. Die Bewaffnung bestand aus einer ShVAK-20-mm-Kanone, die durch die Nabe des hydraulischen Verstellpropellers VISh-61 feuerte, und schnellfeuernden ShKAS-Maschinengewehren, Kaliber 7,62 mm, über dem Triebwerk, für das nur der M-105 mit 773 kW (1050 PS) in Frage kam.

Die Flugzeugmonteure nannten die Ja-26 liebevoll „Krasavits" (Schönheit). Zum Abschluß erhielt die Maschine die Jak-Hausfarben mit leuchtend rotem Rumpf und rot-weiß gestreiftem Seitenleitwerk. Chefpilot Ju. I. Piontkowski führte sie am 13. Januar 1940 durch einen glatten Erstflug, allerdings ohne Kanonen und Funkgerät. Auch bei Schnee und Eis funktionierte das Räderfahrwerk einwandfrei. Bedauerlicherweise stürzte die Maschine am 27. April ab, doch als Ursache

Dieses Foto, eines der besten sowjetischen Flugbilder aus dem Zweiten Weltkrieg, zeigt eine Kette Jak-9 über der Krim im Jahre 1944. Den Bug schmücken das Gardewappen und der Rotbannerorden. Bei zwei Maschinen stehen die Spornrad-Schachtklappen offen.

stellte sich ein Herstellungsfehler heraus, so daß die Zukunft dieses Musters nicht gefährdet war. Zwei Werke, darunter das an das OKB auf dem Leningradskii Prospekt in Moskau angrenzende GAZ-115, sollten den neuen Jäger mit der V-VS-Dienstbezeichnung Jak-1 fertigen. Zum Zeitpunkt des Unfalls stand der zweite Prototyp zum Jungfernflug bereit. Diese Maschine brachte einen Großteil der vielzähligen Änderungen, die man für die Jak-1 gefordert hatte: Der Ölkühler war unter den Bug verlegt, der Vergaserluftkanal zu Einläufen in den Flügelwurzeln aufgetrennt, der Rumpf hinter dem Kabinendach verbreitert, die Tiefe des Seitenleitwerks erhöht und das Spornrad nicht mehr einziehbar.

Bei der Flugparade am 1. Mai hatte die Jak-1 ihr öffentliches Debüt, und ab 10. Juni 1940 fand die offizielle NII-Erprobung unter P.M. Stefanowski statt. Eine Ablehnung war inzwischen unvorstellbar, aber die Jak-1 war noch längst nicht ausgereift. Der ärgerlichste Mangel bestand in dem häufigen Versagen der Aluminiumkraftstoffrohre, was mehrfach sogar zu Bränden im Flug geführt hatte. Die pneumatischen Bordanlagen waren unzuverlässig, die Kanonen hatten des öfteren Ladehemmungen, und nicht selten klemmte das Kabinendach. Der Kreml forderte zwar bessere Flugleistungen, aber zunächst sollte dieser Jäger in großer Zahl bereitgestellt werden. So wurden in den letzten Wochen des Jahres 1940 noch 64 Flugzeuge ausgeliefert. Inzwischen befaßte sich das erheblich aufgestockte Jakowlew-OKB mit Verbesserungen. Im Herbst 1941 mußte die Produktion zum GAZ-286 nach Kamensk-Uralsk und Ende 1942 zum GAZ-153 nach Novosibirsk ausgelagert werden. Jede Fabrik führte eigene Änderungen ein, und trotz der Notwendigkeit von Standardisierung gab es nach Einschätzung eines zeitgenössischen Beobachters kaum zwei aufeinanderfolgende Maschinen, die sich glichen! Die Hauptänderungen betrafen die Bewaffnung. So hatte man ab Mitte 1941 bei einigen Maschinen die beiden ShKAS durch ein 12,7-mm-UBS ersetzt, während andere nur noch die schwache Bewaffnung von zwei UBS aufwiesen, von denen eines die ShVAK ersetzte. Einfachere Federbeinverkleidungen wurden eingeführt, neben verbesserten Lufteinläufen in den Flächenansätzen, einziehbaren Schneekufen und einer Sperrholzabdekkung mit seitlichen Sichtscheiben hinter der Haube anstelle der großen gewölbten Heckschale aus Plexiglas. Mit der Original-Klarsichtscheibe hatte sich die Sicht nach hinten als schlecht erwiesen, aber die Haube ließ sich verbessern. Die beste Lösung fand ein Frontverband, der die leichte Sekundärstruktur über dem Hinterrumpf kappte und eine Klarsichtverkleidung hinter der Schiebehaube einschraubte. Häufig war die Sicht des Piloten jedoch in jeder Richtung schlecht, weil den russischen Formpreßteilen die nötige Gleichmäßigkeit fehlte, aber das neue Konzept wurde für die nächste Serie Jak-1B akzeptiert. Bis dahin hatten viele Piloten sich angewöhnt, mit offener Haube zu fliegen.

Leistungssteigerungen

Wesentlich komplexer war das Modifikationsprogramm für die Jak-1M angelegt, das im Oktober 1940 unter Sinelschtschikow anlief. Es zielte nicht nur auf eine leichtere Zelle ab, sondern auch auf eine Leistungssteigerung durch die Einführung des Motors VK-105PF. Das Vorhaben dauerte fast zwei Jahre und umfaßte über 450 wichtige Änderungen am Entwurf. Die Zeit hatte sich aber gelohnt, denn das Gewicht bei Beladung sank von 2850 kg auf 2655 kg, trotz leicht erhöhter Kraftstoffkapazität des schwereren PF-Motors und des neuen Propellertyps 105SV mit konstantem Gleichdrehzahlregler. Im gesamten Flugleistungsbereich zeigten sich deutlich bessere Werte, und rund die Hälfte der bis zum Sommer 1943 gelieferten Jäger waren Jak-1M. Diese Zahl beinhaltet nicht die zahlreichen Prototypen und Versuchsflugzeuge, wie die I-28, I-30 und I-33, die diverse Änderungen hinsichtlich der Zelle, des Motor- und Kühlereinbaus sowie der Bewaffnung aufwiesen. Anfang 1940 hatte die Erprobung der doppelsitzigen Schul-

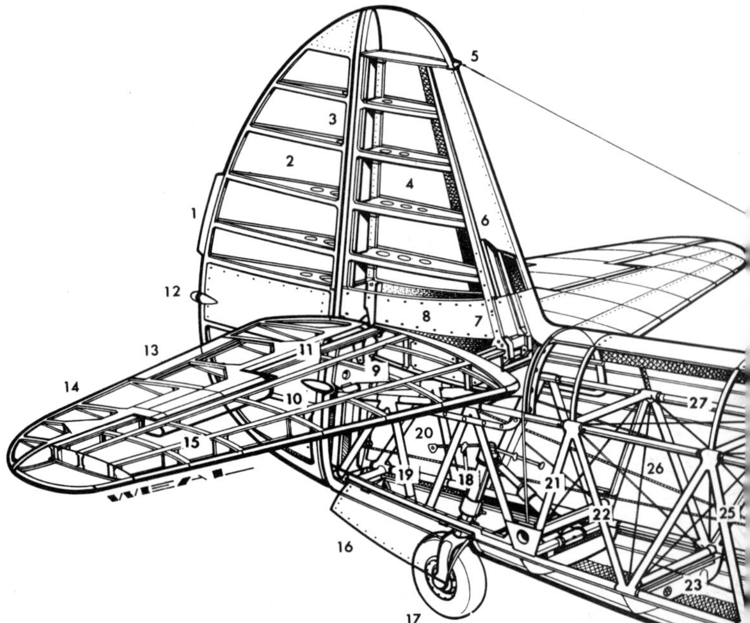

Jak-Varianten

Ja-26: erster Prototyp mit Ölkühler unter den Tragflächen, auch I-26 bezeichnet
I-26: zweiter Prototyp mit Ölkühler unter dem Motor und weiteren Änderungen
Jak-1: erste Serienversion; Triebwerk M-105P (VK-105P), später VK-105PA
Jak-1B: modifizierte Serienversion mit abgeflachtem Hinterrumpf und Plexiglas-Abdeckung hinter der Schiebehaube
Jak-1M: leichter konstruierte Serienversion, gewöhnlich mit VK-105PF und einziehbarem Spornrad (parallel zur Jak-1 und Jak-1B gefertigt)
Jak-28: auch I-28 bezeichnet; Höhenjägerserie mit erweiterten Öl- und Motorkühlern, Dolleznal-Hochleistungsladern (meistens zweistufig) für PF-Motor, 9,74-m-Tragwerk mit stumpfen Flächenenden und Kabinendach, wie bei der Jak-1B eingeführt
Jak-5: Bezeichnung zweier Jak-28, die aber nicht in Serie gingen (dieselbe Bezeichnung wurde später an ein völlig anderes Muster vergeben)
Ja-30: auch I-30 bezeichnet und (verwirrenderweise) bei der V-VS als Jak-3 geführt; Variante der Jak-28 mit neuem Tragwerk in Ganzmetallbauweise, wobei die Dicke des Mittelstücks nach außen hin rasch abnahm, während die Außenflächen eine deutliche positive V-Stellung aufwiesen
Ja-33: erste Variante mit dem M-106-Motor (VK-106) à 994 kW (1350 PS); mehrere Exemplare 1942 gebaut
Ja-27: fünfter Prototyp und Entwicklungsflugzeug für den ersten Tandem-Trainer
UTI-26: erste Baureihe des Ausbildungsflugzeugs, später Jak-7 bezeichnet
Jak-7A: erste Baureihe des von der UTI-26 abgeleiteten Jagdeinsitzers
Jak-7B: Hauptserienjäger, aber wieder mit 10,00 m Spannweite (UTI-26 und Jak-7A mit spitzen Flächenenden und 10,25 m Spannweite); Standardmotor PF; Halterungen für Bomben/Raketen
Jak-7V: Doppelsitzer; gewöhnlich mit starrem Fahrgestell (Rad oder Schneekufen); Einsatz als Verbindungs- oder (mit Doppelsteuer) Schulflugzeug
Jak-7D: Entwicklungsflugzeug mit Metallholm für einen Langstreckenjäger
Jak-7DI: Distantsjonnji Istrebitel (Langstreckenjäger); kleine Baureihe mit metallenen Flügelholmen, Kabinendach der Jak-1B und Waffen
Jak-7/M-82: im wesentlichen I-30-Zelle mit Sternmotor M-82
Jak-7T: Entwicklungsflugzeug zur Panzerbekämpfung mit Kanonen NS-37 und NS-45
Jak-7K: Kurjer (Kurier); Kuriermaschinen mit hinterer Kanzel in Sonderausführung
Jak-7PVRD: Erprobungsträger für DM-4C-Staustrahltriebwerke unter den Flächen; umfangreiche Testeinrichtungen/Instrumentierung
Jak-7ZhRD: Erprobungsträger für ZhRD-Raketenmotor
Jak-9: von der Jak-7DI abgeleiteter Grundserienjäger; zahlreiche Detailänderungen
Jak-9M: Modifikatsirovannji (modifiziert); das M bezog sich in erster Linie auf die Bewaffnung
Jak-9D: Langstreckenversion mit zusätzlichen Tanks in den Außenflächen
Jak-9DD: Dalnodistantsjonnji (sehr große Reichweite); Modell mit Überlasttank im Rumpf (880 Liter) und einem Abwurftank
Jak-9L: Ljegkii (leicht); Höhenjägerversion mit zweistufigem Lader
Jak-9T: Tankowoi (Panzer); mindestens neun „Panzerknackerversionen" mit schwerkalibrigen Kanonen
Jak-9K: Krupnokalibernji (Schwerkaliber) mit 45- oder 57-mm-Kanonen
Jak-9PVO: Nachtjäger mit Such-/Landescheinwerfer und Funkkompaß
Jak-9B: Bombardirowtschik (Bomber) mit internem Waffenschacht (s. Text)
Jak-9U: Hauptserienversion der zweiten Generation mit vielen Änderungen
Jak-9P: Puschetschnji (Kanone); gewöhnlich mit einem oder zwei synchronisierten ShVAK oder MP-20-Kanonen anstelle der USB-Bugmaschinengewehre
Jak-9R: Razwietschik (Aufklärung); diverse Luftbildaufklärungsvarianten, auch Jak-9F (F für Fotorazwietschik) bezeichnet
Jak-9UT: Tandemsitz-Schulflugzeuge, die Mehrzahl mit metallener Außenhaut
Jak-9UVL: Utschjebno Wiwoznoi (Ausbildung/Transport); Kombiversion für Ausbildung und Transport
Jak-9PD: von der I-28 und Jak-9 abgeleitetes Modell für große Höhen; erreichte 14.500 m
Jak-9K: Kurierflugzeug wie Jak-7K
Jak-9U/107U: mit Klimow-Versuchsmotor 107U à 1380 kW (1875 PS) ausgerüstet
Jak-3: Serienjäger in Leichtbauweise, abgeleitet von der leichten Jak-1M
Jak-3B/108: Entwicklungsflugzeuge mit VK-108-Triebwerk
Jak-3T: Panzerjäger mit einer N-37- und zwei B-20-Kanonen (eine Maschine vorübergehend mit OKB-16-57)
Jak-3P: mit drei B-20-Kanonen bewaffnet
Jak-3PD: Höhenjägerprototypen, einer mit Druckkabine, einer mit Zweistufen-Ladermotor und einer mit VK-106
Jak-3V: Prototyp eines Superhöhenjägers mit großer Spannweite; vermutlich nicht geflogen
Jak-3U: überarbeitetes und verfeinertes Flugzeug mit Sternmotor ASh-82FN
Jak-3TK: keine sowjetischen Unterlagen über diese Version; soll Motor mit Turbolader gehabt haben (Westfoto zeigt Prototyp mit VK-108)
Jak-3RD: Erprobungsträger für Raketenmotor RD-1 im erweiterten Hinterrumpf
Jak-3UTU: wurde in Jak-11 umbezeichnet

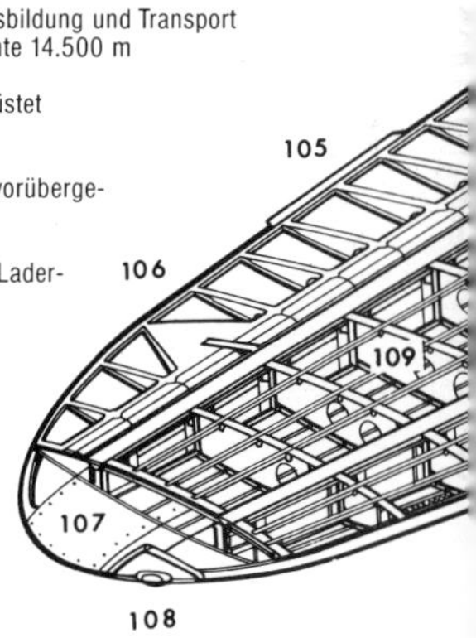

Der Pfeil am Rumpf und die Tricolore-Markierung an der Propellerhaube geben als Nutzer dieser Jak-9 das Normandie-Niémen- Regiment zu erkennen. Ihre Feuertaufe erhielt die Jak-9 bei der Schlacht um Stalingrad. Sie blieb bis 1947 in der Produktion, und in den beiden letzten Kriegsjahren zogen die Jagdfliegerkräfte der V-VS ihre Hauptstärke aus dieser Jak-Version.

Diese Jak-9 zeigt einen der vielen Tarnanstriche, die gegen Ende des Krieges an der Ostfront in Gebrauch waren. Die Maschine wurde vom Moskauer „Kleinen Theater für die Front" gestiftet, wie dem Schriftzug zu entnehmen ist. Das Hoheitsabzeichen existierte in 14 Ausführungen.

Aufriß-Erläuterung zur Jakowlew Jak-3

1 Trimmkante
2 Seitenruderaufbau
3 Ruderholm
4 Seitenflossenaufbau
5 Antennenbefestigung
6 Nasenholm
7 Holmanschluß
8 Ansatzverkleidung
9 Höhenruder-Steuerhorn
10 unteres Seitenruderlager
11 Höhenruder-Drehrohr
12 Heckpositionsleuchte
13 Trimmblech
14 Höhenruderaufbau
15 Struktur der Höhenflosse
16 Spornrad-Schachtklappen
17 einziehbares Spornrad
18 Heckrad-Ölfederstrebe
19 Spornradschacht
20 radbetätigte Schließstreben
21 Arbeitszylinder
22 Hubrohr
23 Stahlrohr-Rumpfgerüst
24 unterer Formspant
25 Höhenruder-Steuerseile
26 Diagonalspanndrähte
27 oberer Formspant
28 Rückenbeplankung
29 Antenne
30 Antenneneinführung
31 starre Heckverglasung
32 gepanzerte Trennscheibe
33 Gleitschiene der Schiebehaube
34 Kurzwellen-Funkgerät (RSI-6M)
35 Akkumulator
36 Ausrüstungsgestell
37 Hydrospeicher
38 Gehäuse des Bauchkühlers
39 Steuergestänge
40 hintere Kühlerwanne
41 Kühler
42 Sitzmontagesockel
43 Sitzwanne
44 Trimmkonsole (backbord)
45 gepolsterte (gepanzerte) Rückenlehne
46 Schaltkasten
47 Schiebehaube
48 Reflexvisier
49 in einem Stück aus Panzerglas geformte Frontscheibe
50 Abdeckung der Instrumententafel
51 Steuersäule
52 Instrumentenkonsole (steuerbord)
53 Steuergestänge
54 Seitenruderpedalstange
55 Bugschott
56 Stützrahmen
57 Waffentragwanne
58 Verschluß
59 20-mm-Kanone Schpitalni-Wladimorow B-20 (MP-20), (back- und steuerbord)
60 Landeklappe (backbord)
61 Führungsrollen
62 Stoßstange der Querrudersteuerung
76 Befestigung Motorträger/Brandschott
77 Schmierölbehälter
78 Munitionskästen
79 Heckspant der Motorzelle
80 Auspuffstutzen
81 Kanonenrohre
82 Mündungsrinnen
83 Tankdeckel
84 Stirntank für Kühlflüssigkeit
85 Propellerverstellwerk
86 verstellbarer Metallpropeller VISh-107
87 Propellerhaube
100 Ölkühlergehäuse
101 verkleideter Ölkühler-Luftauslaß
102 Lufteinlauf
103 Kühlergrill
104 Struktur der eingesetzten Landeklappe
105 Trimmstreifen
106 Querruderrahmen
107 Randbogen
108 Positionsleuchte (steuerbord)
109 äußere Flügelrippen
110 Hinterholm
111 Stringer

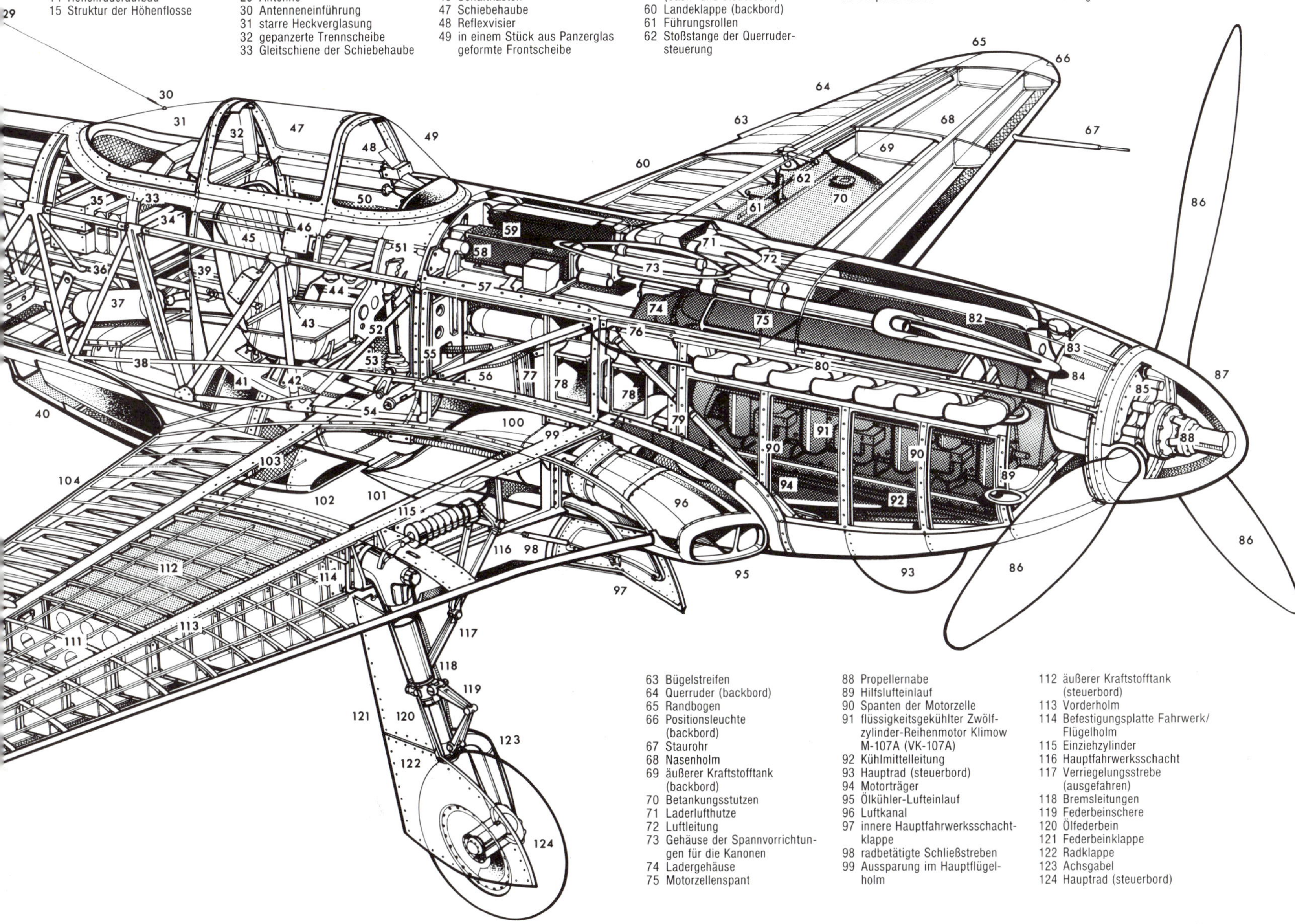

63 Bügelstreifen
64 Querruder (backbord)
65 Randbogen
66 Positionsleuchte (backbord)
67 Staurohr
68 Nasenholm
69 äußerer Kraftstofftank (backbord)
70 Betankungsstutzen
71 Laderlufthutze
72 Luftleitung
73 Gehäuse der Spannvorrichtungen für die Kanonen
74 Ladergehäuse
75 Motorzellenspant
88 Propellernabe
89 Hilfslufteinlauf
90 Spanten der Motorzelle
91 flüssigkeitsgekühlter Zwölfzylinder-Reihenmotor Klimow M-107A (VK-107A)
92 Kühlmittelleitung
93 Hauptrad (steuerbord)
94 Motorträger
95 Ölkühler-Lufteinlauf
96 Luftkanal
97 innere Hauptfahrwerksschachtklappe
98 radbetätigte Schließstreben
99 Aussparung im Hauptflügelholm
112 äußerer Kraftstofftank (steuerbord)
113 Vorderholm
114 Befestigungsplatte Fahrwerk/Flügelholm
115 Einziehzylinder
116 Hauptfahrwerksschacht
117 Verriegelungsstrebe (ausgefahren)
118 Bremsleitungen
119 Federbeinschere
120 Ölfederbein
121 Federbeinklappe
122 Radklappe
123 Achsgabel
124 Hauptrad (steuerbord)

Eine Jak-1 des 183. Jagdflieger-regiments im Sommer 1942. Die von Oberleutnant M.D. Baranow, der in dieser Kriegsphase bereits 27 Luftsiege vorweisen konnte, geflogene Maschine hatte man wie viele Jak-1 aus Mangel an spezifiziertem Tarnlack mit Traktorfarbe gestrichen. Der Schriftzug lautet „Tod den Faschisten".

Diese Jak-1M war die persönliche Maschine eines der größten sowjetischen Fliegerasse, Held der Sowjetunion Sergej Lugansky. Die Widmung besagt, daß es sich um ein Geschenk der Jungkommunisten von Alma-Ata handelt, und die Zahl im Lorbeerkranz weist Luganskys Abschußerfolge bis Anfang 1943 aus.

version Ja-27 begonnen, und diese leitete rasch zu einem Großserienprogramm über. Was zunächst als UTI-26-Zweisitzer für den Ausbildungs- und Verbindungsdienst gefertigt wurde, erwies sich dem Jäger Jak-1 in mancher Hinsicht als überlegen. Die Struktur war schlichter, die Zahl der Bauteile geringer und der Herstellungsprozeß beträchtlich einfacher. Ein deutliches Beispiel bot das Fahrgestell. Damit der Schwerpunkt des unbewaffneten Flugzeugs mit zusätzlicher Kanzel erhalten blieb, hatte man den Kühler unter dem Tragwerk weiter nach vorn verlegt. Nachdem die Serienfertigung der UTI-26 im Frühling 1941 mit geringer Auflage angelaufen war, kam man auf die Idee, diese Version zum Jäger auszubauen, weil sie sich leichter beherrschen und einfacher herstellen ließ. Dies führte im Juli 1941 zum Jagdeinsitzer Jak-7B und dem Tandem-Trainer Jak-7V. Für die rasche Einrichtung und Aufnahme der Produktion wurde GAZ-292 in Saratow im Juli 1942 mit dem Lenin-Orden ausgezeichnet. Die Jak-Doppelsitzer hatten in der Regel weiter gespannte Tragflächen mit rundlichen Flächenenden, und bei vielen Maschinen war das Fahrwerk vereinfacht, nicht einziehbar und mit Rädern für übergroße Reifen oder mit Schneekufen zum Einsatz an der Front ausgestattet. Zu den 6399 bis März 1943 gelieferten Jak-7 aller Modelle zählten 5000 Jäger Jak-7B, die meistens mit einer ShVAK-Kanone und zwei UBS-Maschinengewehren bewaffnet waren. Darüber hinaus gab es Dutzende von experimentellen Flugzeugen, darunter Exemplare mit dem M-82 (ASh-82) als Antrieb, mit Staustrahltriebwerken unter den Flächen, schweren Panzerabwehrkanonen, Kanzeln in Sonderausführung und druckbelüfteten Kabinen.

Bei einer Reihe von Flugzeugen waren die Flügelholme aus Stahlgurten und Aluminiumstegen konstruiert, während mindestens eine Maschine Ganzmetallflächen besaß. Der Übergang auf diese Werkstoffe schaffte mehr Raum zur Unterbringung von Kraftstoff, und an der Front wurden Vorserienexemplare mit der Bezeichnung Jak-7D und Jak-7D1 (Distantsjonnji Istrebitel – Langstreckenjäger) erprobt, die größtenteils mit der Klarsichtheckscheibe der Jak-1B ausgestattet waren. Diese Maschinen verfügten über eine Reichweite von insgesamt mehr als 1000 km, und Mitte 1942 führten sie zur Serienfertigung der verfeinerten Version Jak-9. Neben etlichen geringfügigen Änderungen betrafen grundlegende Verbesserungen die Kühlerlufteinläufe, das Seitenruder, die Tragflächen mit Metallholm, neuen Querrudern, Landeklappen und lackiertem Stoffbezug auf der Sperrholzbeplankung, die Kanonenbewaffnung, das einziehbare Spornrad und die neuen Auspuffstutzen (erstmals bei späten Jak-7B verwendet). Die Standardbewaffnung setzte sich aus einer ShVAK- oder MP-20-Kanone und einem oder zwei USB-Maschinengewehr(en) zusammen. Außerdem befanden sich Halterungen für zwei 100 kg schwere Fliegerbomben (FAB-100) oder sechs RS-82-Raketen unter den Flächen.

Im Mai 1943 waren alle Jak-Fabriken auf die Produktion der Jak-9 in verschiedener Ausführung (siehe Varianten) umgestellt. Zu den bedeutendsten Varianten gehörten Panzerjäger mit bis zu 57-mm-kalibrigen Kanonen unter dem Rumpf und der Bomber Jak-9B mit einem Waffenschacht im Rumpf, der vier FAB-100 in 80°-Steillage oder 128 PTAB-Splitterbomben à 1,5 oder 2,5 kg aufnehmen konnte. Ab Mitte 1943 arbeitete das Jak-OKB an der Jak-9U (Ulutschjonnji – verbessert) mit Verbesserungen der Zelle, der Kraftstoffanlage und zahlreicher anderer Bordsysteme, zum Beispiel großer ovaler Lufteinläufe, die sich vor die Flächenansätze reckten. Wieder gab es viele Versuchsmodelle, darunter die Jak-9P (Puschetschnji-Kanonen) mit unterschiedlicher Bewaffnung, einschließlich synchronisierter Kanonen statt der Bugmaschinengewehre. Bei Einstellung der Produktion Ende August 1945 belief sich der Gesamtausstoß aller Serienmodelle auf 16.769 Exemplare, davon 3900 der Schlußversion Jak-9U.

Die Suche nach einer leichteren Jak-Version in Gestalt der Jak-1M hatte Ende 1941 zur Parallelentwicklung eines Kurvenkampfjägers für niedrige und mittlere Höhen geführt. Er erhielt die Dienstbezeichnung Jak-3, obwohl das Jakowlew-OKB diese bereits an den Prototypen I-30 vergeben hatte. Die Flugzeugproduktion wurde behindert durch Verzögerungen des Triebwerks VK-107, so daß dieses Projekt schließlich aufgegeben wurde. Im August 1943 griff Oleg K. Antonow es

Der zweite Prototyp Ja-26 (oder I-26), den P.J. Fedrowi erstmals im April 1940 flog. Auch die zweite Versuchsmaschine war in den rot-weißen Jakowlew-Farben gestrichen. Die Vergaserlufteinläufe hatte man in die Flächenansätze verlegt und ein starres Spornrad eingeführt.

Dieses Foto hat besonderen Wert: Es zeigt wahrscheinlich die Jak-1M, die O.K. Antonow im Herbst 1943 als Entwicklungsflugzeug für die Jak-3 diente. Später rückte der Ölkühler unterhalb der Propellernabe in die Flächenansätze. Der alte Motor VK-105PF-2 wurde beibehalten.

Die Aufschrift an dieser Jak-1M im Wintertarnkleid lautet: „Dem Piloten der Stalingrad-Frontgardisten, Genosse Major B.N. Jeremen, vom Landarbeiterkollektiv Stachanow, Genosse Golowatow". Die Winterfarbe wurde offenbar im Werk aufgetragen.

Eine Jak-1, die Oberstleutnant A.E. Golubow, Jagdfliegerregiment 18 in Itschationki, im Frühjahr 1943 flog. Dem Piloten konnte dieses Gerät wenig Vertrauen einflößen. Der Entwurf war unausgereift, manifestiert durch seine schlechte Wartbarkeit, die aus dem gerafften Test- und Erprobungsprogramm resultierte.

jedoch wieder auf und drückte es durch. Mindestens zwei Jak-1M flogen als Erprobungsträger neuer Jak-3-Baugruppen: Eine Maschine erhielt das kleine Tragwerk mit einer Spannweite von 9,20 m und eine andere den neu gestalteten Rumpf mit voll einziehbarem Spornrad, langgestrecktem Kühlerkanal, stromlinienförmigem Ölkühler, dessen Lufteinlauf direkt unter der Propellerhaube angeordnet war, neuem Hauptfahrwerk mit einwärts gebogenen Achsschenkeln (wie bei der Jak-1) und unverstrebter Frontscheibe. Später änderte man das Ölkühlerkonzept, so daß wieder zwei Kanäle mit großen Einläufen vor den Flächenansätzen (wie bei der Jak-9) die Kühlluft einspeisten. Fast alle nach 1943 gebauten Jak-9, und auch die Jak-3, erhielten die Motorversion PF-2. Die NII-Erprobung der ersten Jak-3 begann am 3. März 1944, und im Juni begann die Serienfertigung. Bis dahin waren GAZ-115 und GAZ-286 zum Bau sowohl der Jak-3 als auch der Jak-9 vorbereitet und GAZ-124 in Moskau wieder betriebsbereit. Bei Produktionsende im Mai 1945 hatten 4848 Jak-3 die Werke verlassen.

Bestnoten für Kurvenkampf

Vermutlich war keine Jak-3 der Frontfliegerkräfte mit dem vorgesehenen Triebwerk VK-107 ausgerüstet (außer mehreren Jak-3-Versuchsjägern), aber das Grundmuster genoß bald den Ruf des besten Nahkampfjägers diesseits und jenseits der Ostfront. So gibt es ein Fernschreiben der Luftwaffe, in dem die Flugzeugführer angewiesen wurden, „Luftgefechte mit Jak-Jägern ohne Ölkühler unter dem Bug unter allen Umständen zu vermeiden". Als dem französischen Normandie-Niémen-Regiment im August 1944 ein alliierter Jäger nach freier Wahl angeboten wurde, entschieden sich die Flugzeugführer einstimmig für die Jak-3 und mußten diesen Beschluß nie bereuen. 1945 kehrte diese Einheit mit 42 Jak-3 nach Frankreich zurück.

Auch das Jak-3-Programm brachte zahlreiche experimentelle Flugzeuge hervor, die in der Gesamtzahl nicht berücksichtigt sind. Am schnellsten war die vom VK-108 angetriebene Jak-3B/108, die vollbeladen eine Geschwindigkeit von 745 km/h erreichte, und die Jak-3RD mit dem Zusatzraketenmotor Gluschko RD-1 im Heck, die mit 801 km/h steigen konnte. Ein treffender Kommentar zur Jak-3T/57, die zur Panzerbekämpfung mit einer 57-mm-Kanone bewaffnet war, lautete: Sie flog nur ein einziges Mal! Erwähnenswert ist ferner, daß der Tandem-Doppelsitzer Jak-3UTI mit dem 515 kW (700 PS) starken Sternmotor ASh-21 als Jak-11 die Serienfertigung erreichte. Außerdem war der erste sowjetische Düsenjäger die Jak-15, obwohl sie aus politischen Gründen bis zur Fertigstellung des Konkurrenzprodukts MiG-9 am Boden bleiben mußte. Hierbei handelte es sich um eine Jak-3, die von einem unter den Vorderrumpf gehängten RD-10-Strahltriebwerk (sowjetische Kopie des Jumo 004B) angetrieben wurde. Am selben Tag wie die MiG-9, dem 24. April 1946, durfte sie endlich fliegen.

Für westliche Schriftsteller ist es schwierig, die Jak-3-Jäger objektiv zu beurteilen. Mit Sicherheit war die spezifische Nennleistung der Zwölfzylinder-Reihenmotoren der VK-Serie, die im Kern alle vom Hispano-Suiza 12Y aus dem Jahre 1934 abgeleitet wurden, etwas geringer als die des britischen Merlin, insbesondere aber die Leistung in großer Höhe. Daher befanden sich die Jäger mit solchem Antrieb zwangsläufig im Nachteil bei Einsatzhöhen oberhalb 6100 m, und in jeder Höhe stellten die riesigen Motoren in relativ kleinen Flugwerken eine schwere Bürde dar. Alle in Großserien produzierten Sowjetjäger (Jak, LaGG, La und MiG) besaßen eine Tragflügelfläche von rund 17 m^2 im Vergleich zu 22,50 m^2 einer Spitfire, 28,10 m^2 einer Hawker Tempest und 28,60 m^2 einer Republic P-47. Daher waren sie in bezug auf das Gewicht, das sie ohne Preisgabe von Leistungsreserven für Flugmanöver verkraften konnten, stark eingeschränkt. Aber auch dies ist nur ein Einzelaspekt. Die Einsatzbedingungen an der Ostfront waren so erschreckend, daß nur außerordentlich zähe und einfache Jäger flugklar bleiben konnten. Insgesamt gesehen trug die Jak-Jägerfamilie mehr als jedes anderes Muster dazu bei, die Luftwaffe zu zerschlagen.

Ein Standardserienjäger Jak-3 des freifranzösischen Regiments Normandie-Niémen. Die kurze Spannweite, die Rumpfform, die Kühleranordnung und das Hauptfahrwerk stimmen fast mit denen der Jak-1 überein. Diese Jak-3 ist auf einem betonierten Vorfeld abgestellt, aber die Betankung dürfte einige Zeit in Anspruch genommen haben.

Eines von rund 1400 Exemplaren des einfachen Tandem-Doppelsitzers Jak-7V. Einige Jak-7V waren mit Doppelsteuer ausgerüstet, andere dienten als reine Verbindungsmaschinen. Diese Jak-7V rutscht auf einem starren Schneekufen-Fahrgestell, während das starre Fahrwerk vieler anderer Exemplare mit großen Rädern bestückt war.

Diese Jak-9 flog 1944 beim Normandie-Niémen-Fliegerregiment des Freien Frankreich. Wie man sieht, gibt es im äußeren Erscheinungsbild keinerlei Unterschiede zum russischen Pendant, angefangen von der Bewaffnung mit einer ShVAK-Kanone und einem BS-Maschinengewehr bis hin zu den abgerundeten Flächenenden, die in der frühen Phase der Serienfertigung beim Übergang der Flügelrippen von Holz auf Aluminium eingeführt wurden. Die Frontfliegerregimenter der VVS verwendeten vielfältige Farbmuster, die man im Winter meistens durch einen groben Überwurf in Weiß ergänzte.

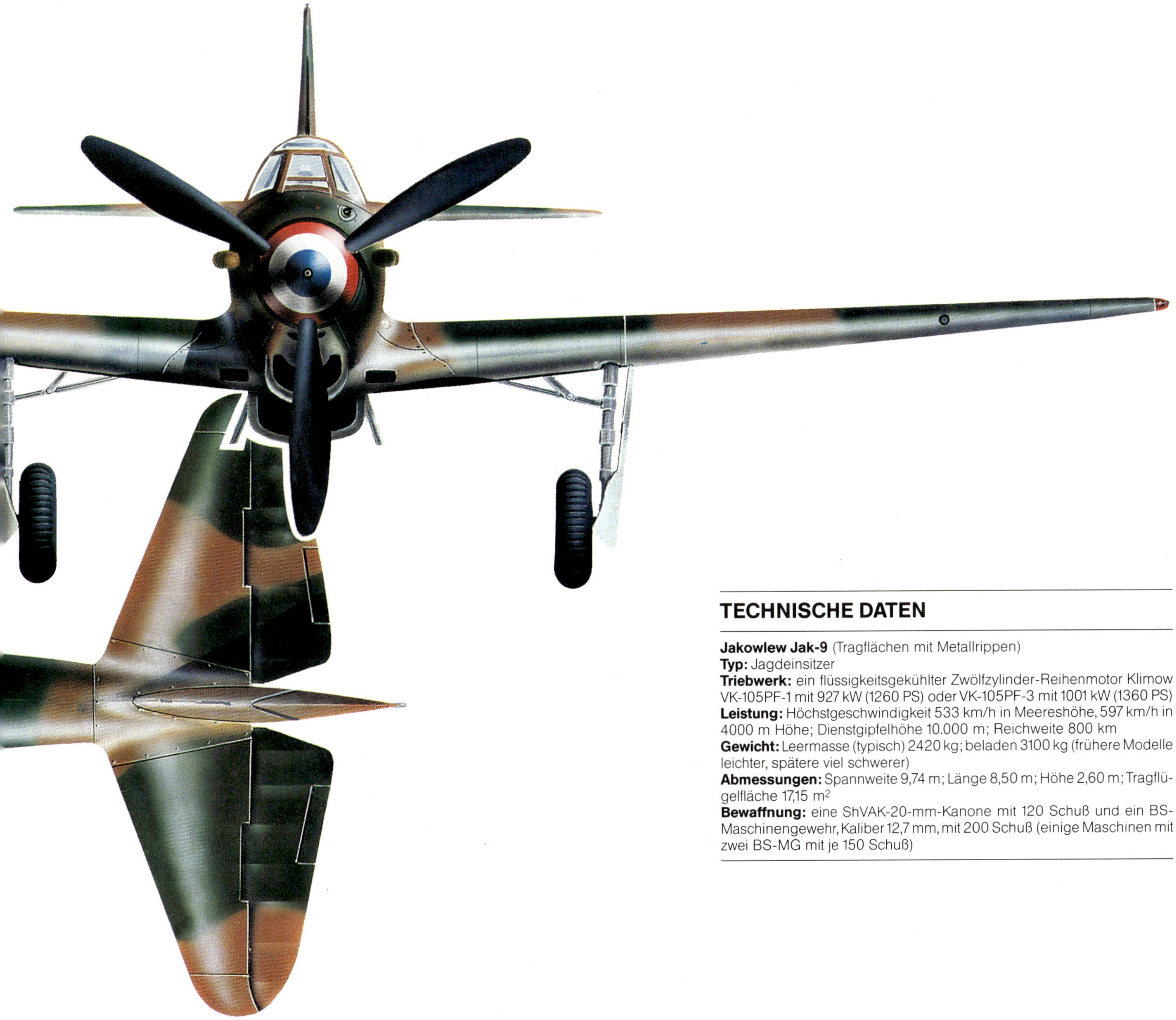

TECHNISCHE DATEN

Jakowlew Jak-9 (Tragflächen mit Metallrippen)
Typ: Jagdeinsitzer
Triebwerk: ein flüssigkeitsgekühlter Zwölfzylinder-Reihenmotor Klimow VK-105PF-1 mit 927 kW (1260 PS) oder VK-105PF-3 mit 1001 kW (1360 PS)
Leistung: Höchstgeschwindigkeit 533 km/h in Meereshöhe, 597 km/h in 4000 m Höhe; Dienstgipfelhöhe 10.000 m; Reichweite 800 km
Gewicht: Leermasse (typisch) 2420 kg; beladen 3100 kg (frühere Modelle leichter, spätere viel schwerer)
Abmessungen: Spannweite 9,74 m; Länge 8,50 m; Höhe 2,60 m; Tragflügelfläche 17,15 m^2
Bewaffnung: eine ShVAK-20-mm-Kanone mit 120 Schuß und ein BS-Maschinengewehr, Kaliber 12,7 mm, mit 200 Schuß (einige Maschinen mit zwei BS-MG mit je 150 Schuß)

131

Hawker Tempest und Sea Fury

Ein weiteres Werk vom Reißbrett des großen Sir Sidney Camm war die Tempest, mit der die Mängel der früheren Typhoon beseitigt werden sollten. An dieses wesentlich verbesserte Erdkampf- und Jagdflugzeug schlossen sich die rassige Tempest II und Sea Fury an, die im Nachkriegsdeutschland Frontstellungen besetzten und erfolgreich in Korea kämpften.

Unter Leitung ihres Lehrmeisters Sidney Camm gab 1937 der Hawker-Konstruktionsstab in Kingston sein Bestes, um nach der Indienststellung der Hurricane einen völlig neuen Jäger nach Spezifikation F.18/37 hervorzubringen. Den Antrieb sollte entweder ein Vulture von Rolls-Royce oder ein Sabre von Napier liefern. Die vom Vulture angetriebene Tornado erwies sich als Fehlschlag, aber die Sabre-motorisierte Typhoon reifte, nachdem sie der Streichung nur knapp entgangen war, zu einem großartigen Jagdbomber und Raketenjagdflugzeug heran.

Die Typhoon offenbarte in großer Höhe deutliche Schwächen. Ihr Motor war dauerhaft unzuverlässig, und schon bei mäßigen Sturzgeschwindigkeiten verursachte das dicke, grobe Tragflächenprofil einen Abriß der Strömung hinter der Stoßwelle an der Saugseite. Für das Motorproblem gab es bereits eine Lösung in Form des ausgezeichneten Bristol Centaurus. Dieser mächtige 18-Zylinder-Motor mit schiebergesteuerten Ventilen war eigentlich für Bomber vorgesehen, doch am 23. Oktober 1941 hatte man ihn bereits mit einem besonderen Tornado-Prototyp (HG641) im Flug erprobt. Warum dieser Tornado, der ein überragendes Leistungsvermögen mit guten Flug- und Steuereigenschaften verband, auf kategorische Ablehnung stieß, wurde nie eindeutig erklärt. An seine Stelle trat die Typhoon, deren Zelle sich jedoch nicht zum Einbau des Centaurus eignete. Bristols Motorenkonstrukteur Sir Roy Fedden behauptete, Air Marshal Sir Wilfrid Freeman habe einen Rachefeldzug gegen ihn unternommen (und tatsächlich hat er Camm gezwungen, den Einbau eines Centaurus in ein späteres Flugwerk wieder rückgängig zu machen). Die Notwendigkeit, sich auf wenige Motor-Flugzeug-Kombinationen zu beschränken, kam jedoch der Wahrheit vermutlich näher, denn im Juli 1941 ließ das Ministry of Aircraft Production (Ministerium für Luftrüstung) die geplanten Versuchsjäger mit dem Wright R-3350 Cyclone 18 und dem Fairey Monarch endgültig streichen.

Während die Triebwerkssituation 1941 also recht düster aussah, kam man auf einem anderen Gebiet gut voran. Im März 1940 hatte Camm Studien einer neuen Tragfläche mit reduziertem Dickenverhältnis und, später, neuartigem Laminarprofil zugestimmt, dessen maximale Dicke erheblich weiter hinten als bisher angeordnet war. Zwar konnten nur

Eine der ersten Einheiten, die mit der Tempest ausgerüstet wurden, war RAF No. 501 (RAuxAF) Squadron. Abgebildet ist eine Dreierkette ihrer Mk V Serie 2. Drei Tage nach ihrer Umrüstung im August 1944 befand sie sich bereits im Einsatz gegen deutsche V-1-Flugbomben.

Varianten der Hawker Tempest und Fury

Centaurus-Tornado: ein Versuchsjäger (HG641), geflogen 1941
Typhoon Mk II: ein Versuchsjäger (LA594); nicht komplettierter Prototyp
Tempest Mk I: ein Musterflugzeug (HM599) mit Sabre-IV-Motor und Flächenkühlern
Tempest Mk II: Serienjäger; Prototypen LA602 und LA607; Serienfertigung durch Bristol (Weston) ab MW374, anschließend durch Hawker; insgesamt 36 Exmplare von Bristol und 100 von Hawker
Tempest FB.Mk II: Mehrzweck-Jagdbomber; insgesamt 14 Exemplare von Bristol und 300 von Hawker; aus RAF-Reservebeständen wurden nach dem Krieg 89 Mk II an Indien und 24 Mk II an Pakistan verkauft
Tempest Mk III und Mk IV: Prototypen mit Griffon IIB (LA610) und Griffon 61 (LA614); LA610 wurde als Fury fertiggestellt und LA614 gestrichen
Tempest Mk V: Notlösung in Form der Typhoon mit neuen Tragflächen; Musterflugzeug HM595 (zuvor Typhoon Mk II genannt); ging anschließend in Serie; **Tempest Mk V Serie 1** ergab 100 Exemplare (ab JN729) mit Kanonen Mk II und **Tempest Mk V Serie 2** 705 Flugzeuge (ab EJ518) mit Kanonen Mk V
Tempest Mk VI: verbesserte Ausführung mit Sabre V, getestet mit der umgebauten HM595; 142 Serienflugzeuge (ab NV997)
Fury: vier Prototypen gem. F.2/43; NX798 mit Centaurus XII, NX802 ebenso, LA610 (vormals Tempest Mk III) mit Griffon 85 und VP207 mit Sabre VII, aus verfügbaren Teilen über den erteilten Auftrag hinaus montiert; LA610 später auf den Sabre VII ummotorisiert, wurde mit 781 km/h das schnellste Kolbenmotor-Jagdflugzeug
Fury: Exportmaschinen nach Grundstandard F.2/43 für den Irak (30) und Pakistan (93 **Fury Mk 60**, einschließlich fünf entsprechend umgerüsteter Sea Fury FB.Mk 11, die zuvor bei der Royal Navy gedient hatten)
Fury Trainer: Sonderanfertigung von Doppelsitzer-Schulflugzeugen für den Export mit separaten Cockpithauben für den Irak (2) und Pakistan (fünf **Fury T.Mk 61**)
Sea Fury: drei Prototypen gem. N.7/43: SR661, SR666 (mit kompletter Marineausrüstung) und VB857 (Boulton Paul)
Sea Fury Mk X: Serienjäger; insgesamt 50 Exemplare (ab TF895)
Sea Fury FB.Mk 11: Jagdbomberserie; insgesamt 615 Exemplare (ab TF956), davon einige nach Australien und Kanada geliefert
Sea Fury T.Mk 20: Marinetrainer mit Doppelsitzen in Tandemanordnung und Doppelsteuerung; durch „Perspex-Tunnel" verbundene Kabinenhauben und Periskop für Fluglehrer; Prototyp VX818; Serie mit insgesamt 60 Flugzeugen (ab VX280)
Sea Fury Mk 50: Marinejagdflugzeug für die Niederlande; zehn Exemplare
Sea Fury Mk 51: Jagdbomberversion für die Niederlande; insgesamt zwölf von Hawker gelieferte und 210 von Fokker lizenzgefertigte Flugzeuge
Sea Fury: weitere Exportkontingente umfaßten zwölf nach Standard Sea Fury FB.Mk 11 gefertigte Maschinen für Ägypten, 18 Sea Fury FB.Mk 11 aus zweiter Hand für Birma, drei ungebrauchte Sea Fury T.Mk 20 für Birma, 15 neugebaute Einsitzer und zwei Doppelsitzer für Kuba sowie zehn zu Zielschleppflugzeugen umgebaute Sea Fury T.Mk 20 für die BRD

zwei technische Zeichner für dieses Projekt abgestellt werden, doch im Frühjahr 1941 nahm die Hawker P.1012 mit einem Tragwerk von 14,5 Prozent Profildicke am Ansatz und zehn Prozent am Flächenende (im Vergleich zu 18 Prozent der Typhoon) konkrete Gestalt an. Anstelle von zwölf Maschinengewehren sollte das Tragwerk vier 20-mm-Kanonen beherbergen, und da man diese Waffen weiter hinten als bei der Typhoon Mk IB einbauen würde, mit sämtlichen Verschlüssen und Magazinen hinter dem achteren Flügelholm, war in diesem Bereich eine große Flügeltiefe unabdingbar. So entstand eine elliptische Tragflächenform. Camm erläuterte später: „Der Air Staff hätte nichts gekauft, was nicht der Spitfire ähnelte", aber dies mag auch seinem trockenen Humor entsprungen sein. Die anfangs 13,10 m weit gespannten Tragflächen wurden anschließend an den Enden auf 12,50 m, etwas kürzer als bei der Typhoon, zurückgestutzt, aber dank der Ellipsenform stieg die Tragflügelfläche dennoch von 25,92 m² auf 28,06 m².

Ein Kernmerkmal dieses Tragwerks war die Verwendung von in die Flügelnase integrierten Kühlern für den Sabre-Motor. Diese Lösung stellte einen niedrigen Luftwiderstand in Aussicht, nahm aber Raumvolumen in Anspruch, den die Typhoon für Kraftstofftanks nutzte. In Verbindung mit den dünneren Tragflächen senkte dies gravierend die Kraftstoffkapazität, aber man fand heraus, daß sich der Rumpfbug um 53 cm vor dem Cockpit strecken ließ. Ohne die Sicht des Piloten sonderlich zu beeinträchtigen, gewann man so Raum für einen viel größeren Tank, mußte jedoch zum Ausgleich die Seitenflosse vergrößern. Im Oktober 1941 war der Entwurf praktisch fertiggestellt, und am 18. November wurden zwei Prototypen (HM595 und HM599) bestellt, nachdem man Spezifikation F.10/41 dem neuen Muster angepaßt hatte. Der bis dahin Typhoon Mk II genannte neue Jäger erhielt im Januar 1942 den offiziellen Namen Tempest. In dieser Zeit wurden fünf weitere Versuchsjäger in Auftrag gegeben, so daß folgende Maschinen das Programm bestimmten: LA594 (die stornierte Tempest Mk II mit Centaurus-Motor), HM595 Tempest Mk V (Sabre-Einbau im Stil der Typhoon), HM599 Tempest Mk I (Sabre IV und Flächenkühler), LA602 und 607 Tempest Mk II (Centaurus) sowie LA610 und 614 Tempest Mk III beziehungsweise IV (Griffon-Motor IIB und 61). Am Ende wurde LA594 nie gebaut, und LA610 sowie 614 leitete man in das neuere Programm F.2/43 über, das hier beschrieben ist. HM599 hätte zuerst konstruiert werden sollen, aber wegen der nötigen Änderungen für die völlig neuen Triebwerk-/Kühler-Installationen beschloß Camm, lieber HM595 voranzutreiben, die praktisch eine Standard-Typhoon mit den

Eines der grellsten Farbmuster, die die Sea Fury jemals erhielt, verwendeten die im Zielschleppdienst eingesetzten zweisitzigen TT.Mk 20 Deutschlands.

Aufriß-Erläuterung zur Hawker Sea Fury FB.Mk 11

1 Propellerhaube
2 Rotol-Fünfblatt-Propeller mit konstanter Drehzahl und einem Durchmesser von 3,89 m
3 Propellerverstellmechanik
4 Spinner-Rückenplatte
5 Motorhaubenring
6 Kühllufteinlauf
7 Gehäuse des Propelleruntersetzungsgetriebes
8 abnehmbare Motorverkleidungsbleche
9 18-Zylinder-Doppelsternmotor Bristol Centaurus Mk 18 mit schiebergesteuerten Ventilen
10 Auspuffrohre
11 Vergaserluftkanal
12 20-mm-Kanonen, British Hispano Suiza Mk 5 (steuerbord)
13 Rückstoßfedern
14 Kanonenmündungen
15 Erdkampfraketen, 27,22 kg schwer

Außer den britischen Marinefliegern setzte nur die Königlich Niederländische Marine die Sea Fury in Europa ein. Zwölf Mk 50 und zehn Mk 51 lieferte Großbritannien Ende der vierziger Jahre, und später produzierte Fokker 210 FB.Mk 51 in Lizenz. Das Muster rüstete zwei Einsatzstaffeln aus.

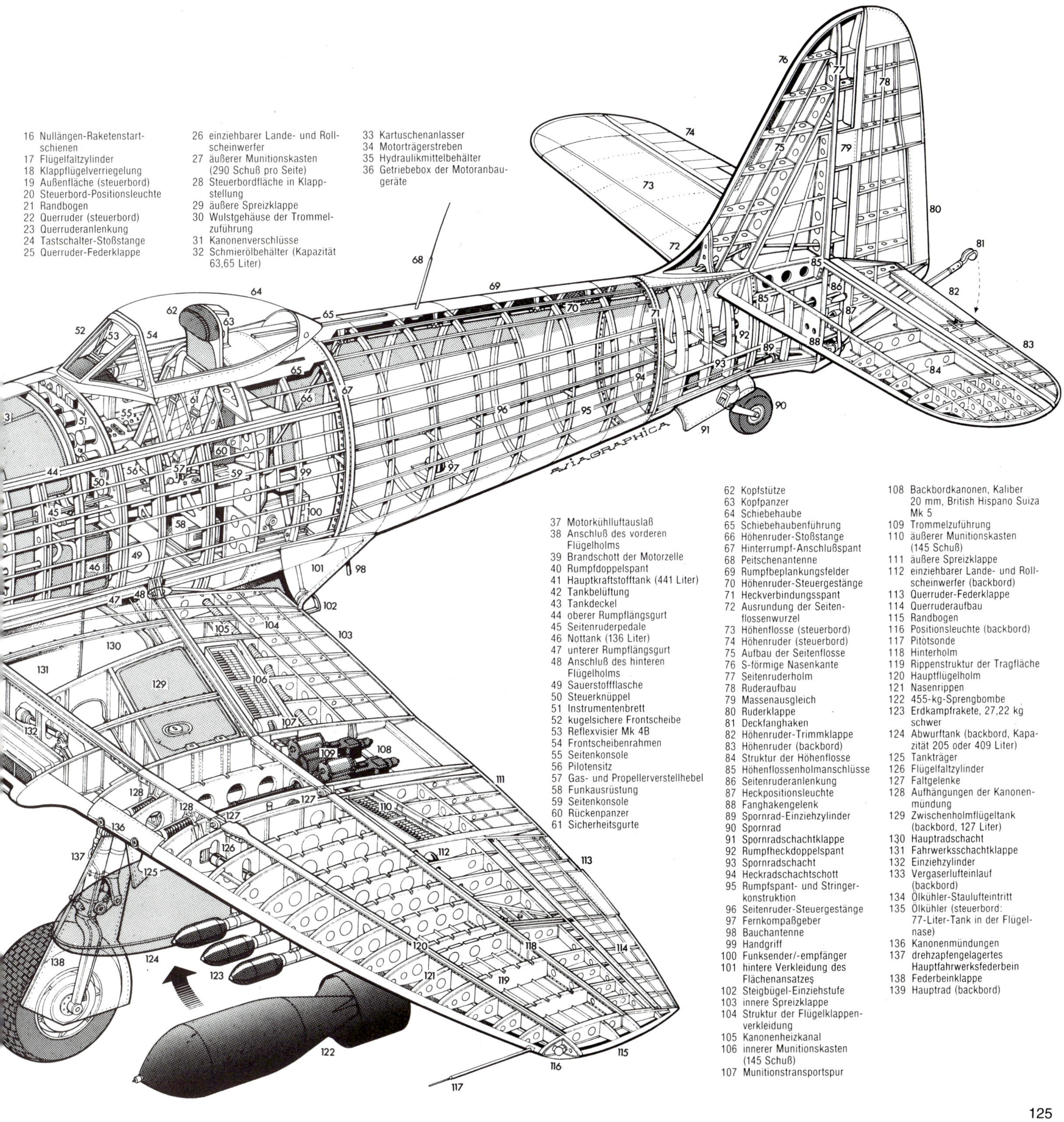

16 Nullängen-Raketenstartschienen
17 Flügelfaltzylinder
18 Klappflügelverriegelung
19 Außenfläche (steuerbord)
20 Steuerbord-Positionsleuchte
21 Randbogen
22 Querruder (steuerbord)
23 Querruderanlenkung
24 Tastschalter-Stoßstange
25 Querruder-Federklappe
26 einziehbarer Lande- und Rollscheinwerfer
27 äußerer Munitionskasten (290 Schuß pro Seite)
28 Steuerbordfläche in Klappstellung
29 äußere Spreizklappe
30 Wulstgehäuse der Trommelzuführung
31 Kanonenverschlüsse
32 Schmierölbehälter (Kapazität 63,65 Liter)
33 Kartuschenanlasser
34 Motorträgerstreben
35 Hydraulikmittelbehälter
36 Getriebebox der Motoranbaugeräte

37 Motorkühlluftauslaß
38 Anschluß des vorderen Flügelholms
39 Brandschott der Motorzelle
40 Rumpfdoppelspant
41 Hauptkraftstofftank (441 Liter)
42 Tankbelüftung
43 Tankdeckel
44 oberer Rumpflängsgurt
45 Seitenruderpedale
46 Nottank (136 Liter)
47 unterer Rumpflängsgurt
48 Anschluß des hinteren Flügelholms
49 Sauerstoffflasche
50 Steuerknüppel
51 Instrumentenbrett
52 kugelsichere Frontscheibe
53 Reflexvisier Mk 4B
54 Frontscheibenrahmen
55 Seitenkonsole
56 Pilotensitz
57 Gas- und Propellerverstellhebel
58 Funkausrüstung
59 Seitenkonsole
60 Rückenpanzer
61 Sicherheitsgurte
62 Kopfstütze
63 Kopfpanzer
64 Schiebehaube
65 Schiebehaubenführung
66 Höhenruder-Stoßstange
67 Hinterrumpf-Anschlußspant
68 Peitschenantenne
69 Rumpfbeplankungsfelder
70 Höhenruder-Steuergestänge
71 Heckverbindungsspant
72 Ausrundung der Seitenflossenwurzel
73 Höhenflosse (steuerbord)
74 Höhentank (136 Liter)
75 Aufbau der Seitenflosse
76 S-förmige Nasenkante
77 Seitenruderholm
78 Ruderaufbau
79 Massenausgleich
80 Ruderklappe
81 Deckfanghaken
82 Höhenruder-Trimmklappe
83 Höhenruder (backbord)
84 Struktur der Höhenflosse
85 Höhenflossenholmanschlüsse
86 Seitenruderanlenkung
87 Heckpositionsleuchte
88 Fanghakengelenk
89 Spornrad-Einziehzylinder
90 Spornrad
91 Spornradschachtklappe
92 Rumpfheckdoppelspant
93 Spornradschacht
94 Heckradschachtschott
95 Rumpfspant- und Stringerkonstruktion
96 Seitenruder-Steuergestänge
97 Fernkompaßgeber
98 Bauchantenne
99 Handgriff
100 Funksender/-empfänger
101 hintere Verkleidung des Flächenansatzes
102 Steigbügel-Einziehstufe
103 innere Spreizklappe
104 Struktur der Flügelklappenverkleidung
105 Kanonenheizkanal
106 innerer Munitionskasten (145 Schuß)
107 Munitionstransportspur
108 Backbordkanonen, Kaliber 20 mm, British Hispano Suiza Mk 5
109 Trommelzuführung
110 äußerer Munitionskasten (145 Schuß)
111 äußere Spreizklappe
112 einziehbarer Lande- und Rollscheinwerfer (backbord)
113 Querruder-Federklappe
114 Querruderaufbau
115 Randbogen
116 Positionsleuchte (backbord)
117 Pitotsonde
118 Hinterholm
119 Rippenstruktur der Tragfläche
120 Hauptflügelholm
121 Nasenrippen
122 455-kg-Sprengbombe
123 Erdkampfrakete, 27,22 kg schwer
124 Abwurftank (backbord, Kapazität 205 oder 409 Liter)
125 Tankträger
126 Flügelfaltzylinder
127 Faltgelenke
128 Aufhängungen der Kanonenmündung
129 Zwischenholmflügeltank (backbord, 127 Liter)
130 Hauptradschacht
131 Fahrwerksschachtklappe
132 Einziehzylinder
133 Vergaserlufteinlauf (backbord)
134 Ölkühler-Staulufteintritt
135 Ölkühler (steuerbord: 77-Liter-Tank in der Flügelnase)
136 Kanonenmündungen
137 drehzapfengelagertes Hauptfahrwerksfederbein
138 Federbeinklappe
139 Hauptrad (backbord)

WJ232 entstammte der siebten Baureihe Sea Fury FB.Mk 11. Der Jagdbomber ist mit den „Invasionsstreifen" des Koreakrieges abgebildet, in welchem er unter No. 802 Squadron von HMS Ocean aus viele Kampfeinsätze flog. Die Abbildung zeigt die Maschine mit gespreizten Tragflächen ohne Außenlasten und Starthilfsraketengeschirr. Die Steigbügelhilfe ist abgelassen. 1958 wurde WJ232 vom Flugzeugbestand auf dem Marineflieger-horst Anthorn gestrichen, doch statt in der Schrottpresse landete sie wieder bei Hawker Aircraft zum Weiterverkauf.

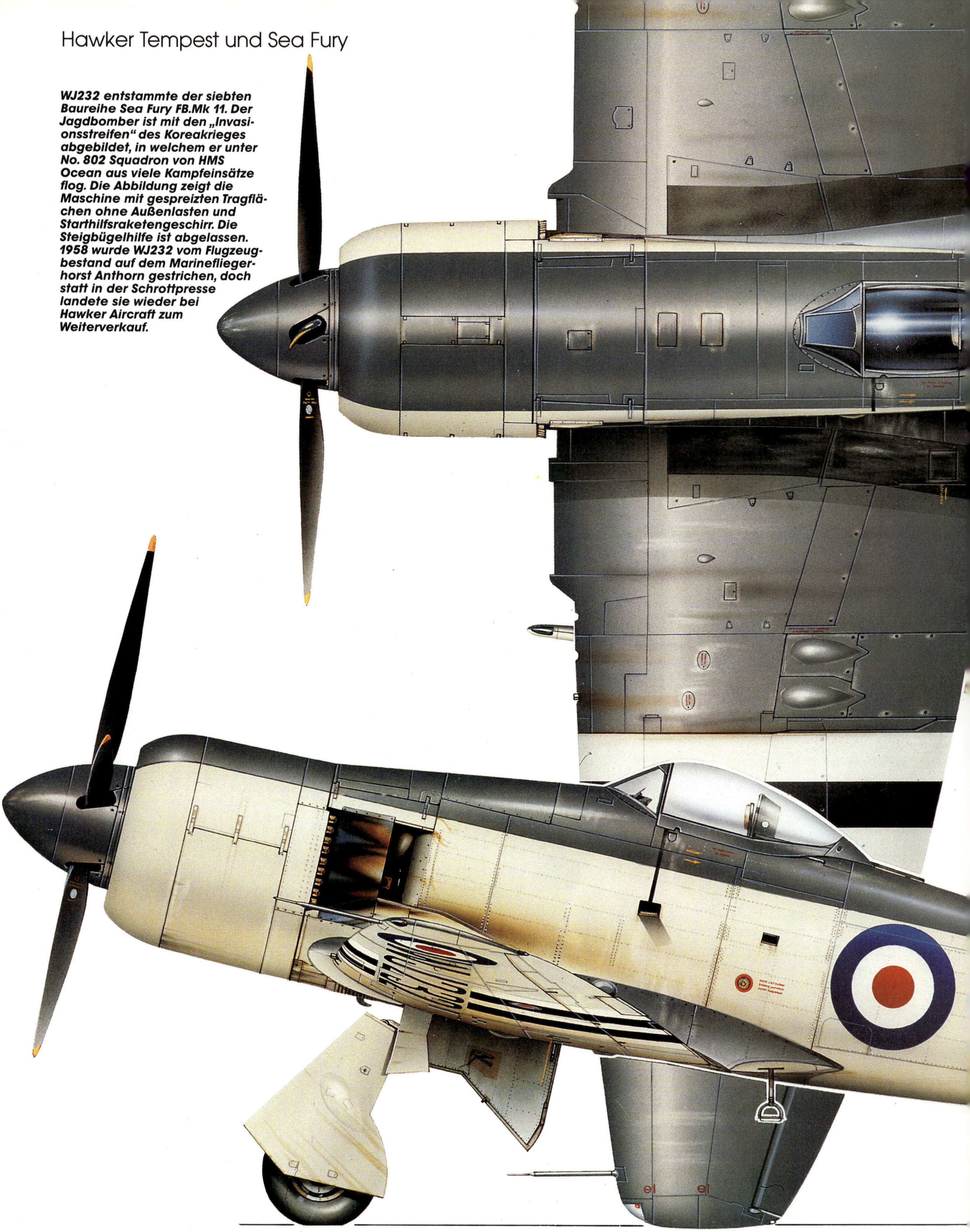

TECHNISCHE DATEN

Hawker Sea Fury FB.Mk 11
Typ: einsitziger Marinejagdbomber
Triebwerk: ein 18-Zylinder-Doppelsternmotor Bristol Centaurus mit 1902 kW (2586 PS)
Leistung: Höchstgeschwindigkeit (ohne Außenlasten) 740 km/h in 5485 m Höhe; Anfangssteiggeschwindigkeit 21,95 m/sek; Reichweite 1126 km
Gewicht: Leermasse 4191 kg, beladen 5602 kg; max. Startmasse 6645 kg
Abmessungen: Spannweite 11,70 m, Länge 10,57 m, Höhe 4,84 m, Tragflügelfläche 26,01 m^2
Bewaffnung: vier 20-mm-Kanonen British Hispano Suiza Mk 5 mit 145 Schuß pro Waffe, zwei bis zu 454 kg schwere Bomben oder zwölf Raketen mit einem Höchstkaliber von 127 mm

EJ783 gehörte dem zweiten Baulos der Tempest Mk V Serie 2 an und ging 1944 an No. 274 Squadron der RAF. Sie war eines der vielen alliierten Kriegsflugzeuge, die mit auf die Unterseite begrenzten „Invasionsstreifen" operierten. Am Ende jenes Jahres wurde No. 274 Sqn zu No. 174 umorganisiert und EJ783, wie andere Tempest Mk V auch, verschrottet.

neuen Tragflächen blieb. Sie behielt selbst das alte „Autotür-Cockpit" und flog in dieser Form erstmals am 2. September 1942.

Einen Monat zuvor, im August 1942, hatte Hawker einen Auftrag über 400 Tempest Mk I entgegengenommen. Alle Hawker-Testpiloten erprobten die HM595 und stellten ihr ein viel besseres Zeugnis als der Typhoon aus. Dennoch wurde das Cockpit bald mit einer aufgewölbten Schiebehaube versehen, das Höhenleitwerk in der Tiefe erweitert und das Seitenleitwerk durch eine Rückenfinne ergänzt. Gespannt erwartete jedermann die Fertigstellung der ersten „richtigen" Tempest Mk I (HM599), aber der Motor war vorerst nicht verfügbar, und der Erstflug verzögerte sich bis zum 24. Februar 1943. Auch dieser Versuchsjäger hatte das Original-Cockpit und -Leitwerk der Typhoon, zeigte jedoch blendende Flugleistungen und war mit 750 km/h der bis dahin schnellste aller Hawker-Jäger. Camm trieb die Einrichtung der Produktionsausrüstung für die neuen Tragflächen in Langley voran (die Typhoon-Fertigung war an Gloster vergeben worden), aber die Sabre-IV-Motoren ließen auf sich warten. Camm entwickelte daraufhin in aller Eile ein Notserienprogramm für die Tempest V, das auf HM595 mit korrekt modifiziertem Leitwerk aufbaute, und auf diese Zwischenlösung wurde der Auftrag umgemünzt. So erhielt die RAF eine Art Flickwerk wie beim Spitfire-Programm, bei dem statt der definitiven Mk VIII die Mk IX (mit Merlin 61) von den Bändern strömten.

Serienjäger Tempest Mk V rollten ab 21. Juni 1943 von der Fertigungsstraße. Da sich der Kühler unter dem Motor befand, ließ sich Treibstoff im Nasenteil der Innenflächen unterbringen, aber in der Praxis baute man lediglich in die Backbordfläche einen Tank ein. Die ersten 100 Exemplare wurden mit der üblichen Hispano-Kanone Mk II bewaffnet und erhielten die Bezeichnung Tempest Mk V Serie 1. Die nachfolgenden Maschinen führten die Kurzrohrkanone Mk V ein, deren Mündung in der Nasenkante verborgen war. Die Piloten hielten jedoch die Ergänzung der Querruder durch federgespannte Klappen für wichtiger, die ihnen erstmals soviel Rollkraft schenkten, wie sie brauchten. Insgesamt 800 Tempest Mk V wurden ausgeliefert, die ersten an das Jagdgeschwader in Newchurch (No. 3, 486 und später 56 Squadron), geführt von Commander (Oberst) R. P. Beamont, dessen Bemühungen es zu verdanken war, daß die RAF die Typhoon akzeptiert hatte. Dieser Verband, dem später auch No. 501, 80 und 274 Squadron angehörten, errang die meisten Erfolge bei der Bekämpfung geflügelter V-1-Fernbomben aus Deutschland und zerstörte 638 von insgesamt 1771 V-1, die die RAF abgewehrt hatte. Die Tempest bewährte sich aber auch als Jagdbomber gegen die Luftwaffe.

All dies geschah, während die viel bessere Centaurus-Tempest eine Verzögerung nach der anderen erlebte. Freeman stoppte kurzzeitig die Konstruktion der Centaurus-Typhoon Mk II (LA594), aber die Vorreiter LA602 und 607 für die Tempest Mk II kamen gut voran. Die alte Centaurus-Tornado (HG641) zeigte ein so hohes Leistungsvermögen, daß im September 1942 ein Auftrag über 500 Tempest Mk II erging. Man hatte geplant, diese Serie von Gloster fertigen zu lassen, aber die Firma war bereits mit der Typhoon und der Meteor so überlastet, daß sie die Werkzeugausrüstung nur stockend aufstellen konnte. LA602 mit Typhoon-Leitwerk, aber neuer Schiebehaube stand schließlich am 28. Juni 1943 zum Erstflug bereit. Dieser Maschine machten vor allem Vibrationen zu schaffen, doch sechs Silentbloc-Gummipuffer, auf die der mächtige 18-Zylinder-Schiebermotor gelagert wurde, schufen Abhilfe. Die ersten 30 Serienjäger Mk II flogen vom Bristol-Werk (Weston-super-Mare) aus ab dem 4. Oktober 1944. Bis dahin lag die Fertigung jedoch wieder bei Hawker in Kingston, wo 20 Maschinen mit Baugruppen aus Weston zusammengebaut und weitere 402 Exemplare gefertigt, aber erst nach dem Krieg ausgeliefert wurden.

Verglichen mit der Typhoon und Sabre-Tempest war die Tempest Mk II nicht nur sehr viel leiser im Cockpit, sondern bot auch etwas bessere Flugleistungen. Zusammen mit verschiedenen Spitfire-Jagdflugzeugen und einigen de Havilland Hornet stellte diese Tempest-Version das hauptsächliche kolbengetriebene Jagdflugzeugmuster der RAF in der Nachkriegszeit dar. An Pakistan wurden 24 und an Indien 89 Exemplare verkauft. Die meisten Maschinen hatten Bombengehänge und Raketenroste, Centaurus-Motoren der Marke V sowie sauber in die Flächenansätze eingearbeitete Lufteinlässe für den Einspritzvergaser und für den Ölkühler. Genau diese Anordnung übernahm man für die letzte Sabre-motorisierte Tempest-Variante, die Mk VI, deren leistungsgesteigerter Sabre V den ganzen Tunnel unter dem Kinn zur Kühlung der eigenen Motorkühlflüssigkeit benötigte. Hawker lieferte 142 Tempest Mk VI, Hunderte wurden gestrichen, und der letzte Hawker-Kolbenmotorjäger der RAF war eine Tempest Mk VI, die bis Ende 1953 auf Sylt als Zielschleppmaschine diente.

Im September 1942 hatte Camm einen sogenannten Tempest-Leichtjäger (TLF = Tempest Light Fighter) entworfen, im Grunde eine Tempest ohne das Tragflächenmittelstück. Tatsächlich hatte er drei Projekte skizziert, P.1018 (Sabre IV), 1019 (Griffon 61) und 1020 (Centaurus IV). Alle wiesen ein neu entworfenes Tragwerk mit horizontalem Mittelstück, aber insgesamt kürzerer Spannweite auf. Die Primärstruktur war verfeinert und das massive Hawker-Mittelrumpfgerüst einer

Die Kopplung eines verbesserten Tragflächenkonzepts mit dem 1864 kW (2535 PS) starken Sabre-Motor IV im neuen stromlinienförmigen Gehäuse verhalf der Hawker Tempest Mk 1 zu einem gewaltigen Leistungssprung. Hier ist sie mit einteiliger Haube und Kühlern an der Nasenkante der Innenflächen zu sehen.

Die einzige Hauptänderung, die die Tempest im Krieg erfuhr, war der Einbau eines Ringkühlers und einer durchbrochenen Propellerhaube, die den Lufteinlauf vor die Propellerblätter verlagerte. Diese von Napier durchgeführte Modifikation wurde von Luton aus im Flug erprobt, wie hier mit der zweiten Testmaschine.

NX245 gehörte zu den wenigen Tempest Mk VI, denen eine lange Dienstzeit beschieden war. Nach ihrer Auslieferung an RAF No. 109 MU (Maintenance Unit) in Shubra wurde die Maschine No. 213 Squadron in Shallufa unweit vom Suez-Kanal zugewiesen, wo sie das Hornissen-Wappen am Leitwerk trug. Später flog diese Tempest noch bis 1951 von Nicosia aus.

Die vom Bristol Centaurus angetriebene Tempest Mk II, die Ende 1945 ihr RAF-Einsatzdebüt gab, kam für den Zweiten Weltkrieg zu spät, doch in den Nachkriegsjahren fand sie bei der RAF sowohl in Deutschland als auch in Fernost eine weitverbreitete Verwendung. Abgebildet ist ein Exemplar der No. 54 Squadron.

modernen Halbschalenbauweise mit selbsttragender Außenhaut gewichen, das Rumpfprofil geändert, um dem Piloten im höher angeordneten Cockpit eine bessere Sicht zu ermöglichen, und das Seitenleitwerk neu gestaltet. „TLF“ stellte ein in jeder Hinsicht modernes Jagdflugzeug dar, während der Tempest noch viele technische Merkmale aus den ausgehenden dreißiger Jahren anhafteten. Spezifikation F.2/43 wurde dem „TLF“ angepaßt, aber im April 1943 überzeugte Camm die Admiralität, daß das gleiche Grundmuster der Marineforderung N.7/43 genügen konnte. Dieser Vorschlag fand Zustimmung, und man übertrug die Marineversion Boulton Paul in Wolverhampton.

Hawker konstruierte zwei Prototypen mit dem Centaurus XXII, einen mit dem Centaurus XII und ein weiteres Duo mit dem Griffon 85. Als erste hob NX798 am 1. September 1944 ab, angetrieben von einem starr eingebauten Centaurus XII mit Vierblatt-Propeller. Es folgte die ehemalige Tempest Mk III (LA610), deren Gegenlauf-Doppelpropeller an einen Griffon 85 gekoppelt war. Ende 1944 taufte man den Typ Fury, und die Marineausführung Sea Fury Mk X. Zwei der Kingston-Musterjäger wurden als Sea Fury fertiggestellt, SR661 und SR666. Das erstgenannte Exemplar war mit einem Centaurus-XII-Vierblatt-Propeller und kurzem Fanghaken ausgerüstet, während SR666 mit einem gepufferten Centaurus-XV-Fünfblatt-Propeller, Fanghaken und zudem mit hydraulischen Klappflächen erschien. NX802, die zweite Fury, flog am 25. Juli 1945, aber die RAF zeigte kein Interesse mehr. Das Endglied dieser Versuchskette war VB857, in Wolverhampton gebaut, aber zur Endmontage nach Kingston geliefert und im Januar 1946 erstmals geflogen. Der an Boulton Paul vergebene Auftrag wurde annulliert, und die weiteren Arbeiten konzentrierten sich auf die Sea Fury Mk X zur Nachkriegsverwendung durch die Fleet Air Arm.

Seriengefertigte Sea Fury Mk X verließen das Werk ab dem 7. September 1946, nachdem die Einführung eines Fünfblatt-Propellers, eines längeren Fanghakens und eines neu entworfenen Seitenruders die Entwicklung beschleunigt hatte. Im August 1947 verdrängte die Sea Fury Mk X die Supermarine Spitfire bei No. 870 Squadron der FAA in Eglinton. Fünfzig Exemplare wurden gebaut, aber zwischenzeitliche Versuche mit Außenlasten und Starthilfsraketen (RATOG) hatten die Sea Fury Mk XI ergeben, der im Typkennungssystem der Nachkriegszeit die Bezeichnung Sea Fury FB.Mk 11 zufiel. Dieses Muster stellte nicht nur den Höhepunkt in der Entwicklung kolbengetriebener Jagdflugzeuge bei Camm, sondern zugleich in Großbritannien dar, und erwies sich als äußerst erfolgreich und populär. Nicht weniger als neun Baureihen mit insgesamt 615 Flugzeugen und vier weitere Serien des Tandemsitzers Sea Fury T.Mk 20 mit Doppelsteuer sowie große Stückzahlen an Exportmaschinen wurden ausgeliefert. Wenn man bedenkt, daß die Sea Fury zu Beginn des Düsenzeitalters erschien, war ihr Erfolg geradezu grandios. Kein anderes Hawker-Jagdflugzeug hat in Friedenszeiten eine so hohe Auflage wie die Sea Fury erreicht.

Die Sea Fury FB.Mk 11 zählte zu den wenigen britischen Flugzeugtypen, die im Koreakrieg zum Einsatz kamen. Die Maschinen operierten von HMS Theseus, HMS Ocean, HMS Glory sowie HMAS Sydney aus und flogen in erster Linie Abriegelung. Dabei verwendeten sie nicht nur sämtliche verfügbaren Erdkampfwaffen, sondern verminten auch Hafenanlagen aus der Luft. Die Genauigkeit, die sie im Schnitt mit diesen Abwurfwaffen erreichten, rangiert in der Spitzenkategorie der „manuellen“ Ära. So erzielte Testpilot Commander „Winkle“ Brown eine mittlere Ablage von 12 bis 13,7 m beim Bombenabwurf und 4,6 bis 5,5 m beim Raketenschießen im Bahnneigungsflug mit 30°

Eine tadellose Tempest-Formation des CFE (Central Fighter Establishment), der geschäftigen RAF-Jagdflugzeugerprobungs- und Prüfzentrale in West Raynham, im Jahre 1945. Alle drei Maschinen sind Mk V der Serie 2: SN328, SN108 und EJ884. SN328 ist mit acht Raketenschienen der längeren Bauart ausgerüstet.

Diese Tempest Mk III wurde von einem Griffon 85 in Verbindung mit gegenläufigen Propellern angetrieben. Der Lufteinlauf an der Stirn versorgte den Motor- und Ölkühler, die beide unterhalb des Motorblocks eingerichtet waren. Dieses Ende 1944 Fury getaufte Musterflugzeug war ein Vorläufer der Serie Sea Fury.

Polikarpow I-16

Während weltweit noch Doppeldecker-Jäger mit starrem Fahrwerk gebaut wurden, schlug Polikarpow mit seiner kleinen I-16 bereits die künftige Richtung ein. Der russische Vorsprung war allerdings bald verspielt, und im Kampf gegen die deutsche Luftwaffe konnte sich die I-16 nicht mehr behaupten.

Die Sowjetunion ging 1930 dazu über, ihre Militärfliegerei auf ein neues Fundament zu stellen. Das Luftwaffen-Forschungsinstitut NII V-VS befaßte sich mit einer Fülle von Untersuchungen, die auch neuartige Bewaffnungen (etwa mit Raketen und schweren, rückstoßfreien Rohrwaffen) und die besten Nutzungsformen von Kriegsflugzeugen betrafen. Man fand unter anderem heraus, daß wendige Doppeldecker Eindecker ohne weiteres auszumanövrieren vermochten, letztere aber sicher schneller sein konnten. Bei fast allen Jagdflugzeugen handelte es sich um Doppeldecker, aber das Tupolew-Konstruktionsbüro hatte mit der TB-1 und TB-3 nachgewiesen, daß Eindecker zumindest auf dem Feld des schweren Bombers möglicherweise überlegen waren. Im Bemühen, beide Aspekte optimal auszuschöpfen, empfahl das NII einen Mix von agilen Doppeldecker- und schnellen Eindeckerjägern, einzusetzen in gemischten Großformationen.

Die beiden damaligen Sowjetjäger waren die Tupolew I-4 und Polikarpow I-5, angetrieben vom Bristol Jupiter oder dessen Lizenzmarke M-22. Die I-4 war ein Anderthalbdecker, aber mit so kleinem Unterflügel, daß sie fast einem Schirmeindecker gleichkam (bei einer Version fehlte der Unterflügel ganz), die I-5 hingegen ein herkömmlicher Doppeldecker. Besondere Qualitätsunterschiede zwischen beiden Typen bestanden nicht, doch der Doppeldecker flog tatsächlich schneller.

Am Jahresende 1931 fiel die Entscheidung, neue Eindeckerjäger zu beschaffen, die schneller und fortschrittlicher konzipiert sein sollten als alle anderen. Bevorzugt wurden die Ganzmetallkonstruktion, eine freitragende Struktur ohne Verstrebung und ein einziehbares Fahrgestell. Diese anspruchsvolle Aufgabe übertrug man dem OKB (Versuchskonstruktionsbüro) mit der größten Erfahrung im Bau von Eindeckerflugzeugen, dem von A. N. Tupolew. Er legte das I-14-Projekt in die bewährten Hände von P. O. Suchoi, und am 7. Mai 1933 startete der auch als ANT-31 bekannte Prototyp zum Jungfernflug. Er stellte den modernsten Jäger der Welt dar, ausgestattet mit sämtlichen Neuerungen der Luftfahrttechnik, einschließlich Schiebehaube über der Kanzel und einer langsehnigen, widerstandsarmen Ringverkleidung für den bulligen Sternmotor.

Dies war ein schwerer Schlag für Nikolai Nikolajewitsch Polikarpow, der bisher fast alle kleineren Militärflugzeuge der Sowjetunion geschaffen hatte. Schlimmer noch, zusammen mit seiner Konstruktionsmannschaft saß er in Haft, doch der Erfolg seiner I-5 schenkte ihm im Januar 1933 die Freiheit wieder. Er steckte voller Verbesserungsideen für seine I-5, und sie führten schließlich zur I-15 und ihren Abkömmlingen, die den „agilen Doppeldecker"-Teil im künftigen Jägermix ausmachen sollten. Er vergeudete keine Zeit, und schon ab März 1933 arbeitete sein Team an einem völlig neuen Eindeckerjäger, genannt

Hier werden 1942 die Bordwaffen eines Polikarpow-Jägers I-16 Typ 24 justiert. Es bestanden mehrere Alternativen zur Kanoneneinrüstung und Beladung unter den Flächen, einschließlich zweier 110-kg-Bomben oder sechs RS-82-Raketen. Vor dem Kopf des Piloten ist das Standard-Reflexvisier PBP-1A zu erkennen.

Bei sowjetischen Kriegsflugzeugen waren patriotische Beschriftungen üblich, wie „Za Stalina" („Für Stalin") bei diesem I-16-Jäger Typ 18. Die Maschine diente im Sommer 1941 im Nordabschnitt der Ostfront und operierte von Keg-Ostrov bei Murmansk aus. Obwohl die Luftwaffe beim Eröffnungsangriff der Operation „Barbarossa" den I-16-Bestand dezimiert hatte, blieb dieser kleine Jäger noch bis zum Oktober 1942, als die Sowjets zur Gegenoffensive übergingen, die Hauptwaffe der V-VS gegen die deutsche Luftwaffe.

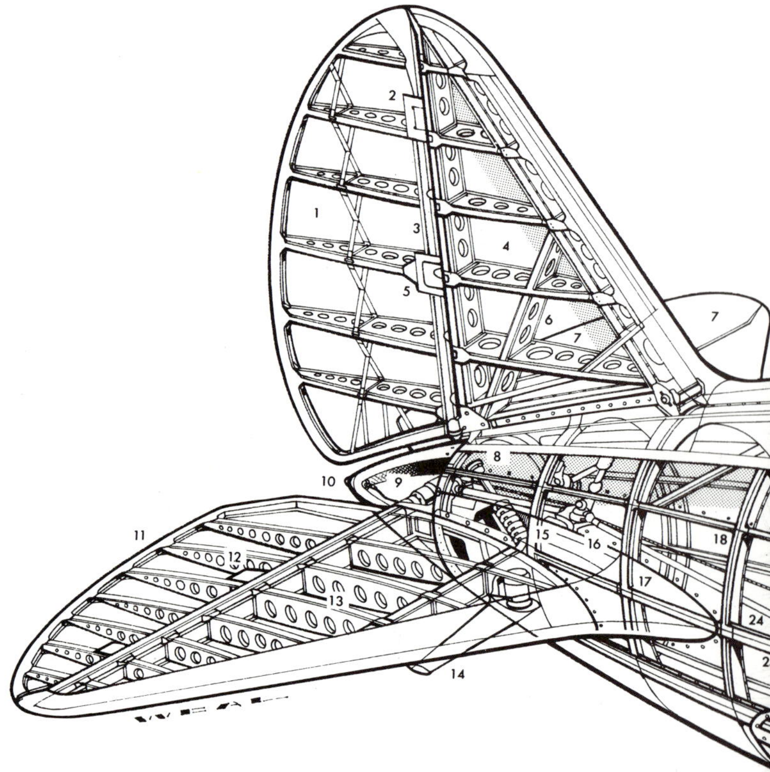

ZKB-12 (Zentrales Konstruktionsbüro, Flugzeug Nr. 12). Die Abteilung hatte einen 18-Stunden-Tag, und das Projekt machte daher rasche Fortschritte. Bereits im Dezember rollte der rotgestrichene Versuchsjäger auf das verschneite Vorfeld, und am letzten Tag des Jahres 1933 führte ihn der Pilot V. P. Tschkalow durch den Erstflug.

Der Prototyp erschien aber in mancher Hinsicht der I-14 unterlegen. Seine Struktur war ein außerordentliches „Misch-Masch": ein in Holzschalenbauweise gefertigter Rumpf mit „Schpon"-Haut (vorgeformte und zu mehrlagigem Sperrholz zusammengeklebte Birkenfurniere) mit Tragflächen aus Metall mit verchromten Stahlholmen, die auf Rohrgurten und Blechstegen aufbauten, und Fachwerkrippen aus Duralumin sowie einer Flügelhaut, zusammengesetzt aus Duralumin bis zum Vorderholm und Gewebe bis zur Abströmkante. Die Primärstruktur des Leitwerks und der fast über die volle Spannweite reichenden Querruder bestand ebenfalls aus Duralumin, das aber mit Stoff bespannt war. Wegen der „heißen" Eigenschaften dieses gefährlich aussehenden Jägers hatte man die Querruder so eingerichtet, daß sie sich um 15° absenkten, wenn das Fahrwerk ausfuhr, und dann als Landeklappen fungierten. Dadurch konnte die Anfluggeschwindigkeit der ersten Versionen auf 100 km/h begrenzt werden, was immer noch als sehr schnell galt. Das Hauptfahrwerk enthielt Ölstoßdämpfer und ließ sich bei einigem Kraftaufwand auch per Handrad im Cockpit einziehen.

Bei der ZKB-12 drängte sich der Eindruck auf, ihre Konstrukteure hätten bewußt alles darangesetzt, sie so kurz wie nur irgend möglich zu gestalten. Mit ihrer Länge von weniger als sechs Metern stach sie sogar Doppeldecker aus. Beobachter haben sich daher immer wieder gefragt, ob Polikarpow nicht doch vom Gee-Bee-Rennflugzeug beeinflußt war, das im September 1932 einen Geschwindigkeitsweltrekord aufgestellt hatte. Die Tücke der Gee Bee ging bis zur Gefährlichkeit, und nicht anders verhielt sich die ZKB-12. Wie ein Jagdflugzeug der neunziger Jahre war sie um alle drei Achsen so gut wie instabil und mußte mit unaufhörlicher Wachsamkeit geflogen werden. Geringste Steuereingaben des Piloten riefen heftige Reaktionen hervor, so daß die Besatzungen ständig unter Übelkeit litten. Der positive Aspekt bestand darin, daß Rollen und Loopings verblüffend schnell abliefen. Unter diesen Bedingungen die Bordkanonen gegen ein Feindflugzeug einzusetzen verlangte allerdings ein Höchstmaß an fliegerischem Können und Konzentration. Nahm der Pilot den Gashebel zurück, mußte er die Nase seiner Maschine weit unter den Horizont halten, um einen Strömungsabriß zu verhindern. Die Sinkrate lag so hoch, daß eine Landung mit dem Motor im Leerlauf unmöglich war. Zog der Pilot den Steuerknüppel beim Landeanflug nach hinten, kippte die Maschine unweigerlich zur Seite weg.

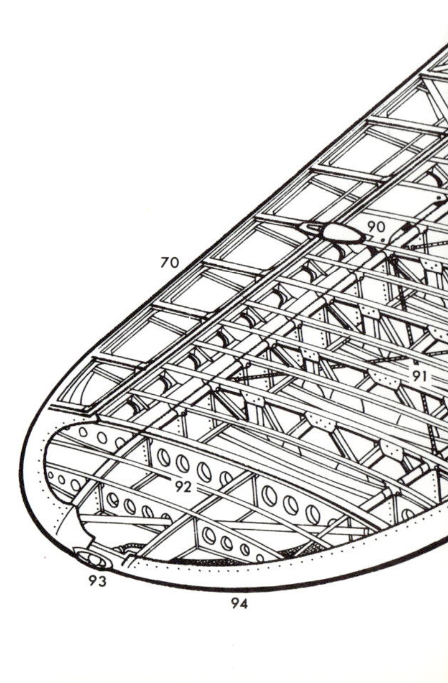

Zudem war es Polikarpow nicht gelungen, den gewünschten Motortyp in Form eines Wright Cyclone mit 522 kW (710 PS) zu erhalten. Die Verhandlungen zur Lizenzfertigung des Cyclone als M-25 zogen sich über zwei Jahre hin, und die ZKB-12 mußte sich folglich mit dem alten M-22 (Jupiter) begnügen, der nur 358 kW (487 PS) erzeugte. Der Wunsch nach Wendigkeit, hinter dem auch die extrem geringe Länge stand, führte dazu, daß der Motor an einem Brandschott auf der Linie des vorderen Flügelholms befestigt wurde. Die Stirn des Motorblocks stand daher nur knapp an der Flügelnase hervor. Um den Luftwiderstand zu senken, war das Motorgehäuse eng angepaßt. Ungeachtet der vielen Probleme, beurteilte man die ZKB-12 gegenüber der I-14 als potentiell überlegen, obwohl deren Prototyp von einem Bristol Mercury angetrieben wurde. Die zweite ZKB-12 erhielt jedoch einen Cyclone-

Die rote Seitenflosse dieser I-16 Typ 24 läßt darauf schließen, daß die Maschine im September 1941 vom Führer einer IAP-Eskadril im Luftverteidigungsbereich Odessa geflogen wurde. Obwohl von der Luftwaffe deklassiert, konnte die I-16 in der Hand eines geschickten Piloten dank ihrer überlegenen Manövrierfähigkeit der Zerstörung durchaus entgehen. Die I-16 war auch der erste Typ, der in großem Maßstab zum Rammflug gegen Feindmuster diente. Am 22. Juni 1941 fiel eine Messerschmitt Bf 110 erstmals einem solchen Angriff zum Opfer.

Aufriß-Erläuterung zur Polikarpow I-16 Typ 10

1 Aufbau des Seitenruders
2 oberes Ruderscharnier
3 Ruderholm
4 Aufbau der Seitenflosse
5 unteres Ruderscharnier
6 Hilfsholm
7 Höhenflosse (backbord)
8 Seitenrudermechanik
9 Heckkonus
10 Heckpositionslampe
11 Aufbau des Höhenruders
12 Höhenrudergelenk
13 Aufbau der Höhenflosse
14 Hecksporn
15 Hecksporn-Stoßdämpfer
16 Steuergestänge (Höhen- und Seitenruder)
17 Ausrundung des Höhenflossenansatzes
18 Rumpfhalbspanten
19 Nasenverkleidung der Seitenflossenwurzel
20 Rückenabdeckung
21 Rumpf in Schalenbauweise
22 oberer Längsgurt
23 Seitenruder-Seilzug
24 Stoßstange der Höhensteuerung
25 mittlerer Hauptlängsgurt
26 Umlenkjoch der Flugsteuerungsanlage
27 Sitzbodenrahmen
28 Pilotensitz
29 Kopfstütze
30 Einstiegsklappe (backbord)
31 offene Kanzel
32 Rückspiegel (Sonderausrüstung)
33 gebogene Windschutzscheibe
34 Visierröhre (Revi PBP-1, Sonderausrüstung)
35 Instrumentenbrett
36 Fahrwerkshandkurbel
37 Steuerknüppel
38 Seitenruderpedale
39 Rumpfkraftstofftank (Kapazität 255 Liter)
40 Tankdeckel
41 Munitionsmagazine
42 Verkleidung der Bugkanone
43 Querruder (zur Landeklappe spreizbar)
44 Verkleidung des Querrudergelenks
45 stoffbespannter Teil der Tragfläche
46 Backbord-Positionslampe
47 mit Aluminium beplankte Flügelnase
48 Zweiblatt-Propeller
49 konusförmige Propellerhaube
50 Anlasserklaue
51 Radklappe
52 Hauptrad (backbord)
53 gelippter Lufteinlauf
54 regelbare Kühlluftöffnungen (Schieberblende)
55 Propellerwellen-Stützverband
56 MG-Mündungen
57 Sternmotor M-25V mit einer Nennleistung von 552 kW (750 PS)
58 Schmierölbehälter
59 SchKAS-7,62-mm-Maschinengewehr (steuerbord)
60 Auspuffstutzen
61 Motorträger
62 Brandschott
63 Fachwerkholm des Tragflächenmittelstücks
64 Radschacht
65 Befestigung Rumpf/Vorderholm
66 Einholvorrichtung des Fahrwerks
67 Befestigung Rumpf/Hinterholm

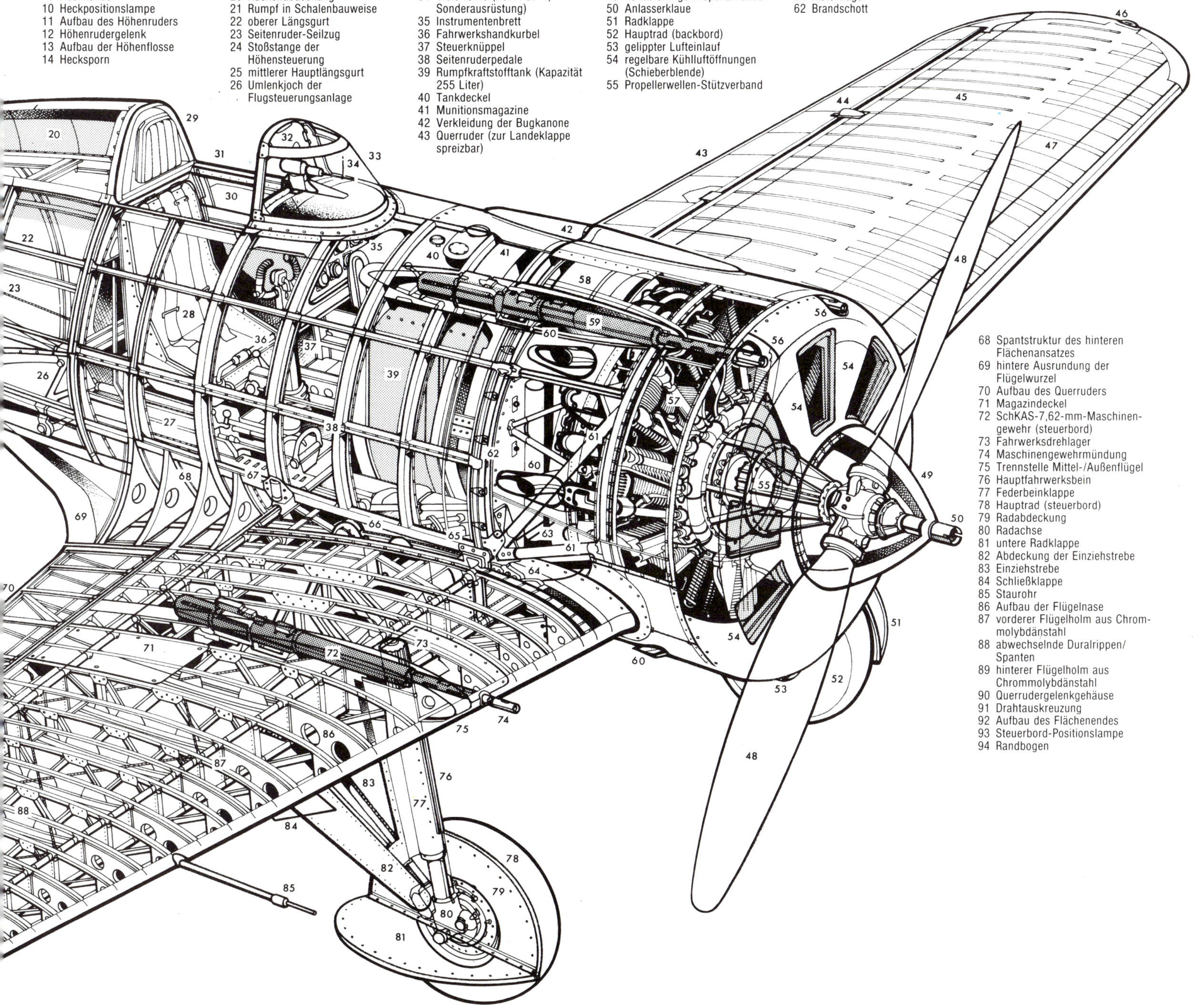

68 Spantstruktur des hinteren Flächenansatzes
69 hintere Ausrundung der Flügelwurzel
70 Aufbau des Querruders
71 Magazindeckel
72 SchKAS-7,62-mm-Maschinengewehr (steuerbord)
73 Fahrwerksdrehlager
74 Maschinengewehrmündung
75 Trennstelle Mittel-/Außenflügel
76 Hauptfahrwerksbein
77 Federbeinklappe
78 Hauptrad (steuerbord)
79 Radabdeckung
80 Radachse
81 untere Radklappe
82 Abdeckung der Einziehstrebe
83 Einziehstrebe
84 Schließklappe
85 Staurohr
86 Aufbau der Flügelnase
87 vorderer Flügelholm aus Chrommolybdänstahl
88 abwechselnde Duralrippen/Spanten
89 hinterer Flügelholm aus Chrommolybdänstahl
90 Querrudergelenkgehäuse
91 Drahtauskreuzung
92 Aufbau des Flächenendes
93 Steuerbord-Positionslampe
94 Randbogen

TECHNISCHE DATEN

Polikarpow I-16 Typ 24
Typ: Jagdeinsitzer
Triebwerk: ein luftgekühlter Neun-Zylinder-Sternmotor Schwezow M-62, dessen Leistung von 736 kW (1000 PS) bei 2000 U/min zum Start und 589 kW (800 PS) bei 2100 U/min in 4200 m Höhe von einem in zwei Stellungen regelbaren Zweiblatt-Propeller umgesetzt wurde
Leistung: Höchstgeschwindigkeit 440 km/h in Meereshöhe oder 489 km/h in 3000 m Höhe; Reichweite (ohne Außenlast) 600 km, mit Außentanks 1100 km; Steigzeit auf 5000 m 5,8 Minuten; Dienstgipfelhöhe 9470 m
Gewicht: Rüstmasse 1475 kg; normal beladen 1912 kg; max. Startmasse 2060 kg
Abmessungen: Spannweite 8,88 m; Länge 6,04 m; Höhe 2,41 m; Tragflügelfläche 14,87 m^2
Bewaffnung: vier SchKAS (Schpital'ni-komarizki)-7,62-mm-Maschinengewehre (je ein Paar synchronisiert im Bug und nicht synchronisiert in den Tragflächen) mit 650 Schuß Munition oder zwei rumpfmontierte SchKAS-MGs und zwei SchWAK (Schpital'ni-Wladimirow)-20-mm-Kanonen mit 180 Schuß Munition; die rumpfmontierte Bewaffnung ließ sich durch ein einzelnes 12,7-mm-Maschinengewehr Berezin UB mit 300 Schuß verstärken; in diesem Fall entfielen gewöhnlich die Maschinengewehre in den Tragflächen

Der kleine Polikarpow-Jäger I-16 mußte bis Ende 1943 bei den Frontfliegerkräften dienen, obwohl er technisch veraltet und im Zweiten Weltkrieg den Mustern der Gegenseite nicht gewachsen war. Er diente auch bei 1 IAP, dem ersten Jagdfliegerregiment, dem im Dezember 1941 der begehrte Titel „Garde" zuerkannt wurde. Die Sowjets schlugen leider kein Kapital aus dem Vorsprung in der Konstruktion von Jagdflugzeugen, den ihr Ende der dreißiger Jahre die I-16 verschaffte. Beim Überfall Deutschlands auf Rußland sah sich die I-16 daher häufig vor unlösbare Aufgaben gestellt. Dennoch leistete der Polikarpow-Jäger im „Großen Vaterländischen Krieg" einen Beitrag, dessen Wert keinesfalls unterschätzt werden darf.

Der erste Prototyp der I-16 hieß ZKB-12 (Zentralnoje Konstruktorskoje Bjuro = Zentrales Konstruktionsbüro). Der Erstflug dieser Maschine am 31. Dezember 1933 erfolgte nur neun Monate nach dem Beginn der Arbeit am Reißbrett.

Diese erbeutete Polikarpow I-16 Typ 18 trägt die Markierungen der finnischen Luftwaffe. Bemerkenswert ist die von den Finnen vorgenommene Modifikation, das Schneekufen-Fahrgestell für den Betrieb auf verschneiten Flugfeldern.

Importmotor R-1820-F3, der einen in zwei Stellungen regelbaren Hamilton-Propeller antrieb. Nun bestanden keinerlei Zweifel mehr, und der stämmige Jäger wurde als I-16 zur Truppenverwendung bestimmt.

Man maß der I-16 eine so hohe Bedeutung bei, daß die Produktion im Mai 1934 in zwei Werken, GAZ-1 in Moskau-Chodinka und GAZ-21 in Gorki organisiert wurde. Da der eigentlich vorgesehene Motor nicht verfügbar war, mußte man weiter auf den M-22 zurückgreifen. Ende 1934 rollten die ersten I-16 Typ 1 von der Fertigungsstrecke, bewaffnet mit zwei schnellfeuernden 7,62-mm-Maschinengewehren der neuen Marke SchKAS und 900 Schuß pro Waffe in den Tragflächen. Die enge Kanzel hatte eine Einstiegsklappe auf der linken Seite und eine metallgerahmte Glasschiebehaube mit integrierter Stirn in Keilform. Die gesamte Haube ließ sich im Flug nach vorn kurbeln, unterstützt durch Gummizüge zur Überwindung des Fahrtwinds und zur Arretierung der geöffneten Haube am Boden.

1935 traf eine große Cyclone-Motorlieferung (von Wright) ein, und diese Triebwerke kamen nahezu ausschließlich Jägern der Marke I-16 Typ 4 zugute, die zugleich eine neue, langsehnige Motorhaube mit flacher Stirnplatte, in die neun regelbare Kühllufteinlässe eingearbeitet waren, und einen optimalen Kühlluftauslaßschlitz am Heck einführte. Hinzu kamen Klappen, die die eingezogenen Fahrwerksräder abdeckten. In der Folgezeit brachte die I-16 eine Vielzahl an Varianten hervor, weit mehr als irgendein anderer Jägertyp Mitte der dreißiger Jahre. 1935 lief die Produktion der ersten UTI-Trainerversion (Jagdschulflugzeug) mit Tandemcockpits an, davon keines in der Originalposition, und einem Rumpftank mit nahezu gleich gebliebenem Volumen. In diese Maschinen wurde zunächst der M-22 (Jupiter) eingebaut, aber später der M-25, als dieses Triebwerk in großer Stückzahl verfügbar

I-16, die bei der Operation „Barbarossa" aufgegeben wurden. In der Frühphase der deutschen Invasion rammte Leutnant Iwanow mit seiner I-16 bewußt eine Bf 110 der Luftwaffe, und acht andere Sowjetpiloten folgten seinem Beispiel.

Das „Sechserwürfelpaar" am Leitwerk gibt diese spanische I-16 als eine Super Mosca der 3. Escuadrilla zu erkennen, die 1937 in Albacete stationiert war. Der I-16 sollte eine wichtige Rolle bei den frühen Luftoperationen des Spanischen Bürgerkriegs spielen, denn republikanische Muster wie dieses halfen dabei, die Luftüberlegenheit größtenteils zurückzugewinnen.

Diese I-16UTI oder UTI-4 wurde im September 1941 von den Finnen erbeutet und anschließend zur Schulung eigener Jagdpiloten verwendet. Das neue Frontcockpit besetzte der Schülerpilot, und nur bei der Blindflugschulung mußte er mit der hinteren, abgedunkelten Kanzel vorliebnehmen.

Ein Trio der endgültigen Serienversion I-16 Typ 24 des 4. IAP-Gardefliegerregiments. Die Maschine im Vordergrund ist mit Startschienen für sechs RS-82-Raketen unter den Tragflächen, nacktem Fahrgestell und der neu eingeführten Wattemanschette um den Motor ausgestattet. Man beachte das Gardeabzeichen unterhalb des Cockpits.

war. Spätere Baureihen erschienen mit einem vereinfachten, nichteinziehbaren Fahrgestell.

Gegen Ende der Fertigung des Typs 4 im Frühling 1935 wurde der Pilotensitz mit einer Rückenplatte von 8 mm Stärke (häufig 9 mm) gepanzert, und beim Typ 5, der ersten Baureihe mit Lizenzmotor und AV-1-Propeller, gehörte dieser Panzerschutz zum Standard. Hinzu kamen Gehänge für zwei 100-kg-Bomben unter den Tragflügeln und ein dahingehend geänderter Motoreinbau, daß die Auspuffrohre der einzelnen Zylinder als auffällige Einzel- oder Zweierejektorenbündel rings um die Motorhaube verteilt waren. Der Typ 6 (siehe Varianten) erschien als letzter mit geschlossener Kanzel. Die Piloten erhielten nun doch das gewünschte offene Cockpit, und zwar mit hochgezogener Windschutzscheibe, an der die vom britischen Aldis abgeleitete Bordkanonen-Visierröhre herausragte.

Der Ausbruch des Spanischen Bürgerkriegs veranlaßte die republikanische Regierung zu dringenden Hilfegesuchen an Rußland. Stalin stand zweifellos auf ihrer Seite, denn ihre Grundeinstellung war kommunistisch geprägt, aber die Solidarität zeigte starke kommerzielle Züge, da die Sowjetunion ihre Unterstützung nur gegen Bezahlung in Gold gewährte. Dieser Handel kam schließlich zustande, und im September 1936 legte die Rostok in Cartagena an, um eine große Zahl von Typ-6-Jägern samt fliegendem und technischem Personal anzulanden. Über 100 I-16 befanden sich im November im Einsatz, als Jagdflugzeuge der Faschisten in das Geschehen eingriffen. Die meisten konnte die I-16 mühelos bezwingen, obwohl eine gut geflogene Fiat C.R.32 in etwa die gleiche Manövrierbarkeit bot. In der Nähe von Alicante wurden Werkstätten eingerichtet, in denen später komplette I-16 mit importierten Cyclone-Motoren entstanden sein sollen. Davon ist allerdings nichts dokumentiert.

Im Jahr 1937 wurde China mit mehr als 250 I-16 verschiedener Typen, einschließlich der doppelsitzigen UTI, sowie mit „freiwilligen" Flugzeugführern und Bodenpersonal versorgt, in diesem Fall offenbar ohne Bezahlung in Gold. Chinesische I-16 kämpften in der Heimat bis mindestens 1943. Sie fanden in der Mitsubishi A5M der Kaiserlich Japanischen Marine einen annähernd ebenbürtigen Gegner (alle anderen japanischen Typen waren leichte Beute). 1940 erwies sich die Mitsubishi A6M, wie nicht anders zu erwarten, dem russischen Jäger praktisch in jeder Hinsicht überlegen.

Weitere Großgefechte zwischen der Sowjetunion und Japan fanden zwischen dem 11. Mai und 16. September 1939 im Grenzgebiet der Mongolei über der Hochebene Khalkin Gol und Nomonhan statt. Die I-16 war der hauptsächliche sowjetische Jäger, der sich mit vielen japanischen Typen auseinandersetzen mußte, darunter dem mit Abstand

Varianten der Polikarpow I-16

ZKB-12: erster Prototyp; M-22-Motor
ZKB-12bis: zweiter Prototyp, am 18. Februar 1934 mit Cyclone-Motor und Hamilton-Propeller geflogen
I-16 Typ 1: Anfangsserie mit 353-kW-Motor (480 PS); nur eine kleine Stückzahl
UTI-2: erster Tandemtrainer durch Umbau eines Jägers vom Typ 1
UTI-3: neugebauter Trainer mit breitem Verkleidungsring am Motor, starrem Fahrgestell und (ab 1936) Blindflughaube sowie Kreiselinstrumenten
I-16 Typ 4: erste Hauptserienversion dieses Jägers mit importiertem Motor/Propeller, einem der Rumpfschale angepaßten Motorgehäuse und Fahrwerksschachtklappen
I-16 Typ 5: M-25-Motor mit 515 kW (700 PS) und AV-1-Propeller; verbesserte hängende Querruder, Bombengehänge unter den Tragflächen und gepanzerter Pilotensitz
UTI-4: Sammelbezeichnung aller späteren Trainer; Antrieb durch M-22 oder M-25 im Standard-Motorgehäuse, häufig mit Einziehfahrwerk, gewöhnlich unbewaffnet und stets mit getrennten offenen Cockpits
I-16Sch: auch ZKB-18 bezeichneter Prototyp einer geplanten Schturmowik-Ausführung für den Erdkampf, gepanzert und mit vier SchKAS-Kanonen (oder PV-1) sowie Bomben bewaffnet
I-16P: Prototyp eines Kanonenjägers (P = Puschka = Kanone) mit zwei SchWAK-20-mm-Kanonen, die an den Enden des Tragflächenmittelstücks gelagert waren, damit sie außerhalb des Propellerkreises feuern konnten, zwei SchKAS auf dem Nasenrücken und Gehängen für sechs Der-31-Schüttbomben unter den Flügeln; hervorgegangen aus einer Maschine des Typs 5
I-16 Typ 6: Grundserienmodell von 1936 mit 537 kW (730 PS) starkem M-25A und punktuell verstärkter Zelle
SPB: auch ZKB-29 bezeichneter Prototyp; SPB war das Kürzel für einen schnellen Sturzkampfbomber; modifizierter Typ 5 mit pneumatisch betätigtem Fahrgestell und Sturzflugbremsen an verstärkten Tragflächen; im Mai 1936 mit 100-kg-Abwurfbomben (FAB-100) und später mit 250-kg-Bomben (FAB-250) getestet; häufig auch mit flügelmontierten Kanonen; viele 1941/42 bei der Truppe in dieser Weise für Kampfeinsätze ausgerüstet
I-16 Typ 10: meistproduzierte Serie (2600 Exemplare und mehr) mit 552 kW (750 PS) starkem M-25-Motor, offener Kanzel, vier SchKAS (je zwei auf dem Nasenrücken und in den Tragflächen) und Revi (später Standardtyp PBP-1); erstes Modell, dessen Normalfahrwerk sich trotz Schneekufen einfahren ließ
ZKB-12P: Kanonenjäger mit revidiertem Einbau der Waffen; bis zum Vorderholm ausgesteifte Flügelnase, alle Verschlüsse unter Verdickungen und 150-Schuß-Munitionskästen auf der Innenseite; zur künftigen Serienproduktion freigegeben
I-16 Typ 17: Grundserienmodell von 1938; je zwei SchWAK auf dem Nasenrücken und in den Tragflächen, stärkere Flügelholme, ab 1939 Halterungen für sechs (mitunter acht) RS-82-Raketen unter den Tragflächen, verbessertes Hauptfahrwerk mit längerem Federweg und häufig mit Heckrad statt Schleifsporn
I-16TK: Bezeichnung mehrerer (vermutlich vieler) I-16 Typ 10, mit zwei Turboladern und einem effektiveren Propeller für bessere Höhenleistung
I-16 Typ 18: Grundserienmodell von 1939 mit 677 kW (920 PS) starkem M-62, häufig auch WISch-6A-Propeller und kleinerem Rumpftank, dafür aber zwei Abwurftanks anstelle von Bomben und Raketen unter den Flügeln wie bei der I-153
I-16 Typ 24: ab Ende 1939 produzierte Version mit 810 kW (1100 PS) starkem M-63-Motor, WISch-6- oder W-1-Propeller, versteiftem Tragwerk, vielfältiger Bewaffnung, verbesserter Ausrüstung und neuem Funkgerät, Sauerstoffversorgung sowie größeren Abwurftanks; die bei der SPB durch Sturzflugbremsen ersetzten Querruderinnenteile entfielen bei den nachfolgenden Jägern einschließlich Typ 24
I-16 Typ 28 und Typ 30: letzte Serienmodelle von der 1941 wiedereröffneten Fertigungsstrecke des GAZ-21; M-63-Direktantrieb

Der chinesisch-sowjetische Nichtangriffspakt vom August 1937 zog die Lieferung sowjetischen Wehrmaterials und die Einweisung von Personal in seinen Gebrauch nach sich. Dazu wurden Ende 1937 zwei Eskadrilli mit I-16 vom Typ 10 nach China abkommandiert. Dieses Exemplar gehörte im November 1937 dem 4. Elitejagdgeschwader der chinesischen Luftstreitkräfte in Chankiakow, Shanxi-Nordregion, an.

Nach Einstellung der Kampfhandlungen erwarben die spanisch-nationalistischen Streitkräfte zwei I-16 Typ 5 und 30 teilgefertigte Flugzeuge. Dieses Gerät war der Jagdfliegerschule in Moron zugedacht, doch da der Typ keinen Fehler verzieh, blieb die Mehrzahl bis 1944 ungenutzt, wurde dann aber sogar Kampfstaffeln zugeführt. Diese Maschine flog bei der Testgruppe in Cuatro Vientos.

gefährlichsten Heerestyp 97 (Nakajima Ki-27). Dieser sehr leichte Jäger war mindestens so agil wie die A5M und konnte die I-16 auskurven. Die V-VS (sowjetischen Luftstreitkräfte) verzichteten daher auf das gekurbelte Luftgefecht und gingen zu Blitzschlägen gegen japanische Formationen über, die die Jäger mit Vollgas durchstießen, um sich einzelne Ziele vorzunehmen. Am Ende dieser Luftschlacht behaupteten die V-VS, insgesamt 645 japanische Flugzeuge zerstört zu haben, tatsächlich aber wurden 162 zerstört und 220 schwer beschädigt. Die Japaner beanspruchten 1260 Luftsiege, doch die wahren Verluste der V-VS betrugen 145 (in der Luft) und 62 Maschinen (am Boden).

Bis dahin hatte sich die I-16 gut gehalten und sich auch gegen Finnland im Winterkrieg 1939/40 bewährt, als Typ 24 die Hauptversion geworden war. Im Frühling 1940 stellte man die Produktion ein, doch am 22. Juni 1941 stellte die I-16 noch immer den bei der V-VS am stärksten vertretenen Jägertyp dar. Bei den Eröffnungsangriffen der Luftwaffe auf russische Jagdfliegerhorste, wo die Maschinen auf dem Vorfeld aufgereiht standen, wurden Hunderte zerstört. Mit Beginn des „Großen Vaterländischen Krieges" lag es auf der Hand, daß die I-16 für die Messerschmitt Bf 109F und BF109G oder die Focke-Wulf Fw 190 kein Gegner war. Man brauchte aber so dringend Jagdflugzeuge, daß die Fertigungsstraßen dennoch wieder eröffnet und weitere 450 Jäger vom Typ 28 und 30 in rascher Folge ausgeliefert wurden. Dies hob die Produktionszahl auf insgesamt 7005 Exemplare an, die 1639 UTI-Zweisitzer nicht eingerechnet.

Die Mehrzahl der 1941 noch existierenden Maschinen war bald abgeschossen, am Boden zerstört oder im Rammstoß gegen Bomberverbände der Luftwaffe verbraucht. Nur wenige wurden zu schnellen Sturzkampfbombern I-16SPB modifiziert und wie die I-16 bei früheren Wachmistrow-„Zwjeno"-Versuchen unter den Tragflächen schwerer TB-3-Bomber mitgeführt. Am 25. August 1941 flogen sechs TB-3 mit zwölf SPB am Gerüst unter den Flügeln zu einer wichtigen Eisenbahnbrücke, die bei Cernavodă in Rumänien über die Donau führte. Alle SPB attackierten mit je einem Paar 250-kg-Sprengbomben und brachten dieses schwierige Fernziel zum Einsturz.

1938 produzierte Polikarpow die I-16 Typ 17, ausgestattet mit einem Spornrad anstelle des bisherigen Schleifsporns. Diese Neuerung wurde bei allen nachfolgenden Versionen bis zur Einstellung der Fertigung im Jahre 1940 beibehalten.

Griffon Spitfire

Gewöhnlich verbindet man die Spitfire mit dem Merlin-Motor und vergißt, daß bereits in den letzten Jahren des Zweiten Weltkrieges einige Varianten vom stärkeren Griffon angetrieben wurden. Diese Muster unterschieden sich aber nicht nur durch ihren Antrieb, sondern auch durch zahlreiche neu konstruierte Elemente.

Die Supermarine Type 300, der Prototyp der Spitfire, flog erstmals am 5. März 1936. Ihre Flugentwicklungsphase brachte eine Kette von Schwierigkeiten, die kein Ende zu finden schienen. Dennoch waren zehn Jahre später gut 20.000 Spitfire (und mehr als 2000 Seafire) an zahlreiche Betreiber ausgeliefert. Als die Verantwortlichen dann endlich eine Verschnaufpause einlegen konnten, war die Maschine inzwischen doppelt so schwer, mehr als doppelt so antriebsstark und sehr viel leistungsfähiger als die kleine Modell 300, die neben der modernsten Version wie eine muntere Elfe wirkte. So wog eine Seafire Mk 47 ebensoviel wie eine Spitfire Mk I plus 32 „Standard"-Fluggäste mit je 18 kg Gepäck.

Für manchen überraschend war die Meinung des Testpiloten, von allen Spitfire-Modellen ließe sich die DP845 am leichtesten handhaben. Niemand hatte damit gerechnet, daß dieser Typ die in den harten Kriegsjahren entwickelten Einsatzmuster schlagen könnte. Unter anderem war die DP845 die erste Spitfire mit Griffon-Motor. Weniger eindeutig ist die Behauptung, dieselbe Seriennummer sei von einer Miles Whitney Straigth (G-AEVG in ihrer ursprünglichen zivilen Ausführung) geführt worden.

Eine Kombination des großen Griffon und der kleinen Spitfire hatten Supermarine und Rolls-Royce schon im August 1939 untersucht. Mit einem Zylindervolumen von 36,7 cm^3 im Vergleich zu 27,02 cm^3 beim Merlin sollte der Griffon für den Torpedo- und Sturzkampfbomber Fairey Barracuda sowie den trägergestützten Jäger Fairey Firefly entwikkelt werden. Als Triebwerk für Jagdflugzeuge steigerte sich sein Potential noch, nachdem Rolls-Royce den Entwurf behutsam verändert und im Stirnbereich fast auf die Abmessungen des Merlin reduziert hatte. Es ließ sich allerdings nicht verhindern, daß die Zylinderblöcke bei den vorhandenen Spitfire-Motorhauben oben etwas herausragten. Das Blickfeld des Piloten hatte sich jedoch in Flugrichtung sogar noch ein wenig verbessert. 1940 brachte das Luftwaffenministerium mit seiner Spezifikation F.4/40 ein Lastenheft für einen einmotorigen Höhenjäger heraus. Supermarine gelang es, einen Auftrag über den Bau zweier spezieller Spitfire zu erhalten, die sich neben anderen Triebwerken auch für den Griffon eignen sollten.

Diese beiden Prototypen (DP845 und DP851) trugen die Supermarine-Modellbezeichnung Type 337. Sie hatten mit der Spitfire Mk III viel gemeinsam, erhielten jedoch die Musternummer Mk IV. Da dieselbe Nummer Anfang 1941 aber für den seriengefertigten Bildaufklärer Spitfire PR vergeben worden war, mußte man die DP845 (nur sie war damals bereits flugtüchtig) in Spitfire Mk XX umbenennen. 1941 absolvierte diese Mk XX ihren Erstflug mit einem Griffon IIB und einem Vierblattpropeller. Die als Bewaffnung geplanten sechs Hispano-Bordkanonen wurden nur als Attrappen eingebaut. Man hatte gehofft, die Serienfertigung der Griffon-Spitfire, alle mit der Musterbezeichnung Mk XX oder höher, sofort aufnehmen zu können. So erging am 23. August 1941 auch ein Auftrag über 750 Spitfire Mk XX, der jedoch auf die regulären, mit Merlin-Motoren ausgerüsteten Spitfire Mk VB und Mk VC abgeändert wurde. Die Werknummern dieser Flugzeuge reichten von ET206 bis ES369.

So kam es, daß 1941/42 erst zwei Griffon-Spitfire existierten. Sie flogen hauptsächlich von dem Rolls-Royce-Werksflugplatz Hucknall aus, bis die neuen Motoren als weitgehend ausgereift galten. Als Motorplattform dienten Mk IIB oder Mk III mit verschiedenen Vierblattpropellern und asymmetrischen Kühlern vom Typ Morris QCY. Letztere waren größer als die der Spitfire Mk V, wirkten aus einiger Entfernung aber identisch. Eine Umstellung für den Piloten ergab sich dadurch, daß

Die modernste Spitfire, die sich gegen Ende des Zweiten Weltkriegs im Einsatz befand, war die F.Mk 21. Sie wurde sofort zur F.Mk 22 und später zur F.Mk 24 weiterentwickelt. Die abgebildeten Maschinen, zwei F.Mk 22 und eine F.Mk 21, sind auf der Supermarine-Erprobungsstelle High Post gestartet.

sich die Propellerdrehrichtung umkehren ließ. Während die anderen Spitfire beim Start dazu neigten, nach links auszubrechen, zog der sehr viel stärkere Griffon das Flugzeug nach rechts. Bei der Ausbildung achtete man daher darauf, daß das Seitenruder ganz nach links ausgetrimmt war, bevor zum Start Vollgas gegeben wurde. Bei der Landung mußte der Pilot auf die reduzierte Motorleistung mit Seitenruderausschlägen reagieren. Sehr nützlich war, daß die zusätzliche Motorkraft ein schnelleres und steileres Hochziehen ermöglichte. Bis zu einem gewissen Grad konnte man auch engere Kurven fliegen, ohne bei hoher Geschwindigkeit einen plötzlichen Strömungsabriß befürchten zu müssen. Der einzige schwerwiegende Mangel aller Spitfire des Jahres 1941 bestand darin, daß bei hoher Geschwindigkeit die Querruder wie festgefroren waren und sich nur von sehr starken Piloten in eine schnelle Rolle steuern ließen.

Im Sommer 1942 griffen Focke-Wulf Fw 190A immer häufiger die an der englischen Südküste gelegenen Stellungen und militärischen Objekte an. Die neue Hawker Typhoon erwies sich in niedrigen Höhenbereichen als guter Abfangjäger, aber es lag auf der Hand, daß eine Spitfire mit Griffon-Motor noch besser wäre. Innerhalb weniger Tage wurde die DP845 zum Musterflugzeug Supermarine Type 366 oder Spitfire Mk XII modifiziert, erhielt eine tiefe Seitenflosse, ein spitzes Seitenruder und zwei Bordkanonen sowie vier Maschinengewehre vom Standard „B" als Bewaffnung. Verschiedene Flugzeugbaulose, die sich bereits in Produktion befanden, wurden zur Fertigstellung als Spitfire Mk XII vorgesehen. Zwar waren alle 100 Maschinen als Spitfire Mk VC bestellt, doch man stellte sie gemäß zwei leicht unterschiedlichen Standards fertig. So war die Spitfire Mk XII im Grunde eine Mk VC mit verstärkter Zelle und einer Spezialhalterung am Rahmen 5 für das völlig veränderte halbfreitragende Lager, das den 1294 kW (1758 PS) starken Griffon III oder IV trug. Die vier Blätter des Rotol-Propellers bestanden aus Dural oder Jablo-gehärtetem Holz. Beibehalten wurden der lange, asymmetrische Kühler und das breite, spitze Seitenruder. Neu waren die LF-Flächen vom sogenannten „Universal"-Typ mit eckigen Flügelenden. Alle 100 Flugzeuge erhielten die „B"-Bewaffnung und unterschieden sich nur darin, daß die ersten 45 (EN221–238 und EN601–627) Zellen vom Typ Mk IX mit starrem Heckrad, die übrigen 55 (MB794–805, 829–863, 875–882) aber Mk-VIII-Zellen mit voll einziehbaren Heckrädern hatten. Bemerkenswert ist weiterhin, daß nicht nur das Leer-, sondern auch das normale Startgewicht der Spitfire Mk XII niedriger war als bei der Spitfire Mk IX!

Im Jahre 1941, genau zwei Jahre vor Auslieferung der Spitfire Mk XII, planten Joe Smith und Alan Clifton mit der Type 356 bereits die endgültige Form der Spitfire und gaben ihr die Mk-Nummer 21. Schon im nächsten Jahr zeichneten sich jedoch so wesentliche Unterschiede zu den existierenden Spitfire ab, daß ein völlig neuer Jäger entstanden war, dem man den Namen „Victor" geben wollte. Um die Konstruktion eines leistungsstärkeren Motors zu unterstützen, erhielt Rolls-Royce sechs Spitfire-Zellen (JF316–321, ursprünglich bestellt als Spitfire Mk VIII mit einziehbarem Heckrad und Universal-Flügeln normaler Spannweite). Sie wurden über Land nach Hucknall transportiert, wo man in die ersten vier den Griffon 61 einbaute, den ersten zweistufigen Griffon mit Zwischenkühler, neuem Rotol-Propeller mit fünf breiten Blättern und langgestreckten, symmetrischen Kühlern. Die letzten beiden Zellen erhielten Griffon 85-Triebwerke mit gegenläufigem Sechsblattpropeller. Da seine „Vorfahren" bei der Marine geflogen waren, besaß der Griffon einen Patronenanlasser mit „fünfschüssigem" Verschluß und war von Außenstromversorgung unabhängig. Wegen ihrer sehr viel längeren „Nase" benötigten diese Flugzeuge ein wesentlich größeres Seitenleitwerk.

Als erste Maschine dieser Gruppe flog die JF317 und absolvierte ein umfassendes Erprobungsprogramm. Der zweistufige Griffon machte die Spitfire zu einem echten Kämpfer. Wie vorherzusehen, sollte die Maschine in kürzester Zeit zur Serienreife gebracht werden. Neben den mehr als einem Dutzend Mustern, die sich bereits in der Serienfertigung befanden, gab es mit der Type 356 nun auch noch einen völlig neuen Jäger der nächsten Generation. Zur Entwicklung seines kleinen Laminartragwerks hatte man die Zelle NN660 reserviert, aus der dann die Spiteful entstand. Um die dringenden neuen Anforderungen erfüllen zu können, konzipierte Smith mit seinen Technikern hastig die Type 379. Sie war die Kombination des großen zweistufigen Motors mit der

Aufriß-Erläuterung zur Supermarine Spitfire 21

1 Aufbau des Höhenruders (steuerbord)
2 Höhenruderhilfsklappe
3 Heck-Positionslicht
4 Seitenrudertrimmklappe
5 stoffbespannte Seitenruderkonstruktion
6 Achtersteven
7 Seitenruderausgleichsgewicht
8 Seitenflossenhauptholm
9 Aufbau der Seitenflosse
10 Heck-Massenausgleich
11 Seitenflossensekundärholm
12 Steuerung der Seitenrudertrimmklappe
53 Windschutzscheibenrahmen
54 kugelsichere Windschutzscheibe
55 Reflexvisier
56 Einstieg (backbord)
57 Instrumentenbrett
58 Steuerknüppel
59 Kompaßaufhängung
60 Fahrwerksbedienungshebel
61 Sitzverstellhebel
62 Sitzwannenpanzerplatte
63 Flügelwurzelrippe
64 Kühlerklappenbetätigung
65 Kühlerklappen, Ölkühler backbord
85 Munitionszuführungstrommeln
86 blasenförmige Verkleidung
87 Munitionsgurt
88 Läufe der 20-mm-Bordkanone British Hispano Mk II
89 Lauflager
90 Rückstoßfedern
91 Tankverschlußdeckel
92 Flügelnasentank (Kapazität 77 Liter)
93 Hauptfahrwerksschacht
94 blasenförmige Verkleidung des Hauptfahrwerksschachtes
95 Hauptfahrwerk-Einfahrzylinder
96 Hauptfahrwerk-Drehlagerung

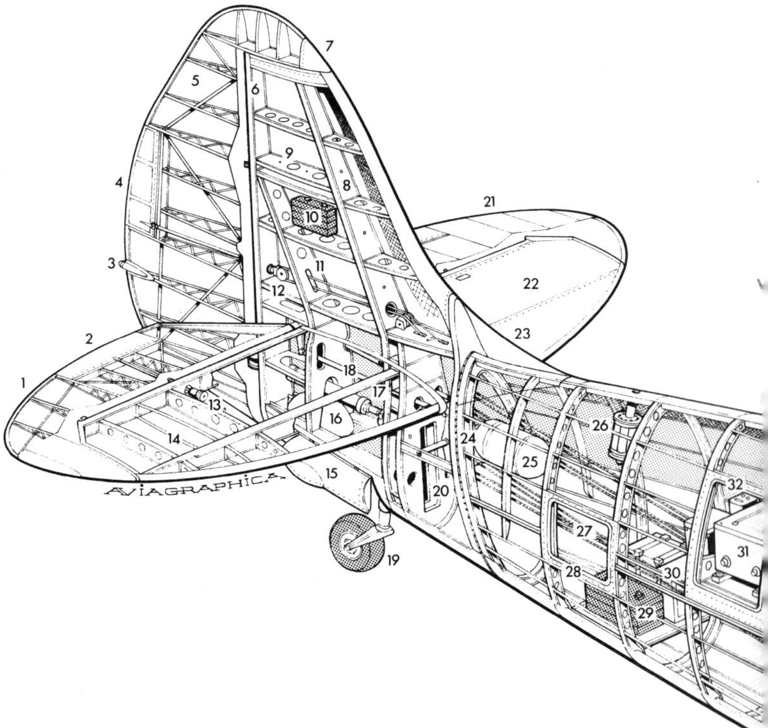

13 Steuerung der Höhenruderhilfsklappe
14 Aufbau der Höhenflosse
15 Heckradklappen
16 Schutzblech
17 Heckrad-Einfahrzylinder
18 Höhenruder-Steuergestänge
19 Heckrad
20 doppeltes Rumpfschott
21 Höhenruder (backbord)
22 Höhenflosse (backbord)
23 Verkleidung Übergang Seitenflosse/Rumpf
24 Verbindungsspant Leitwerk/Zelle
25 Sauerstoffzylinder
26 sechsschüssiger Signalleuchtkugel-Werfer
27 Höhenflossen-Steuerkabel
28 Inspektionsklappe
29 Rumpfballast
30 Batterie
31 Funkempfänger R.3067
32 Inspektionsklappe Funkanlage
33 Peitschenantenne
34 Gurtzeug-Zentralverschluß
35 Funksender TR.1143
36 Funkgeräträger
37 Rumpfspant- und Stringerkonstruktion
38 Verkleidung Übergang Flügelhinterkante/Rumpf
39 Steuerkabelführungen
40 Rumpfhauptlängsträger
41 Inspektionsklappe (backbord)
42 hintere Kabinenhaubenverglasung
43 Kabinenhaubenschiene
44 Spannungsregler
45 Rumpfdoppelspant
46 Sitzgestell-Versteifungsrahmen
47 Rückpanzerung
48 Pilotensitz
49 Sutton-Gurtzeug
50 Kopfpanzerung
51 verschiebbare Kabinenhaube
52 Rückspiegel
66 Warmluftrohr zur Bordwaffenbeheizung
67 Flügelhinterholm
68 hydraulische Klappenbetätigung
69 Klappenmantelrippen
70 runder Klappenholm
71 Spreizklappe (steuerbord)
72 Umlenkung der Querrudersteuerstange
73 Querruderanlenkung
74 Querrudertrimmung
75 aluminiumbeplanter Querruderaufbau
76 Flügelspitzenverkleidung
77 Positionslicht (steuerbord)
78 Flügelspitzenaufbau
79 äußere Querruderscharnierrippe
80 Flügelrippenaufbau
81 Hauptholm
82 Flügelvorderkantenrippen
83 Munitionsmagazine, 150 Schuß je Waffe
84 Hauptfahrwerksabdeckung
97 Hauptfahrwerk-Stoßdämpfer
98 Hydraulikbremsleitung
99 Fahrwerkshauptrad (steuerbord)
100 Hauptradschachtabdeckung
101 Hauptfahrwerk-Federbeinschere
102 Treibstoffleitungen
103 Verbindung Hauptholm/Rumpf
104 unterer Haupttank (Kapazität 218 Liter)
105 oberer Haupttank (Kapazität 164 Liter)
106 Tankverschlußdeckel
107 Öltankentlüftung
108 Öltank (Kapazität 41 Liter)
109 Öltank-Inspektionsklappe
110 Motorraumschott
111 Spreizklappe (backbord)

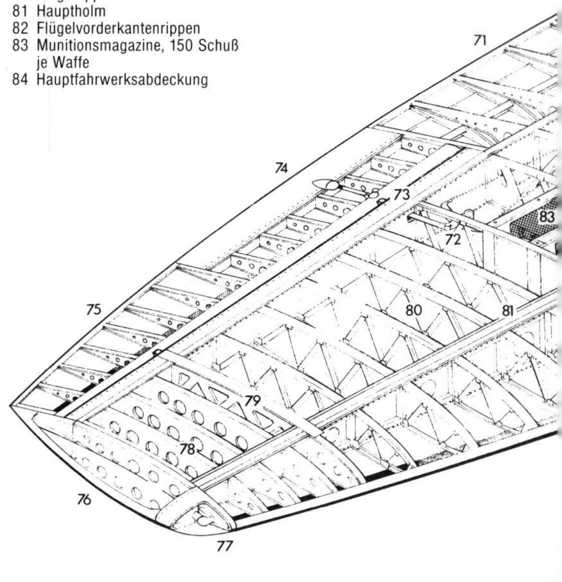

Das letzte Spitfire-Modell, die PR.Mk 19, kam noch an die Front und wurde erst 1954 ausgemustert. Die Maschine flog am 1. April 1954 gegen die kommunistischen Aufständischen in Malaysia den letzten Kampfeinsatz dieses Typs. Sie war Ende der vierziger Jahre in Deutschland, bei No. 2 Squadron in Fürstenfeldbruck, stationiert.

112 hydraulische Klappenbetätigung
113 Klappen-Synchronisation
114 20-mm-Zwillingskanone Hispano (backbord)
115 Hülsenauswurf
116 Munitionszuführungstrommeln
117 Munitionsgurt
118 Munitionsmagazine, 150 Schuß je Waffe
119 Umlenkung der Querrudersteuerstange
120 Querrudertrimmung
121 Querruder (backbord)
122 Flügelspitzenverkleidung
123 Positionslicht (backbord)
124 Staurohr
125 Kanonenlaufverkleidung
126 Kanonenläufe
127 Flügelnasentank (Kapazität 77 Liter, backbord)
128 obere Motorhaube
129 Hydraulikbehälter
130 Zwischenkühler
131 Kompressor-Lufteinlauf
132 Generator

Varianten der Supermarine Griffon Spitfire und Seafire

Spitfire IV: zwei Maschinen (DP845/851), später für Mk 21 reserviert; erste mit stärkerem Motor, später Mk XX
Spitfire XII: Übergangs-Kampfflugzeug, das auf den vorhandenen Mk V oder Mk VIII basierte und speziell für den Tiefflug entwickelt war; „B"-Bewaffnung in Universal-Tragwerk mit eckigen Flügelenden; Griffon III oder IV mit Vierblattpropeller; insgesamt 100 Maschinen
Spitfire XIV: Übergangs-Kampfflugzeug mit zweistufigem Griffon für große Flughöhen (seriengefertigte Griffon 65 oder Griffon 67 mit Fünfblattpropeller), verstärkter MkVIII-Zelle, vergrößertem Leitwerk und Universal-Tragwerk (oft nachträglich mit eckigen Flügelenden versehen); Spitfire XIVE mit je zwei 20-mm-Bordkanonen und 12,7-mm-MG, spätere Baulose mit tropfenförmiger Kabinenhaube und Spitfire FR.Mk XIV mit Luftbildkameras und Heckrumpftank; insgesamt 957 Maschinen
Spitfire XVIII (nach Kriegsende **Spitfire F.Mk 18** und **Spitfire FR.Mk 18**): endgültige Version mit verbessertem Tragwerk und Flügeltanks, FR mit Heckrumpftank und Luftbildkameras; extrudierte Holme nur bei diesem Muster (bei Mk21 wieder aufgegeben); insgesamt 100 F und 200 FR
Spitfire XIX (nach Kriegsende **Spitfire PR.Mk 19**): unbewaffneter Bildaufklärer mit MkVC-Tragwerk des „Tankwagen"-Typs wie bei der Mk XI; die ersten 20 Maschinen mit Griffon 65 und nicht druckbelüftet, die folgenden 205 mit Griffon 66 und druckbelüftet
Spitfire XX: eine weitere Stufe der Mk IV DP845
Spitfire 21: neugestaltetes Flugzeug mit völlig neuem Tragwerk; insgesamt 120 Maschinen
Spitfire 22: tropfenförmige Kabinenhaube und verkürzter Heckrumpf; häufig mit Griffon 85 und gegenläufigem Propeller; später mit Spiteful-Leitwerk; insgesamt 278 Maschinen
Spitfire 23: nicht realisierte Spitfire 22 mit verändertem Flügelprofil
Spitfire 24: Raketenstartbehälter, zwei 150-Liter-Heckrumpftanks, elektrisch betätigte Bordkanonen Mk 5; insgesamt 54 und 27 Spitfire 22 mit Hecktanks (unter Spitfire 22 nicht erwähnt)
Seafire XV: Standardversion mit Griffon, entwickelt aus Spitfire XII; insgesamt sechs Prototypen und 250 bei Westland sowie 134 bei Cunliffe-Owen gebaute Maschinen
Seafire XVII: (zur Vermeidung doppelter Musternummern wurde Mk XVI der Spitfire vorbehalten) wie Seafire XV mit tropfenförmiger Kabinenhaube, neuer Windschutzscheibe, Heckrumpftank, außer bei Seafire FR.Mk XVII (nach Kriegsende Seafire FR.Mk 17 als Ergänzung für Seafire F.Mk 17); insgesamt 212 bei Westland und 20 bei Cunliffe-Owen gebaute Maschinen
Seafire 45: auf Spitfire 21 basierendes Übergangsmodell; insgesamt 50 Maschinen
Seafire 46: auf Spitfire 22 basierendes Übergangsmodell; insgesamt 24 Maschinen
Seafire 47: endgültiges Modell mit zahlreichen Verbesserungen, Griffon 87 oder Griffon 88 mit gegenläufigem Propeller, Faltflügeln, Zusatztanks/Zusatzbewaffnung; insgesamt 90 Maschinen

133 Heywood-Kompressor
134 Befestigung der Motoraufhängung
135 Hydraulikpumpe
136 Kühlrohre
137 Schießkamera
138 Kameraöffnung
139 Vergaserlufteinlaß
140 Hauptrad (backbord)
141 Motorhauptträger
142 Patronenanlasser
143 Auspuff
144 Rolls-Royce-Motor Griffon 61 mit 1517 kW (2063 PS)
145 Motormagnete
146 stirnseitiger Kühlmittelbehälter
147 vordere Motoraufhängung
148 untere Motorhaube
149 Propellerhaubenträger
150 Propeller-Anstellwinkelsteuerung
151 Propellerhaube
152 fünfblättriger Rotol-Verstellpropeller mit konstanter Drehzahl

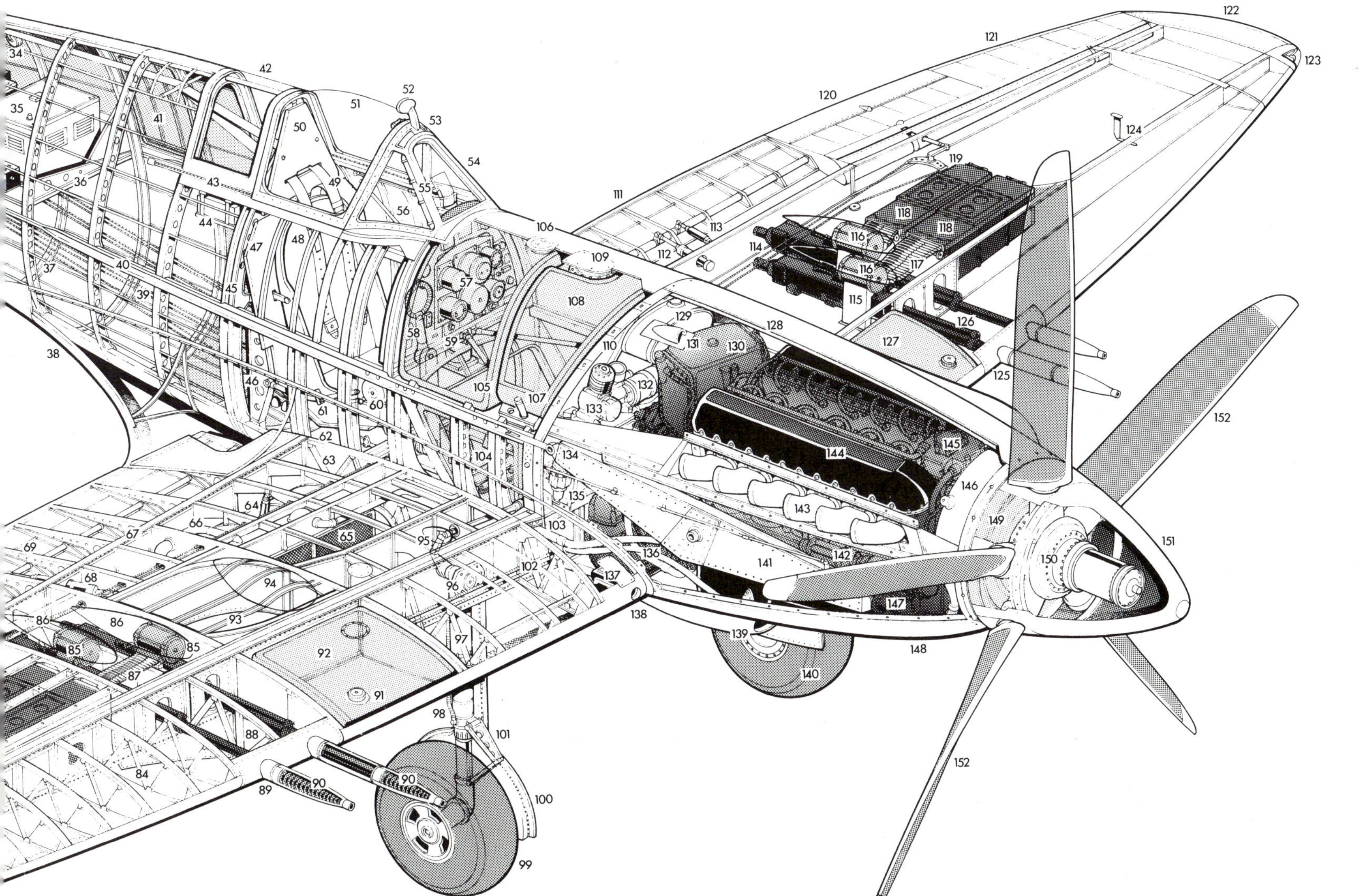

Die Spitfire Mk XII wurde nur von zwei Staffeln, No. 41 und 91. eingesetzt. Letztere nutzte ihre exzellenten Tiefflugeigenschaften zur Abwehr der deutschen „Blitzbomber" Fw 190 an der englischen Südküste. Die Maschinen dienten auch zur Seezielbekämpfung im Ärmelkanal.

Als Weiterentwicklung der Seafire Mk XV wies die Mk XVII einige Verbesserungen auf, wie eine tropfenförmige Kabinenhaube mit abgeschrägter Frontscheibe, ein verstärktes Fahrwerk und Heckrumpftank. Die Maschinen dienten bis 1954 in den RNVR-Staffeln. Die abgebildete Mk XVII diente bei No. 778 Squadron in Lee-on-Solent.

verstärkten Zelle der Spitfire Mk VIII und erhielt die Musterbezeichnung Mk XIV.

Umrüstversionen

Einige der überlebenden sechs Prototypen wurden auf den Standard der Spitfire Mk XIV nachgerüstet. Sie erhielten den Griffon 65 oder 67, Fünfblattpropeller, das große Seitenleitwerk und neue, größere Höhenruder mit Ausgleichshorn. Die erste Bestellung über 50 Maschinen ging am 14. August 1943 bei den Supermarine-Werken ein, und auch diesmal mußte man bei den Werknummern einen Kompromiß schließen. Die erste Spitfire Mk XIV trug die Nummer RB140, die letzte eines Bauloses von Segelfliegern Slingsby Cadet für das Air Training Corps! Ab Mitte 1944 war die Mk XIV im Verband der 2. TAF (Tactical Air Force) das dominierende Spitfire-Modell über Frankreich und Belgien. Insgesamt wurden 957 Exemplare ausgeliefert, darunter 430 taktische Bildaufklärer Spitfire FR.Mk XIV mit Heckrumpftank und Geneigtbildkamera. Modellbezeichnungen mit einem zusätzlichen „E" deuteten auf eine Bewaffnung mit je zwei Bordkanonen, Kaliber 20 mm, und MG, Kaliber 12,7 mm, hin, während Varianten ohne Zusatzbuchstaben ein tropfenförmiges Kabinendach und eckige Flügelenden aufwiesen. Wegen ihrer hohen Geschwindigkeit in niedrigen Höhenbereichen wurden letztere auf Verbandsebene bei sogenannten „Diver"-Patrouillen zur Bekämpfung der deutschen „Fliegenden Bomben" V-1 und -2 eingesetzt.

Auch diesmal wiederholte sich die Geschichte. So wie sich die Auslieferung der Spitfire Mk VIII mit Merlin-Antrieb immer wieder verzögert hatte, während improvisierte Spitfire Mk IX in großer Zahl die Fertigungsstraßen verließen, liefen auch jetzt der RAF Hunderte Spitfire Mk XIV zu, während die geplante „Super Spitfire" Mk XVIII sich immer wieder verzögerte und nicht mehr an die Front kam (erst später in Israel). Sie besaß eine stärkere Zelle, zusätzliche Flügeltanks und die tropfenförmige Kabinenhaube. Ihre taktische Bildaufklärerversion FR.Mk XVIII (die Nachkriegs-Spitfire FR.Mk 18) führte Senkrecht- und/oder Geneigtbildkameras mit. Letztes serienmäßiges Kriegsmodell war der unbewaffnete Bildaufklärer Spitfire PR.Mk 19, ein in mancherlei Beziehung seltsames Flugzeug. So besaß sie beispielsweise eine druckbelüftete Kabine, jedoch nicht die bekannte herunterklappbare Einstiegstür an der linken Seite. Mit 740 km/h erwies sie sich als die schnellste in Dienst gestellte Spitfire.

Die Modellnummer der Spitfire Mk 18 war 394, während die letzten Unterserien, Mk 21 bis 24, alle auf der Type 356 von 1942 basierten. Welch verheerende Auswirkungen die in hohen Geschwindigkeitsbereichen auftretenden Schwierigkeiten mit den Querrudern verursachten, wurde Cheftestpilot Jeffrey Quill erst bewußt, als er selbst mit der No. 65 Squadron an der Luftschlacht um England teilnahm. Eine wirkliche Abhilfe sollte erst das völlig neukonstruierte Tragwerk der Type 356 bringen. Diese Flügelstruktur basierte nicht mehr auf dem aus Vorderholm und Beplankung der Vorderkante geschaffenen verdrehsteifen Torsionskasten, sondern auf sechs sehr stabilen, hinter dem Vorderholm angeordneten Drehmomentkästen. Theoretisch hätten Steuerprobleme erst bei einer Geschwindigkeit von 1328 km/h auftreten dürfen. Die metallbeplankten Querruder waren völlig neu konstruiert und besaßen angelenkte Hilfsruder. Ihre Form zeigte sich in der Draufsicht deutlich verändert. Die einzige Bewaffnung aus vier 20-mm-Bordkanonen hatte man gemäß Erprobungen mit der Spitfire Mk XIV JF319 neu lafettiert. Es gab noch zahlreiche andere Änderungen, darunter ein neues und sehr starkes Fahrwerk. Nicht alle Verbesserungen aber gingen in die vorläufig erste Spitfire Mk 21 ein, die keine andere als die DP851, die „fehlende" Mk XX, war. Zu den nicht serienmäßigen Merkmalen gehörten die langgestreckten, spitz zulaufenden HF-Flächen der Mk VII. Ein ähnliches Tragwerk erhielt die erste seriengefertigte Spitfire F.Mk 21 (LA187), die den typischen Bildaufkläreranstrich mit B-Type-Markierungen trug. Zwischenzeitlich erschien mit der PP139 die erste seriengefertigte Spitfire Mk 21. Supermarine und Castle Bromwich erhielten zahlreiche Bestellungen, die jedoch nach Kriegs-

Die DP845, hier mit einem Griffon IIB-Motor, war laut Jeffrey Quill von den mehr als 20.000 gebauten Spitfire am leichtesten zu fliegen und wird am häufigsten nachgebaut. Seitenruder, Heckrad, Frontscheibe und Kabinenhaube entsprechen noch nicht den Standards. Die als Attrappe lafettierten Bordwaffen fehlen.

Die Mk XII, die als erste Griffon-Spitfire in Dienst gestellt wurde, war das einzige Muster mit abgeflachtem einstufigem Motor (Griffon III oder IV mit unterschiedlichen Drehzahlen), asymmetrischen Kühlern und Vierblattpropeller. Hier eine Mk XII (vor ihrer Auslieferung) mit MkVIII-Zelle.

1948 ersetzte No. 80 Squadron ihre Tempest Mk V durch die modernste landgestützte Spitfire-Version F.Mk 24 und betrieb als einzige Staffel dieses Modell. Nach einem Jahr in Deutschland verlegte die Einheit nach Kai Tak (Hongkong). Diese Maschine trägt die Korea-Streifen, obwohl sie an den Kämpfen nicht teilgenommen hat.

Die letzte Spitfire-Version, die Seafire FR.Mk 47, diente bei verschiedenen Marinefliegerstaffeln. Im Koreakrieg wurde sie mit ungelenkten Raketen hauptsächlich zur Bekämpfung feindlicher Bodentruppen eingesetzt. Diese Maschine operierte damals trägergestützt von der HMS Triumph im Verband der No. 800 Squadron.

ende drastisch gekürzt wurden. So entstanden nur 122 Maschinen mit 12- oder 24-Volt-Bordelektrik und ursprünglicher Kabine.

Im März 1945 gingen die ersten Spitfire F.Mk 21 bei No. 91 Squadron in Dienst. Ebenfalls im März lieferte Castle Bromwich die erste Spitfire F.Mk 22 (PK312) aus, erkennbar an der tropfenförmigen Kabinenhaube. Der verkürzte Heckrumpf verursachte Stabilitätsprobleme einer Art, wie man sie heutzutage bei der Konzeption von Kampfflugzeugen bewußt einbringt. So durfte bei allen 278 seriengefertigten Mk 22 der Heckrumpftank erst dann genutzt werden, wenn man die Maschinen mit dem Spiteful-Leitwerk nachgerüstet hatte. Das endgültig letzte Mitglied der großen Spitfire-Familie war die F.Mk 24, die die Gesamtproduktion auf insgesamt 20.351 Exemplare steigerte. Sie verfügte über einen benutzbaren Hecktank, kurzläufige Bordkanonen Mk 5, Raketenstartbehälter und verschiedene andere Detailverbesserungen. Am 20. Februar 1948 verließ die VN496, die 81. Spitfire F.Mk 24, die South-Marston-Werke.

Da der Griffon auch für die Marineflieger vorgesehen war, lag es nahe, ihn für die Seafire in Betracht zu ziehen. Eingehende Gespräche im Jahre 1942 führten zur Spezifikation N.4/43 für eine navalisierte Version der Spitfire Mk XII. So entstand die Type 377 mit manuell faltbaren Tragflächen, zusätzlichen Flügeltanks und einem Griffon VI mit Rotol-Vierblattpropeller sowie (obwohl der Motor nicht zweistufig ausgelegt war) symmetrischen Kühlern. Sie war zudem für Katapultstarts eingerichtet und mit einer dreieckigen Fangvorrichtung für Decklandungen ausgestattet. Es wurden, beginnend mit NS487, sechs Prototypen gebaut, und Ende 1944 konnte Westland mit der Serienfertigung von 250 Seafire beginnen und Cunliffe-Owen mit einem Baulos von 134 Maschinen. Ab dem 51. Serienflugzeug kamen stachelförmige Landehaken zum Einsatz, und die beiden letzten Baulose (ab SW876) erhielten das tropfenförmige Kabinendach. Letzteres gehörte zur Standardausrüstung der Seafire Mk XVII, deren Prototyp aus der modifizierten dritten Seafire Mk XV (NS493) entstanden war. Neben anderen Merkmalen erkannte man die Mk XVII an ihrer stark abgeschrägten Windschutzscheibe mit verstärktem Rahmen, langhubigem und verstärktem Hauptfahrwerk, serienmäßigen Startraketen und, außer bei der FR-Version, einem Heckrumpftank.

Die Seafire Mk XVII erfreute sich großer Beliebtheit und flog nach dem Krieg noch unter den Bezeichnungen Seafire F.Mk 17 und FR.Mk 17 bei der RNVR (Marine-Freiwilligenreserve), die sie erst im Jahre 1954 ausmusterte. Zwei Jahre früher hatte man bereits die moderneren Versionen Mk 45, 46 und 47, die auf der Type 356 (Spitfire Mk 21) basierten, außer Dienst gestellt. Gemäß Spezifikation N.7/44 baute Castle Bromwich 50 Seafire Mk 45 als Übergangslösung zu navalisierten Spitfire Mk 21 mit Landehaken und Heckrad-Kabelabweiser um. Bei Cunliffe-Owen wurde die Seafire Mk 46 mit tropfenförmigem Kabinendach und später mit Spiteful-Leitwerk entwickelt und ein kleines Baulos bei South Marston seriengefertigt. Letzte und beste Version war die Seafire Mk 47, eine navalisierte Spitfire Mk 24. Die ersten beiden bei South Marston gefertigten Maschinen (PS944 und PS945) dienten lediglich als Prototypen. Der Griffon 85 und gegenläufige Propeller, bei vielen Seafire Mk 45 und Mk 46 bereits eingebaut, sollten bei der Mk 47 allerdings serienmäßig installiert werden. Als die Serienfertigung anlief, entschied man sich jedoch für die leistungsgesteigerten Griffon 87 und Griffon 88 mit Stromberg- beziehungsweise Rolls-Royce-Einspritzvergaser, dessen Lufteinlauf vorne aus der Motorhaube hervorragte. In einer frühen Produktionsphase wurden faltbare Flügel eingeführt, ohne die zusätzlichen beiklappbaren Flügelspitzen der frühen Seafire, und später auch zur hydraulischen Betätigung eingerichtet. Bei nahezu allen Seafire Mk 47 handelte es sich um taktische Bildaufklärer (FR.Mk 47) mit Geneigtbildkameras und blasenförmigen 105-Liter-Unterflügeltanks. Die letzte von 90 Maschinen, VR972, wurde im März 1949 ausgeliefert.

Fast alle überlebenden Spitfire werden von Merlin-Motoren angetrieben. Eine Ausnahme ist diese in den USA registrierte N20E, hier bei einer Airshow in Kanada. 1949 hatte sie bei der Tinnerman Trophy in Cleveland, Ohio, den dritten Platz belegt und noch früher als FR.Mk XIV TZ138 in Kanada an Wintertests teilgenommen.

Unter den letzten Spitfire-Jägern der RAF waren auch diese FR.Mk 18 (Nachkriegsbezeichnung), die hier im Jahre 1950 in Butterworth auf Stahlplanken geparkt sind. Ihren letzten Spitfire-Angriff flog No. 60 Squadron am 1. Januar 1951 gegen Guerillalager. Die PR.Mk 19 wurde bis zum 1. April 1954 als Aufklärer geflogen.

MV349, eine Spitfire F.Mk XIVE, wurde bei Supermarine gebaut und Ende 1944 ausgeliefert. Wie ihre Markierungen verraten, flog sie im Verband der Far East Air Force. Nach Bombay verschifft und nach Birma überführt, kämpfte sie mit RAF No. 28 Squadron bis Kriegsende an der malayischen Front. Bei Einstellung der Feindseligkeiten schickte sich No. 28 Squadron zusammen mit anderen Einheiten gerade an, an Bord von Trägern zu gehen und auf Flugplätze in Malaysia zu verlegen. Hinter dem Cockpit der MV349 ist wie bei den FR.Mk XIVE, deren eckige Flügelenden sie jedoch nicht besitzt, eine Tiefflug-Geneigtbildkamera installiert. Die Bewaffnung gemäß „E"-Standard bestand aus je zwei Bordkanonen Hispano Mk II, Kaliber 20 mm, und Browning-MG, Kaliber 12,7 mm. Als Ausgleich für die verlängerte Nase, die Kabinenhaube mit Sicht nach rückwärts und den verkürzten Rumpf hatte man das Seitenleitwerk entsprechend vergrößern müssen.

TECHNISCHE DATEN

Supermarine Spitfire F.Mk XIVE
Typ: einsitziger Jäger/Jagdbomber
Triebwerk: ein Kolbenmotor Rolls-Royce Griffon 65 oder 66 mit 12 Zylindern in V-Anordnung und 1517 kW (2063 PS)
Leistung: Höchstgeschwindigkeit 575 km/h in Meereshöhe, 721 km/h in 7925 m Höhe; Anfangssteiggeschwindigkeit 23,3 m/sec; Dienstgipfelhöhe 13.100 m; Reichweite (ohne Zusatztanks) 740 km
Gewicht: Leermasse 2994 kg; Gesamtflugmasse (ohne Außenlasten) 3799 kg; mit Außentank oder Bombe und Raketen 4433 kg
Abmessungen: Spannweite 11,23 m; Länge 9,96 m; Höhe 3,87 m; Tragflügelflächen 22,67 m^2
Bewaffnung: zwei 20-mm-Bordkanonen Hispano Mk II mit je 120 Schuß und zwei 12,7-mm-Maschinengewehre Browning mit je 250 Schuß plus eine 227-kg-Bombe oder zwei 113-kg-Bomben oder acht Raketen Mk IX

Messerschmitt Bf 110

Die Bf 110 war das Ergebnis eines einzigartigen Konzepts, das die Luftwaffenführungsstäbe in den dreißiger Jahren entwickelt hatten. Der Kampfzerstörer sollte für die eigenen Bomber eine Bresche schlagen und Unheil unter den Feindbombern anrichten. Bei der Luftschlacht um England zeigten die wendigen Jagdeinsitzer der RAF, daß die Luftwaffe einem fatalen Trugschluß aufgesessen war, der der Bf 100 völlig zu Unrecht den Ruf einbrachte, recht verwundbar zu sein.

Geschwindigkeit, Beschleunigung und ein Höchstmaß an Wendigkeit für extreme Flugmanöver im engen Kurvenkampf waren die Leistungsparameter, die den Konstrukteuren von Jagdflugzeugen aller Nationen in der Zeit nach dem Ersten Weltkrieg vorgegeben worden waren. Demzufolge hatte in dieser Phase der einmotorige Einsitzer-Doppeldecker mit einem möglichst günstigen Verhältnis Leistung/Gewicht und einer relativ niedrigen Tragflächenbelastung eine überragende Stellung bei allen Luftwaffen der Welt eingenommen. In den dreißiger Jahren erfolgte dann der große Durchbruch des Eindeckers mit in Schalenbauweise gefertigtem Rumpf, Einziehfahrwerk, freitragendem Leitwerk und verdrehsteifen Einholm- und Zweiholmflügeln. Die Konfiguration der Jagdflugzeuge war im wesentlichen unverändert geblieben, wobei man ihre Bewaffnung und Treibstoffzuladung sehr sorgfältig begrenzte, um keinesfalls die Geschwindigkeit oder die Manövrierfähigkeit zu beeinträchtigen. Die Kämpfe an der Westfront in den Jahren 1917/18 hatten jedoch gezeigt, daß man Jagdflugzeuge mit größerer Reichweite und längerer Flugdauer brauchte. Insbesondere hatte sich aber ein Bedarf für einen Jägertyp ergeben, dessen Einsatzradius so groß war, daß er die tief in gegnerischen Luftraum einfliegenden Bomber begleiten konnte. Der Jäger sollte den Schutz der Bomber entweder in Form des direkten Geleitschutzes oder durch Erringen der örtlichen Luftherrschaft über einem bestimmten Gebiet sicherstellen. Man hielt den Entwurf eines solchen Flugzeugs für nahezu unmöglich, aber 1934 wurde die Idee erneut aufgegriffen. Ob das Konzept des strategischen Langstreckenjägers eher dem offensiven als dem defensiven Aufgabenbereich zuzuordnen war, bleibt nach wie vor umstritten. Für die Luftwaffe jedenfalls stellte sich die Forderung nach einem Jägertyp, den sie „Zerstörer" nannte und der die über dem Reich operierenden gegnerischen Bomber abfangen und vernichten sollte. Darüber hinaus sollte er zur Durchführung von Störangriffen über längere Zeiträume auf dem Rückflug befähigt sein.

Die Bayerischen Flugzeugwerke (Bf – die spätere Messerschmitt AG) gingen auf die Spezifikation des RLM für die Entwicklung eines schweren strategischen Jagdflugzeugs ein, und im Sommer 1935 begann das hervorragende, aber auch für seine Eigenwilligkeit bekannte Konstruktionsteam mit den konkreten Arbeiten am Projekt. Die Konstrukteure richteten ihre Bemühungen konzentriert auf den Entwurf eines schlanken, zweimotorigen Eindeckers in Ganzmetallbauweise. Der Prototyp, die Messerschmitt Bf 110 V1, flog erstmals am 12. Mai 1936 in Augsburg-Haunstetten mit Rudolf Opitz am Steuer. Mit dem Antrieb durch zwei Daimler-Benz DB 600A erreichte diese erste Versuchsmaschine (V1) eine Höchstgeschwindigkeit von 505 km/h in 3175 m Höhe und war somit beträchtlich schneller als der einmotorige Messerschmitt-Jäger Bf 109B-2. Natürlich waren die Beschleunigung und die Manövrierbarkeit dieses und der nachfolgenden Prototypen keineswegs vergleichbar mit den Leistungen leichterer Jäger, wie die Messerschmitt-Werkspiloten und später die Testpiloten der Erprobungsstelle feststellten. Aber Hermann Göring ignorierte die Vorbehalte der Luftwaffenführung in bezug auf die Fähigkeit der Bf 110 und erteilte den Befehl zur Serienfertigung. Nach einer umfassenden Neuorganisation der Luftwaffen-Verbände flog das erste Vorserienmodell, die Bf 110B-01, mit zwei Junkers Jumo 210Ga-Motoren als Antrieb am 19. April 1938 zum ersten Mal.

Ein Engpaß an Daimler-Benz-Motoren führte dazu, daß man an dem Jumo 210Ga-Antrieb festhielt. Dies wiederum hatte zur Folge, daß die Maschinen der Serie B-1, die im Sommer von den Montagebän-

Messerschmitt nutzte die Zeit bis zur Lieferung weniger problembehafteter Motoren zur Verfeinerung des Musters, um die leistungsstärkere Serie Bf 110C für die Luftschlacht um England aufzulegen.

Eine Messerschmitt Bf 110C-4 vom Zerstörergeschwader 52 auf einem Flug entlang der französischen Küste Ende 1940. Diese Jagdverbände mußten bei der Luftschlacht um England schwere Verluste hinnehmen.

dern in Augsburg rollten, nur eine mittelmäßige Leistung erbrachten. Mit einer Bewaffnung von zwei 20-mm-Kanonen Oerlikon MG-FF und vier 7,92-mm-Maschinengewehren MF 17 erreichte die Bf 110B-1 in ihrer Nennleistungshöhe von 4000 m eine Geschwindigkeit von 455 km/h; die Dienstgipfelhöhe betrug 8000 m. Als erste Version, die in Dienst gestellt wurde, rüsteten die Bf 110B-1 im Herbst 1938 mehrere schwere Jagdgruppen aus.

Anfang 1939 wurden die ersten Vorserienmaschinen vom Typ Messerschmitt Bf 110C-0 an die neu aufgestellten „Zerstörergruppen" übergeben. Die beiden kennzeichnenden Merkmale dieser neuen Serie waren das modifizierte Flugwerk, das anschließend während der gesamten Dienstzeit dieses Flugzeugtyps grundsätzlich nicht mehr geändert werden sollte, und der Antrieb durch zwei Daimler-Benz DB 601A-1, zweireihig hängende Zwölfzylinder-Reihenmotoren mit Direkteinspritzung, die jeweils eine Leistung von 810 kW (1100 PS) in 3700 m Höhe lieferten. Die Serienmaschinen Bf 110C-1 waren äußerst effektive Langstreckenjäger, und die Besatzungen der I. Zerstörergruppe des Lehrgeschwaders 1, der I. Gruppe des Zerstörergeschwaders 1 und der I./ZG 76, die diesen neuen Typ flogen, waren die Crème der deutschen Jagdflieger. Kurz vor Kriegsausbruch im September 1939 verfügte jede Gruppe über zwei Staffeln mit Bf 110C-1 und eine Ausbildungs- und Umschulungseinheit mit B1 110-B-3-Schulflugzeugen. Während des kurzen Polenfeldzugs im September 1939 machten die Besatzungen mit ihren Bf 110 ihre Sache gegen die unterlegenen Flugzeuge der polnischen Luftwaffe ganz gut, als sie Höhenabschirmung für die Heinkel und Dornier oder Jagdeinsätze in 6000 m Höhe und darüber flogen. Sie hatten schnell erkannt, daß es absolut unsinnig war, sich mit den wendigen polnischen PZK P.11c-Jägern auf Kurvenkämpfe einzulassen, und hatten sich eine Steig- und Sturzflugtaktik zu eigen gemacht. Die von Hauptmann Schleif geführte I. Zerstörergruppe des Lehrge-

An dieser Messerschmitt Bf 110C-2 sind der schlanke Rumpf und die klare Linienführung dieses schweren Jagdflugzeugs gut zu erkennen. Wegen ihrer hohen Verluste bei Jagdschutzeinsätzen für Bomber bildete die Bf 110 die Hauptstütze der deutschen Nachtjagdkräfte.

Flugzeugwarte bereiten den Einbau einer Luftbildkamera Rb 50/30 in eine Bf 110C-5 vor. Die von Griechenland aus geflogenen Aufklärungseinsätze zum Sturm auf Kreta ließen die Feindseligkeit des Geländes für diese Operation nicht erkennen.

Varianten der Messerschmitt Bf 110

Messerschmitt Bf 110 V1: erster Prototyp mit zwei Daimler-Benz DB 600A; Erstflug 12. Mai 1936

Messerschmitt Bf 110 V2: zweiter Prototyp mit einigen Verbesserungen; wurde am 14. Januar 1937 zur Überprüfung der Einsatzreife an die E-Stelle Rechlin übergeben

Messerschmitt Bf 110 V3: Prototyp zur Waffenerprobung; Erstflug am 24. Dezember 1936; vier 7,92-mm-Maschinengewehre MG 17 im Bug

Messerschmitt Bf 110A-0: zur Ausrüstung mit DB 600Aa-Motoren vorgesehene Serienversion, die als untermotorisiert aufgegeben wurde; einige Exemplare mit Junkers Jumo 210Da

Messerschmitt Bf 110B-1: Serienversion auf der Grundlage der neuentworfenen Bf 110B-01, deren Bug für eine Bewaffnung mit vier MG 17 (Kaliber 7,92 mm) und zwei Oerlikon-Bordkanonen MG FF (Kaliber 20 mm) modifiziert worden war; dem Bordschützen stand ein MG 15 (Kaliber 7,92 mm) zur Abwehr nach hinten zur Verfügung; Antrieb durch zwei Junkers Jumo 210Ga; bei der Luftwaffe in Dienst gestellt

Messerschmitt Bf 110B-2: Aufklärungsversion mit Kamera anstelle der MG FF

Messerschmitt Bf 110B-3: Ausbildungs- und Umschulungsflugzeug mit verbesserter Instrumentierung und Funkgeräteausstattung; die Bewaffnung war ausgebaut worden

Messerschmitt Bf 110C-0: Vorserienflugzeug mit zwei Daimler-Benz-Motoren DB 601A-1 mit je 810 kW (1100 PS) Nennleistung

Messerschmitt Bf 110C-1: die erste größere Serienversion mit standardisierter Bewaffnung und standardisiertem Antrieb: vier MG 17, zwei MG FF und zwei DB 601A-1

Messerschmitt Bf 110C-2: verbessertes Kurzwellenfunkgerät in Form des Lorenz FuG 10 anstelle des FuG IIIa

Messerschmitt Bf 110C-3: verbesserte Oerlikon-Bordkanonen MG FF/M

Messerschmitt Bf 110C-4: zusätzlicher 9-mm-Panzerschutz für den Piloten

Messerschmitt Bf 110C-4/B: Jagdbomberversion mit zwei Bombenträgern ETC 250 unter dem Rumpf und zwei Daimler-Benz-Motoren DB 601N-1 mit je 883 kW (1200 PS) Nennleistung

Messerschmitt Bf 110C-5: Aufklärungsversion mit reduzierter Bewaffnung und Einzelkamera Rb 50/30; Bf 110C-5/N mit zwei DB 601N-1

Messerschmitt Bf 110C-6: die 20-mm-Zwillingskanonen MG FF wurden durch eine einzelne 30-mm-Kanone MK 101 ersetzt

Messerschmitt Bf 110C-7: das Basisflugzeug Bf 110C-4/B mit stärkerem Fahrwerk und zwei Bombenträgern ETC 500 unter dem Rumpf für eine schwerere Waffenlast

Messerschmitt Bf 110D-0: Nullserie einer Jägerversion mit großer Reichweite

Messerschmitt Bf 110D-1/R1: grundsätzlich der Bf 110C-Serie entsprechende Version mit 1200-Liter-Zusatztank unter dem Rumpf

Messerschmitt Bf 110D-1/R2: grundsätzlich der Bf 110C entsprechende Version mit zwei 900-Liter-Abwurftanks unter den Tragflächen

Messerschmitt Bf 110D-2: Langstreckenversion mit zwei Bombenträgern ETC 500 und Vorrichtungen für zwei 300-Liter-Abwurftanks

Messerschmitt Bf 110D-3: Langstreckenversion für Schiffspatrouillen mit zwei 300-Liter- oder 900-Liter-Abwurftanks, zusätzlichem Schmierölbehälter sowie Stauraum im Heckkonus für ein Zweimann-Rettungsschlauchboot

Messerschmitt Bf 110E-1: endgültige Serienversion eines Jagdbombers mit vier zusätzlichen Bombenträgern ETC 50 unter den Flächen und einer auf 1200 kg erhöhten Waffenlast; anfangs mit zwei DB 601A-1, später jedoch mit zwei DB 601N-1-Motoren; neue Motoranbaugeräte, verbesserter Panzerschutz

Messerschmitt Bf 110E-1/U1: als Nachtjäger modifizierte Version mit einem Infrarotvisier in Form der Spanner-Anlage

Messerschmitt Bf 110E-1/U2: Nachtjäger mit einem zusätzlichen Besatzungsmitglied

Messerschmitt Bf 110E-2 und Bf 110E-3: Standard-Serie E-1 mit neueren Motoranbaugeräten und Ausführung als Jagdbomber und Aufklärer

Messerschmitt Bf 110F-1: führte zwei 994 kW (1350 PS) starke Daimler-Benz DB 601F-1 ein; Luftnahunterstützungsflugzeuge mit Standard-Rohrwaffen, zwei ETC 500 und vier ETC 50; Frontscheibe aus 57-mm-Panzerglas und zusätzliche Panzerung

Messerschmitt Bf 110F-2: Version eines schweren Jagdflugzeugs ohne ETC-Bombenträger

Messerschmitt Bf 110F-3: Aufklärungsversion

Messerschmitt Bf 110F-4: endgültige Nachtjägerversion mit verbesserter UV-Beleuchtung und Funkgeräteausstattung; die Waffenwanne konnte mit zwei 30-mm-Maschinenkanonen MK 108 oder MG FF/M bestückt werden; einige Exemplare später mit schräg hoch nach vorn feuernden 30-mm-Zwillingskanonen im hinteren Kabinenbereich ausgerüstet (Bf 110F-4/U1)

Messerschmitt Bf 110F-4a: Nachtjäger mit Telefunken-Bordradar FuG 202 Lichtenstein BC; Ersatz der MG FF/M durch Zwillingskanonen MG 151/20

Messerschmitt Bf 110G-1: führte zwei Daimler-Benz DB 605B-1 mit je 1085 kW (1475 PS) Nennleistung ein; schwerer Tagjäger mit vier MG 17 und Zwillingskanonen MG 151/20

Messerschmitt Bf 110G-2: neu entworfene Seitenflosse, verstärktes Fahrwerk und zwei 7,92-mm-Maschinengewehre (MG81Z) für den hinteren Bordschützen; zur Luftnahunterstützung mit ETC 250 und ETC 50/VIII oder 300-Liter-Abwurftanks

Messerschmitt Bf 110G-2/R1: schwerer Bomberzerstörer mit einzelner BK 3,7 (3,7-cm-Flak 18) in der Waffenwanne unter dem Rumpf, ohne die MG 151/20

Bf 110G-2/R2: grundsätzlich identisch, hatte jedoch zur Leistungserhöhung eine GM-1-Einspritzanlage (Stickstoffoxyd) erhalten

Messerschmitt Bf 110G-2/R3: schwere Jägerversion mit 30-mm-Zwillingskanonen MK 108 anstelle der vier MG 17, Kaliber 7,92 mm, unter Beibehaltung der MG 151

Messerschmitt Bf 110G-3: Aufklärungsjäger

Messerschmitt Bf 110G-4: endgültiger Nachtjäger mit Bordradar; Bewaffnung mit vier 7,92-mm-MG 17 und Zwillingskanonen MG 151

Messerschmitt Bf 110G-4a: Nachtjäger mit Abfangradar FuG 212 Lichtenstein C-1; Änderungen durch folgende Rüstsätze:

Bf 110G-4a/R1: mit einer BK 3,7

Bf 110G-4a/R2: mit Einspritzanlage GM-1

Bf 110G-4a/R3: mit 30-mm-Zwillingskanonen MK 108 anstelle der MG 17

Messerschmitt Bf 110G-4b: Nachtjäger mit neuem Bordradar FuG 220 Lichtenstein SN-2; Beibehaltung des FuG 212 für Kurzstrecken

Messerschmitt Bf 110G-4c: Nachtjäger mit verbessertem Bordradar FuG 220b Lichtenstein SN-2; diverse Rüstsätze zur Variation der Bewaffnung, Ausrüstung mit Kraftstofftanks und GM-1-Einspritzanlage

Messerschmitt Bf 110H: diese Version wurde in geringer Zahl parallel zur Serie Bf 110G mit anderen Motoren, in diesem Fall DB 605E, hergestellt; Bf 110H-2, Bf 110H-3 und Bf 110H-4 noch ausgeliefert

schwaders 1 [I.(Z)/LG 1] mit Oberst Walter Grabmann als Kommodore schoß im Rahmen ihres Auftrags zum Jagdschutz der Heinkel He 111P der II./KG 1 am 1. September fünf PLZ P.11 über Warschau ab. Die konzentrierte Bewaffnung in Verbindung mit dem Revi C.12/C- Reflexvisier sollte sich als Kombination mit verheerender Wirkung für den Gegner erweisen: Ein Feuerstoß von ein bis zwei Sekunden Dauer genügte, um die Tragfläche eines gegnerischen Jägers hinwegzufetzen.

Bereits jetzt wurde offensichtlich, daß die Zerstörergruppen eine andere Rolle ausübten als eigentlich vorgesehen. Der Schwerpunkt ihrer Geleitschutz- und Luftüberlegenheitseinsätze verlagerte sich zunehmend auf den Luftkampf gegen die einmotorigen Jäger des Gegners. Für ihre Größe und Auslegung war die Bf 110C-1 der beste schwere Jäger, den es gab. Bei einem Kampfgewicht von 5900 kg erreichte die Bf 110C-1 eine Geschwindigkeit von 540 km/h in einer Nennleistungshöhe von 6050 m. Damit war sie schneller als die meisten damaligen Jäger der Alliierten und nur 32 bis 43 km/h langsamer als ihre direkten Widersacher, die französischen Dewoitine D.520 und die britischen Supermarine Spitfire Mk I. Aber im Luftkampf bestimmen hohe Drehgeschwindigkeiten um die Längsachse und rapide Beschleunigungen über Sieg oder Niederlage, wobei kleine Kurvenradien mit großer Querneigung allein eine Frage der Motorleistung, der Tragflächenbelastung und der Körperkraft des Piloten sind.

Haunstetten im Regen. Zur Erprobung wurden nur vier Vorserienflugzeuge Messerschmitt Bf 110A-01 gebaut. Mit zwei Junkers Jumo 210Da-Motoren als Antrieb flogen sie im Sommer 1937 das Erprobungsprogramm. Für damalige Zeiten war die schnittige Zelle dieses großen strategischen Jagdflugzeugs eine fortschrittliche Konstruktion.

Über Polen und Skandinavien waren die Zerstörerpiloten erfolgreich. Ihr unbestrittenes Können fand allgemeine Anerkennung, und man hielt die Bf 110C-1 für ein ausgezeichnetes Kampfflugzeug. Als sie jedoch 1940 über Frankreich und Südengland auf den entschlossenen Widerstand kampfstarker Jäger stieß, sollte sich ihr Mythos rasch verlieren. Während der Luftschlacht um England richteten die in 6700 m Höhe zur freien Jagd eingesetzten Bf 110C-1 und Bf 110C-4 praktisch überhaupt nichts aus. Die Taktiker der RAF waren sich sehr wohl der Tatsache bewußt, daß die Bf 110 der Hurricane Mk I in allen Flugberei-

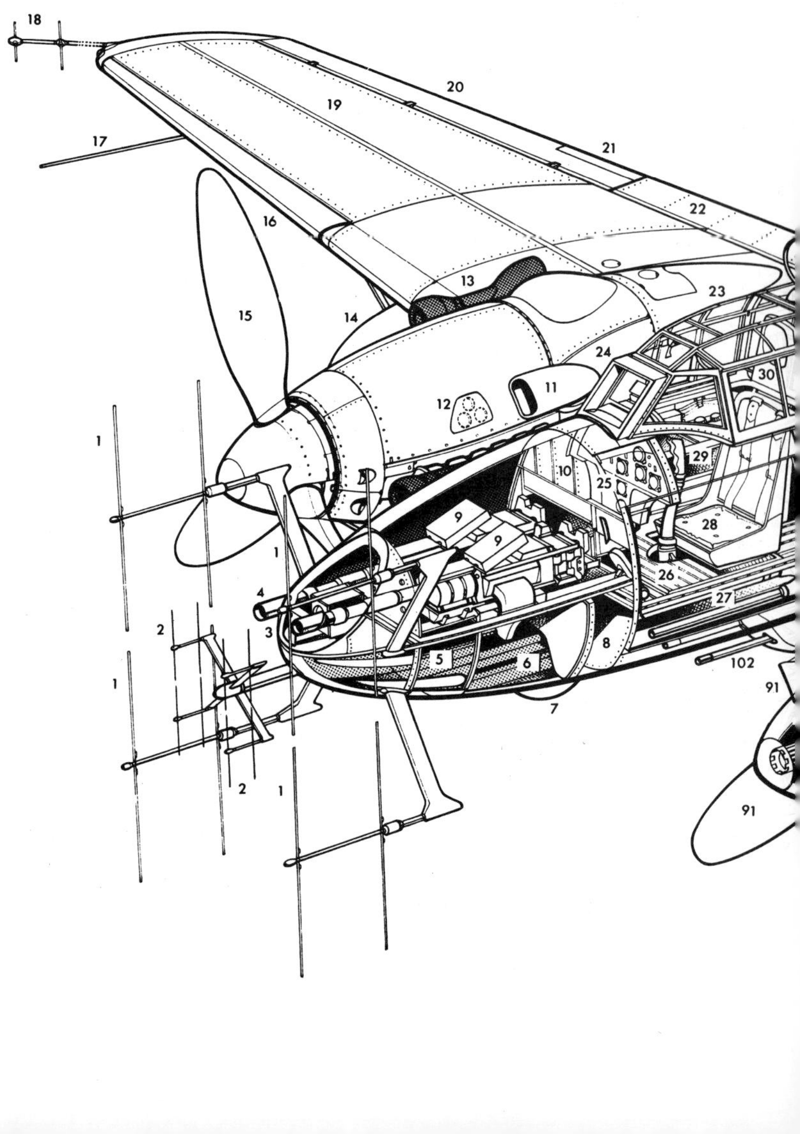

Eine Messerschmitt Bf 110E der 8./ZG 26, die, im September 1942 dem Fliegerführer Afrika unterstellt, in Berca stationiert war. Zur Panzerbekämpfung auf dem Gefechtsfeld war die Maschine mit einer 30-mm-Kanone MK 101 bewaffnet und nahm an den Kämpfen um Alam Halfa und El Alamein teil.

Eine Messerschmitt Bf 110G-4b/R3 der 7. Staffel, III./NJG 4, die, 1943/44 der Luftflotte Reich unterstellt, im Nordwesten Deutschlands stationiert war. Ausgestattet mit dem Radargerät FuG 220b Lichtenstein SN-2, Jägerleitfunkgerätesatz FuG 16zY und Auspuff-Flammendämpfern, war die G-4 die letzte Variante der G-Serie. Die Farbmuster der deutschen Nachtjäger variierten in dieser Phase des Krieges beträchtlich.

Aufriß-Erläuterung zur Messerschmitt Bf 110G-4b/R3

1 Hirschgeweih-Radarantenne des FuG 220 Lichtenstein SN-2
2 Vierer-Dipolantenne des Bordradars FuG 212 Lichtenstein C-1
3 Zielkamera
4 Kanonenmündungen
5 Mündungsöffnungen
6 Schießkanäle
7 Hauptrad (steuerbord)
8 Panzerplatte (Stärke 10 mm)
9 30-mm-Zwillingskanonen, Rheinmetall-Borsig MK 108 (Rüstsatz 3 mit 135 Schuß pro Rohr)
10 Panzerschott
11 Laderlufteinlauf
12 in die Motorgondel installierte Instrumente des Tagjägers
13 Auspuff-Flammendämpfer
14 Zusatztank
15 VDM Dreiblatt-Verstellpropeller
16 automatischer Vorflügel
17 Staurohr
18 Peilantenne des FuG 227/1 Flensburg, das von Feldwerften bei einigen Maschinen eingebaut wurde; es peilte das britische Heckradarwarngerät Monica an
19 mittragende Flügelhaut
20 Querruder (steuerbord)
21 Trimmklappe
22 Spaltklappe
23 aufklappbares Kabinendach
24 Frontscheibe aus 60-mm-Panzerglas
25 Instrumententafel
26 gepanzerter Kanzelboden (4 mm)
27 20-mm-Zwillingskanonen, Mauser MG 151, mit 300 Schuß für die Backbord- und 350 Schuß für die Steuerbordwaffe
28 Pilotensitz
29 Steuerknüppel
30 Rückenpanzer/Kopfschutz (8 mm) des Piloten
31 Munitionsbehälter
32 durchgehendes Tragflächenmittelstück
33 Drehsitz des Radarbeobachters
34 Schleifenantenne der Funkpeilanlage
35 Antennenmast
36 Mündungen der schräg hoch vorwärtsfeuernden Kanonen
37 30-mm-Zwillingskanonen MK 108 „schräge Musik"; (Bestandteil der Umrüstbausätze)
38 Trommelmagazin
39 hinterer Kabinendruckspant
40 FuG 10P, Kurzwellenfunkgerät
41 FuB1 2F, Blindanflugempfänger
42 Griff
43 Sauerstoffflaschen
44 Antennen
45 Mutterkompaß
46 Seitenflosse (steuerbord)
47 Ruderausgleich
48 Seitenruder
49 Hilfsruder
50 Höhenruder (steuerbord)
51 Höhenflosse (steuerbord)
52 verstellbare Höhenflosse
53 Höhenruder-Hilfsruder
54 Verkleidung des Höhenflossenmittelstücks
55 hintere Positionslampe
56 Höhenruder (backbord)
57 Seitenflosse (backbord)
58 Seitenruder
59 Hilfsruder
60 Spornrad
61 Rumpfspanten
62 Seilzüge der Flugsteuerungsanlage
63 Dipol-Abstimmgerät
64 Batterien
65 Umformer
66 Spaltklappe
67 Kraftstofftank, Fassungsvermögen 260,5 Liter
68 Schmierölbehälter, Kapazität 35 Liter
69 Antenne an der Rumpfunterseite
70 Flüssigkeitskühler
71 Lufteinlauf für das Kühlsystem
72 Luftauslaßklappen
73 Querruder-Hilfsruder
74 Querruderaufbau
75 Randbogen
76 Flensburg-Antenne
77 Positionslampe (backbord)
78 automatischer Vorflügel
79 Flügelrippen
80 Hauptholm
81 Unterflügel-Kraftstoffzusatztank, Kapazität 300 Liter
82 Landescheinwerfer
83 Hauptfahrwerksschachtklappe
84 Hauptfahrwerksschacht
85 Lufteinlaß für den Lader
86 Hauptfahrwerksdrehlager
87 Hauptfahrwerksfederbein
88 Hauptrad
89 Ölkühler
90 Ölkühlerlufteinlauf
91 VDM Propeller
92 Propellerregler
93 Ringpanzer (5 mm)
94 Kühlflüssigkeitsbehälter
95 Auspuff-Flammendämpfer
96 Motoraufhängungspuffer zur Vibrationsdämpfung
97 Daimler-Benz DB 605B-1, zweireihig hängender 12-Zylinder-Reihenmotor mit einer Nennleistung von 1083 kW (1475 PS) beim Start und 997 kW (1355 PS) in 5700 m Höhe
98 geschmiedeter Motorträger
99 Kraftstofftank, Kapazität 375 Liter
100 Befestigung Rumpf/Hauptflügelholm
101 Befestigung Rumpf/vorderer Hilfsholm
102 Waffenwanne 151Z mit einem Kanonenpaar MG 151/20 unter dem Rumpf (wahlweise)

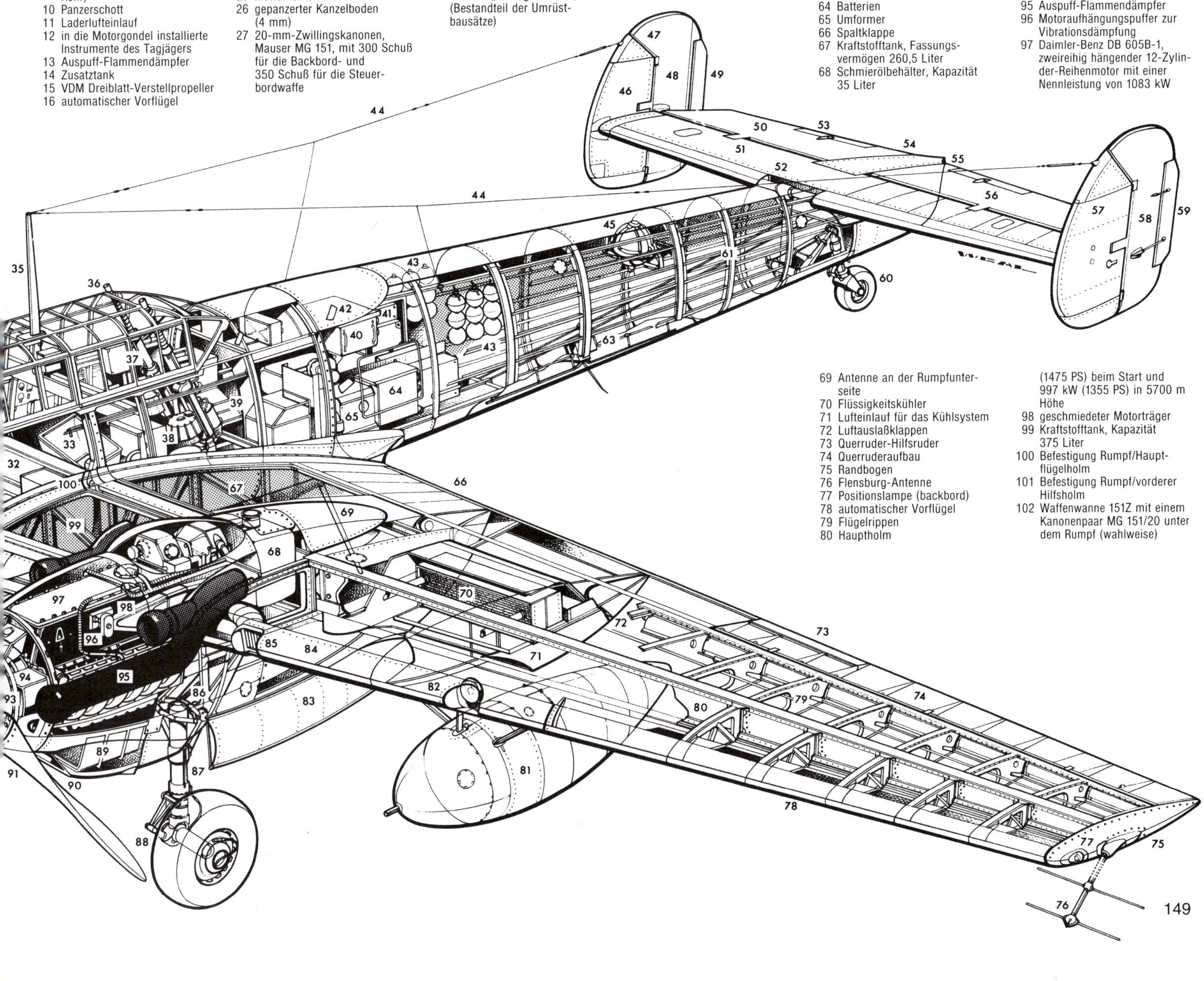

Im Mai 1941 stellte das hauptsächlich in Nordafrika und gegen Malta kämpfende X. Fliegerkorps einen kleinen Teil seiner Kräfte zur Unterstützung des später mißlungenen Aufstands im Irak ab. Diese Messerschmitt Bf 110D-3 der 4./ZG 76 operierte im Mai 1941 von Raschid, Irak, aus. Die Maschinen dieses Kommandos waren in aller Eile mit irakischen Markierungen versehen worden.

Die aus der V./LG 1 gebildete I. Gruppe des Nachtjagdgeschwaders 3 wurde nach Catania auf Sizilien verlegt, um im Februar 1941 an den Operationen des X. Fliegerkorps teilzunehmen. Diese schwarz gestrichene Messerschmitt Bf 110D trägt die Kodierung des LG 1, gehörte aber zur 1./NJG 3.

Die Messerschmitt Bf 110E-1 einer im Sommer 1942 in Demblin-Irena (Polen) stationierten Ergänzungs-Zerstörergruppe. Die E-Serie führte punktuelle Strukturverstärkungen, zusätzlichen Panzerschutz und Bombenträger ETC 50/ETC 1000 für schwerere Zuladungen ein. Je nach Untervariante war sie entweder mit Daimler-Benz DB 601N-1- oder E-1-Motoren ausgerüstet.

chen überlegen war. Die Steig- und Sturzflugtaktik der Bf 110 war äußerst effektiv, und die britischen Piloten mußten ständig auf der Hut vor ihren wirksamen Waffen sein. Die horrenden Verluste, die die I./ZG 76 und die Zerstörergeschwader 2 und 26 hinnehmen mußten, stellten sich fast ausnahmslos auf den Jagdschutzeinsätzen für die Bomber in mittleren Höhen ein. Den Piloten der Bf 109E-4 erging es nicht viel anders, nur war das Ausmaß der Verluste nicht ganz so katastrophal.

Während der Luftschlacht um England wurde die Langstreckenversion Messerschmitt Bf 110D-1/R-1 bei der I./ZG 76 in Stavanger in Dienst gestellt. Auch gab es mit der Bf 110C-4/B eine neue Jagdbomberversion, mit der das Erprobungskommando 210 mehrere verwegene Einsätze gegen Punktziele in Südengland flog, die allerdings oft mit einem hohen Preis bezahlt werden mußten. Im Winter 1940/41 wurde die III./ZG 26 mit ihren Bf 110D-3 nach Sizilien und anschließend nach Nordafrika verlegt. Im Frühjahr 1941 operierten die anderen Gruppen des Geschwaders über dem Balkan, Griechenland und Kreta. Für den Überfall auf die Sowjetunion am 22. Juni 1941 (Operation „Barbarossa") wurden die Jagdbomber Bf 110C-4 vom Schnellkampfgeschwader 210 (I. und II. Gruppe) unter dem Kommando von Major Karl-Heinz Stricker dem II. Fliegerkorps und die Bf 110C-4 des Zerstörergeschwaders 26 (I. und II. Gruppe) unter Oberst Johannes Schalk dem VIII. Fliegerkorps unterstellt. Weiterhin waren die I. und II./ ZG 6 mit Standort Kirkenes in Norwegen sowie in Jever und Nordholz in Deutschland mit Bf 110-Tagjägern ausgerüstet. Die Fertigung des großen Messerschmitt-Flugzeugs war zugunsten seines Nachfolgemusters, der Messerschmitt Me 210A-1, reduziert worden, während zur gleichen Zeit viele Zerstörergruppen mit der Nachtjagd beauftragt und entsprechend umorganisiert wurden. Mit verstärkter Bewaffnung und stärkerem Antrieb operierten Maschinen vom Typ Bf 110E, Bf 110F und Bf 110G in geringer Zahl während des gesamten Rußlandfeldzugs und der Kämpfe in Nordafrika. Im August 1943 wurden die dezimierten Kräfte aus der Sowjetunion und aus Italien abgezogen, um zur I.–III./ZG 26 in Wunstorf und zur I.–III./ZG 76 in Ansbach zusammengefaßt zu werden, von wo aus sie ihre neuen Messerschmitt Bf 110G-2 zur Verteidigung des Reichs im Tageinsatz fliegen sollten. In seiner Rolle als Pulk-Zerstörer richtete dieser neue Jägertyp ein wahres Gemetzel unter den ohne Geleitschutz

Das Zerstörergeschwader 1 operierte 1942 in der UdSSR unter dem VIII. Fliegerkorps im Kaukasus und im Raum Stalingrad. Während der Krise in Nordafrika im Oktober 1942 wurden die Gruppen des ZG 1 der Luftflotte 2 unterstellt und nach Sizilien verlegt. Diese Aufnahme zeigt die Bf 110G-2 einer Staffel dieser Gruppen.

Ein Tagjäger vom Typ Messerschmitt Bf 110G-2/R3 der 7./ZG 26, der 1943 unter dem Luftwaffenbefehlshaber Mitte zur Reichsverteidigung eingesetzt wurde. Die überaus starke Bewaffnung mit 20- und 30-mm-Bordkanonen sowie Wurfgranaten 21 machte die G-2 zu einem tödlichen Waffensystem.

Die Messerschmitt Bf 110F-1 hatte eine gepanzerte Frontverglasung und einen erweiterten Panzerschutz für die Besatzung. ETC 500-Bombenträger unter dem Rumpf konnten ein Paar SC 250 (250-kg-Sprengbomben) aufnehmen.

fliegenden Formationen von Boeing B-17 und Consolidated B-24D Liberator an, bis sich die mit 410-Liter-Zusatztanks ausgerüsteten P-47D Thunderbolt ihnen entgegenstellten. Die Abschußerfolge der P-47D erreichten ein Maß, das die im Jahre 1940 erlittenen Verluste dagegen unbedeutend erscheinen ließ. Ende April 1944 wurden die Bf 110G-2 mit Ausnahme der Maschinen der II./ZG 76 in Wien-Seying, Österreich, aus dem Einsatz genommen.

Zweifelsohne am erfolgreichsten war die Messerschmitt Bf 110 als Nachtjäger zur Reichsverteidigung. Am 20. Juli 1940 beauftragte Hermann Göring Oberst Josef Kammhuber mit der Aufstellung von Nachtjagdkräften. Gegen Ende des Monats war die I./Nachtjagdgeschwader 1 (I./NJG 1) mit Bf 110C-2 als Kern eines zukünftigen kompletten Geschwaders im niederländischen Venlo eingerichtet. Die Besatzungen der Kampfzerstörer hatten bereits zuvor Nachtjagdeinsätze geflogen, und an dem Tag, als Göring den Aufstellungsbefehl erteilte, führte Hauptmann Werner Streib von der 2./NJG.2 den ersten offiziellen Abschuß der neuen Nachtjagdkräfte durch. Um die Chancen einer visuellen Identifizierung zu verbessern, wurden verschiedene Hilfsmittel ausprobiert, denen zumeist kein großer Erfolg beschieden war. So wurden zum Beispiel ein paar Bf 110D-1/U1 mit einem Infrarotvisier (Spanner-Anlage) ausgerüstet. Zum größten Teil stützten sich die Besatzungen auf Suchscheinwerfer. Darüber hinaus versetzten Bodenradaranlagen vom Typ AN-Freya (FuMG 80) die Bf 110 in die Lage, mit Einschränkungen auch Abfangeinsätze über dem Meer durchzuführen.

Mit der Einführung des Hochfrequenz-Bodenradars FuMG 62 Würzburg wurden die Verfahren zur Führung der Messerschmitt Bf 110C-2 im Nachtjagdeinsatz verfeinert und wirkungsvoll ausgebaut: Nach der Frühwarnung durch eine Freya-Funkmeßanlage mit größerer Reichweite wurde der Kurs der anfliegenden Feindbomber von einem Würzburg-Funkmeßgerät verfolgt, während ein zweites Würzburg-Radargerät den Flugweg des deutschen Nachtjägers überwachte. Unter Verwendung einer Kartendarstellung gab das Führungspersonal Funkanweisungen an den Jäger, die ihn auf Sichtweite an den gegnerischen Verband heranführen sollten. Dieses Verfahren war als „Himmelbett" bekannt. 1942 reichte das Netz der „Himmelbett-Überwachungsgebiete" von der Nordspitze Dänemarks bis zur Schweizer Grenze.

Immer mehr gelangte man jedoch zu der Überzeugung, daß die Jäger unbedingt mit Bordradargeräten ausgerüstet werden müßten. 1941 experimentierte eine Staffel der in Venlo stationierten I. Gruppe des Nachtgeschwaders 1 (I./NJG 1) mit dem Telefunken FuG 202 (Lichtenstein BC) Abfangradargerät an Bord ihrer Bf 110E-1/U1. Dieses auf einer Frequenz von 490 MHz arbeitende Vorserienmodell besaß eine maximale Reichweite von 3,5 km und eine Mindestreichweite von 200 m. Erst im Juli 1942, nach den massiven Luftangriffen auf Bremen und Köln, sollten die Bordabfangradargeräte in Form des FuG 212 Lichtenstein in die Einsatzverbände gelangen. Unterdessen war die Messerschmitt Bf 110F-4 (mit zwei Daimler-Benz DB 601F-1) der Standard-Nachtjäger der Luftwaffe geworden, der mit vier 7,92-mm-Maschinengewehren MG 17 und zwei Mauser-Kanonen MG 151/20 bewaffnet war. Die mit Radar ausgerüstete Bf 110F-4a führte in der Regel zwei 300-Liter-Abwurftanks mit und war außerdem mit Auspuff-Flammendämpfern und Glimmspur-Sprengmunition ausgestattet. Das auf 9275 kg angestiegene Gesamtgewicht und der zusätzliche Luftwiderstand der Radarantennen reduzierten die Geschwindigkeit auf 510 km/h in 5600 m Höhe. Trotz der neuen Taktik der RAF, den Luftraum eines vorher bestimmten „Himmelbett-Sektors" mit Düppel zu überschwemmen, konnten Piloten wie Lent, Falk, Strieb, Meurer, Schnaufer und Bekker in den Jahren 1942/43 viele Erfolge mit ihren Messerschmitt Bf 110F-4 erzielen. Die Maschine war hinreichend schnell und bot der Besatzung eine ausgezeichnete Sicht. Sobald der Pilot Sichtkontakt hatte, nahm er gewöhnlich das Gas weg und ließ die Maschine behutsam 75 m an Höhe verlieren, um sich direkt unter sein Opfer zu schieben. Aus dieser Position riß er den Jäger mit 50° steil nach oben und eröffnete das Feuer auf den Bomber.

Im Laufe des Jahres 1943 wurde dieses Angriffsverfahren technisch weiter ausgefeilt, indem eine nach oben feuernde Kanone in die Nachtjäger installiert wurde. Zwei 20-mm-Kanonen MG-FF/M wurden im hinteren Kabinenteil so eingebaut, daß sie im Winkel von 60° bis 70° zur Horizontalen schräg hoch nach vorn feuerten: Diese Modifizierung wurde als „schräge Musik" bekannt. Nach dem Fehlschlag der Messerschmitt-Serie Me 210 war die Luftwaffe gezwungen, an der Bf 110 als Kampfflugzeug, in erster Linie aber als Nachtjäger, festzuhalten. Deswegen wurde 1942 die Produktion mit der neuen G-Serie in vollem Umfang wieder aufgenommen, die von Daimler-Benz-Motoren DB 605B-1 angetrieben wurde. Die Messerschmitt Bf 110G-4, die anfangs mit dem Bordradar FuG 212 ausgerüstet war, das aber später aufgrund der elektronischen Gegenmaßnahmen in Form von Düppel durch das Lichtenstein SN-2 (FuG 220) ersetzt wurde, trug Ende 1943 die Hauptlast der Nachtjagd im Bereich der Reichsluftflotte. Im Juni 1944 rüsteten Bf 110G-4 die meisten Gruppen der Nachtjagdgeschwader 1, 3, 4, 5 und 6 aus, deren Standorte von Aalborg in Dänemark bis Reims in Frankreich und von Schleißheim bis zur Grenze nach Rumänien reichten. Im Laufe des letzten Kriegsjahrs verlagerte sich das Gewicht der Nachtjagd immer mehr auf die Junkers Ju 88C-6b und Ju 88G-1. Obwohl nur 6170 Maschinen von der Messerschmitt Bf 110 gebaut wurden, gab es keinen Zweifel daran, daß sie als das beste zweimotorige Mehrzweck-Kampfflugzeug des Zweiten Weltkriegs in die Annalen eingehen würde, denn kein zweimotoriges Muster konnte gegen einen gut geflogenen einmotorigen Jäger im Tageinsatz bestehen.

Ein erbeuteter Nachtjäger vom Typ Bf 110G-4b/R3 zeigt die Hirschgeweih-Radarantenne des Lichtenstein SN-2 um die kleinere Dipolgruppe des Lichtenstein C-1 herum, die erforderlich war, um die Düppelvorhänge der RAF zu durchdringen.

Eine Messerschmitt Bf 110C-4/B der 9. Staffel des Zerstörergeschwaders 26 „Horst Wessel“ mit zwei 250-kg-Bomben unter dem Rumpf und vier 100-kg-Bomben unter den Tragflächen. Diese Einheit sollte als einer der ersten Luftwaffenverbände im Mittelmeerraum eingesetzt werden: Sie wurde Ende 1940 bei Palermo auf Sizilien stationiert.

TECHNISCHE DATEN

Messerschmitt Bf 110C-4
Typ: zweisitziges schweres Jagdflugzeug

Triebwerke: zwei Daimler-Benz DB 601A, zweireihig hängende Zwölfzylinder-Reihenmotoren mit je 810 kW (1100 PS)
Leistung: Höchstgeschwindigkeit 560 km/h in 7000 m Höhe; Anfangssteiggeschwindigkeit 11 m/sek; Dienstgipfelhöhe 10.000 m; normale Reichweite 775 km
Gewicht: Leermasse 5200 kg; max. Startmasse 6750 kg
Abmessungen: Spannweite 16,27 m; Länge 12,65 m; Höhe 3,50 m; Tragflügelfläche 38,40 m²
Bewaffnung: zwei 20-mm-Kanonen MG 151 und vier 7,92-mm-Maschinengewehre MG 17 im Bug sowie ein 7,92-mm-Zwillingsmaschinengewehr MG 81Z auf Schwenklafette in der hinteren Kanzel zur Abwehr nach hinten

Kawasaki Ki-61

Der japanische Jäger Ki-62, der den deutschen Einfluß auf seine Konstruktion nicht verhehlen konnte, entwickelte sich zu einem mächtigen Gegner auf dem pazifischen Kriegsschauplatz. Wegen anhaltender Triebwerksprobleme blieben ihm Erfolg und Ruhm der Jagdflugzeuge mit Sternmotor allerdings versagt. Als solche Motoren gegen Ende des Krieges hastig eingerüstet wurden, hatten die Japaner mit der Ki-100 jedoch einen ihrer besten Jäger in der Hand.

Nach den Bestimmungen des Versailler Vertrags war Deutschland nach dem ersten Weltkrieg jegliche Produktion militärischer Luftfahrzeuge untersagt. In der Folge suchten aufstrebende junge Techniker Anstellungen im Ausland, und Firmen dieser Branche verlegten ihre Tätigkeit in Länder, in denen sie den Überwachungsorganen der alliierten Nationen entzogen waren. Zu den Deutschen, die in Japan arbeiteten, zählte Richard Vogt, der die Kawasaki Kokuki Kogyo KK Anfang der dreißiger Jahre veranlaßte, die Rechte zur Herstellung deutscher Flugmotoren zu erwerben. Lange nach der Berufung Vogts zum Chefkonstrukteur bei Blohm & Voss bestanden immer noch enge Geschäftsbeziehungen, und Ende der dreißiger Jahre trat Kawasaki in Verhandlungen, um sich das Recht zum Bau des Daimler-Benz DB 600 (und später des DB 601) zu sichern. Im April 1940 kehrte eine japanische Delegation mit einem Satz technischer Zeichnungen und mehreren Mustermotoren des ausgezeichneten DB 601A, eines flüssigkeitsgekühlten Zwölf-Zylinder-Reihenmotors in umgekehrter V-Form, aus Deutschland zurück. Nach der Anpassung an japanische Fertigungsverfahren war der erste Kawasaki Ha-40 (wie die Lizenzversion des DB 601A hieß) im Juli 1941 fertiggestellt, und vier Monate später lief seine Serienfertigung an.

Unterdessen hatte Kawasaki, ermutigt durch die deutliche Überlegenheit europäischer Luftfahrzeuge mit V-12-Antrieb (im Vergleich zu denen mit Sternmotor), dem Kaiserlich Japanischen Heer Vorschläge für mehrere Jagdflugzeuge unterbreitet, die eben diesen neuen V-12-Motor Ha-40 verwendeten. Im Februar 1940 beauftragte der Koku Tombu (der für die Heeresflieger zuständige Führungsstab) die Firma, zwei Jagdflugzeuge zu entwickeln, den schweren Jäger Ki-60 und den leichteren Mehrzweckjäger Ki-61. Ersterem wurde zwar eine höhere Dringlichkeit eingeräumt, doch mit der Zeit legte man immer größeren Wert auf bessere Flugleistungen zu Lasten der Cockpit-Panzerung und des Kraftstofftankschutzes. Den Vorzug erhielt daher die Ki-61. Die Leitung der Konstruktion wurde Takeo Doi und seinem Assistenten Shin Owada übertragen.

Tatsächlich aber bildete die Ki-60 die Basis für die Ki-61. Die Reduzierung des Gewichts erreichte man dadurch, daß der Rumpf einen kleineren Durchmesser erhielt und die Bewaffnung auf je zwei im Bug und in den Tragflächen montierte Maschinengewehre reduziert wurde. Der geforderten Allzweck-Eigenschaft kam die Einführung eines Tragwerks höherer Flügelstreckung mit entsprechend erweitertem Tankraum entgegen.

Die Konstruktion des Prototyps machte rasche Fortschritte, so daß die Maschine in derselben Dezemberwoche, in der die Japaner 1941 ihren Großangriff gegen Pearl Harbor starteten, aus der Halle im Kagamigahara-Werk in Gifu, nördlich von Nagoya, rollte. Zudem hatte man begonnen, eine Fertigungsstrecke einzurichten, und erste Erprobungsflüge des Prototyps bestätigten das Vertrauen, das man in dieses Muster setzte. Elf zusätzlich bestellte Versuchsjäger führten selbstdichtende Kraftstofftanks ein, die die Tragflächenbelastung auf rund 146,5 kg/m² erhöhten, beträchtlich mehr, als die Piloten des Kaiserlich Japanischen Heeres gewohnt waren. Dennoch kam die Ki-61 bei den Prüfpiloten aus der Truppe gut an, weil sie in ihrer hohen Sturzfluggeschwindigkeit ein geeignetes Mittel sahen, der amerikanischen Sturzkampftaktik zu begegnen. Erst nach Vergleichsflügen im simulierten Luftkampf gegen eine erbeutete Curtiss P-40E, eine importierte Messerschmitt Bf 109E-3 sowie eine Nakajima Ki-43-II und Ki-44-I, bei denen die Ki-61 ihre Überlegenheit demonstrierte, gab das Kaiserlich Japanische Heer die Zustimmung zur Serienfertigung.

Die 13. Ki-61, die mit der Produktionsausrüstung gefertigt und im August 1942 ausgeliefert wurde, unterschied sich kaum von den Prototypen, außer daß zwei kleine Sichtscheiben an den Rumpfseiten direkt vor der Windschutzscheibe fehlten. Die Fertigungsrate stieg allmählich, und gegen Jahresende hatten 34 Exemplare des Heerestyps 3, Jägermodell 1 Hien (Schwalbe) oder Ki-61-I, das Werk verlassen. Diese ersten Maschinen wurden in zwei Versionen gefertigt, und zwar als Ki-61-Ia und Ki-61-Ib.

Als erste Einheit erhielt im Februar 1943 die heimatstationierte 23. Dokuritsu Dai Shijugo Chutai (unabhängige Staffel) die Ki-61 zur Umschulung der Piloten. Einige Monate später gab der Jäger sein Kampfdebüt mit der 68. und 78. Sentai (Gruppe) über der Nordküste Neuguineas. Dabei zeigte sich, daß er den alliierten Jägern härter als die Ki-43, die er ablöste, zusetzte, hauptsächlich aufgrund seiner höheren Sturzfluggeschwindigkeit. Dennoch machten sich in Neuguinea bereits Schwierigkeiten bemerkbar: Das feuchtheiße Klima verursachte ein Überhitzen der Motoren am Boden, so daß die Jäger mit überhöhter Geschwindigkeit auf Feldflugplatzbahnen rollen mußten, die dafür absolut ungeeignet waren.

Unabhängig von diesen Motorproblemen hatte man einen Versuchsjäger Ki-61-I konstruiert, bei dem der große Bauchkühler durch ein kleines, fahrbares Aggregat zur Kühlung am Boden ersetzt worden war und Kondensatorblöcke auf der Flügeloberseite die Kühlung im Flug durch Verdampfung besorgten. Diese Versuche standen im Zusammenhang mit Takeo Dois grundlegend neuem Jäger Ki-64, der letztlich aber nur in Prototypform erschien.

Die Ki-61 war der North American P-51D Mustang zwar unterlegen, doch amerikanische Piloten und Techniker zeigten großes Interesse, als in der Folgezeit Beutemaschinen wie dieses Exemplar ausgewertet wurden. Es handelt sich vermutlich um die Ki-61Ib, die im letzten Sommer dieses Krieges von Wright Field, Ohio, aus flog.

In der 244. Sentai des Major Kobayashi befanden sich 1944/45 einige der erfahrensten Jagdpiloten Japans. Abgebildet ist eine Maschine der 1. Chutai (von Hauptmann Takada geführt). Die 1945 in Chofu und Narumatsu stationierten Ki-61 kämpften häufig gegen die Grumman Hellcat und Vought Corsair der US Navy.

Eine Ki-61-I der zur Heimatverteidigung eingesetzten 244. Sentai, Stabsstaffel, unter Führung von Major Tembico Kobayashi. Häufig wurde eine Heckmarkierung registriert, die Weiß für die 1. Chutai, Rot für die 2. Chutai und Gelb für die 3. Chutai trug. Die Farbe Blau wurde oft zur Kennzeichnung der Stabsmaschinen verwendet.

Hinsichtlich der Bewaffnung erfuhr die Ki-61 ebenfalls Verbesserungen, auch wenn es in Japan keine im Lande produzierte 20-mm-Kanone gab. Statt dessen wurden spätere Ki-61-Ia und Ki-61-Ib im Werk auf den Einbau importierter Mauser MG 151, Kaliber 20 mm, in die Tragflächen angepaßt; zwei solcher Maschinenkanonen ersetzten die bislang üblichen Maschinengewehre. Später, als die japanische 20-mm-Kanone Ho-5 verfügbar war, nutzte Takeo Doi die Gelegenheit, um die Struktur der Tragflächen zu verstärken und zu vereinfachen. Bei der Ki-61 KAIc, die im Januar 1944 erschien, ersetzten Ho-5-Kanonen auch die beiden Maschinengewehre im Rumpf. Die neuere Ki-61-I KAId wurde mit zwei 30-mm-Kanonen Ho-105 in den Tragflächen bewaffnet, doch in den Bug installierte man wieder 12,7-mm-MG Typ 1. Die KAI-Versionen (Abkürzung für „Kaizo" oder „modifiziert") führten auch ein starres Spornrad anstelle des bislang einfahrbaren Heckrads und Außenlastträger unter den Flächen ein, ermöglicht durch die verstärkte Flügelzelle. 1944 wurde die Produktion auf die Ki-61-I KAIc konzentriert und der bisher vergleichsweise niedrige Ausstoß beträchtlich gesteigert, so daß bis Januar 1945 insgesamt 2654 Ki-61 entstanden.

Als die Hien über Neu Guinea auftauchte, verloren die Alliierten vorübergehend ihre Luftüberlegenheit. Amerikanische Piloten berichteten sogar, daß die Japaner offenbar deutsche Messerschmitt Bf 109 flögen. Sobald die Alliierten aber die von den japanischen Jagdpiloten bevorzugte Taktik durchschaut hatten, mahnten sie ihre Flugzeugführer eindringlich, Angriffsmanöver im Sturzflug künftig zu meiden. So dauerte es nicht lange, bis man die Ki-61, deren Spitzengeschwindigkeit nicht gerade überragend war, im Griff hatte. 1944 wurde die Zuführung der Hien beschleunigt, und bei der Schlacht um die Philippinen 1944/45 (als dieses Muster die 17., 18. und 19. Sentai ausrüstete) sowie über Okinawa und Formosa (19., 37., 59. und 105. Sentai) stieß man auf viel größere Stückzahlen dieses Typs.

Ki-61-II

Je länger sich der Krieg im Pazifik hinzog, desto mehr sank die Qualität der japanischen Fachkräfte. Dieser Mangel zeigte sich auch bei den japanischen Flugmotoren, insbesondere beim Ha-40 für die Ki-61. Der Ruf nach besseren Flugleistungen zwang Takeo Doi, sein Jagdflugzeug zur Aufnahme des neuen V-12-Motors Ha-140 mit einer Nennleistung von 1104 kW (1500 PS) vorzubereiten. Im August 1943 war der erste Prototyp Ki-61-II mit diesem Antrieb flugbereit. Gleichzeitig führte der neue Jäger ein Tragwerk größerer Fläche und eine modifizierte Cockpithaube ein, die dem Flugzeugführer ein besseres Sichtfeld bot. Der Ha-140-Motor litt unter einer Reihe gravierender Probleme, von denen das schlimmste eine schwache Kurbelwelle war, die häufig brach. Selbst die Zelle war nicht störungsfrei, und mehrmals versagten die Tragflächen der Maschine.

Eine Ki-61-I der 37. Sentai, die an der Schlußphase der Verteidigung der Philippinen beteiligt war, bevor sie im letzten Kriegsjahr nach Formosa und Okinawa zurückweichen mußte.

Die Bilderschriftzeichen „AK" am Seitenruder geben zu erkennen, daß diese Ki-61-I KAI zur Akeno-Flugschule gehörte, dem wichtigsten Hien-Ausbildungsverband in der Heimat.

Drei Ki-61-I KAI der Akeno-Flugschule. Die meisten der Flugzeuge dieser Einheiten waren ungestrichen, abgesehen von farbigen Propellerhauben (zur Kennzeichnung der Teileinheiten) und einem nichtreflektierenden, mattschwarzen Anstrich am Nasenrücken.

Den Todesstoß erhielt die Ki-61-II KAI am 19. Januar 1945, als B-29 die Akashi-Motorenfabrik, in der der Ha-140 gefertigt wurde, fast vollständig zerstörten. Dabei gingen rund 30 komplettierte Flugzeuge verloren, die zur Auslieferung an die Truppe bereitstanden. So fehlten Motoren für 275 fertige Flugzeugzellen, und die Geschichte der Hien hätte ohne den Einfallsreichtum der Japaner ein Ende gefunden.

Zum Glück waren bereits im November 1944, zwei Monate vor der Katastrophe in Akashi, Untersuchungen eingeleitet worden, wie man den Motorproblemen des Ha-140 beikommen konnte. Da der Krieg eine für Japan niederschmetternde Wende genommen hatte, blieb

Dennoch führte das Rüstungsministerium die Motorprobleme offenbar allein auf eine schlampige Fertigung zurück, die sich durch eine strengere Qualitätskontrolle bereinigen ließe, und wies im September 1944 die Produktion der Ki-61-II als Heerestyp 3 Jägermodell 2 in Großserien an. Nachdem elf Versuchsjäger fertiggestellt (aber nur acht im Flug erprobt) waren, erweiterte man das Seitenruder in der Fläche, um die etwas längere Flugzeugnase zu kompensieren, und die Ki-61-II KAI erhielt die Tragflächen der Ki-61-I KAI zurück, um die Wahrscheinlichkeit strukturellen Versagens zu mindern. Vorausgesetzt, der Ha-140-Motor lief rund, wies der neue Jäger mit 610 km/h in 6000 m Höhe eine wesentlich höhere Spitzengeschwindigkeit auf und konnte in sechs Minuten auf 5000 m steigen.

Technische Probleme

Auch die Ki-61-II KAI entstand in zwei Ausführungen, als Ki-61-II KAIa mit einem 20-mm-Kanonenpaar im Bug und zwei 12,7-mm-Maschinengewehren in den Tragflächen sowie als Ki-61-II KAIb mit insgesamt vier 20-mm-Maschinenkanonen. Alles in allem wurden 374 Ki-61-II produziert, aber wegen anhaltender Schwierigkeiten mit dem Triebwerk erreichten nur relativ wenige Exemplare die Einsatzverbände und konnten die frühere Ki-61-I KAI nie ersetzen. Die Ki-61-II KAI war aber der einzige Abfangjäger des Kaiserlich Japanischen Heeres, der mit hinreichender Bewaffnung die Einsatzhöhe der amerikanischen Bomber Boeing B-29 erreichen konnte, äußerst kampfgefährlich und deshalb und für viele Verluste dieser Großbomber (durch Jäger) verantwortlich war.

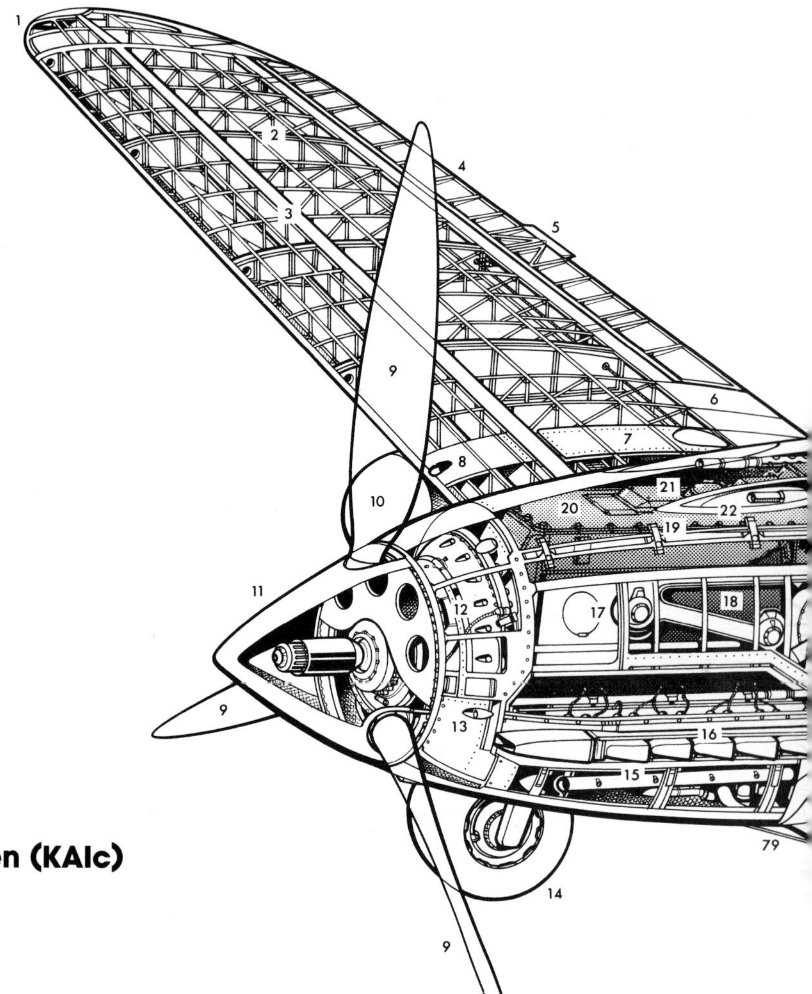

Aufriß-Erläuterung zur Kawasaki Ki-61-I-KAI-hei Hien (KAIc)

1 Positionsleuchte (steuerbord)
2 Fachwerkrippen
3 Flügelholm
4 Querruder
5 Trimmkante
6 Landeklappe
7 Waffenwartungsfeld
8 MG-Öffnung
9 Dreiblatt-Verstellpropeller mit gleicher Drehzahl
10 abwerfbarer Zusatztank (200 Liter)
11 Propellernabe
12 Gehäuse des Propeller-Untersetzungsgetriebes
13 Luftansaugstutzen
14 rechtes Hauptrad
15 untere Motorhauben-Schnellverschlüsse
16 Auspuffstutzen
17 Gummipuffer der Motoraufhängung
18 Motorträger
19 obere Motorhauben-Schnellverschlüsse
20 Kawasaki-Motor Ha-40 (Heerestyp 2)
21 Motoranbaugeräte
22 Mündungsöffnung
23 Rohr
24 Brandschott
25 Motorhaubennaht
26 Lader
27 Laderlufteinlauf
28 Magazine
29 Munitionszuführung
30 zwei 20-mm-Kanonen Ho-5
31 geneigte Windschutzscheibe
32 Visier
33 Steuerknüppel
34 Pilotensitz (gepanzert)
35 Rumpfspant
36 nach hinten aufschiebbare Haube
37 Kopfstütze
38 Ausschnitt zur Sicht nach hinten
39 Heckverglasung
40 Gleitschiene
41 Federgriff
42 Rumpfkraftstofftank (165 Liter)
43 Wartungsklappe (oben angeschlagen) der Rumpfausrüstungszelle
44 Funkgerätesatz (Typ 99-111)
45 Antennenmast
46 Antenneneinführung
47 Antenne
48 Höhenruder-Seilzüge
49 oberer Längsgurt
50 Seitenruderkabel
51 Rumpfverbindung
52 Höhenflosse (steuerbord)
53 Höhenruder
54 Ausrundung der Seitenflossenwurzel
55 Struktur des Seitenleitwerks
56 Heckpositionsleuchten (back- und steuerbord)
57 Stummelmast
58 Hornausgleich
59 Trimmkante
60 Seitenruderholm
61 Fachwerk des Seitenruders
62 Servoklappe
63 Trimmkante
64 Höhenruder (backbord)
65 Höhenruder-Steuerseil
66 Ruderscharnier
67 Befestigung Höhenleitwerk/Rumpfspant
68 Spornrad-Einfahrzylinder
69 Spornradklappen
70 einziehbares Spornrad
71 Spornrad-Stoßdämpferstrebe
72 unterer Längsgurt
73 Luftauslaß der Kühlerwanne
74 regelbarer Kühlergrill
75 Kühlerblock
76 Kühlluftleitung
77 Lufteinlauf
78 Anschluß Hauptflügelholm/Rumpfspant
79 innere Hauptradklappen
80 Hauptradschacht
81 Landescheinwerfer
82 Hauptfahrwerk-Drehlager
83 Hauptfahrwerksbein
84 Öl-Stoßdämpfer-Abschnitt (Ledermanschette)
85 einteilige Radgabel
86 linkes Hauptrad
87 Hauptradklappe
88 Federbeinklappe
89 MG-Öffnung
90 MG-Rohr
91 12,7-mm-Maschinengewehr Ho-103
92 Waffenwartungsfeld
93 Bomben-/Tankschäkel
94 Landeklappe (backbord)
95 Hauptflügelholm
96 Flügelrippen
97 abwerfbarer Zusatztank
98 Staurohr
99 Blechbeplankung
100 Bügelstreifen
101 Querruder
102 Aufbau des Randbogens
103 Backbord-Positionsleuchte

Mit einem groben Anstrich in Grün versuchte die 3. Chutai der 19. Sentai, das Blankmetall dieser Ki-61-I zu tarnen. Die Gruppe kämpfte über den Philippinen im Raum Leyte sowie später in Okinawa und Formosa.

Diese Ki-61-I Otsu (KAIb) flog im August 1945 bei der in Ashiya, Japan, stationierten 3. Chutai, 59. Sentai, obwohl an den ausgetauschten Baugruppen des Hinterrumpfs und des Leitwerks Teilmarkierungen der 22. Sentai und der Akeno-Flugschule prangen.

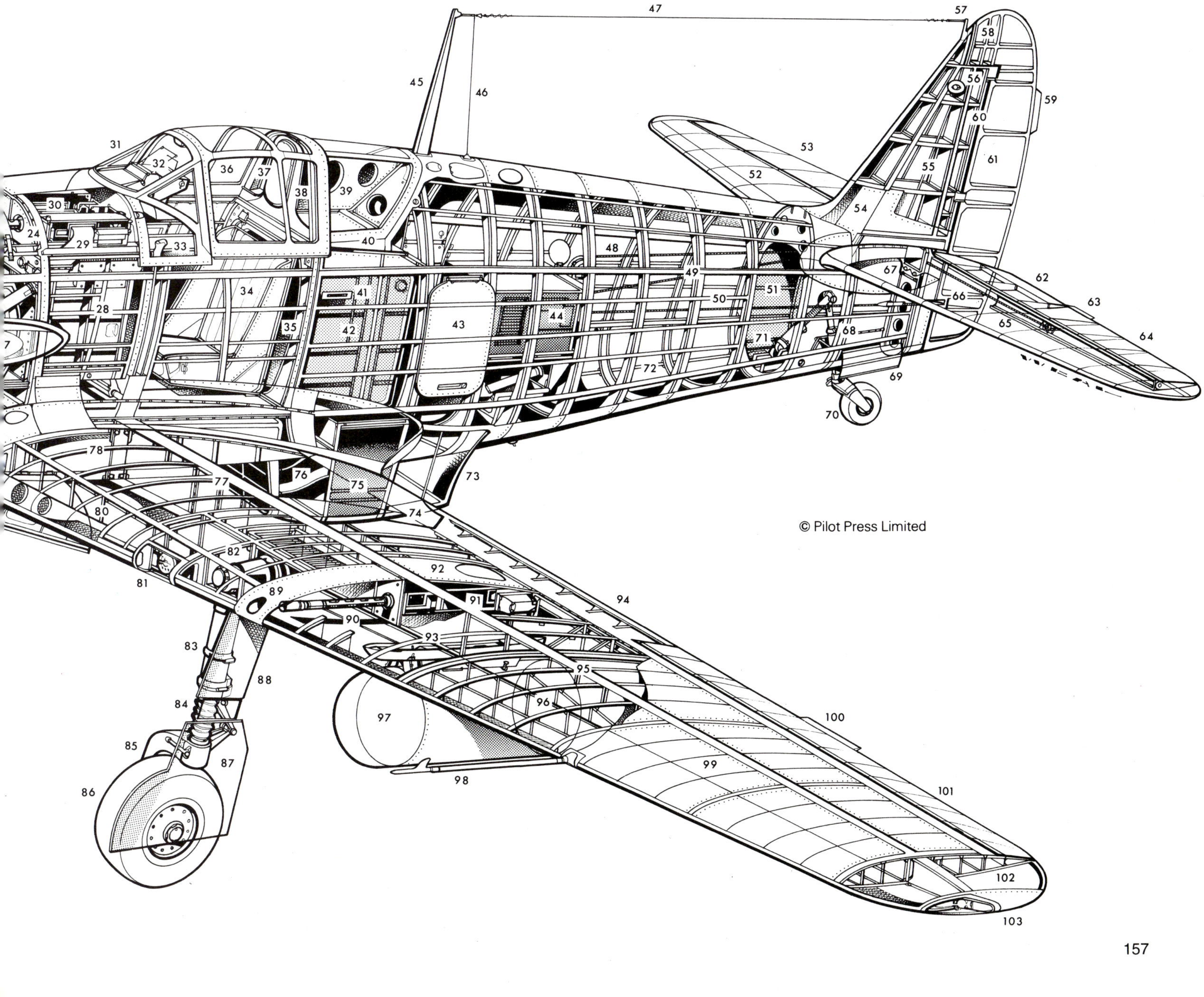

TECHNISCHE DATEN

Kawasaki Ki-61-I KAIc Hien
Typ: einsitziger Jäger/Jagdbomber
Triebwerk: ein flüssigkeitsgekühlter Zwölf-Zylinder-Reihenmotor in umgekehrter V-Form, Heerestyp 2 (Kawasaki Ha-40) mit 810 kW (1100 PS)
Leistung: Höchstgeschwindigkeit 590 km/h in 4260 m Höhe; Steigzeit auf 5000 m Höhe 7 Minuten; Dienstgipfelhöhe 10.000 m; Höchstreichweite 1800 km
Gewicht: Leermasse 2630 kg; normal beladen 3470 kg
Abmessungen: Spannweite 12 m; Länge 8,94 m; Höhe 3,70 m; Tragflügelfläche 20 m^2
Bewaffnung: zwei 20-mm-Kanonen Ho-5 im Bug und zwei 12,7-mm-Maschinengewehre Typ 1 in den Tragflächen sowie eine externe Bombenlast von 240 kg oder zwei abwerfbare 200-Liter-Zusatztanks unter den Tragflächen

Variantender Kawasaki Ki-61

Ki-61: Prototypen (zwölf Flugzeuge); Erstflug im Dezember 1941; V-12-Motor Ha-40
Ki-61-I: Serienversion, von der zwischen August 1942 und Juli 1944 insgesamt 1380 Exemplare in zwei Ausführungen gebaut wurden; Ki-61-Ia mit zwei 12,7-mm-Maschinengewehren im Bug und zwei 7,7-mm-MG in den Flächen sowie Ki-61-Ib mit vier 12,7-mm-MG; V-12-Motor Ha-40; beide Varianten auch in modifizierter Form mit zwei 20-mm-Kanonen Mauser MG 151 in den Flächen
Ki-61-I KAI: Serienversion, von der zwischen Januar 1944 und Januar 1945 insgesamt 1274 Exemplare in drei Ausführungen produziert wurden; Ki-61-I KAIa und Ki-61-I KAIc mit zwei 20-mm-Bugkanonen Ho-5 und zwei 12,7-mm-MG in den Tragflächen sowie Ki-61-I KAId mit zwei 12,7-mm-MG im Bug und zwei 30-mm-Kanonen Ho-5 in den Flächen
Ki-61-II: acht Prototypen mit Reihenmotor Ha-140 und vergrößerter Flügelfläche
Ki-61-II: 30 Vorserienflugzeuge mit dem Tragwerk der Ki-61-I und erweitertem Seitenruder
Ki-61-II KAI: Serienversion, von der insgesamt 374 Flugzeuge gebaut wurden, davon nur 99 mit Ha-140-Triebwerk; Varianten (eingerechnet) Ki-61-II KAIa mit zwei 20-mm-Bugkanonen Ho-5 und zwei 12,7-mm-MG in den Flächen sowie Ki-61-II KAIb mit vier 20-mm-Kanonen Ho-5
Ki-61-III: vorläufiger Prototyp mit Sternmotor Ha-112-II und Vollsichthaube; Umrüstjäger Ki-61-II KAI
Ki-100: drei im Februar 1945 gefertigte Prototypen; noch nicht komplettierte Ki-61-II KAI wurden dazu mit dem Sternmotor Ha-112-II ausgerüstet
Ki-100-Ia: in 272 noch nicht komplettierte Ki-61-II KAI wurde der Sternmotor Ha-112-II eingebaut
Ki-100-Ib: 118 neugebaute Jäger mit Sternmotor Ha-112-II, einschließlich der zwölf Exemplare aus dem Ichinomiya-Werk
Ki-100-II: drei Prototypen mit aufgeladenem Sternmotor Ha-112-IIRU und nochmals verbessertem Kabinendach

Eine mit Zusatztanks beladene Kawasaki Ki-61-Ib der 68. Sentai, einer der beiden ersten Einsatzverbände, die die Hien im Frühjahr 1943 über Neuguinea in das Kampfgeschehen einführten. Zu Beginn entrissen sie der amerikanischen Curtiss P-40 die Luftüberlegenheit, so daß sich Generalleutnant George C. Kenney direkt an den Oberbefehlshaber der Heeresluftstreitkräfte, Henry H. Arnold, mit der Bitte um Zuschleusung der Lockheed P-38 wandte, die an sich auf dem europäischen Kriegsschauplatz eingesetzt wurde. Im Laufe der Zeit gewannen die Alliierten die Oberhand zurück, doch dies war auch auf die nachlassende Fertigungsqualität der Ki-61 zurückzuführen.

Eine Kawasaki Ki-100-Ia der 3. Chutai, 18. Sentai, die als erster Verband die Ki-100 im März 1945 im Kampfeinsatz flog. Das Muster operierte gemeinsam mit der Ki-61 von Kashina aus. Die Ki-100 war zwar ein wenig langsamer als das Vorgängermodell, aber dafür viel wendiger und mit einer besseren Steigleistung ausgestattet.

Eine Kawasaki Ki-100-Ib der 3. Chutai, 59. Sentai, mit einem ungewöhnlichen Vollanstrich in Schwarz. Die „b"-Variante (Otsu) erhielt einen abgesenkten Hinterrumpf und ein nach hinten erweitertes Kabinendach, da sich die Jagdpiloten der Ki-61 über die unzureichende Sicht in Richtung Heck beschwert hatten.

nicht genügend Zeit, um einen völlig neuen Jäger zu entwickeln. Kawasaki wurde daher angewiesen, die Ki-61-II KAI an den 14-Zylinder-Sternmotor Mitsubishi Ha-112-II mit einer Leistung von 1104 kW (1500 PS) anzupassen. Die Art, wie dieses Ziel in weniger als zwölf Wochen unter der zermürbenden Wirkung zunehmend schwererer Bombenangriffe der Alliierten erreicht wurde, war eine der technischen Höchstleistungen dieses Krieges. Den Kawasaki-Technikern gelang das Kunststück, den Ha-112-Motor mit einem Durchmesser von 1,22 m in einen nur 84 cm breiten Rumpf einzurüsten, nicht zuletzt, da sie sich nach der importierten Focke-Wulf Fw 190 richten konnten, in die ein großer, sauber verkleideter Sternmotor eingepaßt war. Das neue Flugzeug, eine umgerüstete Ki-61-II KAI mit der Bezeichnung Ki-100, flog erstmals am 1. Februar 1945.

Erfolg für die Ki-100

Takeo Doi, der so lange für den flüssigkeitsgekühlten Flugmotor eingetreten war, muß seine neue Schöpfung mit bitterer Ironie betrachtet haben. Trotz der enormen Größe bewirkte der neue Sternmotor, der weniger wog und folglich die Tragflächen- und Triebwerksbelastung minderte, wesentlich bessere Steuer- und Flugeigenschaften bei nur geringfügig schwächeren Flugleistungen. Zudem hatte der Sternmotor bereits einen ausgezeichneten Ruf für seine Zuverlässigkeit erworben. Auf zügig durchgeführte Flugtests folgte der Auftrag, alle motorlosen KI-61-II KAI auf den HA-112 vorzubereiten, und zwischen März und Juni 1945 wurden 272 Ki-100-Ia an Heimatjagdstaffeln ausgeliefert.

Sowohl das fliegende als auch das technische Personal bejubelte die Ki-100 als besten und zuverlässigsten Jäger des Kaiserlich Japanischen Heeres in diesem Krieg. Selbst junge, unerfahrene Piloten, die das Kaiserreich in den letzten quälenden Kriegsmonaten in die wilden Luftschlachten über Japan schickte, konnten dieses Muster mühelos fliegen. Neben ihrer Rolle als Bomberzerstörer erwies sich die Ki-100 als mindestens ebenbürtiger Gegner für die Grumman F6F Hellcat der US Navy, die im japanischen Luftraum operierte.

Mißlungene Serienproduktion

Sobald der Erfolg der Ki-100 gesichert war, lief bei Kawasaki die Neuproduktion des Musters an. Im Mai 1945 verließen erste Serienjäger die Werke in Kagamigahara und Ichinomiya, aber schwere Angriffe auf diese Anlagen behinderten die Produktion, und im Juli wurde die Herstellung in Ichinomiya gänzlich eingestellt.

Bei der 5., 17., 111. und 244. Sentai flogen insgesamt 390 Ki-100-I (einschließlich der 272 umgerüsteten Ki-61 und des in Ichinomiya neugebauten Dutzends). Eine andere Version, die Ki-100-II, wurde ebenfalls noch gebaut und mit einem aufgeladenen Sternmotor Ha-112-IIRU ausgerüstet. Drei Prototypen waren fertiggestellt, bevor das Kriegsende die Serienproduktion verhinderte.

Dieses Foto vermittelt den Eindruck von Stärke und Robustheit und zeigt, wie gut der pralle Sternmotor mit dem engen Rumpf der Ki-61-II KAI zur Ki-100 gekoppelt wurde. Auffällig ist auch die große Spurweite des Fahrwerks. Schwere Angriffe gegen die Produktionsanlagen verhinderten eine Serienproduktion der Ki-100-Jäger.

Die 5. Sentai begann im Mai 1945 auf dem Flugplatz Kiyosu mit der Umrüstung von der Ki-45 Toryu auf die Ki-100. Den Jagdgruppen, die den neuen Jäger erhielten, war keinerlei Gewöhnungsphase vor dem Kampfeinsatz vergönnt, und dennoch wurde die Ki-100 von Piloten und Warten begeistert angenommen.

Gloster Meteor

Unter dem Titel „Project Rampage“ verfolgte das Ministry of Supply seinen Dreijahresplan zur Einführung eines strahlgetriebenen Musters, der die Gloster Meteor hervorbrachte. Dies war nicht nur der erste RAF-Düsenjäger im Kampfeinsatz, sondern auch der erste Jäger dieser Kategorie, der auf Seiten der Alliierten im Zweiten Weltkrieg in Dienst gestellt wurde und noch am Koreakrieg teilnahm.

Die Entwurfsarbeiten am zweistrahligen Prototypjäger F.9140 begannen im Januar 1940 unter der Leitung des Gloster-Chefkonstrukteurs W. G. Carter. Rund 17 Monate später kam das einstrahlige Forschungsflugzeug Gloster E.28/39 in die Luft, die erste reine Düsenmaschine außerhalb Deutschlands. Da es keinerlei fundierte Konstruktions- und Auslegungskriterien gab, die man dem neuen Jäger hätte zugrunde legen können, war das Unterfangen besonders riskant angesichts des hohen Drucks, unter dem Großbritannien und seine Luftfahrzeugindustrie in dieser Phase des Krieges standen. Den bedeutenden Beitrag Frank Whittles, der seit Jahren der führende britische Protagonist des Gasturbinenantriebs für Luftfahrzeuge war, spiegelte die Tatsache wider, daß zwölf Versuchsjäger eigentlich „Whittle“-Motoren erhalten sollten. Letztlich aber (aufgrund des wachsenden Interesses der britischen Triebwerkshersteller an der Entwicklung von Luftstrahlturbinen) wurden die acht unbewaffneten Prototypen von Rover/Power Jets W.2B/23, Power Jets W.2/500, Metropolitan Vickers MVF.2, Rolls-Royce W.2B/23, Halford (DH) H.1, Halford (DH) H.1b und Rolls-Royce W.2B/37 angetrieben. Als erster flog der fünfte Prototyp, F-9140H (DG206/G), mit zwei Turbojet-Triebwerken Halford H.1, die je 10,2 kN Schub abgaben. Michael Daunt brachte die Maschine, die später eine Spitzengeschwindigkeit von 692 km/h nachwies, am 5. März 1943 in Cranwell, Lincolnshire, in die Luft.

Kind des Zweiten Weltkriegs

Bereits am 8. August 1941 war ein Auftrag über eine Pilotserie von 20 Flugzeugen namens Meteor Mk 1 vergeben worden. Der erste dieser Düsenjäger (EE2101G) flog im Januar 1944, und am 12. Juli begann die Auslieferung an No. 616 (South Yorkshire) Squadron in Culmhead, die von Squadron Leader und DFM-Träger A. McDowall geführt wurde. Sieben der Maschinen, bewaffnet mit vier 20-mm-Bugkanonen Hispano und ausgestattet mit Strahltriebwerken Rolls-Royce/Power Jets W.2B/23 Welland, verlegten zehn Tage später mit der Staffel nach Manston und absolvierten am 27. Juli erste Kampfeinsätze gegen deutsche Flugbomben V 1. Am 4. August zerstörte eine Meteor die erste V 1. Dies geschah nicht durch Abschuß, sondern Flying Officer Dean brachte sie mit der Tragfläche seiner Maschine zum Absturz, indem er den Stummelflügel der V 1 vorsichtig berührte und die Flugbombe so aus ihrer Flugbahn brachte. Innerhalb von sechs Wochen vernichtete No. 616 Squadron ein Dutzend V 1. Man mußte sich zwar rasch eingestehen, daß die Meteor Mk 1 wohl zu früh in den Truppendienst gegangen war, doch dies zahlte sich andererseits durch eine Beschleunigung von Entwicklung und Produktion aus. Zudem verschafften die RAF-Meteor amerikanischen B-17-Besatzungen bei Übungen wertvolle Erfahrungen, wie sie sich vor Überfällen der Messerschmitt-Strahljäger Me 262 wappnen konnten.

Die ersten echten Serienjäger Meteor F.Mk 3 (die Mk 2 mit Halford-/DH-Triebwerken wurden nicht gebaut) erhielt No. 616 Squadron im Dezember 1944, und im darauffolgenden Monat ordnete man der 2. Taktischen Luftflotte der RAF in Nijmegen eine Halbstaffel zu. Als zweite RAF-Staffel wurde No. 504 („County of Nottingham“) im April mit der Meteor Mk 3 ausgerüstet. Zu Kampfbegegnungen von Düsenjäger gegen Düsenjäger ist es aber im Zweiten Weltkrieg, soweit bekannt, nicht gekommen.

Dieses Farbfoto einer Meteor Mk 1 ist eine Rarität. Es zeigt den Düsenjäger EE221 mit den Initialen des Group Captain H. J. Wilson, Kommandeur der RAF High Speed Flight, im Sommer 1945. Den Weltrekord für absolute Geschwindigkeit stellten spätere Meteor mit langen Triebwerksgondeln auf, und EE221 diente der Fluggruppe als Verbindungsmaschine.

EE455, „Yellow Peril" („gelbe Gefahr") genannt, war eine für Weltrekordgeschwindigkeitsflüge im November 1945 modifizierte G.41 D Meteor Mk 3, bei der man sämtliche Waffen und den Bauchtank entfernt und Derwent-Triebwerke in langen Gondeln eingebaut hatte. Den Rekord errang aber nicht Eric Greenwood, der diese Maschine flog, sondern Group Captain H. J. Wilson mit der EE454.

Die Fotoaufklärungsvarianten der Meteor waren die PR.Mk 10 und die VS979, ein frühes Serienexemplar der No. 541 Squadron, 2. TAF, 1954 in Bückeburg stationiert. Weitere PR.Mk 10 dienten bei No. 2, 13 und 81 Squadron.

Die frühen Meteor-Düsenjäger durchliefen ein umfangreiches Forschungsprogramm, das hier nur in den wichtigsten Punkten gestreift werden kann. Die erste Meteor Mk 1 schickte man zur Bewertung in die USA, und das sechste Exemplar absolvierte Ende 1944 die weltweit erste Nachbrennererprobung. Das 18. Flugzeug mit Rolls-Royce RB.50 Trent und Rotol-Fünfblatt-Propellern war das erste Turboprop-Muster der Welt, und Gloster-Cheftestpilot Eric Greenwood führte es am 20. September 1945 durch den Erstflug. Die neunte Meteor Mk 3 erhielt eine Kameranase und die 19. Maschine das Nachtjägerabfangradar (AI). Zwei Meteor Mk 3 waren in Decklandeversuche eingebunden, und am 24. Juli 1946 unternahm Bernard Lynch von Martin-Baker die ersten scharfen Schleudersitzausschüsse aus einer Meteor Mk 3. Die beiden letzten Vertreter der Serie Meteor Mk 3 mit langen Triebwerksgondeln wurden für Hochgeschwindigkeitstiefflugtests genutzt, und eine der beiden, von Group Captain H. J. Wilson geflogen, stellte am 7. November 1945 mit 976 km/h einen neuen Weltrekord für absolute Geschwindigkeit auf.

Derwent statt Welland

Während Meteor Mk 3 mit Welland-Triebwerken in den Jahren 1945/46 weiterhin bei No. 1, 56, 63, 66, 74, 92, 124, 222, 245, 257, 263, 266, 500, 504 und 616 Squadron dienten, hatte Rolls-Royce die Entwicklung des Radialverdichterstrahltriebwerks mit Umkehrstromrohrbrennkammern durch ein axiales Verbrennungssystem im neuen Strahltriebwerkstyp Derwent 1 vorangetrieben. Mit ihm wurden die letzten 195 Meteor Mk 3 ausgerüstet. Die Kombination von 15,5 kN Schub starken Derwent 5 in langen Triebwerksgondeln und einer viel stärkeren Zelle führte zur Meteor Mk 4, deren Jungfernflug am 17. Juli 1945 stattfand.

DG206/G startete am 5. März 1943 mit Michael Daunt am Steuer als erster Meteor-Prototyp F.9/40, ausgerüstet mit Halford-H.1-Triebwerken, vom Flugfeld Cranwell South aus zum Jungfernflug. Sechzehn Monate später wurde die Meteor der RAF zugeführt.

Aufriß-Erläuterung zur Gloster Meteor Mk III

1 demontierbarer Randbogen
2 Steuerbord-Positionsleuchte
3 Steuerbord-Kennleuchte
4 Querruder
5 Ausgleichsklappe
6 Querruder-Massenausgleich
7 Querruder-Einkopplung
8 Querruder-Torsionsarm
9 Kettennuß
10 über Kreuz geführte Steuerseile
11 Vorderholm
12 Hinterholm
13 Querruder-Massenausgleich (innen)
14 demontierbares Gondelheckteil
15 Schubdüse
16 internes Stützgerüst
17 Hinterholm-Brillenspant
18 Feuerlöschsprühring
19 Triebwerksaufhängungsspant
20 Triebwerkszugangsbleche
21 Aufbau des vorderen Gondelteils
22 interner Einlaufmeißel
23 Triebwerkslufteinlauf (steuerbord)
24 Frontscheiben-Enteisungsdüsen
25 Reflex-Kanonenvisier
26 kugelsichere Frontscheibe (Schaumglas)
27 nach hinten aufschiebbare Cockpithaube
28 Selbstzerstörerbrandsatz (rechte Cockpitwand)
29 Drehzahlanzeigen (beiderseits des Kanonenvisiers)
30 Pilotensitz
31 Geschoßablenkhaut an der Oberseite des Vorderrumpfs
32 Kanonenfeuerknopf
33 Steuerknüppel-Handgriff
34 Hauptinstrumentenbrett
35 Bugrad-Panzerschott
36 Buganschlüsse (zehn)
37 Bugrad-Fahrzylinderwand
38 Einbauort für Bugballastgewicht
39 Bugrad-Aufhängungsspanten
40 Bugrad-Schwenkstrebe (ohne Verbindung und Zylinder)
41 Bugrad-Drehlager
42 Flatterdämpfer/Selbstzentrierungsstrebe
43 Schießkamera
44 Zugriff auf die Schießkamera
45 Öffnung
46 Bugkonus

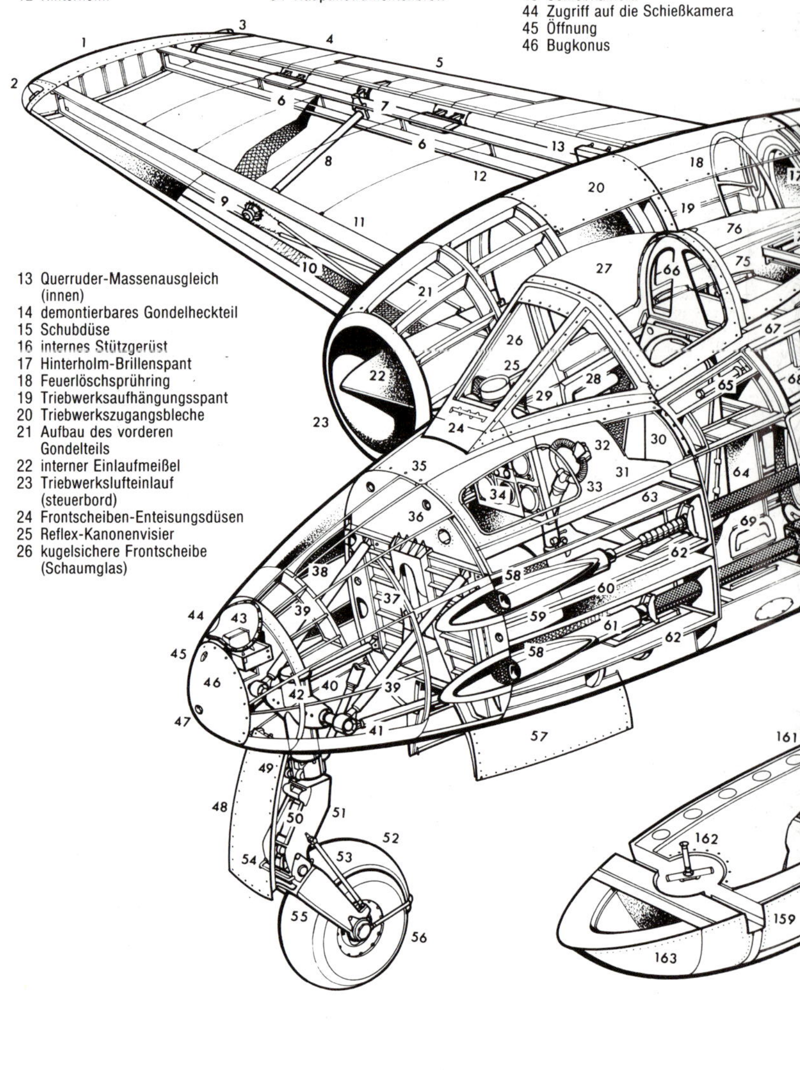

Diese Meteor NF.Mk 11, WM293, mit dem Kommandeurswimpel am Vorderrumpf, flog Wing Commander M. Scannell, Träger von DFC und AFC, Ende der fünfziger Jahre, als er No. 68 (Fighter) Squadron in Wahn und in Laarbruch führte. Die Maschine war eine der zuletzt gebauten NF.Mk 11 und diente später bei No. 228 OCU.

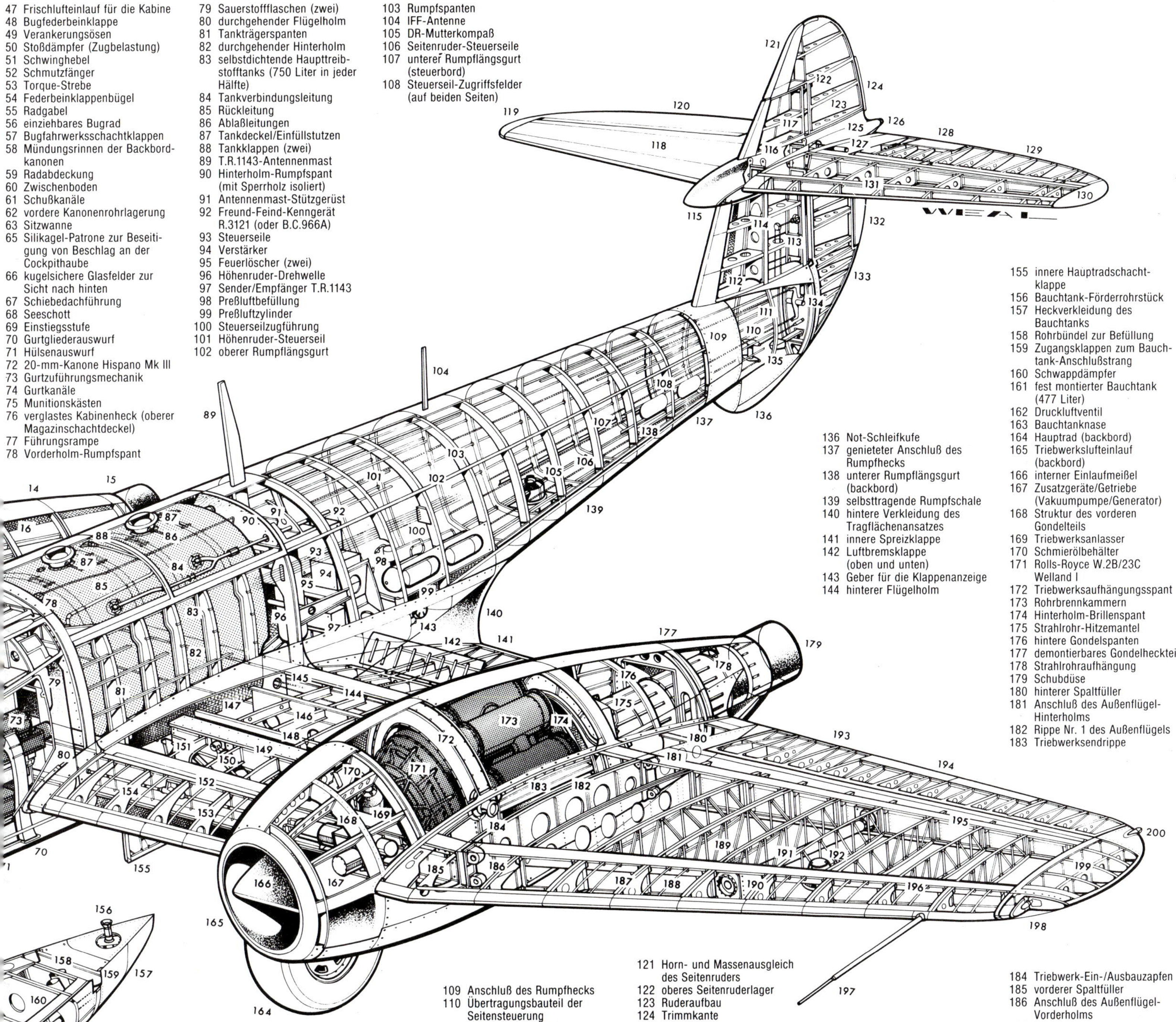

47 Frischlufteinlauf für die Kabine
48 Bugfederbeinklappe
49 Verankerungsösen
50 Stoßdämpfer (Zugbelastung)
51 Schwinghebel
52 Schmutzfänger
53 Torque-Strebe
54 Federbeinklappenbügel
55 Radgabel
56 einziehbares Bugrad
57 Bugfahrwerksschachtklappen
58 Mündungsrinnen der Backbordkanonen
59 Radabdeckung
60 Zwischenboden
61 Schußkanäle
62 vordere Kanonenrohrlagerung
63 Sitzwanne
65 Silikagel-Patrone zur Beseitigung von Beschlag an der Cockpithaube
66 kugelsichere Glasfelder zur Sicht nach hinten
67 Schiebedachführung
68 Seeschott
69 Einstiegsstufe
70 Gurtgliederauswurf
71 Hülsenauswurf
72 20-mm-Kanone Hispano Mk III
73 Gurtzuführungsmechanik
74 Gurtkanäle
75 Munitionskästen
76 verglastes Kabinenheck (oberer Magazinschachtdeckel)
77 Führungsrampe
78 Vorderholm-Rumpfspant
79 Sauerstoffflaschen (zwei)
80 durchgehender Flügelholm
81 Tankträgerspanten
82 durchgehender Hinterholm
83 selbstdichtende Haupttreibstofftanks (750 Liter in jeder Hälfte)
84 Tankverbindungsleitung
85 Rückleitung
86 Ablaßleitungen
87 Tankdeckel/Einfüllstutzen
88 Tankklappen (zwei)
89 T.R.1143-Antennenmast
90 Hinterholm-Rumpfspant (mit Sperrholz isoliert)
91 Antennenmast-Stützgerüst
92 Freund-Feind-Kenngerät R.3121 (oder B.C.966A)
93 Steuerseile
94 Verstärker
95 Feuerlöscher (zwei)
96 Höhenruder-Drehwelle
97 Sender/Empfänger T.R.1143
98 Preßluftbefüllung
99 Preßluftzylinder
100 Steuerseilzugführung
101 Höhenruder-Steuerseil
102 oberer Rumpflängsgurt
103 Rumpfspanten
104 IFF-Antenne
105 DR-Mutterkompaß
106 Seitenruder-Steuerseile
107 unterer Rumpflängsgurt (steuerbord)
108 Steuerseil-Zugriffsfelder (auf beiden Seiten)
109 Anschluß des Rumpfhecks
110 Übertragungsbauteil der Seitensteuerung
111 Einbauort für Heckballastgewicht
112 Seitenflossenholm/Rumpfspant
113 Lenkstrang der Seitenruderklappe
114 Aufbau der Seitenflosse
115 Kegelverkleidung
116 Anschlußplatten Höhenflossenholm/oberes Seitenflossenteil
117 oberes Seitenflossenteil
118 Höhenflosse (steuerbord)
119 Horn- und Massenausgleich des Höhenruders
120 Höhenruder (steuerbord)
121 Horn- und Massenausgleich des Seitenruders
122 oberes Seitenruderlager
123 Ruderaufbau
124 Trimmkante
125 Heckverkleidungskörper
126 Heckpositionsleuchte
127 Höhenruder-Drehwelle
128 Höhenruder-Trimmklappe
129 Höhenruder-Rahmen
130 Horn- und Massenausgleich des Höhenruders
131 Struktur der Höhenflosse
132 kombinierte Ausgleichs- und Trimmklappe des Seitenruders
133 unteres Seitenruderteil
134 Übertragungsbauteil der Höhensteuerung
135 internes Massenausgleichsgewicht des Seitenruders (unten)
136 Not-Schleifkufe
137 genieteter Anschluß des Rumpfhecks
138 unterer Rumpflängsgurt (backbord)
139 selbsttragende Rumpfschale
140 hintere Verkleidung des Tragflächenansatzes
141 innere Spreizklappe
142 Luftbremsklappe (oben und unten)
143 Geber für die Klappenanzeige
144 hinterer Flügelholm
145 Koppelkabel (Luftbremsklappe/Luftbremsklappe und Landeklappe/Landeklappe)
146 Hauptradschacht
147 Flügelwurzelrippe
148 vordere Membran
149 Fahrwerksträger
150 Einfahrzylinder
151 Strebe zur seitlichen Sicherung/Verriegelung des ausgefahrenen Fahrwerks
152 Vorderholm
153 Nasenrippen
154 Seilführung der Quersteuerung
155 innere Hauptradschachtklappe
156 Bauchtank-Förderrohrstück
157 Heckverkleidung des Bauchtanks
158 Rohrbündel zur Befüllung
159 Zugangsklappen zum Bauchtank-Anschlußstrang
160 Schwappdämpfer
161 fest montierter Bauchtank (477 Liter)
162 Druckluftventil
163 Bauchtanknase
164 Hauptrad (backbord)
165 Triebwerkslufteinlauf (backbord)
166 interner Einlaufmeißel
167 Zusatzgeräte/Getriebe (Vakuumpumpe/Generator)
168 Struktur des vorderen Gondelteils
169 Triebwerksanlasser
170 Schmierölbehälter
171 Rolls-Royce W.2B/23C Welland I
172 Triebwerksaufhängungsspant
173 Rohrbrennkammern
174 Hinterholm-Brillenspant
175 Strahlrohr-Hitzemantel
176 hintere Gondelspanten
177 demontierbares Gondelheckteil
178 Strahlrohraufhängung
179 Schubdüse
180 hinterer Spaltfüller
181 Anschluß des Außenflügel-Hinterholms
182 Rippe Nr. 1 des Außenflügels
183 Triebwerksendrippe
184 Triebwerk-Ein-/Ausbauzapfen
185 vorderer Spaltfüller
186 Anschluß des Außenflügel-Vorderholms
187 Nasenrippen
188 Zwischenrippen
189 Flügelrippen
190 Querruder-Kettennuß
191 Querruder-Torsionsarm
192 einziehbarer Landescheinwerfer
193 Querruder (backbord)
194 Querruder-Ausgleichsklappe
195 hinterer Flügelholm
196 vorderer Flügelholm
197 Pitotsonde
198 Backbord-Positionsleuchte
199 Außenflügelrippe Nr. 10 zum Anschluß des Randbogens
200 Kennleuchte (backbord)

TECHNISCHE DATEN

Gloster Meteor F.Mk 8
Typ: einsitziger Abfangjäger
Triebwerke: zwei Strahltriebwerke Rolls-Royce Derwent 8 je 15,5 kN Schub
Leistung: Höchstgeschwindigkeit 953 km/h in Meereshöhe und 885 km/h in 9145 m Höhe; Steigzeit auf 9180 m sechs Minuten, 30 Sekunden; Dienstgipfelhöhe 13.410 m; Reichweite ohne abwerfbare Unterflügeltanks 1111 km
Gewicht: Leermasse 4846 kg; max. Startmasse 7122 kg
Abmessungen: Spannweite 11,33 m; Länge 13,59 m; Höhe 3,96 m; Tragflügelfläche 32,52 m²
Bewaffnung: vier 20-mm-Bugkanonen Hispano mit 195 Schuß pro Waffe

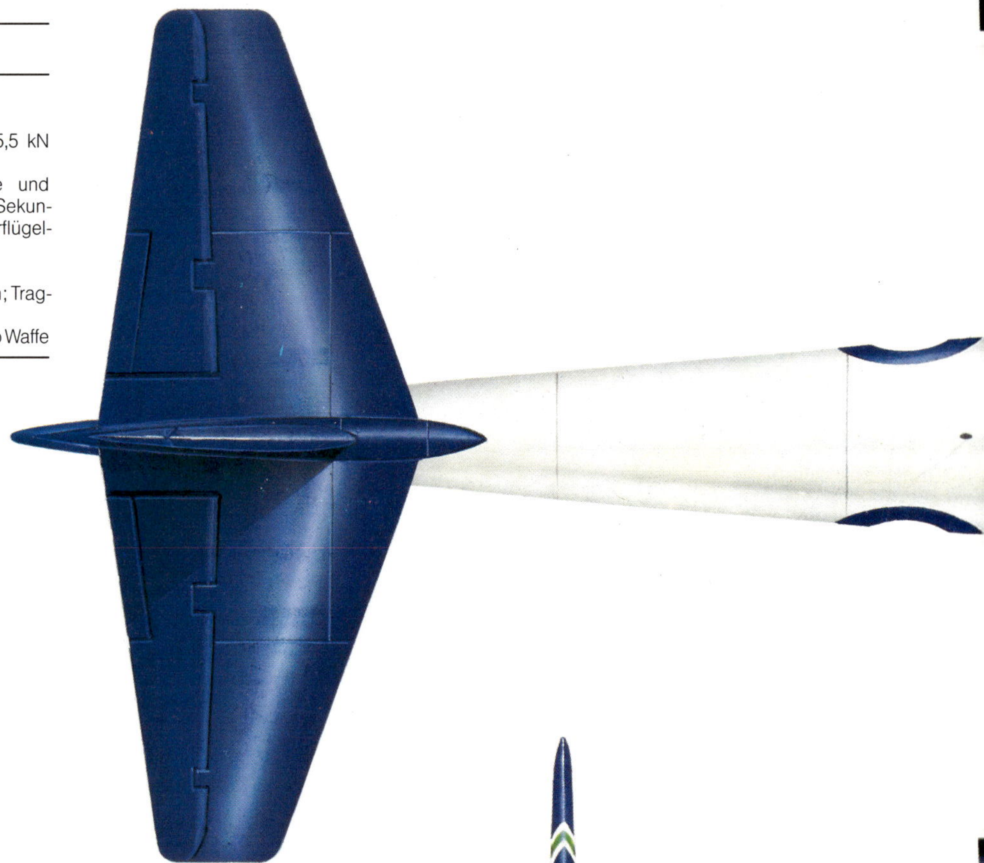

Zu den berühmtesten aller Meteor F.Mk 8 gehörte WF714, die von Squadron Leader Desmond de Villiers, ab September 1952 Staffelkapitän der No. 500 („County of Kent") Squadron, Royal Auxiliary Air Force, mit Standort Malling in Kent, geflogen wurde. De Villiers, der im Zivilberuf als Testpilot bei de Havilland arbeitete, dehnte das gezackte Wappenband seiner Staffel auf das Seitenleitwerk seiner Meteor aus. Die blaue Farbe (in der das Leitwerk insgesamt grundiert war) symbolisierte die Themsemündung und den Ärmelkanal, das Weiß die Kreidefelsen von Dover und das Grün die Felder von Kent. Trotz ihres Status einer RAAF-Heimatschutzstaffel bezog No. 500 Squadron jeden Sommer zwischen 1953 und 1956 Übungsquartiere auf Malta und in Deutschland. Wie alle Jagdstaffeln der Hilfsluftwaffe fiel auch sie dem Rotstift zum Opfer und wurde 1957 aufgelöst.

WALKWAY
WF 714

Gegen Ende ihrer Karriere wurden viele Meteor zu Zieldrohnen für Flugkörper und Raketen umgebaut. Diese Meteor U.Mk 16 (WH284), eine entsprechend umgerüstete Mk 8 aus der Produktion von AWA, traf im Juni 1960 in Llanbedr ein.

Um die Steifheit der Tragflächen ohne größere strukturelle Änderungen zu erhöhen, wurden die Flügel ab dem neunten Exemplar um 87 cm gestutzt. Auf diese Weise erhöhte man einerseits die Drehgeschwindigkeit um die Rollachse, andererseits aber auch die für Start und Landung benötigte Geschwindigkeit. Gloster produzierte 539 Meteor Mk 4 für die RAF, und die Firma Armstrong Whitworth Aircraft Ltd. (AWA), die 1946 am Meteor-Programm beteiligt wurde, stellte weitere 44 Exemplare her. Diese Version flogen No. 19, 43, 501, 600, 610, 611 und 615 Squadron neben den zuvor genannten Staffeln, die mit der Meteor Mk 3 ausgerüstet waren.

Erfolg im Ausland

Im Jahr nach dem ersten Geschwindigkeitsweltrekord versuchte man mit Meteor Mk 4, den Wert noch höher zu schrauben, und am 7. September 1946 beschleunigte Group Captain E. M. Donaldson von der RAF High Speed Flight die Meteor mit der Kennung EE549 auf 992 km/h. Weniger bekannt unter den zahlreichen Erprobungen mit der Meteor Mk 4 war das kurzlebige Projekt einer Höhenjägervariante, bei der man die Spannweite der Tragflächen auf 15,24 m und die der Höhenflossen auf 6,10 m vergrößert hatte. Meteor Mk 4 gingen in großen Stückzahlen an Ägypten, Argentinien (wo sie bei der blutigen Revolution von 1955 sowohl auf seiten der Aufständischen als auch der Regierung flogen), Belgien, Dänemark, Frankreich (wo ein Exemplar 1952 als Erprobungsträger für SNECMA-Triebwerke Atar 101.B21 diente) und an die Niederlande. Zu den von britischen Meteor Mk 4 getesteten Triebwerkstypen zählten das Metropolitan Vickers F.2/4 Beryl, das Rolls-Royce Nene mit Strahlabweiser, das Rolls-Royce Avon RA.2 mit Axialverdichter und die Rolls-Royce Derwent 5 sowie 8 mit Nachbrenner. Der Preis für eine Standard-Meteor Mk 4 mit kompletter Bewaffnung wurde 1949 mit 30.468 Pfund Sterling angegeben.

Es folgte der Aufklärungsjäger Meteor Mk 5 mit einer Bugkamera, die sich in zwei Einstellungen für Bilder schräg voraus oder schräg links verriegeln ließ, und zwei Senkrechtkameras hinter dem Rumpftreibstofftank. Eine Meteor Mk 4 (VT347) wurde zum Prototyp umgebaut, stürzte aber 1949 beim ersten Flug ab, und Testpilot Rodney Dryland kam ums Leben. Die nicht produzierte Meteor Mk 6 sollte Derwent-7-Strahltriebwerke und ein Leitwerk mit trapezförmig geschnittenen Flächen erhalten, wie es später die Meteor Mk 8 kennzeichnete.

Beim zweisitzigen Strahltrainer Meteor T.7 hatte man den Vorderrumpf um 76 cm verlängert, um den zweiten Sitz hinter dem ersten unter einer seitlich angeschlagenen Einzelhaube einbauen zu können. Eine komplette Doppelsteuerung war vorgesehen, doch auf jegliche Bewaffnung mußte verzichtet werden. Der Doppelsitzer führte standardmäßig einen 818-Liter-Zusatztank unter dem Bauch mit. Der Erstflug des Prototyps fand am 19. März 1948 statt, und im Auftrag des Beschaffungsministeriums (MoS) wurden 640 Exemplare seriengefertigt. Außer bei allen RAF-Staffeln dienten Meteor Mk 7 bei No. 5, 8 und 12 FTS (Flying Training School), No. 202, 203, 205, 206, 207, 208, 209, 210, 211, 213 und 215 AFS (Advanced Flying School) und No. 226, 228, 229 und 231 OCU (Operational Conversion Unit). Hinzu kam eine Teilstaffel auf nahezu jedem RAF-Fliegerhorst. Auch No. 702 und 759 Squadron der Fleet Air Arm flogen den Meteor-Strahltrainer. In die frühen Maschinen waren Derwent 5 installiert, doch gegen Ende der Produktion wurde das Derwent 8 (zusammen mit dem wie bei der Meteor Mk 8 gestalteten Leitwerk und Querrudern samt Federklappen) eingeführt. Dies zog kurzzeitig die Benennung „Mk 7½" nach sich. Ausländische Käufer der Meteor Mk 7 waren Ägypten, Belgien, Brasilien, Dänemark, Frankreich, Israel, die Niederlande, Schweden und Syrien. Sie mußten im Jahr 1950 pro Exemplar 31.540 Pfund Sterling bezahlen.

Trotz ihrer Pionierleistungen konnte die Meteor ihre Führungsposition gegenüber Jägern, deren Indienststellung Ende 1947 anderswo

NF.Mk 14 der No. 152 (Fighter) Squadron, die zwischen 1954 und 1958 in Wattisham und Stradishall stationiert war, präsentieren sich hier in Paradeformation. Die Rumpfbalken waren gelb, weiß und grün gehalten und dunkelblau eingefaßt.

Auf dem Exportmarkt nach dem Krieg verzeichnete die Meteor beachtliche Erfolge, da etliche Fremdnationen dieses Muster als Grundlage für den geplanten Wiederaufbau ihrer Luftstreitkräfte gewählt hatten. Abgebildet ist eine Meteor Mk 8 der Eskadrille 742, Königlich Dänische Luftwaffe, mit Standort Karup im Jahre 1954.

bevorstand, nicht mehr behaupten. Die Meteor Mk 8 stellte den Versuch dar, das Höchstmögliche aus einem Flugwerk ohne tiefgreifende Modifikationen herauszupressen. Zudem ergab das Derwent 8 keine nennenswerte Schubsteigerung, und die Einführung einer geradlinig geschnittenen Seitenflosse hob die Schüttelgrenze nur geringfügig an. Erst nachdem man den Durchmesser der Triebwerksgondeleintrittsöffnungen um 11,43 cm erweitert hatte, kam es zu einer leichten Leistungssteigerung: Der Mehrschub von 91 kg pro Triebwerk erhöhte die Spitzengeschwindigkeit um 6,4 km/h.

Durchhalteparole

Politisch motivierte Kürzungen der Haushaltsmittel für die Luftfahrtforschung im Zeitraum von 1946 bis 1948 verhinderten eine Erneuerung des RAF-Jagdflugzeugbestands, so daß nichts anderes übrig blieb, als die Meteor und die de Havilland Vampire bis weit in die fünfziger Jahre im Dienst zu halten. Die erste von 1090 Meteor Mk 8 für die RAF traf am 10. Dezember 1949 bei der Truppe ein, und anschließend diente dieser Typ bei No. 1, 19, 34, 41, 43, 54, 56, 63, 64, 65, 66, 72, 74, 92, 111, 222, 245, 247, 257, 263, 500, 504, 600, 601, 604, 609, 610, 611, 615 und 616 Squadron. Keine dieser Staffeln griff in den Koreakrieg ein, der 1950 begann. Dieses Los fiel No. 77 Squadron der Royal Australian Air Force zu, und nachdem der Verband die UN-Streitkräfte in diesem Konflikt einige Monate lang mit der North American P-51 unterstützt hatte, rüstete er auf Meteor Mk 8 um, die im Frühjahr 1951 im Schiffstransport aus Großbritannien zugeführt wurden. Den ersten Kampfeinsatz flog das Muster am 29. Juli, doch zum ersten Feuergefecht zwischen der Meteor und der Mikojan-Gurewitsch MiG-15 kam es erst am 29. August, als ein australischer Jagdpilot abgeschossen wurde. Anhaltende Verluste führten dazu, daß man die Meteor nur noch zum Begleitschutz für B-29-Bomber einsetzte. Am 1. Dezember erzielte Flying Officer B. Gogerely den ersten Abschuß einer MiG-15 (allerdings in einem Gefecht, bei dem drei Meteor eingebüßt wurden). Anfang 1952 änderte sich die Rolle der Meteor erneut, diesmal hin zum Erdkampf mit acht 27-kg-Raketen. Am Ende des Koreakrieges hatte No. 77 Squadron insgesamt 18.872 Kampfeinsätze geflogen, 32 Flugzeugführer in Meteor-Düsenjägern verloren und drei MiG-15 abgeschossen.

Während die Australier koreanische Bodenziele mit Raketensalven angriffen, hatte Gloster aus eigenem Antrieb eine Jagdbomberversion der Meteor Mk 8 (die G.44 Reaper) entwickelt. Obwohl diese neue Variante bis zu 24 27-kg-Raketen oder zwei 454-kg-Bomben mitführen konnte, blieb die Meteor dem Einsatz „Luft-Luft" verhaftet, bis sie 1954/55 durch die Hawker Hunter abgelöst wurde.

Auch die Meteor Mk 8 verkaufte sich gut im Ausland: Brasilien, Dänemark, Ägypten, Israel, die Niederlande und Syrien bestellten diese Version, die Belgien und Holland zudem zur Lizenzfertigung durch Avions Fairey beziehungsweise Fokker auserkoren hatten. Der Exportstückpreis wurde 1952 mit 42.810 Pfund Sterling angegeben.

Triebwerksversuche

In der Heimat unterzog man die Meteor Mk 8 zahlreichen Experimenten. Zu den interessantesten Triebwerkseinrüstungen gehörten der 42,2 kN Schub starke Raketenmotor Screamer von Armstrong Siddeley, ein Wegwerfstrahltriebwerkspaar Rolls-Royce Soar in Leichtbauweise an den Flügelenden und ein Paar Armstrong Siddeley Sapphire-Strahltriebwerke je 33,8 kN Schub (in der letztgenannten Konfiguration stellte die Meteor etliche Steigzeitrekorde auf). Eine andere Meteor Mk 8 wurde mit einem zusätzlichen Cockpit in der Flugzeugnase für einen liegenden Piloten ausgerüstet, und im Rahmen der Vorbereitungen für das Flugprogramm des Senkrechtstarters Short SC.1 erhielt ein Exemplar ein vertikal im Munitionsschacht montiertes Hubtriebwerk Rolls-Royce RB.108. Eines der zahlreichen Rolls-Royce-Testflugzeuge war eine Meteor Mk 8, deren Backbord-Derwent 8 eine Schubumkehrvorrichtung hatte. Meteor Mk 8 der No. 245 (Fighter) Squadron erprobten Luftbetankungen. Eine geplante, aber nicht gebaute Version der Meteor wies nicht weniger als zwölf Rolls-Royce-Hubtriebwerke RB.108 in zwei gewaltig vergrößerten Gondeln auf.

Die mit der nicht verwirklichten Meteor Mk 5 gewonnene Erfahrung verwertete Gloster im Aufklärungsjäger Meteor Mk 9, bei dem die Kanonenbewaffnung erhalten blieb. In seiner Nase befand sich eine F.24-Einzelkamera, und Zusatztanks unter den Tragflächen sowie unter dem Rumpf waren standardmäßig berücksichtigt. Der Prototyp flog am 22. März 1950. Es folgten 126 Serienexemplare, die bei No. 2, 8, 79, 208 und 541 Squadron sowie No. 226 OCU und No. 1417 Flight der RAF dienten. Zwölf Flugzeuge aus dem Bestand des Air Ministry wurden von Flight Refuelling Ltd. überholt und 1954/55 an Ecuador verkauft, wo sie bis in die siebziger Jahre hinein flogen. Auch Syrien erwarb Mitte der fünfziger Jahre zwei ehemalige Meteor Mk 9 der RAF, und zur gleichen Zeit beschaffte Israel sieben ähnliche Flugzeuge.

Luftbildaufklärungsvarianten

Das Fotoaufklärungsmuster Meteor PR.10 wurde als Nachfolger für die Spitfire Mk XIX entwickelt, die der RAF nach dem Zweiten Weltkrieg verblieben war. Der Prototyp Meteor Mk 10, der im Sinne einer guten Höhenleistung die weitgespannten Tragflächen der Meteor Mk 3 übernommen hatte, flog erstmals am 29. März 1950, ausgestattet mit zwei Senkrechtkameras im Rumpf hinter dem Haupttreibstofftank und einer Bugkamera wie in der FR.9. Die Originalheckbaugruppe der Meteor Mk 4 war ebenfalls erhalten geblieben. Insgesamt 59 solcher Serienflugzeuge wurden der RAF 1951/52 zugeführt und von No. 2, 13, 81 und 541 Squadron geflogen, aber keine Maschine wurde ins Ausland verkauft. Ein Exemplar erhielt versuchsweise den doppelsitzigen Vorderrumpf der Meteor Mk 7.

Von Armstrong Whitworth gebaute Meteor NF.Mk 11 der No. 25 (Fighter) Squadron. Tatsächlich handelte es sich schon um die Ausrüstung der zweiten Generation als Ersatz für die Vampire NF.Mk 10, die die Einheit zur ersten Düsenjägernachtjagdstaffel der Welt gemacht hatte. Der Verband war in den Jahren direkt nach dem Krieg zum Schutz Londons in West Malling, Kent, stationiert.

Diese Meteor NF.Mk 14, WS775, mit dem berühmten Sechseckwappen der No. 85 (Fighter) Squadron war Mitte der fünfziger Jahre in West Malling und in Church Fenton beheimatet.

Eine der sechs tropentauglichen Meteor NF.Mk 13, die im Zeitraum Juni – August 1955 nach Ägypten geliefert wurden. Die ehemaligen RAF-Düsenjäger nahmen am Suezkrieg von 1956 teil, und mindestens zwei von ihnen wurden abgeschossen.

Die übrigen Serienversionen der Meteor waren ausnahmslos von AWA produzierte zweisitzige Nachtjäger. Die Meteor Mk 11 wurde entwickelt, nachdem sich der britische Air Staff 1946/47 nicht auf ein realistisches Forderungspapier für einen Nachtjäger hatte verständigen können und lange Aufschübe in der Entwicklung der Gloster Javelin zu erwarten standen. Im wesentlichen war die Meteor NF.11 eine Mk 7 mit Abfangradar (AI Mk 10 oder SCR-720) im Bug, vier 20-mm-Kanonen in den äußeren Teilen der weitgespannten Tragflügel und Sichtschirm-/Anzeigegeräten für den Navigator/Radarbeobachter anstelle der Doppelsteuerungsorgane im hinteren Cockpit. Hinzu kamen das neue Leitwerk der Meteor Mk 8 und 16,4 kN Schub starke Derwent 8 in Gondeln mit dem großen Lufteinlauf. Den ersten echten Prototyp flog Squadron Leader E. G. Franklin am 31. Mai 1950, und zwischen 1951 und 1954 wurden 335 Serienmaschinen ausgeliefert. Erstempfänger der NF.11 war No. 85 Squadron, RAF, und anschließend flogen auch No. 5, 11, 29, 68, 87, 96, 125, 141, 151, 219, 256 und 264 Squadron diesen Typ. Dänemark beschaffte 20 neugebaute Flugzeuge, und ehemalige RAF-Maschinen wurden an Belgien (zwölf) und Frankreich (32) verkauft. Der Stückpreis, den Käufer auf dem Kontinent bezahlen mußten, variierte je nach Ausrüstung, aber der 1953 genannte dänische Preis in Höhe von 60.906 Pfund Sterling dürfte repräsentativ gewesen sein. Meteor Mk 11 wurden in Waffensystemerprobungen dieser Zeit mit de Havilland Fireflash, de Havilland Firestreak und Vickers Blue Boar auf Schießplätzen in England und Australien einbezogen.

Späte Nachtjägermodelle

Die Meteor NF.12 mit dem US-Abfangradar APS-21AI im 43,2 cm längeren Bug startete am 21. April 1953 zum Erstflug. Danach wurden 97 Serienjäger mit Derwent 9 je 16,9 kN Schub produziert und von No. 25, 33, 46, 64, 72, 85, 152, 153 und 264 Squadron eingesetzt, aber keine Maschinen exportiert. Tatsächlich war dieser Version die Meteor NF.13 vorausgegangen, eine tropentaugliche Ausführung der Meteor Mk 11, die am 23. Dezember 1952 ihren Jungfernflug absolviert hatte. Nur 40 Exemplare dieser Version wurden gebaut, die bei No. 39 und No. 219 Squadron in Nahost dienten. Sechs Maschinen verkaufte man später an Ägypten.

Die Meteor NF.14, die ab 23. Oktober 1953 flog, zeichnete sich durch eine zweiteilige, geblasene Vollsichthaube aus und erbrachte eine Spitzengeschwindigkeit von 927 km/h. Insgesamt 100 solcher Serienjäger wurden produziert und von No. 25, 33, 46, 60, 64, 72, 85, 96, 152, 153, 165, 213 und 264 Squadron eingesetzt. Das letzte Exemplar ging am 26. Mai 1955 an die RAF, und den letzten Einsatz einer RAF-Meteor flog No. 60 Squadron in Tengah, Singapur, im September 1961 mit einer NF.14. Weniger bekannt war die Nachtjagdschulversion Meteor NF(T).14.

In den fünfziger Jahren fanden vielfältige Umrüstungen freigewordener Meteor-Düsenjäger statt. So waren Meteor TT.Mk 20 für den Zielschleppdienst modifizierte NF.14, Meteor U.15 und U.16 zu unbemannten Zieldrohnen umgebaute Meteor-Jagdeinsitzer Mk 4 beziehungsweise Mk 8. Unter den Bezeichnungen U.17, U.18 und U.19 liefen entsprechend umfunktionierte Meteor NF.11, NF.12 beziehungsweise NF.14, und Meteor U.21 sowie U.21A waren für den gleichen Zweck im Auftrag der RAAF umgerüstete Meteor Mk 8.

In liebevoller Erinnerung der Piloten

Mag man ihr Alter in den fünfziger Jahren auch beklagt haben, so halten unzählige RAF-Piloten die Meteor doch liebevoll als das Muster in Erinnerung, das die aufregende Zeit zwischen Propeller- und Strahlflugzeugen umspannte. Zudem war die Meteor für die kurze Dauer von zwei Jahren das Mittel gewesen, das der RAF zur Weltspitze auf dem Gebiet von Jagdflugzeugen verholfen hatte. Der Verlust dieser Stellung aber ließ sich weder der Truppe noch dem Flugzeugtyp anlasten. Insgesamt wurden 3875 Meteor produziert.

Varianten der Gloster G.41/G.43/G.47 Meteor

Gloster F.9/40: acht Prototypen; verschiedene Triebwerke (DG202/209)
Gloster G.41A Meteor F.1: 20 Vorserienflugzeuge; Rolls-Royce-Welland-Triebwerke (EE210/229)
Gloster Meteor 2: geplante Version mit DH-Goblin-Antrieb; nicht gebaut
Gloster Meteor F.3: 210 Serienjäger; die ersten 15 Exemplare (G.41C) mit Welland I, die nächsten 180 (G.41D) mit Derwent 1 in kurzen und danach 15 G.41E mit Derwent 1 in langen Triebwerksgondeln (Baulose zwischen EE230 und EE493)
Gloster Meteor F.4: 539 von Gloster und 44 von AWA produzierte Serienjäger; wenige frühe Exemplare mit weitgespannten Tragflügeln (G.41F), alle anderen mit Tragflügeln kurzer Spannweite (G.41G); Derwent-5-Triebwerke (Baulose im Serienbereich EE, RA, VT, VW und VZ); ausländische Abnehmer waren Ägypten (zwölf), Argentinien (100), Belgien (48), Dänemark (20), Frankreich (zwei) und die Niederlande (65); zwei Exemplare zu Mk 7 und 92 zu U.15 umgerüstet
Gloster Meteor FR.5 (G.41H): eine zum Prototyp (VT347) eines Jagdaufklärers umgerüstete Mk 4
Gloster Meteor F.6 (G.41J): nicht realisiertes Projekt mit Derwent 7
Gloster Meteor T.7 (G.43): 640 von Gloster gebaute zweisitzige Strahltrainer; Derwent-8-Triebwerke; (Baulose im Serienbereich VW, VZ, WA, WF, WG, WH, WL, WN und WS); ausländische Abnehmer waren Ägypten (vier), Belgien (42, Umrüstungen durch Gloster und Avions Fairey eingerechnet), Brasilien (zehn), Dänemark (neun), Frankreich (18), Israel (elf), die Niederlande (43), Schweden (drei) und Syrien (zwei)
Gloster Meteor F.Mk 8 (G.41K): 1090 von Gloster und AWA gebaute Jagdeinsitzer; Derwent 8-Triebwerke und geradlinig geschnittenes Seitenleitwerk (Baulose im Serienbereich VZ, WA, WB, WE, WF, WH, WK und WL); ausländische Abnehmer waren Ägypten (19), Australien (89), Belgien (240, einschließlich Lizenzfertigung in Belgien und in den Niederlanden), Brasilien (60), Dänemark (20), Israel (elf), die Niederlande (160, einschließlich 155 von Fokker) und Syrien (19)
Gloster Meteor FR.9 (G.41L): 126 von Gloster gebaute Jagdaufklärer; Derwent-8-Triebwerke (Baulose im Serienbereich VW, VZ, WB, WH, WL und WX); ausländische Abnehmer waren Ecuador (zwölf), Israel (sieben) und Syrien (zwei)
Gloster Meteor PR.10 (G.41M): 59 von Gloster gebaute Luftbildaufklärer; Derwent-8-Triebwerke (VS968/987, VW376/379, VZ620, WB153/181, WH569/573)
Gloster Meteor NF.11 (G.47): drei von AWA gebaute Prototyp-Nachtjäger (WA540, WA547 und WB543); Abfangradar im Bug und vier 20-mm-Kanonen
Gloster Meteor NF.11 (G.47): 335 von AWA gebaute Nachtjäger; vier Exemplare zur Erprobung des Lenkflugkörpers Fireflash genutzt; ausländische Empfänger waren Belgien (zwölf), Dänemark (20) und Frankreich (32)
Gloster Meteor NF.12 (G.47): 97 von AWA gebaute Nachtjäger (WS590/639, WS658/700, WS715/721)
Gloster Meteor NF.13 (G.47): 40 tropentaugliche Nachtjäger (WM308/341, WM363/367) von AWA; ausländische Abnehmer waren Ägypten (sechs), Frankreich (zwei), Israel (sechs) und Syrien (sechs)
Gloster Meteor NF.14 (G.47): 100 Nachtjäger (WS722/760, WS774/812, WS827/848); ein Exemplar für Frankreich
Gloster Meteor U.15: 92 zu Zieldrohnen umgerüstete Meteor Mk 4 für Flugkörperdienststellen von MoA, RAF, RAAF, RAN und RN
Gloster Meteor U.16: 108 zu Zieldrohnen umgerüstete Meteor Mk 8
Gloster Meteor U.17, U.18, U.19: Ad-hoc-Umrüstungen von Meteor NF.11, NF.12 und NF.14 zu Zieldrohnen
Gloster Meteor U.21 und U.21A: für die RAAF zu Zieldrohnen umgerüstete Meteor Mk 8
Gloster Meteor TT.20: zu Zielschleppflugzeugen für die RAF und die RN umgerüstete NF.11; auch von Dänemark, Schweden und Westdeutschland beschafft

North American P-51 Mustang

Die P-51 Mustang, nach britischen Vorstellungen in den USA gebaut, erwies sich als äußerst kampfstark und vielseitig, wobei sie sich auf zwei Gebieten besonders auszeichnete – Jagdschutz für Fernbomber und Unterstützung der Heeresverbände aus der Luft. Die Mustang hatte alles, was das Herz eines Jagdpiloten begehrte: die Maschine konnte hart zuschlagen und bot eine erstklassige Kampfleistung unter allen Gefechtsbedingungen.

Die North American P-51 Mustang gehörte zu der winzigen Gruppe der Muster, die im Zweiten Weltkrieg zum Einsatz kamen, obwohl sie erst nach Kriegsbeginn entworfen wurden. Im spezifischen Fall lag nicht ein Forderungskatalog der amerikanischen Streitkräfte zugrunde, sondern das Unternehmen handelte im Auftrag Großbritanniens. Entgegen der Zweifel der Briten, ob dieser Hersteller einen guten Jäger produzieren könnte, zog North American Aviation die Entwicklung der Mustang in unglaublich kurzer Zeit durch. Nach dem Einbau eines anderen Motors und der Erweiterung ihrer hohen Kraftstoffkapazität flog die Mustang Ferneinsätze, wie sie keinem anderen Jäger möglich waren.

Niemals würden feindliche Bomber je über Berlin fliegen, hatte Reichsmarschall Hermann Göring einst geschworen. Bis 1944 hatte er sich an die Einflüge alliierter Bomber ins Reich gewöhnen müssen. Doch als die US Army Air Force sogar Jäger bis nach Berlin, Polen und in die Tschechoslowakei schickte, soll er gesagt haben: „Als ich die Mustangs über Berlin kurven sah, wußte ich, daß Deutschland den Krieg verloren hatte."

North American Aviation war eines der jüngeren Unternehmen unter den großen Flugzeugbauern. Im Jahre 1931 mit 75 Angestellten, wurde der Prototyp eines Schulflugzeugs fertiggestellt, von dem schließlich – weltweit unübertroffen – 20.000 Exemplare gebaut wurden. 1938 hatte die AT-6 oder Harvard das Interesse der Briten geweckt und Großaufträge gebracht.

Geburt der Mustang

Unmittelbar nach Kriegsausbruch im September 1939 richtete die British Purchasing Commission (britische Beschaffungskommission) eine Anfrage an NAA, ob sie einen amerikanischen Jäger, die Curtiss P-40, für die Royal Air Force bauen könnte. Da die P-40 allenfalls zweitklassig war, reagierte NAA spontan und ließ die Kommission wissen, daß man seit langem den Wunsch hege, einen erstklassigen Jäger zu entwickeln und bereit sei, diesen für Großbritannien zu produzieren. Die US Army bekundete jedoch keinerlei Interesse.

Am 29. Mai wurde der Vertrag für den Bau von 320 N.A.73 Jägern unterzeichnet. NAA verpflichtete sich, den Prototyp innerhalb von nur vier Monaten fertigzustellen. Dies wurde nicht nur eingehalten, sondern sogar unterboten. Nach 102 Tagen bereits rollte die N.A.73X ins gleißende Sonnenlicht von Los Angeles, allerdings nur, um anschließend 20 Tage lang auf das vorgesehene Triebwerk von Allison, den Reihenmotor V-1710 mit 858 kW (1.167 PS), zu warten. Am 26. Oktober konnte Testpilot Vance Breese den schnittigen Jäger endlich zum Erstflug führen.

Klassejäger

Der neue amerikanische Jäger war ein eleganter einsitziger Tiefdecker in Ganzmetall-Schalenbauweise ähnlich wie die Messerschmitt, aber wesentlich größer als diese. Seine Abmessungen entsprachen eher der alten stoffbespannten Hurricane; und im Hinblick auf die Aerodynamik konnte weder das eine noch das andere Muster mithalten. So hatten die Flächen ein neuartiges Laminarprofil erhalten, dessen größte Dicke erheblich weiter als üblich nach hinten gelegt war. Als Einbauort für den Kühler des flüssigkeitsgekühlten Motors hatte man die günstigste Stelle an der Rumpfunterseite hinter dem Cockpit gewählt. Der lang profilierte Kühlluftkanal war am Ende mit einer verstellbaren Auslaßklappe versehen, so daß die wärmeabführende Luft wie eine Düse wirkte und, statt Widerstand zu erzeugen, den Vortrieb erhöhte. Dies erklärt allerdings nicht, weshalb die N.A.73X so viel größer war als die Bf 109. Das lag daran, daß der amerikanische Jäger mehr Kraftstoff als andere Jagdeinsitzer mitführen konnte.

Beim fünften Testflug schaltete Paul Balfour die Kraftstoffzufuhr falsch, so daß der Motor im ungünstigsten Augenblick ausfiel, und die Maschine in Rückenlage auf den Erdboden schlug. Im Hinblick auf die Beschaffung hatte dieser Unfall keine Folgen, denn dem ersten RAF-Auftrag für 320 Maschinen folgte bald ein weiterer für 300 Exemplare. Am 24. Oktober 1941 traf die erste Mustang in der englischen Hafenstadt Liverpool ein.

Mit voller Kampfzuladung erreichte die Mustang immer noch eine Geschwindigkeit von 603 km/h, wie die RAF herausfand. Das waren immerhin 56 km/h mehr, als die Spitfire V erreichen konnte. Der einzige Schwachpunkt der Mustang war die mit zunehmender Höhe rasch nachlassende Leistung des Allison. Oberhalb 4500 m war sie kaum

Der erste Vertreter einer stolzen Reihe – der schmucke Prototyp N.A.73X unmittelbar nach dem Einbau des Allison-Motors und bar aller Markierungen. Die Militärstreifen am Leitwerk und die zivile Zulassung NX19998 kamen erst später hinzu.

Ein Standardjäger Mustang I (AG528) nach hartem Einsatz in geringer Höhe unter dem RAF Army Co-Operation Command im Zeitraum 1942-43. Eine der 12,7-mm-Maschinenkanonen sieht man seitlich aus der Bugwanne hervortreten.

besser als eine P-40 mit Allison-Triebwerk. Aber in geringerer Höhe war die Mustang ein Klassejäger, der bis 1942 sowohl beim Army Co-Operation Command (Heeresunterstützungskommando) als auch bei der Royal Canadian Air Force (kanadische Luftwaffe) diente. Bei offensiven Jagdeinsätzen in niedriger Höhe über den von deutschen Truppen besetzten Gebieten in Europa setzte sich die Mustang mit Bravour durch. Im Oktober 1942 zerstörten einige Mustangs der RAF Ziele am Dortmund-Ems-Kanal. Sie waren so die ersten einmotorigen Jäger Großbritanniens, die im Zweiten Weltkrieg über Deutschland flogen.

Als das Programm für die N.A.73X anlief, hatte die unter Druck gesetzte NAA der kostenlosen Lieferung von zwei frühen Exemplaren an die US Army zugestimmt und die vierte und zehnte Maschine der ersten Baureihe für Wright Field abgezweigt. Die Testgruppe des amerikanischen Heeresfliegerkorps gab sich zunächst völlig unbeeindruckt von diesem „fremdländischen" Fluggerät, aber die Ergebnisse waren so gut, daß die US Army den neuen Jäger rasch in ihre Bestelliste aufnahm. Der erste Auftrag beinhaltete 150 P-51 mit vier 20-mm-Kanonen, 500 A-36A Sturzkampfbomber mit sechs 12,7-mm-Maschinenkanonen, zwei 227-kg-Bomben und Sturzflugbremsen, die später stillgelegt wurden, sowie 310 P-51A mit lediglich vier 12,7-mm-Maschinengewehren in den Flächen. 1943 wüteten die A-36As der Army Air Force über Sizilien und Süditalien. Kurzfristig Apache genannt, setzte sich der britische Name Mustang auch für die Maschinen der USAAF durch. Einige der ersten Exemplare, die die amerikanische Teilstreitkraft erhielt, waren kanonenbewaffnete Aufklärungsflugzeuge P-51-1 (umgerüstete P-51) mit der Dienstbezeichnung F-6A.

Neuer Motor

Eigentlich hätte man schon viel früher darauf kommen müssen, dieses hervorragende Flugwerk mit dem Höhenleistungs-Motor Merlin zu verbinden; spätestens aber 1941, nachdem die Briten diese Schwäche aufgedeckt hatten. Doch erst 1942 erflog Ron Hark, Testpilot bei Rolls-Royce und Flight Lieutenant (Hauptmann) der RAF, ein komplettes Leistungsbild der Mustang und empfahl dringend den Einbau des Merlin 61. Rolls-Ingenieure hatten berechnet, daß dieses Triebwerk der Mustang zu einer Geschwindigkeit von 695 km/h in 7772 m verhelfen würde. Zwischenzeitlich hatte Lt-Col. Tommy Hitchcock, der amerikanische Luftwaffenattaché in London, ebenfalls die Installation des Merlin vorgeschlagen. Dieser Motor war ab 1943 ständig verfügbar, denn Packard fertigte ihn als V-1650 in Großserie. Am 13. Oktober 1942 startete bei Rolls eine auf den Merlin umgestellte Mustang, aber NAA entwarf die P-51B als fast neues Muster mit einem optimierten V- 1650-7, der zur Serienproduktion vorgesehen war. Der XP-51B-Jungfernflug war November 1942.

Der neue Jäger offenbarte eine noch glattere Linienführung, und der neue Propeller hatte vier breite Blätter, um die Motorleistung auch in großer Höhe in Vortrieb umsetzen zu können. Der Vergaserlufteinlauf auf dem Nasenrücken war verschwunden und in breiterer Form

Sofort nach Erreichen der Verwendungsreife wurde die P-51 den Einsatzstaffeln zugeführt. Diese Mustang-Kette der 31st Fighter Group flog über Italien. Kein gegnerisches Jagdflugzeug verfügte über diese Kombination von Höhenleistung und Geschwindigkeit.

Aufriß-Erläuterung zur North American P-51 Mustang

1 Trimmklappe (Phenolfaser-material)
2 stoffbespanntes Seitenruder
3 Ausgleichsnase
4 Vorderholm
5 Aufbau der Seitenflosse
6 Wartungsdeckel
7 Trimmklappen-Schneckengetriebe
8 Trimmklappenanlenkung
9 Hecknavigationslicht
10 unterer Randbogen (Metall)
11 Trimmklappe (Sperrholz)
12 rechtes Höhenruder
59 Kühlmittelleitung Stirntank/Kühler
60 untere Wartungsklappe
61 Lufteinlauf für den Ölkühler
62 Ölkühler
63 Schmierölleitungen
64 Landeklappenanlenkung
65 Anschlußbügel Hinterholm/Rumpf
66 Aufbau des Unfallschotts
67 Seiltrommel der Querrudersteuerung
68 Handpumpe
69 Funkgeräte-Bedienbox
114 Anschluß Obergurt/Motorträger
115 Metallbandsicherung des Schmierölbehälters
116 Vergaser
117 Motorträger
118 Rahmen der Abdeckungsbleche
119 Rückkühler
120 Zündkabel
121 flüssigkeitsgekühlter Zwölfzylinder-Reihenmotor, Packard V-1650 (R-R Merlin) mit 1520 PS
122 Verkleidung der Abgasanlage
123 Auspuffstutzen
124 Magnetzünder
125 Kühlmittelleitungen
126 Frontspant der Motorabdekkung
127 Kühlmittel-Stirntank
128 Panzerplatte
129 Propellernabe
130 Propellerhaube

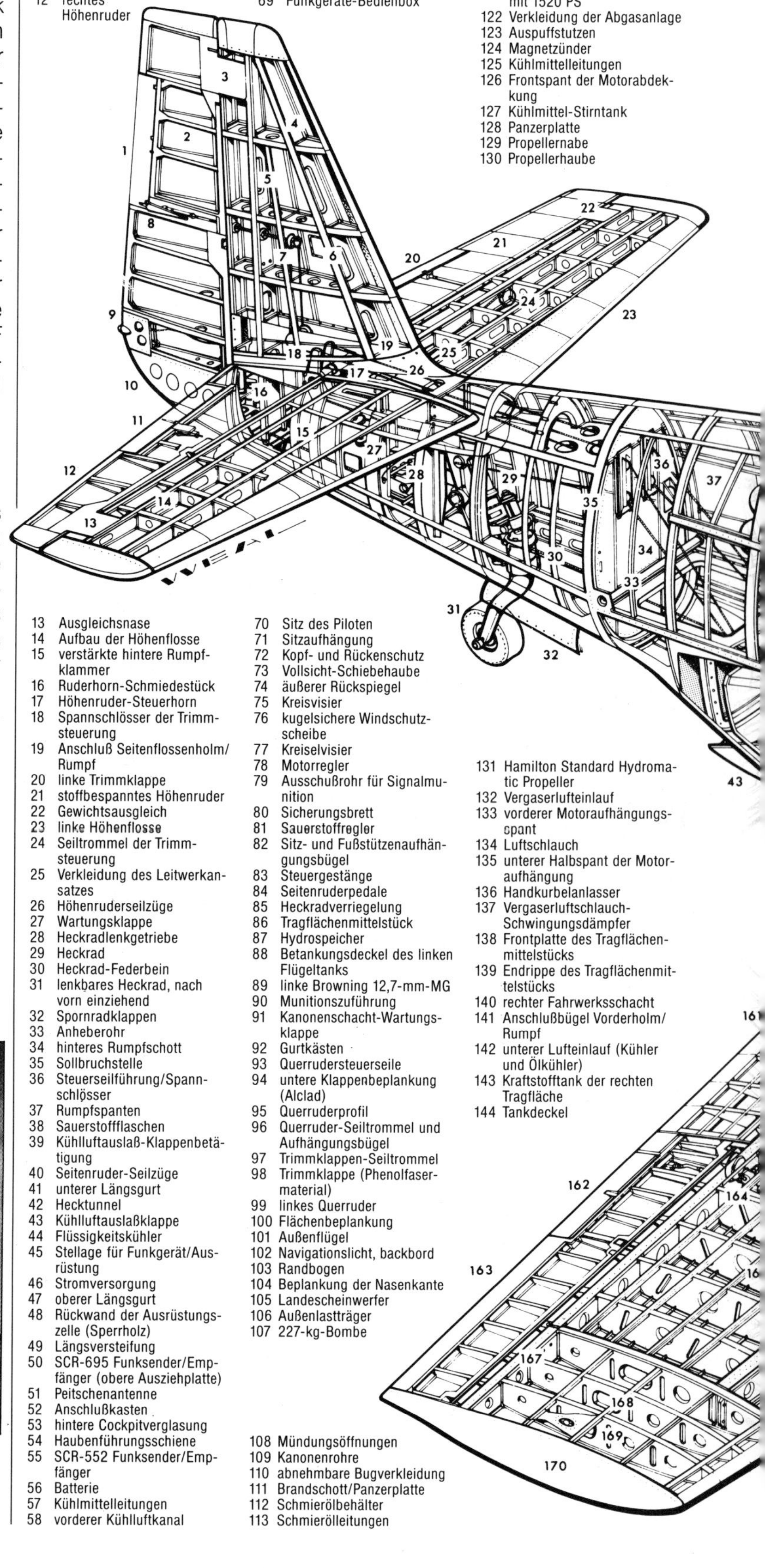

13 Ausgleichsnase
14 Aufbau der Höhenflosse
15 verstärkte hintere Rumpfklammer
16 Ruderhorn-Schmiedestück
17 Höhenruder-Steuerhorn
18 Spannschlösser der Trimmsteuerung
19 Anschluß Seitenflossenholm/Rumpf
20 linke Trimmklappe
21 stoffbespanntes Höhenruder
22 Gewichtsausgleich
23 linke Höhenflosse
24 Seiltrommel der Trimmsteuerung
25 Verkleidung des Leitwerkansatzes
26 Höhenruderseilzüge
27 Wartungsklappe
28 Heckradlenkgetriebe
29 Heckrad
30 Heckrad-Federbein
31 lenkbares Heckrad, nach vorn einziehend
32 Spornradklappen
33 Anheberohr
34 hinteres Rumpfschott
35 Sollbruchstelle
36 Steuerseilführung/Spannschlösser
37 Rumpfspanten
38 Sauerstofflaschen
39 Kühlluftauslaß-Klappenbetätigung
40 Seitenruder-Seilzüge
41 unterer Längsgurt
42 Hecktunnel
43 Kühlluftauslaßklappe
44 Flüssigkeitskühler
45 Stellage für Funkgerät/Ausrüstung
46 Stromversorgung
47 oberer Längsgurt
48 Rückwand der Ausrüstungszelle (Sperrholz)
49 Längsversteifung
50 SCR-695 Funksender/Empfänger (obere Ausziehplatte)
51 Peitschenantenne
52 Anschlußkasten
53 hintere Cockpitverglasung
54 Haubenführungsschiene
55 SCR-552 Funksender/Empfänger
56 Batterie
57 Kühlmittelleitungen
58 vorderer Kühlluftkanal
70 Sitz des Piloten
71 Sitzaufhängung
72 Kopf- und Rückenschutz
73 Vollsicht-Schiebehaube
74 äußerer Rückspiegel
75 Kreisvisier
76 kugelsichere Windschutzscheibe
77 Kreiselvisier
78 Motorregler
79 Ausschußrohr für Signalmunition
80 Sicherungsbrett
81 Sauerstoffregler
82 Sitz- und Fußstützenaufhängungsbügel
83 Steuergestänge
84 Seitenruderpedale
85 Heckradverriegelung
86 Tragflächenmittelstück
87 Hydrospeicher
88 Betankungsdeckel des linken Flügeltanks
89 linke Browning 12,7-mm-MG
90 Munitionszuführung
91 Kanonenschacht-Wartungsklappe
92 Gurtkästen
93 Querrudersteuerseile
94 untere Klappenbeplankung (Alclad)
95 Querruderprofil
96 Querruder-Seiltrommel und Aufhängungsbügel
97 Trimmklappen-Seiltrommel
98 Trimmklappe (Phenolfasermaterial)
99 linkes Querruder
100 Flächenbeplankung
101 Außenflügel
102 Navigationslicht, backbord
103 Randbogen
104 Beplankung der Nasenkante
105 Landescheinwerfer
106 Außenlastträger
107 227-kg-Bombe
131 Hamilton Standard Hydromatic Propeller
132 Vergaserlufteinlauf
133 vorderer Motoraufhängungsspant
134 Luftschlauch
135 unterer Halbspant der Motoraufhängung
136 Handkurbelanlasser
137 Vergaserluftschlauch-Schwingungsdämpfer
138 Frontplatte des Tragflächenmittelstücks
139 Endrippe des Tragflächenmittelstücks
140 rechter Fahrwerksschacht
141 Anschlußbügel Vorderholm/Rumpf
142 unterer Lufteinlauf (Kühler und Ölkühler)
143 Kraftstofftank der rechten Tragfläche
144 Tankdeckel
108 Mündungsöffnungen
109 Kanonenrohre
110 abnehmbare Bugverkleidung
111 Brandschott/Panzerplatte
112 Schmierölbehälter
113 Schmierölleitungen

Dorothy II, eine P-51B der 318th Fighter Squadron, 325th FG, 15th Air Force in Italien 1944, war ein typischer Vertreter der ersten Mustang-Versionen mit Merlin-Motor. Der Einbau des neuen Triebwerks bedingte eine Neukonzeption von Rumpf und Kühler, doch die Grundzüge der P-51A blieben erhalten.

FB223 war eine von 300 P-51Bs und Cs, die auf der Grundlage des amerikanischen Leih- und Pachtgesetzes den Briten zur Verfügung gestellt wurden. Nach der Ankunft in England 1943 erhielten die Flugzeuge eine Malcolm-Haube, weil diese eine bessere Rundumsicht bot. Diese Maschine bewährte sich unter No. 316 (Polish) Sqn auf dem RAF-Jagdfliegerhorst Coltishall.

145 Hauptfahrwerkslager/Drehzapfen
146 Rippenaussparungen für das Fahrwerksbein
147 Radschachtklappen
148 Zusatztank (Kunststoff/Preßpappe, 409 Liter)
149 Zusatztank (Metall, 284 Liter)
150 Hauptfahrwerkrad, 27 Zoll
151 Radgabel
152 Schleppbeschlag
153 Federbeinklappe
154 Hauptfahrwerks-Stoßdämpferstrebe
155 Kanonenmündungen
156 vorderer Flügelholm
157 Kanonenschacht
158 Munitionszuführung
159 Gurtkästen
160 hinterer Flügelholm
161 Aufbau der Landeklappen
162 rechte Querruder-Trimmklappe
163 rechtes Querruder
164 Bügelstreifen (nur rechtes Querruder)
165 Vollwandrippen
166 Aufbau der Außenfläche
167 Außenflügelholm
168 Endfläche
169 Navigationslicht, steuerbord
170 abnehmbarer Randbogen

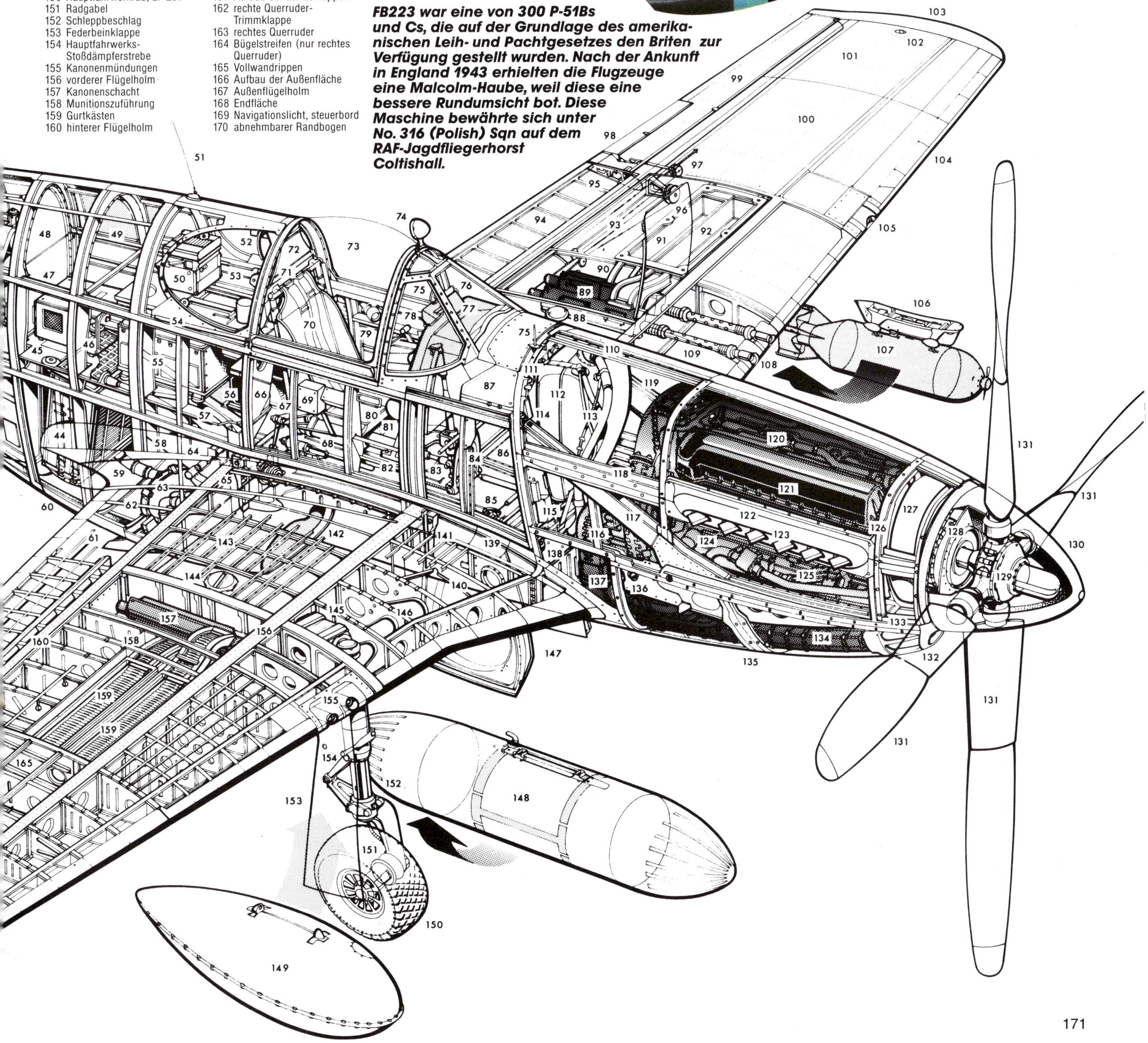

Obwohl die P-51D und die P-51K (mit anderem Propeller) nur während der letzten 18 Monate im Zweiten Weltkrieg zum Zuge kamen, stellten sie doch alle anderen Mustangs in den Schatten, zumal sie das Gros der 15.586 Jäger bildeten, die von diesem Muster insgesamt gebaut wurden. Diese Mustang, USAAF 1944-13926, flog die 361st Fighter Group der 8th Air Force, die zunächst in Bottisham (England) und Ende 1944 in St Dizier (Frankreich) stationiert war.

TECHNISCHE DATEN

North American P-51D Mustang
Typ: einsitziger Jagdbomber
Triebwerk: ein Packard V-1650-7 (Merlin), Reihenmotor mit 1186 kW (1613 PS)
Leistung: Höchstgeschwindigkeit (ohne Außenlasten) 703 km/h; Anfangssteiggeschwindigkeit 17,66 m/sek; Einsatzradius mit max. Treibstoffzuladung 2092 km
Gewicht: Leermasse 3230 kg; beladen 5262 kg
Abmessungen: Spannweite 11,29 m; Länge 9,84 m; Höhe 4,10 m; tragende Fläche 21,83 m^2
Bewaffnung: sechs 12,7-mm-Maschinenkanonen; Aufhängungen für zwei 227-kg-Bomben, acht Raketen oder andere Waffen anstelle von Abwurftanks

Diese A-36A zeigt noch Spuren der USAAF-Seriennummer und des amerikanischen Hoheitsabzeichens. Anfang 1943 hatte die RAF diese Maschine ausgeliehen, um sie der No. 1437 Strategic Reconnaissance Flight in Tunesien zuzuweisen.

Die F-6 war eine Spezialversion der USAAF für taktische Aufklärung, deren Aufgabe zunächst durch entsprechend umgerüstete Jäger wahrgenommen wurde. Die abgebildete F-6B war eine umgebaute P-51A mit vier Kanonen in den Flächen und zwei K-24-Luftbildkameras im Rumpf. Diese Maschine (mit Malcolm-Haube) flog bei der 107th Tactical Reconnaissance Squadron, 9th Air Force.

AG431 war die Maschine Nr. 87 der Baureihe Mustang I mit vier 12,7-mm-Maschinenkanonen und vier 7,62-mm-Maschinengewehren. Nach ihrer Ankunft in England Anfang 1942 erhielt die britische Kokarde die korrekte Größe, und hinter dem Sitz des Piloten wurde eine nach links gerichtete Schrägbildkamera installiert. 1942 gehörte der taktische Aufklärungsjäger zur No. 16 Sqn des Army Co-Operation Command.

Die P-51A war die Originalversion für die USAAF mit nur vier 12,7-mm-Maschinenkanonen in den Flächen und Halterungen für Bomben und andere Waffen unter den Flügeln. Diese Maschine mit der Schleifenantenne eines Funkpeilgerätes auf dem Rücken flog der Kommandeur des 1st Air Commando, Col. Philip Cochran, in Birma 1944.

unmittelbar hinter der Nabenhaube unter dem Kinn wieder aufgetaucht. Der erweiterte Kühler nahm einen Zwischenkühler im gleichen Luftkanal auf. Die gesamte Zelle, vor allem aber der Rumpf, war verstärkt worden. All diese Faktoren ergaben die beachtliche Geschwindigkeit von 710 km/h in 9083 m Höhe.

Schwere Zähmung der XB-51B

Bei der Erprobung bewies die XB-51B aber auch, daß sie eine andere Zucht war. Galten die früheren Mustangs, die sich inzwischen an allen europäischen Fronten tummelten, allgemein als folgsam und gut beherrschbar, so verlangte die neue Version ihren Jockeys mehr Aufmerksamkeit ab. Dieser Mustang konnte ausgesprochen störrisch sein. Im Cockpit ging es lauter als in den vorhergehenden Modellen zu, und der Motor schien häufiger zu spucken und zu knallen. Aber daran gewöhnte man sich rasch.

Letztendlich zählte doch nur, daß dieser Jäger jeden Gegner in großer Höhe niederringen konnte. Die US Army, die die P-51 nach wie vor als taktisches Erdkampfflugzeug betrachtete, gab noch vor dem Erstflug 2200 Exemplare der neuen Mustang-Version in Auftrag. Mitte 1943 strömten die neuen Mustangs aus den Werken in Los Angeles und Dallas.

Seit mehr als einem Jahr hielt die 8th US Air Force verzweifelt Ausschau nach einem überlegenen Langstreckenjäger, der ihre von England aus eingesetzten schweren Bomber begleiten konnte. Col. Cass Hough sollte die neue P-51B ausprobieren und meldete, daß sie für diese Aufgabe hervorragend geeignet sei bis auf eine zu bemängelnde Kursstabilität. NAA stellte die Fertigung in Dallas auf die P-51C mit gewölbter Schiebehaube und einer Bewaffnung von sechs Maschinengewehren um. Die nächste Baureihe ergab die P-51D mit windschnittigem Kabinendach, ebenfalls sechs Maschinengewehren und neuer Rückenfinne zur Verbesserung der Stabilität.

Bereits jetzt war die Mustang weltweit der mit Abstand beste Begleitjäger; sie verbrauchte nur halb so viel Treibstoff wie eine Lockheed P-38 oder Republic P-47 und verfügte zudem über eine bessere Kampfkraft, obwohl die P-47 mit acht Kanonen bestückt war. Doch in den fernen USA verfolgte man die Entwicklung eines schweren Eskortjägers, der Fisher XP-75, der eigens von den Amerikanern für den Jagdschutz von Fernbombern konzipiert wurde.

Col. (später General) Mark Bradley testete die XP-75 und war enttäuscht. Man mußte etwas anderes finden, und zwar rasch. Er setzte sich mit dem NAA-Chef „Dutch Kindelberger" in Verbindung, dem

FX893 war eine zur Waffenerprobung einbehaltene Mustang III. Hier sieht man sie mit ungewöhnlichem Raketengeschirr. Obere und untere Schienen nahmen 27 kg schwere Raketen-Projektile auf. Wie die meisten Mustang III der RAF erhielt auch diese Maschine eine Malcolm-Haube.

Die Mustang ist eines der beliebtesten Jagdflugzeuge aus dem Zweiten Weltkrieg für moderne Luftrennen in der offenen Klasse. Die von ihrem Besitzer bunt bemalte „Miss Suzie Q" ist ein typischer Vertreter dieser Zunft: Die Linienführung ist relativ gut erhalten, doch im Bug steckt in der Regel ein auf Hochleistung für kurze Dauer getrimmtes Spezialtriebwerk. Modifizierte Mustang-Rennflugzeuge erreichen Rundengeschwindigkeiten von 690 km/h, auf geraden Strecken schnellt der Fahrtmesser auf 765 km/h hoch.

Mann, der einst die Briten so vollkommen von seinen Plänen überzeugt hatte, daß er die Mustang bauen könne. Bradley wollte wissen, ob NAA einen großen 322-Liter-Tank hinter den Sitz des Piloten in eine Mustang mit Merlin-Motor einbauen und in das bestehende Kraftstoffsystem einbeziehen könnte. Beiden war klar, daß dieser Einbau die Richtungsstabilität auf ein nahezu unannehmbares Maß verschlechtern würde. Während der ersten ein bis zwei Stunden wäre der Pilot praktisch dazu verdammt, die Maschine in der Richtung zu halten, in die die Nase anfangs zeigte. Anschließend würde der Pilot auf die normalen Flächentanks umschalten und müßte sich keine Gedanken mehr um die Stabilität machen. Mit zwei 284-Liter-Abwurftanks unter den Flächen kam die Mustang nur mühsam auf Höhe, doch mit insgesamt 1586 Litern könnte sie weite Strecken marschieren. NAA verlor keine Zeit und baute den gewünschten Tank ein. Col. Bradley ließ sich die Erprobung nicht nehmen. Sein erster Testflug führte ihn nach Albuquerque und zurück – das entsprach einer Mission von England bis Berlin.

Paradepferd der Achten

Die neuen deutschen Strahljäger waren die einzigen Flugzeuge, mit denen die Mustang nicht mithalten konnte, doch auch gegen sie konnte die Mustang mehr Erfolge aufweisen als alle anderen Jagdflugzeuge der Alliierten. Am 7. Oktober 1944 zerstörte Lt. Urban L. Drew von der 361st Fighter Group zwei Messerschmitt Me 262 beim Start. Am 25. Februar 1945 erwischten Mustangs der 55th FG eine ganze Staffel in der für die Me 262 gefährlichen Startphase und vernichteten sechs Maschinen. Fast täglich machten neue Bravourleistungen der Mustang die Runde.

Das größte Kontingent der Mustang stellten die P-51D und P-51K. Obwohl diese Versionen erst ab 1944 richtig zum Einsatz kamen, belief sich die Zahl der Merlin-Mustangs auf 13.600 Maschinen von 15.586 P-51 aller Serien. In dieser stolzen Zahl sind die 226 P-51D enthalten, die das australische Unternehmen Commonwealth Aircraft of Melbourne in Lizenz fertigte.

1944 führte NAA die Entwicklung dieses Musters in zwei Richtungen fort. Zwar war man sich bewußt, daß die Superleistung der P-51 der ausufernden Entwicklung ungewöhnlicher Jagdprototypen während des Zweiten Weltkriegs in den Vereinigten Staaten Einhalt geboten hatte, aber nichts ist so gut, als daß man es nicht noch verbessern könnte. Die Hauptanstrengungen richteten sich daher darauf, die Mustang leichter zu machen. Ein völlig anderes Konzept hingegen verfolgte man mit der N.A.-120, der Twin Mustang. Erstmals als XP-82 im April 1945 geflogen, bestand die Twin Mustang aus zwei gestreckten Mustang-Rümpfen, die durch ein neues rechteckiges Tragflächenmittelstück und Höhenleitwerk aneinander gekoppelt waren. Die Maschine wurde mit entgegengesetzt drehenden Propellern und einem neuen Hauptfahrwerk mit nur einer nach innen einziehenden Baugruppe pro Rumpf ausgestattet. Die Twin Mustang ging erst nach dem Krieg in Serie und wurde nach 1947 als F-82 geführt. Zu ihnen zählten schwerbewaffnete Nachtjäger, die ihr SCR-720 oder APS-4 Abfangradar in einem großen Anbaubehälter vorn zwischen den Rümpfen mitführten. Twin Mustangs, zum Teil mit Allison-Motoren ausgerüstet, wurden im Krieg gegen Nordkorea eingesetzt und errangen – meistens bei Nacht – die ersten Luftsiege für die US Air Force.

Weitere Entwicklung nach dem Krieg

Der Bau der leichten Mustang begann mit der XP-51F und XP-51G, woran sich die XP-51Js mit Allison-Triebwerk anschlossen, und mündete in 555 von 4100 ursprünglich geplanten P-51H Serienjägern. Mit einer Spitzengeschwindigkeit von 784 km/h waren die P-51Hs die zweitschnellsten Jäger im Zweiten Weltkrieg nach den deutschen Strahljägern. Obwohl ihre Zelle 454 kg weniger wog als die der P-51D, war die P-51H mit sechs 12,7-mm-Maschinenkanonen bewaffnet und verfügte über eine höhere interne Kraftstoffkapazität. Kurz vor Ende des Zweiten Weltkriegs, im Sommer 1945, kam die P-51H noch im pazifischen Operationsgebiet zum Einsatz.

Überraschenderweise war es aber nicht die P-51H, sondern die in riesigen Stückzahlen produzierten P-51D und P-51K, die die Luftstreitkräfte zahlreicher Länder in der Zeit unmittelbar nach dem Krieg in Dienst stellten, so daß die Mustang vermutlich als das meistverbreitete Kampfflugzeug in die Geschichte eingegangen ist. Jedenfalls wäre es einfacher, eine Liste aller Länder, die nicht mindestens über eine

Die Cavalier Mustang wurde Mitte der sechziger Jahre von der P-51D abgeleitet. Das größere Seitenleitwerk der P-51H, der V-1650-7 Reihenmotor und ein verstärktes Tragwerk zur Beladung mit zwei 454-kg-Bomben und sechs 12,7-mm-HVAR wurden geändert.

1944/45 dienten nicht wenige Mustangs, P-51Ds und P-51Ks, in China. Nach der Revolution hielten zwar die Nationalchinesen einen Großteil, aber eine beachtliche Zahl ging in die neu aufgestellte Luftstreitmacht der Volksrepublik China ein.

Diese P-51D ist eine von mehr als 40, die die schwedische Luftwaffe der Heyl Ha'Avir (israelische Luftstreitkräfte) nach der Gründung des Staates Israel im Jahre 1948 überlassen hat. Diese Mustang wurde bei Scharm-el-Scheik in Sinai während des arabischisraelischen Konflikts abgeschossen.

Staffel mit P-51Ds oder P-51Ks verfügten, aufzustellen, als eine Auflistung aller Nutzer-Nationen. Im Koreakrieg war die Mustang in sehr großer Zahl vertreten, und etliche Unternehmen bauten Mustangs zu Tandem-Zweisitzern ,für den Verbindungs- und Ausbildungsdienst um. Andere Mustangs tauchten als zivile Rennflugzeuge, unterschiedlich frisiert, auf. Bei einer der schnellsten Maschinen hatte man den üblichen Bauchkühler durch lange Kühlerbehälter an den Endflächen ersetzt. Ähnlich sah eine Mustang der USAF aus, die große Staustrahl-Triebwerke an den Flächenenden testete und mühelos Geschwindigkeiten von 800 km/h und mehr erreichte.

In den 50er Jahren vermarktete Trans-Florida Aviation eine zweisitzige Mustang als exotisches Geschäftsreiseflugzeug. Dies leitete zu einer langen Kette von Um- und sogar Neukonstruktionen durch Cavalier Aircraft in den 60er Jahren über. Da die meisten Cavalier-Mustang unbewaffnet waren, konnten sie noch mehr Treibstoff aufnehmen als die Kriegsflugzeuge. Für $ 32.500 konnte man 1961 Besitzer einer Mustang mit Tandem-Sitzen, der Avionikausrüstung einer Linienmaschine und 416-Liter-Tanks an den Flächenenden werden, die voll kunstflugtauglich war. Ende der 60er Jahre umspannte die Palette neugebauter Mustangs mehrere Maschinen zur Fliegerleitung sowie eine kleine Zahl Turbo Mustangs mit einer Dart-Propellerturbine von Rolls-Royce als Antrieb. Letztere führte zur Piper Enforcer von 1971. Sollte damals jemandem der Gedanke gekommen sein, daß die Mustang allmählich von der Zeit überholt sein müßte, darf daran erinnert werden, daß die Enforcer 1980 erneut als leichtes Kampfflugzeug für die US Air Force angepeilt wurde. Zusätzlich bleibt die Mustang ein von Sammlern begehrtes Flugzeug und sie erfreut sich großer Popularität bei verschiedenen Luftrennen.

Varianten der North American P-51 Mustang

N.A.73X: Prototyp mit 1100 PS starkem Allison-Triebwerk V-1710-39 und Vorrichtungen für vier 12,7-mm-MGs. (Erstflug 26. Oktober 1940 mit der amerikanischen Zivilzulassung NX19998, bis auf die Army-Kennung am Seitenruder unbemalt)

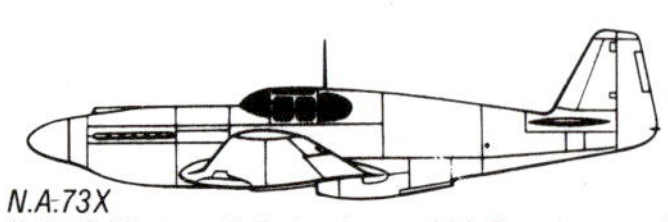

N.A.73X

N.A.73 Mustang I: Erstserie von 320 Flugzeugen mit V-1730-F3R (Exportbezeichnung des V-1710-39), mit 1150 PS; je vier 12,7-mm- und 7,62-mm-MGs; in England Ausrüstung mit Senkrecht- und Geneigtkameras; Erstflug (RAF-Kennung AG345) 1. Mai 1941
N.A.73 XP-51: 4. und 10. Serienmaschine für das US Army Air Corps (41-038 und -039)
N.A.83 Mustang I: zweite Serie von 300 Flugzeugen mit geringfügigen Änderungen; RAF-Kennung AL958/AM257 und AP164/AP263; AL975/G wurde der Merlin-Mustang-Prototyp und AM121, 203 und 208 wurden Mustang X mit Merlin 65; AM106/G versuchsweise mit zwei 40-mm-Kanonen, Vickers S

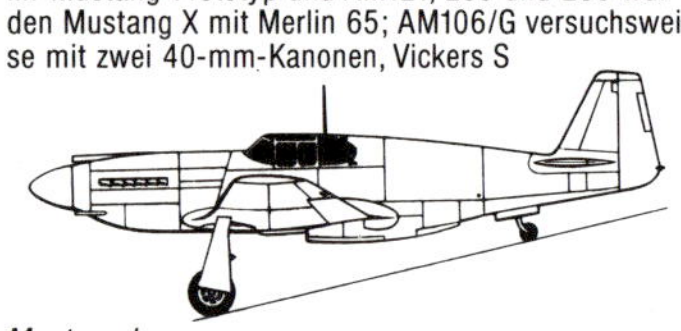

Mustang I

N.A.91 Mustang IA/P-51: 150 Lend-Lease-Flugzeuge für die RAF mit vier 20-mm-Kanonen; 93 Exemplare (RAF-Kennung FD438/509) ausgeliefert, Restkontingent nach Pearl Harbor mit RAF-Tarnmuster (Serienkennung zwischen FD418/567) für die USAAF einbehalten; 57 Exemplare zu taktischen Aufklärungsjägern umgerüstet (F-6A P-51-1)

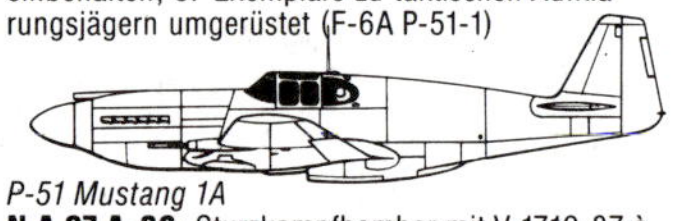

P-51 Mustang 1A

N.A.97 A-36: Sturzkampfbomber mit V-1719-87 à 1325 PS; sechs 12,7-mm-MGs, zwei 227-kg-Bomben und Sturzflugbremsen (später deaktiviert) an den Flächen; Erstflug September 1942; USAAF-Seriennummern 42-83663/84162 (83685 an RAF als EW998)
N.A.99 P-51A: Mehrzweckjäger/-jagdbomber mit V-1710-81 (Exportversion des V-1710-F20R) à 1.200 PS; vier 12,7-mm-MGs in den Flächen (keine Bugkanonen), zwei Träger unter den Flächen, keine Sturzflugbremsen; 310 Serienflugzeuge (USAAF-Kennung 43-6003/6312); 50 Exemplare an RAF (RAF-Kennung FR890/939) als Ersatz für von der USAAF einbehaltenen N.A.91; 35 P-51A der USAAF zu F-6B-Aufklärern umgebaut
N.A.101 XP-51B: zwei durch NAA auf den V-1650-3 ummotorisierte Flugzeuge (41-37352 und 37421) aus den von der USAAF einbehaltenen P-51
N.A.102 P-51B: seriengefertigte N.A.101 mit V-1650-3, vier 12,7-mm-MG; 400 Exemplare (USAAF-Kennung ab 42-106429) in Inglewood 1943 gebaut

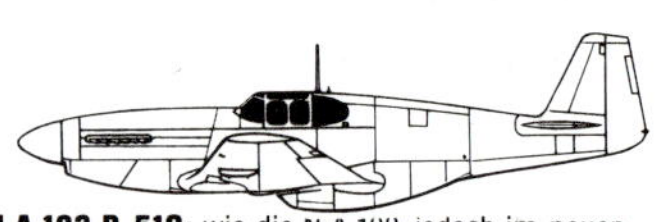

N.A.103 P-51C: wie die N.A.102, jedoch im neuen Dallas-Werk als P-51C-1-NT gebaut; insgesamt 1350 Exemplare
N.A.104 P-51B: mit Außenlastträgern für max. 454 kg; ab P-51B-7 mit 320-Liter-Rumpftank; insgesamt 1588 Exemplare, einschließlich 25 Mustang III für die RAF (FB100/124)
N.A.105: sieben 1944 konstruierte Versuchsmaschinen mit völlig neugestalteter Zelle zur Gewichtsreduzierung und Leistungssteigerung; für die ersten fünf Flugzeuge war der V-1650-3 vorgesehen, tatsächlich eingebaut aber wurden der V-1560-7 mit 1695 PS und vier Kanonen; nur drei Maschinen (USAAF XP-51F, Seriennummer 43-43332/43334 und RAF-FR409) erhielten diesen Standard;

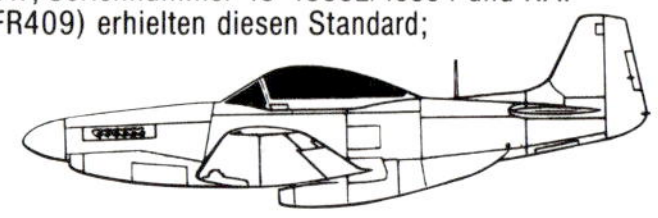

P-51F

ein Paar mit sechs Maschinenkanonen, höherer Kraftstoffkapazität, Merlin M145 à 1910 PS von Rolls-Royce und britischem Fünfblatt-Propeller fertiggestellt (USAAF XP-51G, 43-4335/43336 und RAF-FR410); das letzte Paar mit Allison V-1710-119 à 1720 PS als XP-51J (44-76027/76028) fertiggestellt

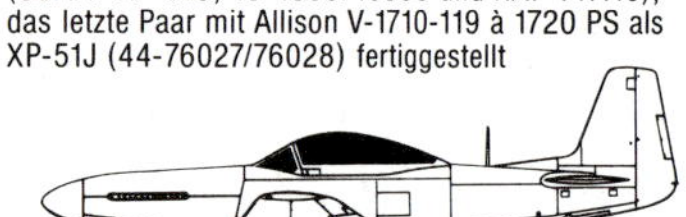

P-51J

N.A.106: zwei Prototypen für die P-51D mit sechs Maschinenkanonen, Schiebehaube und heruntergezogenem Hinterrumpf; aus der Baureihe P-51B-10-NA (Inglewood, USAAF 42-106539/106540)
N.A.109: erste Serienversion der P-51D auf der Grundlage eines Auftrags für 2500 Jagdflugzeuge mit V-1650-7 à 1695 PS, sechs Kanonen und zusätzlichem Steg auf dem Rumpfrücken (ab Block D-5); einige Maschinen behielten Klapphaube und Dash-3-Triebwerk, die meisten wurden nachgerüstet; alle mit dem neuen 320-Liter-Rumpftank

P-51D, K

N.A.110 P-51D: 100 als Bausatz an die CAC in Melbourne gelieferte Mustangs
N.A.111: drei Baulose P-51C, D und K aus der Fertigung in Dallas: 400 P-51Cs einschließlich 275 für die RAF als Mustang III (RAF-FB125/399), nach der Ankunft in England mit Malcolm-Schiebehaube versehen; 600 P-51Ds; und 1500 P-51Ks, bis auf ihren Aeroproducts-Propeller mit der D identisch (594 an die RAF als Mustang IVA, ab KH671)
N.A.122 P-51D: insgesamt 4000 Flugzeuge
N.A.124 P-51D: Dallas zugewiesene Baulose für 2000 Flugzeuge, nach dem Krieg auf 1000 gekürzt; plus eine einzelne P-51M mit Dash-9a-Triebwerk
N.A.126 P-51H: von der Leichtbaureihe N.A.105 abgeleitete Serienversion mit sechs Maschinenkanonen und V-1650-9A-Triebwerk; Inglewood-Baulos für 2400 Flugzeuge; Einstellung der Produktion nach dem 555ten Exemplar (USAAF 44-64160/64714); RAF erhielt 281 P-51Ds aus verschiedenen Blöcken als Mustang IV (ab RAF-KH641); Fotoaufklärer: F-6Bs (35 ehem. P-51As), F-6Cs (71 ehem. P-51Bs und 20 ehem. P-51Cs), F-6Ds (146 ehem. P-51Ds aus Dallas) und die F-6Ks (163 ehem. P-51Ks)

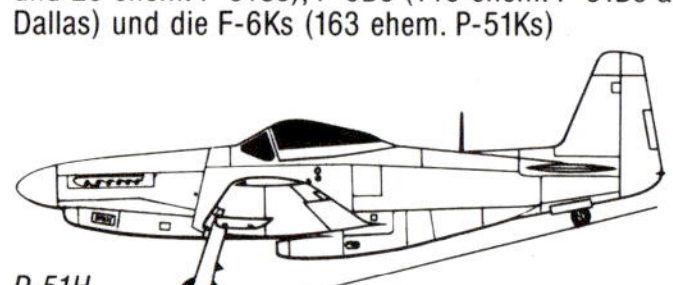

P-51H

Twin Mustangs
N.A.120: zwei Prototypen mit V-1650/23/25-Triebwerken (Merlin); USAF XP-82 (44-83886/83887); Nr. 3 als XP-82A mit V-1710-119-Triebwerken
N.A.123: Serienversion der N.A.120, 500 Exemplare als P-82B bestellt, 480 gestrichen; (20 Maschinen, Seriennummern 44-65160/65179, ausgeliefert; 10te Maschine zum Nachtjäger P-82C mit SCR-720 Radargerät im Anbaubehälter umgebaut; 11te Maschine zur P-82D mit APS-4 Radargerät umgerüstet

F-82G der 347th F(AW) Group

N.A.144: erste Serienversion der Nachkriegszeit; 100 P-82Es (später F-82E) Geleitjäger, auch als Jagdbomber einsetzbar; V-1710-143/145 je 1600 PS, Bomben-/Raketenzuladung 1826 kg, kein Radar
N.A.149 P-82F: (F-82F) 100 Nachtjäger mit APS-4 Radargerät
N.A.150 P-82G: (F-82G) 50 Nachtjäger mit SCR-720 Radargerät; 14 F-82Fs und Gs als F-82H für Wintereinsatz in Alaska
F-51D, H und K: die 1951 zugewiesene Bezeichnung für den Restbestand an P-51D, H und K
RF-51D, RF-51K: Bezeichnung für die F-6D, F-6K nach dem Kriege
TRF-51D: zu Doppelsitzern umgebaute RF-51D
TP-51D: Nachkriegsbezeichnung für (a) von Temco Aircraft zu doppelsitzigen Schulflugzeugen umgebaute P-51D mit dem größeren Seitenleitwerk der P-51H und (b) einsitzige P-51D für Ausbildung bei ANG
Cavalier Mustang: 1954 erwarb Trans-Florida Aviation alle Rechte am Entwurf der F-51 und begann mit der Vermarktung einer zweisitzigen Version der F-51D als Geschäftsflugzeug mit dem Namen Cavalier 2000; die Angebotspalette der Firma enthielt 1961 Modell 750, Modell 1200 mit 180-Liter-Extratanks in den Tragflächen, Modell 1500 mit 240-Liter-Extratanks in den Flächen, Modell 2000 mit 416-Liter-Tanks an den Endflächen und Modell 2500 mit 227-Liter-Extratanks in den Flächen; 1967 erweiterte Cavalier das Programm durch eine Serie militärischer Mustang II, umgebauter P-51Ds mit dem zivilen Flugmotor Merlin 620, Zusatztanks an den Flächenenden und sechs oder acht Waffenträgern unter den Flächen; die Cavalier F-51D war ein überarbeiteter Zweisitzer mit dem großen Leitwerk der F-51H, Dash-7-Triebwerk, sechs Maschinengewehren und acht Trägern für eine breitgefächerte Waffenlast; der hintere Sitz war für einen Beobachter, aber die TF-51D hatte Doppelsteuerung

Zivile Cavalier mit Cavalier F-51D

Cavalier Turbo Mustang III: einzelner Prototyp mit verstärkter Zelle für höhere Fluggeschwindigkeiten, gestrecktem Rumpf und Rolls-Royce Propellerturbine Dart 510 mit 1740 PS als Antrieb für den Rotol-Propeller; Zivilkennung N6167U

Turbo Mustang III

Piper Enforcer: die zweite und dritte Turbo Mustang III, von Piper Aircraft übernommen; Antrieb durch eine 2535 PS starke Lycoming T55-L-9 Propellerturbine in kürzerem Bug und linksseitigem Auspuffstutzen; Tandemsitze nur im zweiten Flugzeug, zehn Außenlastträger unter den Flächen, Zusatztanks an den Endflächen und große Kielflosse vor dem Heckrad

Piper Enforcer (Einsitzer)

Messerschmitt Bf (Me) 110 Nachtjäger

Die harten Schläge, die die Bf 110 von der Royal Air Force einstecken mußten, veranlaßten die deutsche Luftwaffe, diesem schweren Messerschmitt-Jäger einen neuen Aufgabenbereich, die Nachtjagd, zuzuweisen. In dieser Rolle bewährte sich die Bf 110 sehr gut und wurde sogar das Rückgrat der deutschen Nachtjägerkräfte.

Anfang 1940 verkündete Reichsmarschall Göring: „Die Speerspitze des Blitzkriegs ist meine Luftwaffe, und die Speerspitze der Luftwaffe sind die Zerstörergruppen." Diese waren ausschließlich mit Messerschmitt Bf 110 ausgerüstet und hatten während des Polenfeldzugs ihre Aufgabe genau so erfüllt wie erwartet, indem sie in weitem Umkreis jede feindliche Maschine vernichteten, die sich ihnen entgegenstellte. Die deutsche Propagandamaschinerie verkündete daher lautstark die Unbesiegbarkeit der Bf 110.

Mit der Bf 110 hatte sich Deutschland auf ein ganz neues Feld von Kriegsflugzeugen begeben, die zwar kostspielig, aber, wie man glaubte, ihren Preis wert waren. Dieser Typ, im Prinzip ein großer zweimotoriger und zweisitziger Jäger, galt als fähig, gegnerische Muster abzuschießen, aber dabei eine, verglichen mit kleineren Jägern, schwerere Bewaffnung und so viel mehr Treibstoff mitzuführen, daß er trotz der zwei Motoren erheblich weiter fliegen konnte. Frühe Bf 110 hatten eine Reichweite von 1600 km, mehr als doppelt so groß wie bei der zeitgleichen einmotorigen Messerschmitt Bf 109. Dennoch stand den Zerstörergruppen noch ein böser Schock bevor. In der Luftschlacht um England mußten sie von den Hurrikans und den Spitfires so schwere Schläge einstecken, daß die Maschinen gelegentlich ihrerseits Geleitschutz durch die Bf 109 brauchten.

In der Folge betrachtete man die 110 weitgehend als Fehlschlag. Die Produktion des Flugzeugs wurde zurückgefahren und die Arbeit am Nachfolgemodell Me 210 intensiviert. Als neue Aufgabe für die glücklose 110 faßte man die Nachtjagd ins Auge, aber erste Versuche verliefen enttäuschend. Am 3. Oktober 1939 stürzte Feldwebel Zimmermann von der 10./ZG 76 in Holland ab, und am 6. Dezember stieß Unteroffizier Fuchs mit einer Wellington in der Nähe von Texel zusammen. Daraufhin rüstete man die Staffel wieder mit der bisherigen Bf 109D aus.

Aktion „Himmelbett"

Im Norwegenfeldzug gewann Hauptmann Wolfgang Falck von der 1./ZG 1 die Überzeugung, RAF-Bomber nachts abschießen zu können. Er bemühte sich darum, diese Idee durchzusetzen, und hatte Erfolg: Die Nachtjägeraktion „Himmelbett" unter dem Kommando von Oberst (später General) Josef Kammhuber wurde eingeleitet. Von Anfang an

Hier warten zwei Maschinen der späten Variante Bf 110G-4/R3 auf die Nacht. Der Typ hatte sich als Tagjäger nicht bewährt, eignete sich aber gut für den Nachtangriff auf Bomber. Er war ausdauernd und schwer bewaffnet und konnte mit Radar sowie anderem elektronischen Gerät ausgerüstet werden.

Die Bf 110G-4 war im Grunde ein mit dem Radar Lichtenstein BC FuG 202 ausgestatteter Zerstörer 110G-2. Sie sollte die Basis für sämtliche nachfolgenden Nachtjägervarianten bilden. Alle Maschinen mit diesem Radar hatten die kleinen G-2-Flossen.

spielten die Bf 110 in den Versionen C-2, C-4 und D-1 die zentrale Rolle bei den Nachtjagdgeschwadern (NJG). Das Himmelbett-System teilte den deutschen Luftraum in rechteckige Sektoren auf. In jedem konnten die Nachtjäger mit Hilfe von Bodenradar und Funkmeßgeräten in die Nähe der anfliegenden Feindbomber geleitet werden. Dabei unterschieden sich diese Jäger, abgesehen von ihrem schwarzen Anstrich, kaum von anderen Bf 110. Bei den Maschinen, die den „Dackelbauch"-Unterrumpftank besaßen, wurde er entfernt. Die einzigen anderen Änderungen waren zusätzliche Flammendämpfer am Auspuff und Cockpitschilde gegen Blendung.

In den Jahren von 1940 bis 1942 teilten sich die Piloten der Nachtjagdgeschwader in zwei Gruppen mit unterschiedlicher Meinung. Die einen kamen von Tagjäger- und Zerstörergruppen und bevorzugten einhellig die Bf 110. Sie erschien ihnen als idealer Nachtjäger dank ihrer Geschwindigkeit, Manövrierfähigkeit, Ausdauer, Zuverlässigkeit, leichten Steuerbarkeit und ihrer Feuerkraft (zwei 20-mm-Bordkanonen MG FF und vier MGs 17, 7,92 mm, sowie ein weiteres MG für den Mann auf dem hinteren Sitz). Die gegenteilige Ansicht vertraten die Besatzungen, die von Bombergeschwadern kamen. Bei Nachtjägern, argumentierten sie, spiele Manövrierfähigkeit keine Rolle. Sehr viel besser seien die Do 17Z, die Do 217 und vor allem die Junkers Ju 88, weil sie ein geräumigeres Cockpit, drei oder vier Besatzungsmitglieder, einen Autopiloten sowie eine größere Waffenkapazität und Reichweite als die 110 aufwiesen. Diese geteilten Meinungen förderten vielleicht den Kompromiß, daß schließlich eigens entwickelte Versionen sowohl der Ju 88 als auch der Bf 110 die Standard-Nachtjäger wurden. Tatsache bleibt, daß sich die Bf 110 weitaus besser als Nachtjäger bewährte als in der ihr ursprünglich zugedachten Rolle als Zerstörer.

Die erste speziell für die Nachtjagd ausgerüstete Version der 110 war die D-1/I1 mit einem Infrarotdetektor der Spanner-Serie von AEG in der Bugnase. Spanner I arbeitete aktiv: Ein scheinwerferartiges IR-Suchlicht sandte einen Hitzestrahl aus, und der Detektor erfaßte jede von einem fliegenden Ziel zerstreute oder reflektierte Wärme. Spanner II, III und IV waren passive, hochempfindliche Empfänger, die auf die Wärme der Abgase- oder Auspuffrohre feindlicher Bomber reagierten. Die RAF begegnete dem allerdings zunehmend durch Flammendämpfer.

Ab dem Frühjahr 1941 tauchten die schweren Viermotorigen der RAF in immer größerer Zahl auf. Die Halifax und Lancaster konnten, sobald alarmiert, entweder im Horizontalflug oder mit flachem Sturzflug den 110 schwer zusetzen. Die Bf 110 E erhielt daher den Motor DB601N und die 110F den DB601F mit 1006 kW (1367 PS), um die Leistungsminderung infolge der steten Gewichtserhöhungen auszugleichen. Ab Anfang 1942, teilweise wegen ernster Probleme mit der Me 210, wuchs die Bedeutung der Bf 110 rasch an. Außer der Ju 88 stand nämlich kein für die Nachtjagd geeignetes Flugzeug zur Verfügung, und die weitere Steigerung der RAF-Angriffe erforderte eine effektive Lösung.

Die anfänglichen Erfahrungen mit der BF 110G-4 waren positiv, doch schon bald entwickelte die britische Royal Air Force Abwehrtaktiken gegen das deutsche Radar. Damit begann eine lange Radar- und Gegenmaßnahmenkette.

Diese Aufnahme einer Maschine des 6./NJG 6 zeigt die Antennen für das Radar Lichtenstein BC FuG 202 und den flammendämpfenden Auspuff. Die Unterflügeltanks mit Zusatztreibstoff liefen unter der Bezeichnung B2. Die Maschine verirrte sich in die Schweiz und wurde dort zur Landung gezwungen.

Die Nachtjagdgeschwader flogen in den ersten Kriegsjahren ausschließlich Bf 110, noch ohne Radar, aber mit schweren 30-mm-Bordkanonen. Manchmal waren auch Spanner-Infrarotsensoren als Zielerfassung installiert.

Gejagter Jäger: Eine Bf 110 mit dem Lichtenstein SN-2 ist über Deutschland hinter einem RAF-Jäger gestellt worden. Am meisten gefürchtet war die de Havilland Mosquito, die die deutschen Jäger in Nachtkämpfen leicht ausmanövrieren und von der Leistung her übertreffen konnte.

Das Messerschmitt-Konstruktionsteam holte daher die alten 110-Pläne hervor und begann, ganz unerwartet, eine perfektionierte, neue Hauptversion zu entwickeln, die 110G. Bereits 1941 hatte man Pläne genehmigt, eine Bf 110 mit dem Motor DB605 (wie ihn später auch die 109G erhielt) auszurüsten, und mit diesem 1099 kW (1494 PS) starken Antrieb versah man nun die 110G, die in mehreren Versionen entstand, darunter auch als Nachtjäger G-4. Noch bevor aber die Produktion der G-4 anlief, konnte Messerschmitt im Sommer 1942 bereits mit der Auslieferung der F-4 beginnen, der ersten wirklich bedeutenden Nachtjägerversion.

Version F-4

Die F-4 wurde zwar noch vom DB601 angetrieben, hatte aber eine um mehr als eine Tonne höhere Lastenkapazität. Mit Ausnahme der ersten Exemplare erhielten alle statt der Bordkanone MG FF das erheblich stärkere MG 151/20 mit Gurtmunition (300 Schuß links, 350 rechts). Viele F-4 besaßen zusätzlich eine Unterrumpfgondel für zwei 30-mm-MK 108. Dies erforderte allerdings eine Vergrößerung der Seitenruder, um die Steuerung zu verbessern, vor allem dann, wenn ein Motor ausfiel, was immer wieder vorkam. Die Kanzel wurde für eine Dreierbesatzung eingerichtet, da seit der Installation des Luftradars ein dritter Mann unentbehrlich geworden war. Im Spätsommer 1942 führte man das Lichtenstein-Radar FuG 202 BC ein, und die damit ausgestattete Version erhielt die Bezeichnung 110F-4a. Im Vergleich zum Tagjäger F-2 war die F-4a (mit abwerfbaren 300-Liter-Zusatztanks) bedeutend schwerer: nicht weniger als 9287 kg gegenüber 7200 kg. Hinzu kam, daß die am Bug installierten Dipolantennen für das Radar, genannt „Maikäferfühler", starken Luftwiderstand erzeugten. Für eine weitere Leistungseinbuße sorgten die zusätzlichen Flammendämpfer am Auspuff, so daß nicht nur die Höchstgeschwindigkeit sank (auf gerade noch 500 km/h), sondern auch die Lebensdauer der Motoren (die Ventile hielten etwa 20 Flugstunden). Wiederholt traten Kolbenfraß und Motorbrände auf. Viele Besatzungen setzten daher durch, daß an ihren Maschinen die Flammendämpfer wieder abmontiert wurden.

Ab 1943 hatten die RAF-Bombenangriffe ein beträchtliches Ausmaß angenommen, und die 8. US Air Force führte zunehmend zerstörerische Tagesangriffe durch. Der Bedarf an mehr und besseren Jägern jeder Art wurde die Hauptsorge der Luftwaffe, und Messerschmitt produzierte auf Hochtouren. Zum Werk in Augsburg kamen Filialen bei der MIAG in Braunschweig und bei GWF in Gotha und Fürth hinzu. Merkwürdigerweise aber rollten im Mai 1942 als erste Versionen mit DB605-Antrieb Tagjäger vom Montageband, und der Nachtjäger 110G-4 erreichte die Nachtjagdgeschwader erst ab April 1943.

Version G-4

Dieses Modell war vor allem an den größeren Propellerhauben zu erkennen, unterschied sich aber auch durch neue im Detail veränderte Motorhauben. Die ersten Baulose der G-4 besaßen die gleiche Bewaffnung wie die F-4: zwei MK 108 in einer Unterrumpfgondel, zwei MGs 151/20 und vier nach vorn feuernde MGs 17. Das nach hinten schießende MG 15 war durch das Zwillings-MG 81Z ersetzt, das mit beiden Läufen eine Feuerfolge von 3600/min hatte, allerdings nur sehr selten eingesetzt wurde. Die zusätzliche Leistung des DB605B-1 hob die Höchstgeschwindigkeit, selbst mit Radar, wieder auf 540 km/h an, und der Luftwiderstand des Radars reduzierte sich erheblich durch den Einbau des FuG 212 Lichtenstein C-1 mit kleinerer, in der Mitte montierter Antennenanlage.

„Schräge Musik"

Einige Jahre zuvor hatte man, hauptsächlich in den Testzentren Rechlin und Tarnewitz, über die Vor- und Nachteile des Aufwärtsschießens diskutiert und Versuche durchgeführt. Im Mai 1943 zeigte sich ein Waffenexperte des II./NJG 5, Oberfeldwebel Mahle, sehr beeindruckt von den aufwärtsfeuernden Waffen der „Spezial" Do 217J des Befehlshabers dieser Gruppe, Oberleutnant Rudolf Schoenert. Bei den Bf 110 seiner Gruppe waren die Bordkanonen MGs FF durch MGs 151/20 ersetzt worden und fanden nun keine Verwendung mehr. Mahle nutzte Teile des alten Geräts, um in eine Bf 110 das aufwärts feuernde MG FF einzubauen, genannt „Schräge Musik". Schon wenige Tage später, im Mai 1943, erzielte Schoenert damit über Berlin einen Abschuß. Die

Tagsüber waren die Messerschmitt-Nachtjäger unter Tarnnetzen vor Feindsicht verborgen. Diese Maschine ist mit dem Rüstsatz 3 bestückt: zwei 30-mm-Bordkanonen Mk 108 statt der vier vorwärtsfeuernden MGs 17.

Diese Frontalansicht einer Bf 110 mit dem Lichtenstein C-1 zeigt Mörser WfrGr 21 unter den Tragflächen. Diese Waffe sollte Feindbomber mit einer weitaus größeren Sprengkraft vernichten, als es mit den normalen Bordkanonen möglich war.

Die Bf 110G-4d/R3 war die letzte Version der Messerschmitt-Nachtjäger. Ihr Hauptsensor war das „Hirschgeweih"-Radar FuG 220b Lichtenstein SN-2 im Bug, das in der Version G-4d/R3 schrägstehende, widerstandsarme Antennen hatte. Es arbeitete auf einer anderen Wellenlänge als der, die besonders durch das von den RAF-Bombern abgeworfene „Windows", eine Art Düppel in Form von reflektierenden Metallstreifen, gestört wurde. Einige Bf 110G-4d/R3 waren auch mit dem Radarempfänger FuG 227/1 Flensburg für das Monica-Heckwarnradar der Feindbomber ausgerüstet.

Messerschmitt Bf 110 (Me) Nachtjäger

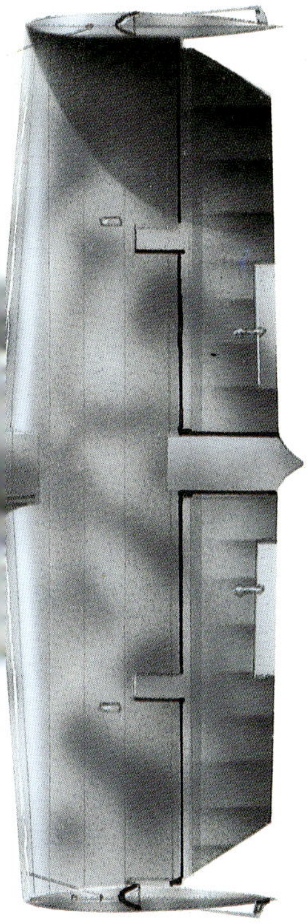

TECHNISCHE DATEN

Messerschmitt Bf 110G-4d/R3
Typ: dreisitziger Nachtjäger
Triebwerk: zwei V-Motoren mit je zwölf hängenden Zylindern, Daimler-Benz DB 605B-1 mit 110 kW (1495 PS) Startleistung und 1010 kW (1373 PS) in 5700 m Höhe
Leistung: Höchstgeschwindigkeit 500 km/h in Meereshöhe; 550 km/h in 6980 m Höhe; max. Marschgeschwindigkeit 510 km/h in 6000 m Höhe; höchste Steigrate 11 m/sek; Dienstgipfelhöhe 8000 m; max. Reichweite mit Interntreibstoff 900 km, mit zwei abwerfbaren 900-l-Unterflügeltanks 2100 km
Gewicht: Leermasse 5090 kg; mit Normalbeladung 9390 kg; mit Maximalbeladung 9890 kg
Abmessungen: Spannweite 16,25 m; Länge 13,05 m; Höhe 4,18 m; Tragflügelfläche 38,4 m^2
Bewaffnung: zwei 30-mm-Bordkanonen MK 108 im unteren Rumpf mit je 135 Schuß, zwei 20-mm-Bordkanonen MG 151 im oberen Rumpf, steuerbord mit 350, backbord mit 300 Schuß, ein 7,9-mm-Zwillings-MG 81 Z mit 800 Schuß im hinteren Cockpit

Die Bf 110G-2 war im wesentlichen ein Tagjäger ohne Radar und die anderen Sensoren der G-4, wurde aber Nachtjägereinheiten zugeteilt. So flog diese Maschine beim 12. NJG 3 in Stavanger, Norwegen, und kam gelegentlich auch in mondhellen Nächten zum Einsatz.

„Schräge Musik" wurde daraufhin auch in die Ju 88 und andere Nachtjäger installiert. In der Bf 110 aber war weniger Platz, und offiziell wurde daher nur der Einbau einer Zwillings-MK 108 vor dem hinteren Cockpit genehmigt. Diese Version erhielt die Bezeichnung Bf 110G-4/U1 beziehungsweise G-4/U5 mit dem Radar FuG 212. Die Untervariante U6 hatte zusätzlich den Passivempfänger FuG 221a Rosendaal-Halbe, der auf das seit 1943 installierte Heckwarnradar Monica der schweren RAF-Bomber ansprach. Später wurde es durch das FuG 227 Flensburg ersetzt.

Das ganze Jahr 1943 hindurch hatten die Nachtjagdgeschwader zwischen 380 und 500 Maschinen zur Verfügung. Abgesehen von einigen wenigen Nachtjägern Ju 88C-6b und Do 217J beziehungsweise N, flogen sie alle die Bf 110, hauptsächlich die Variante F-4, die jedoch schon sehr bald der G-4 wich. In gewisser Hinsicht konnten sich die Besatzungen nun auf den Feind einstellen, aber im Sommer 1943 wurde die Tagjägerverteidigung wieder verstärkt. Die Nachtjäger mußten nun tagsüber gegen die amerikanischen B-17 und B-24 fliegen und erlitten empfindliche Verluste. Daraufhin wurden Tagjägereinsätze offiziell wieder untersagt, tatsächlich aber von Nachtjägern 110G-4 bis zum Kriegsende fortgesetzt.

Motorprobleme

Noch ein gutes Jahr nach ihrer Einführung hatte die G-4 mit mindestens so schweren Motorproblemen zu kämpfen wie die F-4. Es waren grundsätzliche Dinge. Sie führten zu katastrophalen Schäden an Zylindern, Kurbelwellen und ähnlich hochbelasteten Teilen, so daß häufig nur noch ein Motor arbeitete oder gefährliche Motorbrände ausbrachen. Im Juni 1943 erging daher ein vorläufiges Startverbot. Die Motorprobleme blieben aber noch bis zum Sommer 1944 bestehen. Inzwischen hatte sich die Fertigungsrate mehr als verdoppelt, und 1944 wurden insgesamt 1518 Exemplare ausgeliefert. Obwohl ab Herbst 1944 generell nur noch Jäger gebaut wurden, blieb die offenkundig veraltende 110 bis Kriegsende weiter in der Fertigung.

Die Ausstattung der Nachtjäger 110 wurde während ihrer gesamten Dienstzeit kontinuierlich verbessert. Dabei konnte man schließlich auch die Kurzstreckenprobleme des Lichtenstein SN-2 beheben, so daß die einarmige Antennenanlage C-1 entbehrlich wurde.

Ab Herbst 1943 wurden alle neugebauten G-4 durch GM-1-Installation, den „Rüstsatz 2", verbessert. Dazu gehörte ein Zusatztank für 439 kg Distickstoffmonoxid (Lachgas) samt einem recht komplexen und auch schweren System zum Einspritzen in die Zylinder, das für einen kurzzeitigen, aber sehr kräftigen Zusatzschub zur Steigerung der Höchstgeschwindigkeit sorgte. Diese Variante hieß G-4/U7.

Bald darauf erfuhr die G-4 schon bei der Fertigung diverse Detailänderungen, wie etwa die Auswechslung der vier MGs 17 durch die Zwillings-Bordkanone MK 108. Damit besaßen einige Flugzeuge nun auch die starke Vorwärtsschußkraft von vier 30-mm- und zwei 20-mm-Bordkanonen.

Im Juli 1943 hatte die RAF bei einer Serie schwerer Bombenangriffe auf Hamburg begonnen, „Windows" abzuwerfen (was man heute elektronisches Störmaterial – Düppel/Täuschkörper – nennt), Milliarden schmaler, dünner reflektierender Metallstreifen, abgestimmt auf die

Eine kleine Anzahl Bf 110 erhielt gegen Ende des Krieges auch das ausgezeichnete einarmige Neptun-Radar FuG 218, das allerdings kaum noch etwas bewirken konnte. Diese Maschine wurde Ende des Krieges erbeutet, wie die RAF-Kennungen zeigen.

Diese Messerschmitt Bf 110G-4b/ R3 gehörte zur 7. Staffel des Nachtjagdgeschwaders III/4, das 1944 für die Luftverteidigung Norddeutschlands verantwortlich war. Sie hat den üblichen Tarnanstrich mit graugefleckter Oberseite und schwarzer oder grauer Unterseite.

Das Heck dieser Bf 110G-4b/R3 zeigt die Zahl der Luftsiege. Geflogen von Wilhelm Johnen, einem der Fliegerasse der Nachtjäger, geriet die Maschine irrtümlich in die Schweiz und wurde dort in Gewahrsam genommen. Johnens Einheit war zu dieser Zeit das Nachtjagdgeschwader 5.

Wellenlängen der deutschen Radargeräte. Bis Jahresende war aber bereits der Einbau des Radars FuG 220 Lichtenstein SN-2 eingeleitet, das auf längeren, von den Metallstreifen nicht mehr störbaren Wellenbändern arbeitete. Allerdings erforderte dies nicht nur eine ausladende Antennenanordnung, genannt „Hirschgeweih", sondern seine minimale Reichweite betrug auch nicht weniger als 350 m, so daß für den entscheidenden letzten Annäherungsbereich in Sichtweite auch das Gerät C-1 in Betrieb bleiben mußte. Ab Februar 1944 sprach das SN-2 schon in 300 m Abstand an, und bei vielen Flugzeugen wurde das C-1 entfernt.

Die Nachtjagdgeschwader hatten ihren Höhepunkt erreicht. Mit der bewährten Bf 110 waren 14 der 22 einsatzbereiten Gruppen ausgerüstet, und tatsächlich fügten sie den schweren RAF-Maschinen zunächst so große Verluste zu, daß die Nachtbombardements über Deutschland nachließen und, in Vorbereitung der Invasion, vorwiegend Ziele weiter im Westen angeflogen wurden. Zu dieser Zeit war selbst der Luftraum über Innerdeutschland gefährlich, weil dort Mosquito und sogar Beaufighter agierten, und die guten Steuereigenschaften der Bf 110 trugen oft entscheidend dazu bei, daß sich die Besatzungen in Sicherheit bringen konnten. Als ihr einziger Nachteil galt der vollgestopfte Innenraum, zumal wenn die „Schräge Musik" installiert war. 1944 bestanden alle Besatzungen der Nachtjagdgeschwader praktisch aus drei Mann, und wenn der Bordschütze verwundet oder getötet wurde, saß der Radarbeobachter wie in einer Falle und konnte im Notfall nicht mehr aussteigen.

Die letzten Serienversionen waren, neben einer kleinen Stückzahl des Nachtjägers H-4, der sich nur in Details unterschied, die G-4c, ohne C-1-Radar, und die G-4d mit dem widerstandsärmeren Antennensystem SN-2. Die Unterversionen /R4 hatten statt des MK 108 in der oberen Bugnase das MG 151. Der Nachtjäger-Anteil an der Gesamtproduktion von 6050 Exemplaren aller Versionen machte fast die Hälfte aus.

Späte Modelle der BF 110G-4c hatten die zur Reduzierung des Luftwiderstands schräg angeordneten Antennen des Lichtenstein SN-2. Diese Nahaufnahme zeigt die MG-Stände für das MG 151 und die MK 108, Kaliber 20 mm (unten) beziehungsweise 30 mm (oben).

Dornier Do 335

Die Do 335 „Pfeil", die als Jagdbomber, Zerstörer, Tag- und Nachtjäger zum Einsatz hätte kommen sollen, lieferte einen weiteren Beweis für die ungebrochene Energie der deutschen Flugzeugbauer. Sie war jedoch auch ein Musterbeispiel für die Schwierigkeiten, die es der Luftwaffe in der Endphase des Krieges unmöglich machten, neue Flugzeugmodelle schnell und in großer Zahl fertigen zu lassen und in Dienst zu stellen.

Niemand kann die deutschen Flugzeugkonstrukteure des Zweiten Weltkriegs des Konservatismus bezichtigen, denn wenn auch die meisten Kampfflugzeuge herkömmliche Entwürfe waren, wurden doch zahlreiche andere Modelle entwickelt, die die Grenzen der Luftfahrt erweiterten. An keinerlei Tradition gebunden, suchten die deutschen Ingenieure nach neuen Mitteln und Wegen, um altbekannte Probleme zu überwinden. Als die Waffen endlich ruhten, hinterließen sie einen unermeßlichen Schatz an Erfahrung, technischem Wissen und fortschrittlichen Forschungsergebnissen, die sich die Sieger in Ost wie West zunutze machten. Zu den originellsten Mustern, die sich in den letzten Kriegsjahren am Himmel über Deutschland zeigten, gehörte die Dornier Do 335 „Pfeil", ein kühner Versuch, der Luftwaffe einen leistungsfähigen Jagdbomber, Zerstörer, Tag- und Nachtjäger und Aufklärer in die Hand zu geben.

Mit Claudius Dornier stand den berühmten Dornier-Werken ein genialer Flugzeugkonstrukteur vor, der sich durch eine lange Reihe erfolgreicher Maschinen, insbesondere auf dem Gebiet der Flugboote, weltweit einen Namen gemacht hatte. Ende der dreißiger Jahre und während des Zweiten Weltkriegs baute Dornier vor allem Bomber. Seit dem Ende des Ersten Weltkriegs hatte er die Idee einer neuen Antriebskonfiguration verfolgt, bei der zwei auf der Längsachse des Flugzeugs angeordnete Motoren auf eine gemeinsame Antriebsachse wirkten, einer ziehend, der andere schiebend. Verglichen mit den herkömmlichen Triebwerksanordnungen zweimotoriger Typen lagen die Vorteile dieses Konzepts auf der Hand. Die Stirnfläche war nicht größer als bei einer einmotorigen Maschine, die Flügel mußten keine Motorgondeln und die damit verbundenen Strukturteile aufnehmen, und bei Ausfall eines Motors konnte sich folglich auch kein asymmetrisches Flugverhalten einstellen. Schwierigkeiten gab es nur im Bereich der Antriebswelle für den hinteren Propeller.

Aufgrund seiner umfassenden Erfahrungen im Bau von Flugbooten besaß Dornier fundierte Kenntnisse auf dem Gebiet des Längsachsenantriebs, den er bei vielen seiner Entwürfe mit Rücken an Rücken angeordneten Motoren verwirklicht hatte. Mitte der dreißiger Jahre schwebte ihm die Anwendung dieses Konzepts auf einen Hochgeschwindigkeitsjäger vor, doch zuvor mußte er das Problem der Fernwelle für den hinteren Propeller lösen. Ulrich Hütter wurde beauftragt, einen kleinen Versuchsträger für diese Anordnung zu entwerfen. Das von Schempp-Hirth gebaute und Göppingen Gö 9 bezeichnete Erprobungsflugzeug hatte einen bleistiftdünnen Rumpf, in dessen Schwerpunktbereich unter hoch angesetzten Tragflächen ein 59,6 kW (80 PS) starker Motor Hirth HM 60R eingebaut war. Die staksigen Hauptfahrwerksbeine zogen in die Flächen ein, während das Bugfahrwerk extrem weit vorn in den Bugraum einfuhr. Hinter dem Tragwerk

Die zweite Do 335 A-0 der Vorserie trägt am Leitwerk die Werknummer 102. Beim RLM wurde die „Pfeil" als Projekt 231 geführt, doch ihre Besatzungen nannten sie wegen der langen Nase „Ameisenbär".

Die Do 335 V-1 unterschied sich von den folgenden Prototypen durch den an der Triebwerksunterseite angeordneten Schmierstoff-Tunnelkühler, der später in den Motorblock einbezogen wurde. Am 26. Oktober 1943 startete die erste Maschine zum Jungfernflug.

Der in Ganzholzbauweise gefertigte Versuchsträger Göppingen Gö 9 konnte die von Dornier geschilderten Vorteile seiner Do 335 unter Beweis stellen. Der im Schwerpunkt unter dem Tragwerk eingebaute Hirth-Motor verlieh der Gö 9 eine Geschwindigkeit von 220 km/h.

nahm ein schlanker Heckrumpf die Antriebswelle auf, die bis hinter das Heckleitwerk zu einem Vierblatt-Holzpropeller führte.

Mit der Gö 9, die 1940 ihren Erstflug absolvierte, konnten Wirksamkeit und Sicherheit eines Antriebs mit heckinstalliertem Druckpropeller nachgewiesen werden. Dies gab Dornier Mut, seinen Jägerentwurf fortzuführen, der allmählich auf dem Reißbrett Gestalt annahm. Trotz anfänglichen Interesses verfügte das Technische Amt des Reichsluftfahrtministeriums (RLM) jedoch, daß er die Arbeit einzustellen und sich wieder ganz seiner Hauptaufgabe, dem Bau von Bombern und Flugbooten, zu widmen habe. Als das Technische Amt allerdings 1942 einen Wettbewerb für ein Flugzeug ausschrieb, das schnell und unbewaffnet tief in den feindlichen Luftraum eindringen sollte, reichte Dornier sein Projekt 231 mit Zug- und Druckpropeller ein. Nach Prüfung der Vorschläge erteilte man Dornier den Zuschlag vor Arado und Junkers. Sein Entwurf erhielt die Bezeichnung Do 335.

Während der Entwicklungsphase erging eine Weisung des RLM, die Do 335 als Mehrzweck-Tagjäger, Nachtjäger, Kampfbomber, Zerstörer und Aufklärer neu zu entwerfen. Dies verzögerte die Fertigstellung des Prototypen, und erst im Herbst 1943 stand die erste Do 335 startbereit.

Dorniers Entwurf hatte sich zu einem bedrohlich wirkenden Jäger gewandelt, der seinen kriegerischen Auftrag nicht verleugnen konnte. Im Vorderrumpf war unter einer Ringverkleidung ein Motor Daimler-Benz DB 603 eingebaut, während die unmittelbar hinter der Tragflächenhinterkante angeordneten Auspuffrohre die Position des hinteren Motors verrieten. An der Unterseite des Heckrumpfes führte eine große Stauluftthutze dem zweiten Motor, der hinter dem Kreuzleitwerk einen Dreiblatt-Propeller antrieb, die nötige Luft zu. An der Unterseite des mittleren Tragflächenabschnitts befanden sich die Klappen eines kleinen Waffenschachts, der eine 500- oder zwei 250-kg-Bomben aufnehmen konnte. Dornier hatte dem Flugzeug ein Bugradfahrwerk großer Spurweite gegeben, bei dem das Hauptfahrwerk in die Flügel und das Bugfahrwerk in einen Schacht unter dem Cockpit einzog.

Die breiten Flügel waren ziemlich weit hinten angesetzt, und die Militärpiloten, die diese ungewöhnliche Maschine flogen, verliehen ihr wegen ihrer langen Nase schon bald den Spitznamen „Ameisenbär".

Die „Pfeil" erhielt als erstes seriengefertigtes Flugzeug einen Schleudersitz, dessen Betätigung aber noch sehr kompliziert war. So wird von zwei in der Erprobungsphase abgestürzten Maschinen berichtet, deren Piloten man tot und ohne Arme in ihren Cockpits fand. Vermutlich hatten sie die Griffe zu lange festgehalten, mit denen sie zuerst das Kabinendach abwerfen mußten, bevor der Sitz hinauskatapultiert werden konnte.

Dies ist die siebte Maschine der Anlaufserie A-0 und eins von zehn beim Erprobungskommando 335 getesteten Exemplaren. Diese im September 1944 formierte Einheit sollte die Einsatztaktiken der Do 335 entwickeln. Bewaffnet waren die Maschinen mit einer 30-mm-Kanone MK 103 und zwei MG 151, Kaliber 15 mm.

Daneben gab es auch den zumindest halboffiziellen Beinamen „Pfeil". Als der erste Do 335-Prototyp (CP+UA) am 26. Oktober 1943 in Oberpfaffenhofen zum Jungfernflug startete, saß ein Werkspilot am Steuer. Nach der Anfangserprobung bei Dornier wurde das Flugzeug nach Rechlin überführt, um umfassende offizielle Tests zu absolvieren. Die Erfahrungsberichte aus Oberpfaffenhofen und Rechlin klangen vielversprechend, und nur bei der Richtungsstabilität traten geringfügige Probleme auf. Die meisten Piloten zeigten sich von Geschwindigkeit, Beschleunigung, Kurvenradius und dem allgemeinen Flugverhalten beeindruckt. Die weitere Entwicklung verlief reibungslos, und zusätzliche Prototypen wurden in das Erprobungsprogramm eingebunden. Sie besaßen bereits Neuerungen, wie beispielsweise andere Fahrwerksklappen und kleine Ausbuchtungen in der Kabinendachverglasung für Rückspiegel, die die Sicht nach hinten verbesserten.

Beim fünften Prototyp installierte man die Bewaffnung aus zwei MG 151, Kaliber 15 mm, in der oberen Vorderrumpfverkleidung sowie einer 30-mm-Kanone MK 103, die durch die vordere Propellernabe feuerte. Es folgten weitere Prototypen für eine umfangreiche Flugerprobung und Motortests. Den Abschluß bildete die nach dem Serienfertigungsstandard gebaute Do 335 V-9. Nur kurze Zeit später, Mitte 1944, war das erste komplett bewaffnete Vorserienflugzeug fertiggestellt. Mit dieser Do 335 A-0 (VG + PG) konnte die Einsatzbewertung erfolgen, und im September desselben Jahres wurde das Erprobungskommando 335 aufgestellt, das die meisten der bis dahin gebauten zehn Do 335 A-0 für die taktische Erprobung verwendete. Indessen hatte auch die Truppenerprobung mit dem Prototypen Do 335 V-9 beim Versuchsverband des Oberbefehlshabers der Luftwaffe begonnen.

Im Spätherbst 1944 erschien in Oberpfaffenhofen die erste Serienmaschine Do 335 A-1 mit den endgültigen Motoren DB 603 E-1 und zwei Unterflügelstationen für Kraftstofftanks oder 250-kg-Bomben. Die unbewaffnete Aufklärerversion Do 335 A-4 behielt die Zelle der A-1 fast unverändert bei. Nur ein einziges Vorserienflugzeug A-0 wurde zum Aufklärer umgebaut, indem man zwei Kameras Rb 50/18 im Waffenschacht installierte und die externe Kraftstoffzuladung erhöhte. Die Serienmaschinen sollten als Antrieb den DB 603 G mit höherem Verdichtungsverhältnis und leistungsfähigerem Lader erhalten.

Die nächste Version der „Pfeil"-Serie war der (aus dem Prototypen V-10 hervorgegangene) Nachtjäger A-6. Hier hatte man die Bewaffnung des Jagdbombers übernommen und durch ein Radargerät FuG 217J Neptun ergänzt, dessen Antennen vor den Flügeln (horizontale Keule backbord, vertikale Keule steuerbord) installiert waren. Die Radarbedienung erforderte einen zweiten Mann, für den ein Cockpit in erhöhter Position hinter dem Piloten eingerichtet wurde. Diese Neuerung verlieh der Do 335 nicht nur ein noch merkwürdigeres Aussehen, sondern bedingte auch eine umfangreiche Neukonzeption der Kraftstoffanlage. So entfiel beispielsweise der Waffenschacht zugunsten einer größeren Tankkapazität. Das zusätzliche Cockpit, die Radarantennen, das Mehrgewicht und andere Modifizierungen wie Flammendämpfer in den Auspuffrohren verursachten eine rund zehnprozentige Leistungsminderung. Bei den Serienmaschinen hätte sich dieser Nachteil allerdings kaum ausgewirkt, da sie statt des DB 603 A als Antrieb den DB 603 E mit Wasser-Methanol-Einspritzung erhalten sollten. Die Serienfertigung war bei Heinkel in Wien vorgesehen. Diese Planung wurde jedoch von den Ereignissen überrollt und die Produktionsanlage nie eingerichtet.

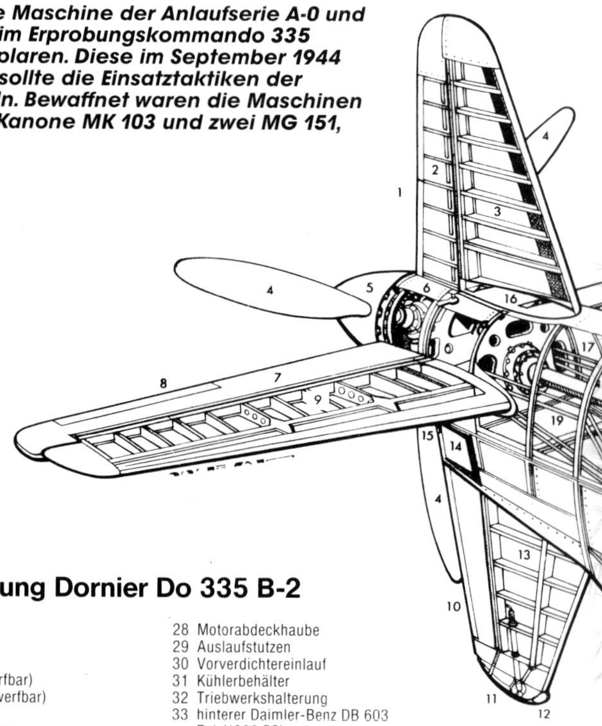

Aufriß-Erläuterung Dornier Do 335 B-2

1 oberes Seitenruder mit Hilfsruder
2 oberes Seitenruder
3 obere Seitenflosse (abwerfbar)
4 VDM-Druckpropeller (abwerfbar)
5 Propellerhaube
6 Blattsteigung des Propellers
7 Höhenruder (steuerbord)
8 Hilfsruder
9 metallverstärkte Höhenleitwerksrippen
10 untere Seitenflossen
11 Heckstoßdämpfer
12 Ölfederbein
13 untere Seitenflosse (abwerfbar)
14 Luftaustrittsklappe des Kühlers
28 Motorabdeckhaube
29 Auslaufstutzen
30 Vorverdichtereinlauf
31 Kühlerbehälter
32 Triebwerkshalterung
33 hinterer Daimler-Benz DB 603 E-1 (1800 PS)
34 Vorverdichter
35 Brandschott
36 Peilantenne FuG 25a
37 Einfüllstutzenverschluß
38 Hauptkraftstofftank (1230 Liter)

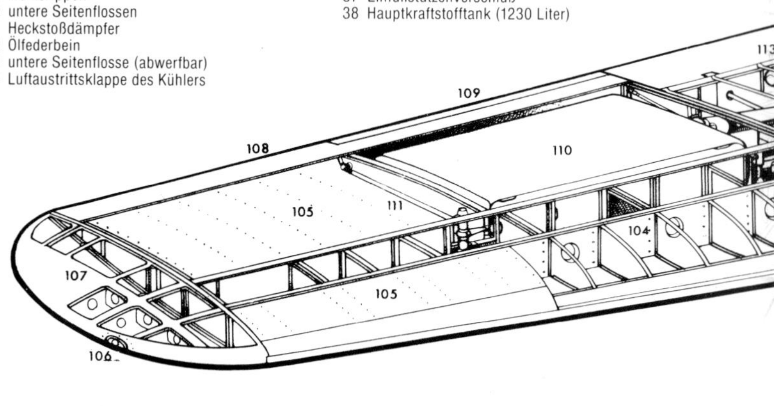

15 hinteres Navigationslicht
16 Sprengbolzen
17 Steuerseile des Höhen- und Seitenruders
18 hohle Fernwelle der Luftschraube
19 Schmierstoffzuführung des hinteren Propellers
20 Heckschott
21 Leitung des Kühlers
22 Ölkühler
23 Kühler
24 Feuerlöscher
25 Kühlerlufteinlauf für Heckantrieb
26 Funkgerät FuG 25a
27 FuG 125a für den Blindlandeanflug
39 zweiter Tank im Unterrumpf
40 zwei Schmieröltanks mit je 45 Litern (Bugantrieb, backbord; Heckantrieb, steuerbord)
41 hintere Panzerung
42 Rückspiegel
43 Kopfstütze
44 gepanzerter Schleudersitz
45 Glasscheibe
46 Kabinendach (abwerfbar; aufklappbar nach steuerbord)
47 gepanzerter Hydraulikbehälter (45 Liter)
48 Hydrauliksystem der Fahrwerksstrebe
49 Sauerstoffflaschen
50 Klappe (backbord)

Die letzten beiden Exemplare der A-Serie waren die A-10 und die A-12, beide mit einem zweiten Cockpit für Einweisung und Umschulung der Piloten. Erstere (V-11) hatte DB-603-A-Motoren, während die aus der V-12 hervorgegangene Do 335 V-12 die neueren DB 603 E aufwies. Die beiden Prototypen wurden mit einer Doppelsteuerungsanlage im erhöhten Fluglehrercockpit und unbewaffnet ausgeliefert, doch dies änderte sich bei den beiden seriengefertigten A-12.

Nach der Entwicklung von Jagdbomber-, Aufklärer- und Nachtjägerversionen war als unmittelbare Folge der sich rasch verschlechternden Kriegslage ein schwerer Zerstörer gefragt. Im Winter 1944/45 baute man daher in Oberpfaffenhofen den Prototyp V-13 zur Do 335 B-1 um, die Kraftstofftanks anstelle des Waffenschachts und ein Zwillings-MG 151/20 statt der 15-mm-MGs aufwies. Der nächste Zerstörerprototyp, die modifizierte V-14 mit der neuen Bezeichnung Do 335 B-2, besaß zusätzlich zu den MG zwei 30-mm-Flügelkanonen MK 103.

Der vordere Motor Daimler-Benz DB 603 A-2 erhielt einen ringförmigen Bugkühler, während die im Unterrumpf angeordnete Hutze das hintere Triebwerk mit Luft versorgte. Der Zugpropeller konnte auf Bremssteigung umgesteuert werden.

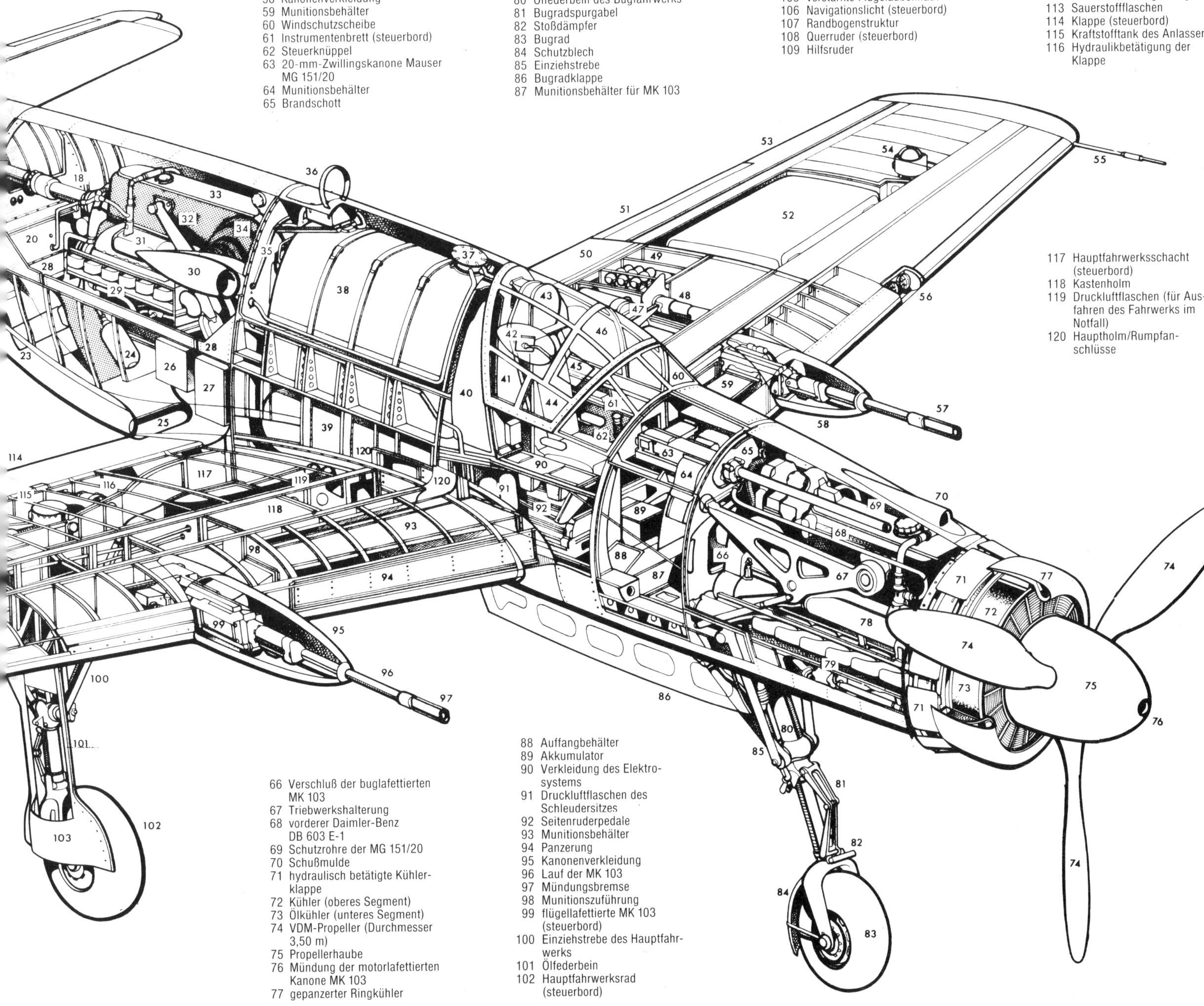

51 Hilfsruder
52 Flügeltank (backbord)
53 Querruder (backbord)
54 Hauptkompaß
55 Pitotrohr
56 Landescheinwerfer
57 Kanonenmündung der Rheinmetall-Borsig MK 103, Kaliber 30 mm
58 Kanonenverkleidung
59 Munitionsbehälter
60 Windschutzscheibe
61 Instrumentenbrett (steuerbord)
62 Steuerknüppel
63 20-mm-Zwillingskanone Mauser MG 151/20
64 Munitionsbehälter
65 Brandschott
66 Verschluß der buglafettierten MK 103
67 Triebwerkshalterung
68 vorderer Daimler-Benz DB 603 E-1
69 Schutzrohre der MG 151/20
70 Schußmulde
71 hydraulisch betätigte Kühlerklappe
72 Kühler (oberes Segment)
73 Ölkühler (unteres Segment)
74 VDM-Propeller (Durchmesser 3,50 m)
75 Propellerhaube
76 Mündung der motorlafettierten Kanone MK 103
77 gepanzerter Ringkühler
78 Kühlmittelbehälter (15 Liter)
79 Auslaufstutzen
80 Ölfederbein des Bugfahrwerks
81 Bugradspurgabel
82 Stoßdämpfer
83 Bugrad
84 Schutzblech
85 Einziehstrebe
86 Bugradklappe
87 Munitionsbehälter für MK 103
88 Auffangbehälter
89 Akkumulator
90 Verkleidung des Elektrosystems
91 Druckluftflaschen des Schleudersitzes
92 Seitenruderpedale
93 Munitionsbehälter
94 Panzerung
95 Kanonenverkleidung
96 Lauf der MK 103
97 Mündungsbremse
98 Munitionszuführung
99 flügellafettierte MK 103 (steuerbord)
100 Einziehstrebe des Hauptfahrwerks
101 Ölfederbein
102 Hauptfahrwerksrad (steuerbord)
103 Hauptfahrwerksradklappe
104 vorderer Flügelholm
105 verstärkte Flügelaußenhaut
106 Navigationslicht (steuerbord)
107 Randbogenstruktur
108 Querruder (steuerbord)
109 Hilfsruder
110 Flügeltank (steuerbord)
111 Hilfsruderstoßstange
112 Querrudersteuergestänge
113 Sauerstoffflaschen
114 Klappe (steuerbord)
115 Kraftstofftank des Anlassers
116 Hydraulikbetätigung der Klappe
117 Hauptfahrwerksschacht (steuerbord)
118 Kastenholm
119 Druckluftflaschen (für Ausfahren des Fahrwerks im Notfall)
120 Hauptholm/Rumpfanschlüsse

V-11 war der Prototyp des zweisitzigen Trainers Do 335 A-10. Dieses und ein zweites Exemplar wurden unbewaffnet ausgeliefert, doch für die Serienmodelle war die Bewaffnung der A-1 vorgesehen.

Letztlich blieben dies die einzigen fertiggestellten Flugzeuge der B-Serie, obwohl sich noch einige andere Varianten in der Montage befanden, als man das Projekt einstellte. Dazu gehörten Mustermaschinen B-1 und B-2 sowie zwei Nachtjägerprototypen B-6, die grundsätzlich der A-6 entsprachen, aber die stärkere Bewaffnung der B-1 erhalten sollten. Andere Prototypen waren für den Motor DB 603 LA mit zweistufigem Lader vorgesehen. Beachtung verdient auch eine weitere Entwicklung, die die Modelle B-4, B-5 und B-8 mit einer zur Verbesserung der Höhenleistung um 4,30 m vergrößerten Spannweite vorsah. Die neuen Flügel stammten von Heinkel, doch sie gelangten über das Zeichenbrett nicht hinaus. Abgeleitete Entwürfe beinhalteten den Nachtjäger Do 435 mit nebeneinander angeordneten Sitzen, Druckbelüftung und Flügeln großer Spannweite, den Jäger Do 535 mit gemischtem Antrieb in Form eines DB 603 vorn und eines Düsentriebwerks im Heck sowie den Fernaufklärer Do 635, der die Rumpfstruktur zweier Do 335 mit einem neuen Mittelrumpf verband. Bei Produktionsende waren 37 „Pfeil" gebaut und andere standen vor der Fertigstellung. Hinzu kamen Baugruppen und Teile, die für die Herstellung etlicher weiterer Maschinen gereicht hätten.

Soweit bekannt, kam die Dornier 335 „Pfeil" nie zum Kampfeinsatz, auch wenn einige US-Piloten die Silhouette dieses Musters über Deutschland gesehen haben wollen. Die einsitzige Version mit einer angeblichen Spitzengeschwindigkeit von rund 765 km/h war sicherlich eines der schnellsten kolbenmotorgetriebenen Jagdflugzeuge.

Das hohe Leistungsvermögen und die ungewöhnliche Konfiguration der Do 335 „Pfeil" machte das Fliegen dieser Maschine zu einem besonderen Erlebnis. Während die Flugleistung die Piloten begeisterte, bereitete die Konfiguration ihnen einige Überraschungen. Dies betraf in erster Linie den Schleudersitz, war doch die Do 335 erst der zweite serienmäßig mit einer solchen Rettungsausrüstung ausgestattete deutsche Flugzeugtyp. Bevor der Pilot den Katapultsitz betätigen konnte, mußte er zwei Sprengbolzen am oberen Seitenleitwerk und am hinteren Propeller zünden, um den Weg für den Ausstieg frei zu machen, und zudem das Kabinendach von Hand abwerfen. Eine andere Sicherheitsvorrichtung bestand darin, daß sich das untere Seitenleitwerk für eine Bauchlandung absprengen ließ.

Insgesamt erwies sich die Do 335 „Pfeil" als ein geglückter Entwurf, der keinerlei gravierende Schwächen zeigte. Wäre die Weiterentwicklung dieses Typs in normalem Tempo abgelaufen, hätte man die Kinderkrankheiten sicher schnell überwinden können. Da sich die militärische Lage Deutschlands 1944/45 jedoch verschlechterte, wurde die Entwicklung in großer Eile durchgepeitscht. Erschwerend hinzu kam die desolate Lage der Industrie, die die Baugruppen wie Propeller, Motoren und Funkgeräte nicht schnell genug liefern konnte.

Wie dem auch sei, dem Flugzeugliebhaber bleibt nur die Erinnerung an eines der aufregendsten Kampfmuster der Welt und ein neues Kapitel in der Geschichte „Was wäre, wenn...".

Die Do 335 A-1 als erste Serienausführung erschien im Herbst 1944. Schon bald konzentrierte sich die Produktion jedoch auf die Do 335 B, den stärker bewaffneten einsitzigen Zerstörer.

Do 335 A-6

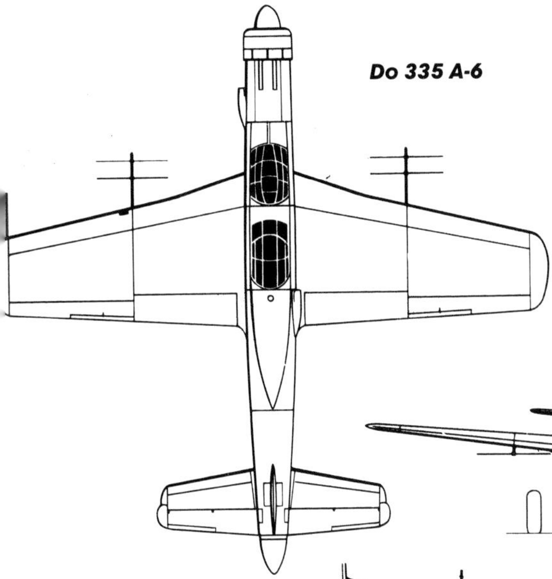

Do 335 A-0

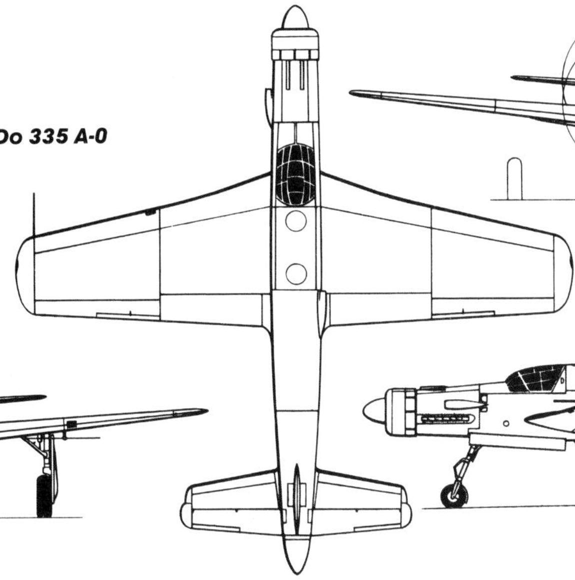

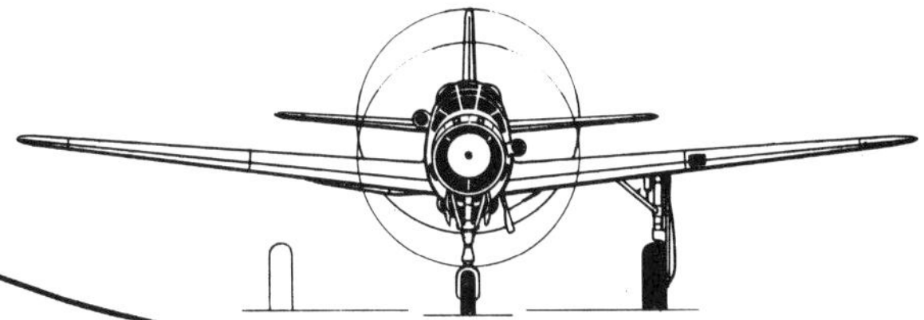

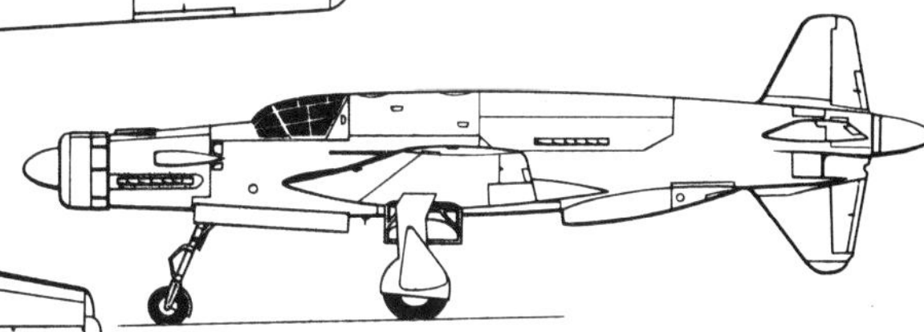

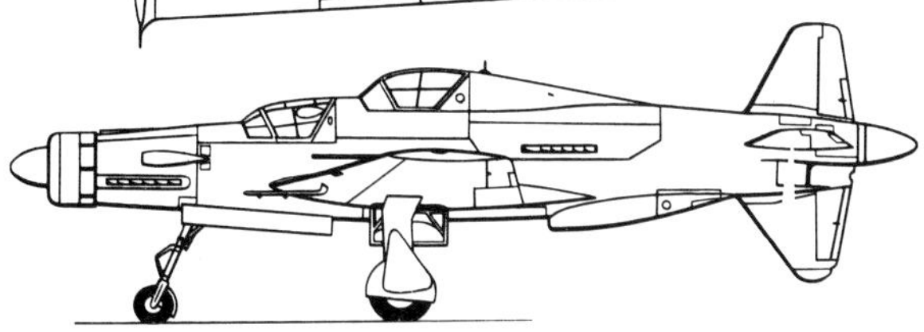

Eine vergrößerte Fläche der Do 335 B-8

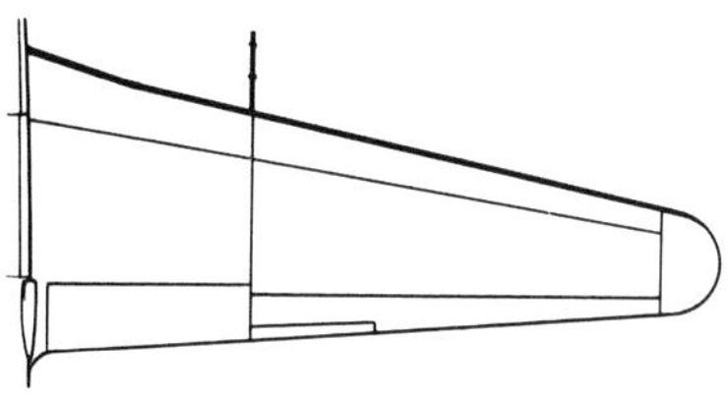

Die Do 335 A-6 war die erste zweisitzige Nachtjägerversion mit Bordradargerät. Da das zweite Cockpit die Tankkapazität reduzierte, wurde auf den Waffenschacht verzichtet und der gewonnene Raum für Kraftstofftanks genutzt.

Im Dornier-Werk Oberpfaffenhofen fielen den Amerikanern neun A-1, vier A-4 und zwei A-12 fertig montiert in die Hände. Zu diesem Zeitpunkt war die Produktion des Nachtjägers Do 335 A-6 bereits zu Heinkel nach Wien verlagert worden.

Index

Anmerkung: Die kursiv gedruckten Seitenzahlen beziehen sich auf Abbildungen